MEDARDO MEJÍA

HISTORIA DE HONDURAS TOMO VI

ERANDIQUE
COLECCIÓN

HISTORIA DE HONDURAS TOMO VI
MEDARDO MEJÍA

©Colección Erandique
Supervisión Editorial: Óscar Flores López
Diseño de portada: Andrea Rodríguez-Lilyana Gálvez
Administración: Tesla Rodas-Jessica Cordero
Director Ejecutivo: José Azcona Bocock

Primera Edición
Tegucigalpa, Honduras—Julio de 2024

ÍNDICE

UNA VIAJE FASCINANTE EN SEIS TOMOS

Llegamos a la última estación de la Historia de Honduras escrita en seis tomos por el Maestro Medardo Mejía. Lo que inició con un relato sobre los mayas concluye con el golpe de Estado que una Junta Militar le propina el 21 de octubre de 1956 a Julio Lozano Díaz.

Durante el viaje, el tren de la historia pasó en medio de la Conquista y la Independencia, por los tiempo de un general que se apellidaba Morazán, por épocas oscuras, por traiciones, guerras civiles, campos bananeros, huelgas…

Hombres buenos y malos quedaron en un camino de sangre, pero también de esperanza.

El sol nunca se ha ocultado sobre los sueños que los hondureños tenemos de vivir en un mejor país construido sobre la base de los ideales y el ejemplo de nuestros antepasados.

Todavía queda mucho camino por recorrer. El pasado, con sus lecciones, queda atrás. ¿Cómo será el futuro para los hondureños? De nosotros depende.

El Tomo VI de la Historia de Honduras inicia con el Tratado Bryan-Chamorro suscrito entre Estados Unidos y Nicaragua, pero con consecuencias negativas para nuestro país.

En este viaje también descubriremos cómo nació el negocio de las compañías bananeras y cómo fue que estas se adueñaron en Honduras de todo lo que estuvo al alcance de sus manos: tierras, vidas, la economía, el poder político, la presidencia, el destino de la nación…

Medardo Mejía también nos narra uno de los hechos más sangrientos en la historia de Honduras: la Guerra Civil de 1924. Es un episodio poco conocido, a pesar de su magnitud, por el pueblo hondureño, y un manual redactado, a punta de balas, bombas y machetes, por la clase política de ese año.

"Abril 6. Día domingo, generalmente día trágico desde que Tegucigalpa está sitiada. Y en efecto, a las 4 a.m. los moradores de esta capital hemos sido despertados por un ruido atronador de ametralladoras y riflería. A esa hora han sido atacados el Cuartel de Veteranos y las fortificaciones de Sipile.

El ataque ha sido de los más furibundos, extendiéndose la línea de fuego desde el Guijarro hasta Miramesí, pero la fuerza del ataque se dirige contra Sipile y el Cuartel de Veteranos. A las 8 se da por terminado el asalto y las fuerzas revolucionarias se van batiendo en retirada".

(Un extracto del Diario de la Guerra del periodista español Mario Ribas de Cantruy).

Honduras fue invadida ese año por 200 marines estadounidenses, lo que provocó una de las más bellas iniciativas de amor por la Patria que hayamos conocido: El Boletín de la Defensa Nacional de Froylán Turcios.

No puede faltar en el Tomo VI la epopeya, el estallido de dignidad, el grito de "¡Basta ya!" de la Huelga del 54.

"Nunca en la historia de Honduras se había dado un acontecimiento tan importante como la Huelga General de mayo de 1954. Omitirla, sería dejar sin sentido el acontecer económico, social y político hondureño de aquel año en adelante", señala el Maestro Medardo.

Con un valioso prólogo escrito por el recordado historiador Ramón Oquelí, el Tomo VI también incluye un bello escrito titulado ¿Quién soy yo?, en el que Medardo Mejía hace un repaso por su vida.

Como en los cinco tomos anteriores, aprovecho estas páginas para darle mi agradecimiento a doña Victoria Mejía, hija del Maestro Medardo, quien, bondadosamente, nos cedió los derechos de publicación de la obra de su padre. ¡Mi eterna gratitud, doña Victoria!

Óscar Flores López
Editor Colección Erandique

DON MEDARDO, UN CRÍTICO OPTIMISTA

Don Medardo Mejía decía que pese a que Honduras era un bello país al que los extranjeros y hondureños se empeñaban en explotar, "como si fuere tierra enemiga", no había uno, ni dos ni tres, "sino que abundan los altos valores del espíritu, y que con el correr del tiempo, según las señales del cielo y de la tierra, llegarán a formar legiones de proyección universal". Oponiéndose a nuestra tendencia autodestructiva: "Aquí somos pequeños hasta con nosotros mismos", creía que se debía "demostrar la potencialidad revolucionaria de un pueblo".

En "Fuego Nuevo" convoca el ritual maya que conmemoraba el ciclo de 52 años; suponiendo que el último se cumpliría en 1987, fecha en que triunfaría la revolución a escala mundial. Esperaba también cumplir el 20 de octubre del mismo, sus 80 años (había nacido en 1907), en su aldea natal de San Juan Jimasque, Manto, Olancho, invitando a sus amigos a saborear el vino de coyol. Pero falleció en el Hospital Escuela el 30 de abril de 1981, víspera del Día del Trabajo. Los obreros llevaron su féretro al parque central de Tegucigalpa, aunque fue escaso el número de quienes lo acompañaron a su inhumación en Jardines de Paz Suyapa. Siendo muy joven, había recibido el primer homenaje por un grupo de obreros que intentaba organizar el partido socialista en 1927.

Fue admirador y divulgador a la vez de Valle y Morazán, del padre Márquez, Juan Lindo, Álvaro Contreras, Cincbonero, Froylán Turcios, Salvador Turcios Ramírez, Manuel Cálix Herrera, Juan Pablo Wainwrigbt, Federico Peck Fernández, Alfonso Guillén Zelaya. Cuando llegó a Tegucigalpa a estudiar la carrera de Derecho (aunque su interés inicial fue la Ingeniería), logró imponerse frente a quienes se burlaban de los aldeanos que arribaban a la capital.

Don Víctor Cáceres Lara afirma: "La pluma de Medardo empezó a darse a conocer; su juicio severo y reposado empezó a despertar la atención de los hombres de letras y de pensamiento de aquel tiempo. La voz del nuevo poeta tenía nuevos acentos, decía cosas diferentes a las que había venido diciendo la generación anterior. Se trataba —todos lo entendieron así— de un nuevo vate, de alguien que recogía un mensaje inconcluso de José Antonio Domínguez y se adentraba mucho más, mucho más que su coterráneo en la Selva sagrada".

Definiéndose como "un ciudadano hondureño de buena fe" confiaba en "la transformación de la sociedad hondureña, en concierto con la transformación de la sociedad del mundo, porque es cierto que el mundo se transforma en el todo y en sus partes". Los agentes de la misma serían campesinos, obreros y demás grupos que formarían un "frente nacional de masas" decididos a construir un "Estado de democracia nacional". A la "pseudo—burguesía le falta la conciencia de clase histórica: no tiene ninguna relación con Morazán ni con los conductores de la Reforma ni con los unionistas de 1921".

"También Sisifo puede ser un pueblo, y es el caso del pueblo hondureño que quizás pertenezca a la categoría de los estrellados, porque ya lleva setenta y dos años de estar ensayando nuevos gobiernos y jamás le ha salido uno que pueda decir este sí. "Es más, este Sisifo ve en su desengaño que si al comienzo del siglo le salían gobiernos aceptables porque el fulgor de la Reforma independizadora que le alumbraba por la espalda estaba cerca, de cierto tiempo acá nota que los gobiernos que le salen son cada día más lánguidos, más descoloridos, más cualquier cosa".

Refiriéndose a un escritor que había abandonado la tarea literaria, decía que se había perdido "en los recovecos de la política tradicionalista". En nada nos interesa su actividad política en "ese tradicionalismo que engaña en los comienzos con los colores del arco iris para desengañar a la postre con la asquerosa imagen de una Celestina mentirosa, desdentada y sucia". En uno de los editoriales de la revista "Ariel" en la que continuó la labor iniciada por Froylán Turcios, comentó con el título de "Cayó un gobierno y apareció otro": "¿Han visto ustedes cómo en las noches invernales y oscuras se encienden y se apagan las luciérnagas? Ni más ni menos, en las profundidades del tiempo sin historia y al nivel de las candelillas se encendió y se apagó un gobierno hondureño, y no bubo más".

Sus juicios eran siempre mezcla de lección y regocijo: "Al desaparecer Morazán en 1842, Centroamérica se convirtió en "una merienda de zopilotes", "un gobierno manso como un gato", "la militarada interrumpe la historia"; "la cultura me arrancó con un mecate de mi rincón", "saltan los oradores como chapulines", "todos estamos comprometidos. Unos de un modo y otros, de otro", "es un placer saber, y saber mucho, y a la vez es un gran placer ignorar y sentir la sombra de nuestra ignorancia en medio del infinito". Refiriéndose a ciertos dictadores: "algunos cayeron como zapotes maduros". "La Reforma liberal de la centuria anterior había dejado unos pequeños frutos aunque fueran tullidos". Otras veces el tono era solemne: "Toda realización del arte y de las letras implica siempre una lucha por la libertad", "Conviene conocer primero a determinada sociedad en su movimiento incesante para después comprender a un hombre dado de la misma". "Saludar a un nuevo siglo es importante. Pero saludar al tercer milenio de nuestra era, es todavía más importante."

Se excusaba de haber escrito poesía amorosa, a la que llamaba "subjetiva". En esta rama nos obsequió con la bellísima "Canción de Victoria López". De su maestría en la narración atestiguan "El día de Mamisaca", "Es que aquí así es", "Doña Josefa Acosta en el bello arte de mentir", su evocación de Eusebio Murillo, gran contador de cuentos para divertir a los milperos y varios fragmentos del relato autobiográfico "refiere Anisias...". Fue una lástima que no escribiera otras sabrosas ocurrencias, como la del retorno de un famoso abogado a la aldea natal, cuyos habitantes eran reacios a reconocer que uno de ellos pudiera sobresalir sobre los demás.

Y de su fe humanista emotivos textos como los siguientes: "Amo la vida, soy optimista y le agradezco a mi suerte el haber venido al mundo en la época más impresionante de la historia humana: niño era cuando transcurrió la primera guerra mundial, pero recuerdo sus reflejos apocalípticos en el país. Joven era en la primera postguerra, y entonces comprendí el destino del mundo. Hombre era cuando transcurrió la segunda guerra mundial y siempre estuve dispuesto a contribuir —hasta con mi sangre— por la causa de la humanidad progresista, y hoy, hombre maduro, me doy plena cuenta de que la función básica del ciudadano y del escritor, es la de sustentar la causa de la paz mundial contra viento y marea. Es condición del hombre civilizado y culto, la de ser un sustentador positivo de la paz de los pueblos y con ella de todos los valores de la dignidad del hombre y de la superación humana".

"Ahí está nuestro anhelo, nuestro ideal con las alas rotas, nuestro dolor, nuestra frustración, nuestra muerte, y también la posibilidad de nuestra resurrección, de nuestro nuevo combate y de nuestro triunfo". "En la medida de mis capacidades, que son pocas, digo que yo he trabajada para el futuro. No me he afanado para mi egoísmo. En este trabajo por el futuro he ido de la Seca a la Meca. He sufrido golpes que no hay para qué contarlos. Andando y desandado los caminos, siempre llevo unos cuadernos en los que escribo a mano. Allí pongo mis confesiones, quiero decir mis versos".

Por RAMÓN OQUELÍ
Historiador, sociólogo y escritor hondureño

APARECE EL TRATADO CHAMORRO—BRYAN

En Honduras se supo oficialmente la existencia del Tratado Chamorro—Bryan hasta muy después de haber sido firmado por las partes interesadas. Más o menos, nueve años después de haber sido establecida la Corte de Justicia Centroamericana en la ciudad de Cartago, Costa Rica. A la sorpresa siguió la indignación popular, la explosión iracunda del pueblo en Honduras y en los demás países centroamericanos, menos en Guatemala que estaba abozalada entonces por el déspota Manuel Estrada Cabrera.

Se puede decir que en Honduras hubo un levantamiento general del pueblo contra el Tratado Chamorro—Bryan. En todas las ciudades departamentales hubo manifestaciones masivas en las que los oradores expresaron su condena al tratado y la merecida execración al traidor que había estampado su firma en él y al gobierno que lo había autorizado para que la estampara, el gobierno del malnacido Adolfo Díaz, de Nicaragua.

En las poblaciones departamentales se organizaron comités de lucha contra el tratado y de recoger firmas auténticas de protesta para remitirlas al Departamento de Estado de los Estados Unidos. Los comités departamentales estaban unidos y subordinados a un Comité Nacional que funcionaba bajo la responsabilidad de importantes ciudadanos, como Ángel Zúñiga Huete, Vicente Mejía Colindres, Juan Manuel Gálvez, Ernesto Argueta, Coronado García, Manuel F. Barahona y otros.

Este Comité Nacional solicitó a la Sociedad de Abogados que fijara la posición jurídica de Honduras ante el Tratado Chamorro—Bryan para luego entablar la demanda correspondiente al Gobierno de Nicaragua en la Corte de Justicia Centroamericana de Cartago por haber comprometido gravemente la soberanía de Centro América en su conjunto.

La Sociedad de Abogados nombró una comisión para que estudiara el caso, compuesta por los profesionales del Derecho Presentación Quezada, Dionisio Gutiérrez, Paulino Valladares, Domingo Zambrano y Manuel F. Barahona. La comisión cumplió su cometido el 26 de diciembre de 1916, dándole el título de DICTAMEN DE LA SOCIEDAD DE ABOGADOS ACERCA DEL

9

CASO JURÍDICO DEL GOLFO DE FONSECA, EN RELACIÓN CON EL TRATADO CHAMORRO—BRYAN, CELEBRADO ENTRE NICARAGUA Y LOS ESTADOS UNIDOS.

Para que fuera más segura la opinión de la Sociedad de Abogados, ésta tuvo a bien nombrar una nueva comisión revisora del estudio presentado por la anterior, la cual se compuso de los siguientes abogados: Ángel Zúñiga Huete, Salvador Zelaya, José María Sandoval, Ricardo Pineda, Felipe Cálix, Coronado García y Antonio R. Reina h. Esta comisión rindió su informe el 31 de diciembre de 1916, con el título de DICTAMEN DE LA COMISIÓN REVISORA NOMBRADA PARA EL EXAMEN DEL ESTUDIO QUE ANTECEDE.

El estudio emprendido por la Sociedad de Abogados de Tegucigalpa, en gran medida fue guía para los estudios que sobre el mismo tema se hicieron en los demás países centroamericanos, tan importante y doctrinario se le consideró. El Comité Nacional reunió las firmas auténticas de rechazo al Tratado Chamorro—Bryan y las remitió al Departamento de Estado, que como es frecuente ni siquiera acusa recibo de esta clase de correspondencia.

Las partes interesadas, no solo Honduras, se presentaron demandando ante el tribunal de Cartago, y después de una abundante oratoria jurídica inútil, el resultado fue QUE LA CORTE DE JUSTICIA CENTROAMERICANA SE HIZO HUMO Y SE DERRUMBÓ EL TRATADO DE PAZ Y AMISTAD CELEBRADO EN WASHINGTON EN 1907.

DICTAMEN DE LA SOCIEDAD DE ABOGADOS ACERCA DEL CASO JURÍDICO DEL GOLFO DE FONSECA, EN RELACIÓN CON EL TRATADO CHAMORRO—BRYAN, CELEBRADO ENTRE NICARAGUA Y LOS ESTADOS UNIDOS.

RAZÓN DEL PRESENTE ESTUDIO

El 8 de febrero de 1913, se firmó en Managua el Tratado Chamorro—Weitzel, por los plenipotenciarios de Nicaragua y Estados Unidos. Aquel convenio impresionó la opinión de Centro América y provocó censuras merecidas de parte de algunos senadores norteamericanos. Se creyó, sin embargo, por algún tiempo, según declaraciones de la prensa de varios países, que ese tratado fracasaría, a pesar de los esfuerzos que en favor de su triunfo desarrollaba el entonces Secretario del Departamento de Estado, Mr. William Jennings Bryan. Pero los interesados redoblaron su actividad, modificaron el compromiso de Managua, substituyéndolo, el 5 de agosto de 1914, por el tratado Chamorro—Bryan, que fue aprobado por el Senado de Washington el 18 de febrero de 1915.

Antes de que el Senado de Estados Unidos aprobara el Tratado Chamorro—Bryan, las Repúblicas de Costa Rica, El Salvador y Honduras, presentaron sus notas de protesta en la capital americana, las que dieron origen a la enmienda adicional consignada por aquel alto cuerpo, que a la letra dice: "Por cuanto: Costa Rica, El Salvador y Honduras, han protestado contra la ratificación de dicha Convención en el temor o creencia de que ella pueda de algún modo vulnerar derechos existentes de los mismos Estados; por tanto: se declara por Senado que al aconsejar y consentir la ratificación del convenio, como queda reformado, tales consejo y consentimiento se dan en la inteligencia de que debe ser expresa como parte del instrumento de ratificación, de que nada de dicha convención intenta afectar derechos existentes algunos de ninguno de los propios Estados".

Perfeccionada la Convención, y siendo ineficaz en la práctica la cláusula adicional de las Cámaras de Washington, cláusula que no consignó el Senado de Managua, el Gobierno de Costa Rica, primero, y el salvadoreño, después, acudieron a la Corte de Justicia Centroamericana, promoviendo demanda contra el de Nicaragua, basados en que el Tratado Chamorro—Bryan lesiona los derechos de aquellos Estados y viola algunos pactos existentes. Mientras tanto, el Ejecutivo de Honduras, sin ejercer todavía ninguna acción, ha sometido al estudio de varios abogados prominentes el caso jurídico del Golfo de Fonseca en la que se relaciona con los intereses de la República.

Aunque la Sociedad de Abogados no fue oficialmente consultada, este serio problema nacional tiene en expectativa el criterio y sentimiento público, y aquella asociación ha creído que cumple con sus Estatutos y con un alto deber de patriotismo, examinando a la luz del derecho y la justicia, una cuestión trascendental que afecta de manera íntima y directa la vida presente y futura del país. Espontáneamente, pues, con libre opinión y sobrada buena fe, publicamos el presente estudio, para que sirva siquiera como medio de orientación al pueblo hondureño en estos complejos momentos de su historia. Ha podido ser más extenso este trabajo, porque la materia se presta para escribir dilatadas disertaciones sobre los principios del derecho público y de gentes; pero se ha procurado condensar los conceptos a efecto de que la brevedad y la precisión contribuyan a fijar de modo más exacto los juicios emitidos. Cualesquiera que sean las circunstancias de hecho que operan en el desenvolvimiento de la política norteamericana, el derecho de la nación hondureña debe aparecer como una verdad concreta, clara e indiscutible.

EL GOLFO DE FONSECA

El Golfo de Fonseca es una bahía histórica. Fue descubierto en 1522 por Andrés Niño, piloto de una de las naves de Gil González Dávila.

La profundidad de las aguas del golfo varía entre 14 y 25 pies en su entrada. En el interior hay algunos lugares profundos y otros que no pasan de 3 pies. La línea de navegación para las naves de alta mar, pasa entre Meanguerita y la costa de Cosigüina, aunque la profundidad de 10 y 15 pies entre Meanguera y Conchagüita permite también el tránsito de naves de regular calado. Estas son las únicas entradas hacia Amapala. A La Unión se hace la entrada por el canal que queda entre la costa de Conchagua y las islas de Conchagüita y Punta Zacate, por las naves de alta mar. Fuera de las rutas mencionadas, la navegación es peligrosa, por la poca profundidad y la existencia de numerosos bancos de arena. Los fondeaderos actuales más seguros son el de Amapala y La Unión, Las ensenadas de San Lorenzo y Cosigüina tienen una profundidad media de 7 pies que sólo permite la navegación a embarcaciones menores; y en la parte más ancha del golfo, que es de la Isla del Tigre a Estero Real, en Nicaragua, la profundidad media es de 6 ó 7 pies…

La división de las aguas del golfo, entre Honduras y Nicaragua, se determinó por una convención. La comisión respectiva que hizo los estudios fijó la línea siguiente, que tiene validez legal: "Desde el punto conocido con el nombre de Amatillo, en la parte inferior del Río Negro, la línea limítrofe es una recta trazada en dirección al volcán de Cosigüina, con rumbo astronómico Sur 86° 50' y distancia aproximada de 57 kilómetros hasta el punto medio equidistante de las costas de una y otra República por este lado[1]; y de este punto, sigue la división de las aguas de la bahía por una línea también equidistante de las mencionadas costas, hasta llegar al centro de la distancia que hay entre las partes septentrional de la Punta de Cosigüina y la meridional de la Isla del Tigre".

LA SOBERANÍA DE LOS ESTADOS ESTA LIMITADA POR LOS DERECHOS DE LAS DEMÁS NACIONES

La cancillería nicaragüense ha sostenido que Nicaragua como nación libre, independiente y soberana, puede hacer válidamente lo que tenga a bien dentro de su propio territorio, sin tomar en cuenta los derechos de los demás Estados. Pero semejante pretensión no sólo está en pugna con las nociones más elementales del buen sentido y la equidad, sino que choca abiertamente con la doctrina unánime de la Ciencia del Derecho Internacional.

Tanto en la vida de los individuos como en la vida de las naciones, el derecho de cada uno tiene por límite el derecho de los demás. De otro modo no sería posible la convivencia ni entre los individuos, ni entre los pueblos. Cada Nación está obligada, por lo mismo, no obstante su soberanía y su independencia, a abstenerse de ejecutar aquellos actos que puedan herir o lesionar los derechos fundamentales de las demás Naciones.

Los tratadistas de todos los países, así lo establecen.

Don Pascual Flores, dice: "Todo Gobierno debe ejercer sus poderes de modo que respete los derechos de los demás y los intereses legítimos que se derivan de la convivencia".

---

[1] Aquí se advierten algunos errores de copia, que deben enmendarse así: "Desde el punto conocido con el nombre de Amatillo... con rumbo astronómico Sur, ochenta y seis grados, treinta minutos Oeste (S 86° 30' 0), y distancia aproximada de treinta y siete kilómetros (37 Kms.) hasta el punto medio de la Bahía de Fonseca, equidistante de las costas de una y otra República, por este lado.... (Ver ACTA II DE LA COMISION MIXTADE LIMITES (entre Honduras y Nicaragua), suscrita en San Marcos de Colón, el 12 de junio de 1900).

"Todo Gobierno, independientemente de los tratados, está obligado a ejercer sus poderes soberanos de tal modo que no lesione los legítimos intereses de los demás Gobiernos. Podría decirse, con razón, que faltaba a la lealtad el Gobierno que ejerciese la soberanía territorial de modo contrario a los usos y reglas observados en materia civil".

(Tratado de Derecho Internacional Público, Tomo I pág. 287).

El mismo autor agrega:

"La Libertad de los Estados y la independencia de cada cual en el ejercicio de los derechos de soberanía interior, deben entenderse con la justa limitación del respeto debido a los legítimos intereses de los demás Estados, si no quiere uno colocarse en una actitud hostil".

(Obra y Tomo citados. Pág. 288)

Don Carlos Calvo se expresa así: "Supone que una Nación puede determinar cambios en su manera de ser que afecten en más o menos la seguridad o los derechos de otra, y que es libre, independiente e irresponsable en la determinación de estos cambios, es ir más allá de la razón y del principio establecido. Una Nación es independiente para determinar su forma de gobierno y sus instituciones, siempre que no lastime o niegue la independencia de las demás".

(Derecho Internacional. Tomo I, Pág. 135)

El Barón Neumann, dice: "Cada Estado puede fijar a su arbitrio su constitución, el orden de sucesión de su dinastía... siempre que no lesione los derechos de otro".

(Derecho Internacional Público Moderno. (Pág.55).

Ernesto Nys, prohijando la opinión de Wheaton, dice: "Cada Estado—así se expresaba Henry Wheaton en 1836— en su calidad de ser moral, distinto e independiente de todos los otros Estados, puede ejercer todos los derechos de soberanía, con tal que al ejercerlos no perjudique los derechos semejantes de los otros Estados".

(Le Droit International. Tomo II Pág. 229)

James Kent, dice: "Las Naciones están en entera libertad de usar sus arbitrios y recursos propios y aplicarlos a sus fines particulares del modo que a bien tengan, con tal de que, sin embargo, no violen los derechos legítimos de otras Naciones, ni pongan en peligro la seguridad de éstas".

(Comentarios en American Law, Vol. I. Pág. 25 y 26)

Y finalmente para no hacer interminable esta serie de citas, copiaremos la opinión de Pradier—Foderé, quien se expresa así: "Son, entre otros deberes recíprocos de los Estados: 1°. Abstenerse de actos arbitrarios de naturaleza tal que implique la usurpación de derechos soberanos de un Estado extranjero. 2°. No realizar en su propio territorio hechos o establecer situaciones perjudiciales al vecino. 3°. No ejecutar ningún acto que por su naturaleza implique atentado directo o indirecto a la seguridad de otra Nación.

(Derecho Internacional Público).

No existe, pues, el pretendido derecho de Nicaragua, para obrar omnímodamente en su territorio: tiene para ello un límite, y ese límite consiste en los derechos de los demás Estados, los que deberá respetar conforme a los principios aceptados por todos los tratadistas de Derecho Internacional y a la práctica uniforme de las naciones.

NICARAGUA, COMO ENTIDAD INTERNACIONAL, NO HA PODIDO CONTRATAR LESIONANDO LOS DERECHOS DE OTROS PAÍSES

Se sigue de lo expuesto, que la ubre contratación de los Estados está limitada por los derechos de los otros Estados; y que del mismo modo que, en la vida privada, los individuos no pueden contratar lesionando derechos de terceros, las entidades jurídicas, llamadas Estados, tampoco pueden hacerlo, si lesionan o menoscaban los derechos de las demás entidades de igual índole. Nicaragua, por consiguiente, no ha tenido facultades, dentro de la esfera del derecho, para celebrar ningún tratado que lesione los intereses de los países vecinos; y mucho menos, ha podido hacerlo, si ese tratado, por su contenido, viene a dejar sin efecto lo estipulado en una Convención anterior, perfectamente válida; celebrada con los otros países centroamericanos. La doctrina de los expositores en ese sentido es uniforme, sea cual fuere la nacionalidad a que pertenecen.

El internacionalista español José María Pando, dice: "Es menester igualmente, para que un tratado obligue a las partes contratantes, que las promesas recíprocas puedan ser ejecutadas, esto es, que no exista para su cumplimiento imposibilidad física ni moral... Habría imposibilidad moral si el cumplimiento de la promesa acarrease la lesión de los derechos de tercero.

Esta lesión tendría lugar cuando hubiera colisión entre un empeño nuevamente contraído y las disposiciones de un tratado anteriormente concluido con otra potencia".

(Elementos de Derecho Internacional, Pág. 206.y 315)

El mismo autor, agrega: "Un soberano ligado ya con otra potencia por un pacto solemne, no puede celebrar con otras potencias nuevos pactos, al primero contrarios. Si un tratado se hallase en contradicción con otro anterior con diversa potencia celebrado, prevalecerá justamente el tratado anterior. Si llegasen a ser incompatibles las promesas hechas en diferentes tratados con diferentes potencias, las anteriores deberán entenderse absolutas y las posteriores condicionales".

(Obra citada.Pág.211)

El alemán Neumann, dice: "Solo lo que es posible física, moral y jurídicamente puede ser objeto de un contrato. Cuando falta una de estas condiciones, no puede o no debe entregarse la cosa prometida y el que la hubiere entregado puede repetirla en suma, no existe contrato... Es jurídicamente imposible lo que lesiona los derechos de otro... Nadie puede, pues, contraer obligaciones que estén en contradicción con las que haya contraído anteriormente hacia un tercero".

(Derecho Internacional Público Moderno. Págs.110 y 111).

El ruso Martens, dice: "En lo que toca especialmente a su objeto, los convenios internacionales están sometidos a las condiciones siguientes:

En primer lugar, es necesario que su ejecución sea posible material y moralmente. Las obligaciones que no pueden cumplirse o que son inmorales, no tienen valor jurídico alguno. Racionalmente sólo puede desearse lo que es posible de un modo material o moral....

"Como regla general aplicable a todos los tratados de este género, puede decirse que cuando restringen o niegan los derechos fundamentales de un Estado, son moralmente nulos, sin que sea necesario intentar su derogación... En tercer término, el derecho atribuido por una convención a un Estado no puede ser después concedido a otro".

(Derecho Internacional, Tomo I. Págs. 500 y 501).

El americano don Andrés Bello, dice: "Los tratados producen derechos perfectos, de lo que se sigue:

1º. Que un soberano ligado ya con una potencia extranjera por un tratado, no puede celebrar con otras potencias nuevos tratados contrarios al primero.

2º. Que si un tratado se halla en contradicción con otro anterior celebrado con diversa potencia, el tratado anterior prevalece".

(Principios de Derecho Internacional. Pág.122).

Otro autor español, el Marqués de Olivart, dice: "Condiciones intrínsecas para que pueda existir el contrato internacional son la capacidad de los Estados contrayentes y de las personas que negocian en su nombre, y la justicia y posibilidad de la prestación en que consiste su objeto... Sólo pueden ser objeto de contrato internacional las cosas físicas, moral y jurídicamente posibles".

(Derecho Internacional Público. Tomo I, Págs. 386 y 389).

El italiano Fiore, dice: "Es en efecto, condición indispensable para la validez de los pactos internacionales, que aquello que forma el objeto del acuerdo, sea moral, jurídica y físicamente posible. No podrá, pues, decirse que sea materia lícita de contratación el obligarse a hacer una cosa contraria al derecho internacional, a los preceptos de la moral, o a la justicia universal. Esto no deberá considerarse moralmente posible, porque nadie puede obligarse a hacer cosas contrarias a la ley internacional o a la ley natural".

(Tratado de Derecho Internacional Público, Tomo III, Pág. 40).

El mismo autor, añade: "La imposibilidad jurídica podría existir si del objeto de la convención se derivase la violación de la Ley Internacional reconocida por las mismas partes contratantes. En el supuesto de que los Estados sancionasen ciertos preceptos mediante el *consensus gentium*, y se obligasen a respetarlos y a observarlos como ley, existiría verdadera imposibilidad jurídica si uno se obligase a hacer aquello que estuviese prohibido por la Ley Internacional reconocida".

(Obra y Tomo citados, Pág. 44).

El objeto de los tratados debe, pues, ser lícito: no debe estar en oposición ni con los derechos fundamentales de los demás Estados, ni con los compromisos contraídos válidamente en pactos anteriores que tienen la fuerza de una Ley Internacional para las partes contratantes.

EL TRATADO CHAMORRO—BRYAN LESIONA LOS DERECHOS FUNDAMENTALES DE HONDURAS Y VIOLA EL TRATADO DE PAZ Y AMISTAD DE WASHINGTON

El Tratado Chamorro—Bryan no sólo está en abierta oposición con las obligaciones contraídas por Nicaragua en el Tratado de Paz y Amistad celebrado en Washington el 20 de diciembre de 1907, por las cinco Repúblicas de Centro América sino que constituye una amenaza para nuestra seguridad, y al llevarse a la práctica, lesionará de manera premeditable, uno de los derechos más sagrados en la existencia de todo país libre: el derecho de soberanía.

Ese tratado establece en su cláusula II lo siguiente:

"Artículo 2. Para facilitar al Gobierno de los Estados Unidos la protección del Canal de Panamá y el ejercicio de los derechos de propiedad cedidos al mismo Gobierno por el artículo anterior, y para facilitarle también la adopción de cualquier medida necesaria para los fines aquí previstos, el Gobierno de Nicaragua, por la presente, le da en arriendo por noventa y nueve años las Islas del Mar Caribe conocidas por Great Corn Island y Little Corn Island; y le concede además, por igual lapso de noventa y nueve años, el derecho a establecer, explotar y mantener una base naval en el punto territorio de Nicaragua, sobre el Golfo de Fonseca, que el Gobierno de los Estados Unidos quiera elegir. El Gobierno de los Estados Unidos tendrá la opción de renovar por otro lapso de noventa y nueve años el arriendo y concesiones referidos, a la expiración de los respectivos términos siendo expresamente convenido que el territorio ahora arrendado y la base naval que puede ser establecida en virtud de la concesión arriba pactada, estarán sujetos exclusivamente a las leyes y a la soberana autoridad de los Estados Unidos durante los plazos del arriendo y la concesión, y de cualquier prórroga de éstos"

La cláusula copiada contradice manifiestamente las obligaciones contraídas por Nicaragua en los Arts. 1º. 2º. y 9º. del Tratado de Paz de Amistad que celebró en Washington con las otras Repúblicas de Centro América, el 20 de diciembre de 1907, en que se obliga a no alterar su orden constitucional existente y a vivir en paz con las otras secciones del Istmo; y en que además, otorga a éstas el derecho de libre navegación en las aguas y puertos nicaragüenses, gozando sus naves de los mismos derechos y privilegios de que gozan las nacionales; y por otra parte, ataca los derechos fundamentales de Honduras poniendo en peligro su seguridad y haciendo desaparecer su soberanía en el mar territorial que le corresponde en el Golfo de Fonseca.

Trataremos de demostrar esos extremos en los capítulos que siguen.

ALTERACIÓN DEL ORDEN CONSTITUCIONAL DE NICARAGUA — VIOLACIÓN DEL ARTÍCULO II DEL TRATADO DE PAZ Y AMISTAD DE WASHINGTON

El artículo 2º. de la Constitución vigente en Nicaragua, dice así: "La Soberanía es una, inalienable e imprescriptible y reside esencialmente en el pueblo de quien derivan sus facultades los funcionarios que la Constitución y las leyes establecen. En consecuencia, no se podrá celebrar pactos o tratados que se opongan a la independencia e integridad de la Nación o que afecten de algún modo su soberanía, salvo aquellos que tiendan a la unión con una o más de las Repúblicas de Centro América".

Por el artículo II del Tratado Chamorro—Bryan, Nicaragua concede por 99 años, prorrogables por igual término, al Gobierno de los Estados Unidos, el derecho de establecer, explotar y mantener una base naval en el punto del territorio de Nicaragua, sobre el Golfo de Fonseca, que el Gobierno de los Estados Unidos quiera elegir, siendo expresamente convenido que el territorio arrendado y la base naval que puede ser establecida, estarán sujetos exclusivamente a las leyes y soberana autoridad de los Estados Unidos durante los plazos del arriendo y de la concesión y de cualquier prórroga de éstos. Nicaragua traspasa, pues, su soberanía a una Nación extraña, y compromete su integridad, desmembrando el territorio nicaragüense por un término de casi dos siglos, término que en el hecho tendrá una duración indefinida; y esa enajenación del territorio y ese cercenamiento de la soberanía, violan de manera expresa y terminante la prohibición contenida en la Carta fundamental de aquella República.

Podría decirse, sin embargo, qu1e todo lo relativo a la observancia o inobservancia de la Constitución de Nicaragua, atañe de un modo exclusivo al pueblo nicaragüense: pero esas violaciones implican al mismo tiempo una alteración del orden constitucional de aquel país, y conforme al artículo II del Tratado de Paz y Amistad celebrado en Washington el 20 de diciembre de 1907, por los Delegados de las cinco Repúblicas de Centro América, ninguna de ellas puede alterar el orden constitucional existente.

Ese artículo está redactado con tal claridad, que no deja ninguna duda sobre el particular. Y el Tratado que lo contiene es una ley para los países signatarios. Dice así: "Art. 2º. Deseando asegurar en las Repúblicas de Centro América los beneficios que se derivan de la práctica de las instituciones y contribuir al propio tiempo de afirmar su estabilidad y los prestigios de que deben rodearse, declaran que se considera amenazante a la paz de dichas Repúblicas toda disposición o medida que tienda a alterar en cualquiera de ellas el orden constitucional".

El orden constitucional de un pueblo comprende el conjunto de bases sustanciales consagradas por la respectiva Carta Fundamental. Los principios que cada Constitución reconoce como reglas necesarias para la existencia política, ya sea que se refieran a la forma de Gobierno, o a los atributos esenciales de la existencia de la Nación, constituyen el orden constitucional. Nadie duda que el cambio de forma de gobierno en un país, altera el orden constitucional de ese país; y sin embargo, a nadie podrá ocurrírsele que sean menos graves para un Estado mutilar su integridad territorial, renunciar su soberanía sobre una parte del territorio, fraccionarse, que cambiar la forma de gobierno, existente, conservando inalterables todos los elementos vitales de la Nación. En uno y otro caso, el orden establecido por la Constitución se altera sensiblemente, con la única diferencia de que las perturbaciones causadas por el cambio de forma de gobierno, sólo afectan a los encargados del poder, en tanto que las originadas por la renuncia de una parte de la soberanía, alteran sustancialmente la vida del Estado, cambian sus condiciones de existencia, restringen sus medios de desarrollo: en una palabra, el orden garantizado por la Constitución se lesiona profundamente, se perturba la existencia política de la colectividad, se altera el orden constitucional.

El Tratado Chamorro—Bryan, al cercenar la soberanía de Nicaragua sobre una parte de su territorio, causa, pues, una verdadera alteración del orden constitucional de aquel país; y, en consecuencia, viola el artículo II del Tratado de Paz y Amistad de Washington que impone a los Estados centroamericanos la obligación de conservar el orden constitucional existente.

VIOLACIÓN DEL ARTÍCULO IX DEL TRATADO DE PAZ Y AMISTAD DE WASHINGTON

El Artículo IX del Tratado General de Paz y Amistad suscrito en Washington, establece: "Que las naves mercantes de los países signatarios se considerarán en los mares, costas y puertos de los indicados países como naves nacionales; gozarán de las mismas exenciones, franquicias y concesiones que éstas, y no pagarán otros derechos ni tendrán otros gravámenes que los que paguen y tengan impuestos las embarcaciones del país respectivo".

Contra lo dispuesto en ese artículo, se estipula en el Tratado Chamorro—Bryan (Art. 2º.) que el Gobierno de Nicaragua concede en arriendo al de los Estados Unidos por noventa y nueve años el derecho de establecer, explotar y mantener una base naval en el punto del territorio de Nicaragua, sobre el Golfo de Fonseca, que el Gobierno de los Estados Unidos quiera elegir, siendo expresamente convenido que el territorio ahora arrendado y la base naval que puede ser establecida en virtud de la concesión arriba pactada, estarán sujetos exclusivamente a las leyes y soberana autoridad de los Estados Unidos durante los plazos del arriendo y la concesión y de cualquier prórroga de éstos.

Una parte de los mares y costas nicaragüenses, pasarán a la exclusiva jurisdicción y soberanía de los Estados Unidos; y como en el Tratado Chamorro—Bryan, no se consigna ninguna reserva en favor de los países centroamericanos que suscribieron el Tratado de Washington, los derechos adquiridos por éstos para navegar en el mar nicaragüense se hacen nugatorios, desde luego que una parte de ese mar dejará de pertenecer a Nicaragua para convertirse en un mar territorial sujeto a una soberanía extranjera.

El Tratado Chamorro—Bryan, viola, pues, abiertamente el artículo IX del Tratado de Paz y Amistad de Washington, y constituye una lesión de los derechos adquiridos por Honduras para la libre navegación del mar nicaragüense.

EL TRATADO CHAMORRO—BRYAN RESTRINGE LA JURISDICCIÓN DE HONDURAS EN LAS AGUAS DEL GOLFO DE FONSECA

No entraremos a examinar, por no creerlo necesario, si las aguas del Golfo de Fonseca constituyen una comunidad perteneciente a Honduras, El Salvador y Nicaragua. Indudablemente que la Bahía de Fonseca, no es una bahía cerrada: bahías cerradas, según los internacionalistas, son las que pertenecen a un solo Estado y no tienen en su entrada una anchura mayor de seis millas; la Bahía de Fonseca tiene en su entrada una anchura de 35 kilómetros, más de 19 millas; y sus costas pertenecen actualmente a tres Estados diferentes, El Salvador, Nicaragua y Honduras. No concurren, pues, las dos condiciones que exigen los autores para considerarla como *mare clausum* (bahía cerrada).

Pero si no es una bahía cerrada, es una bahía histórica. Fue descubierta en 1522 por Andrés Niño, piloto de una de las naves de Gil González Dávila y perteneció desde entonces al dominio español: durante tres siglos ejerció España en ella su soberanía, sin protesta de ninguna nación del mundo; y realizada la emancipación política de estos países, continuó perteneciendo a la República de Centro América hasta el año de 1839 en que se verificó el fraccionamiento de la Federación Centroamericana. Posteriormente, los Estados de El Salvador, Nicaragua y Honduras, han continuado usando sus aguas como dueños de ellas, sin que ninguna nación haya puesto en tela de duda sus derechos.

Las bahías históricas no están sujetas a los mismos principios que las bahías cerradas: LA BAHÍA DE DELAWARE, LA BAHÍA DE CHESAPEAKE, LA BAHÍA DE CANCALE Y LA BAHIA DE CONCEPCION son reconocidas por el *consensus gentium*, como bahías históricas; y sin embargo, esas bahías tienen en su entrada una anchura mucho mayor que la de seis millas exigida por el Derecho Internacional para las bahías cerradas y mucho mayor, alguna de ellas, que la entrada del Golfo o Bahía de Fonseca[2]. (Véase la Revista Americana de Derecho Internacional, Tomo 60, No. 2, págs. 458 y 459).

Valdría la pena, pues, de hacer un estudio detenido para determinar si existe el condominio de los tres Estados riberanos sobre las aguas del Golfo que se extienden más allá del mar territorial correspondiente a cada uno de ellos. Pero para nuestro objeto no es necesaria esa investigación. Para nuestro propósito basta hacer constar ciertos derechos evidentes de Honduras que imposibilitaban legalmente a Estados Unidos y Nicaragua para celebrar el Tratado Bryan—Chamorro.

No entraremos en largas disquisiciones sobre la extensión del mar territorial: es cosa elementalísima saber que el mar adyacente hasta la distancia de tres millas, medidas desde la línea de más baja marea, en mar territorial y de dominio nacional; y que las islas se consideran como una prolongación de la tierra firme. Tampoco discutiremos largamente a fin de establecer que para los efectos de seguridad y policía, la jurisdicción de cada país se prolonga hasta una distancia sobre el mar de cuatro leguas —doce millas— medidas de igual manera que el mar territorial. Sobre todos estos extremos no hay duda ninguna, y están de acuerdo no sólo los autores de Derecho Internacional[3] sino también la legislación de muchos países entre los cuales figuran la misma Nicaragua, Honduras, El Salvador, los mismos Estados Unidos, Francia, Inglaterra, Chile, la República Argentina y otros que sería prolijo enumerar.

Formen o no una comunidad las aguas no territoriales del Golfo, los derechos de Honduras son indiscutibles para extender su jurisdicción en lo que se relaciona con fines de seguridad y policiales

---

[2] La entrada de la Bahía de Cancale tiene 70 millas de ancho.

[3] Véase Taylor. A Treatise of International Public. Law, 1901. Pags. 293 y 294: Westlake International Law, 1904, Vol.1o. Pags. 184 y 185: Holland, Letters to The Times; Wars and Neutrality (1907). Pags. 132: Hershey, International Law and Diplomacy of the Russo—Japanese War, 1906. Págs.132 y 133; Wilson International Law. 1910. Pag. 98. Baty, Law Magazine and Revieu, 1910. Pág. 463: autores todos éstos citados por la Revista Americana de Derecho Internacional, ya mencionada; y véase además a Flores, Calvo y los principales tratadistas de Derecho Internacional.

hasta una distancia de doce millas medidas desde sus islas hacia cualquier dirección sobre el mar.

Según el mapa marino levantado y publicado en el año de 1884, por oficiales de la marina de Estados Unidos, bajo el mando del Comandante E. C. Clark, casi conforme con el de Sonnestern y con el de Nicaragua, publicado en 1903, por la Oficina Internacional Panamericana, y según el mapa de Honduras publicado en 1909 por el Ingeniero don E. C. Fiallos, la distancia de Punta Rosario o Monny Penny —lugar probable de la base naval— al punto más meridional de la Isla Hondureña del Tigre, es de once millas y una tercia —21 kilómetros—; y la de Farallones a Punta Rosario es de seis millas.

La jurisdicción de Honduras para fines de seguridad y policía se extiende, pues, sobre todas las aguas no territoriales del Golfo que circundan a Punta Rosario, inclusive las de Farallones, canal profundo que forma la entrada principal de la Bahía; y viceversa, la de Nicaragua se extiende sobre todas las aguas no territoriales de la parte meridional de la Isla del Tigre. La jurisdicción es, pues, común, e iguales derechos tienen en ese sentido sobre esa región del mar los dos Estados vecinos: Honduras y Nicaragua.

Esos derechos no son creaciones de la voluntad caprichosa de los Estados que rodean el Golfo; no representan una obra del acaso: son medios que la comunidad mundial de las naciones, ha considerado como necesarios para el desarrollo de los Estados. No se puede, pues, privar a éstos de esos derechos, sin cometer un atentado contra el Derecho Internacional.

Esos derechos prácticamente quedarán menoscabados o anula—dos por el establecimiento de la base naval. El derecho de inspección de Honduras sobre todas esas aguas sufrirá la natural restricción impuesta por la proximidad de una estación militar, perteneciente a una nación poderosa, sobre todo en tiempo de guerra; y la jurisdicción de Honduras para fines de seguridad y policía, no podrá ejercerse eficazmente, y será tan sólo de nombre. Ese derecho lo ejercerá prácticamente, de un modo exclusivo, la Nación Americana.

El Tratado Chamorro—Bryan lesiona, pues, los derechos jurisdiccionales que a Honduras corresponden sobre las aguas del Golfo de Fonseca; y viola, por consiguiente, los principios reconocidos por el Derecho Internacional como norma necesaria para hacer posible la convivencia de las naciones en el concierto mundial.

EL ESTABLECIMIENTO DE LA BASE NAVAL EN LAS AGUAS DEL GOLFO LESIONA LA SOBERANÍA DE HONDURAS

Por la escasez de obras de consulta no nos es posible fijar de modo preciso el contenido del concepto base naval. Pero indudablemente una base naval es una base de operaciones en el mar y con respeto a las bases de operaciones, el Diccionario Enciclopédico Hispano Americano —edición de 1888— da la siguiente definición: "Base de operaciones. Art. Mil. Zona de territorio limitado y protegida por obstáculos naturales (ríos, alturas, bosques y artificiales plazas fuertes campos atrincherados) donde se establece y dispone el material de guerra, se reúnen los víveres, se concentran las fuerzas, en suma, donde se prepara todo cuanto es necesario para comenzar y continuar las operaciones. Es el punto de partida de las tropas hacia el objetivo... La base principal apoya las operaciones hasta cierto límite, conforme se avanza pierde sus buenas condiciones de apoyo, y a cierta distancia, como antes se ha indicado, hay que establecer otra secundaria enlazada con la primera, y necesariamente otra y otras más a medida que 'el ejército va internándose en país enemigo. Todas estas bases pueden servir de apoyo en caso de retirada".

"Deben también reunir las condiciones siguientes: flancos apoyados en obstáculos insuperables constituidos por buenas defensas naturales o artificiales o en fronteras de países neutrales para evitar que el enemigo pueda flanquearla: posiciones a vanguardia que ofrezcan obstáculo al enemigo para llegar hasta la base, pero que no dificulten los avances u operaciones ofensivas del propio ejército: una o más plazas fuertes a retaguardia a fin de cubrir y proteger la retirada y crear, si fuera posible, líneas de defensa. La primera base de operaciones de un ejército se considera casi siempre como la principal; pero sucede, en ocasiones, que la primitiva base no es completa ni perfecta, porque al comenzar la campaña ha sido forzoso acomodarse a las condiciones de la frontera. Entonces las primeras operaciones tienden a constituir una segunda base en mejores condiciones y bien enlazada con aquella, de modo que la segunda base será la principal".

La existencia de la base naval implica, pues, la existencia de puntos estratégicos fortificados que la resguarden y protejan: implica la existencia de grandes depósitos de municiones y pertrechos de guerra, carbón, víveres, aceite y la construcción de fortalezas y puestos militares, que protegiendo el fondeadero de las naves las pongan a cubierto de cualquier ataque de una escuadra enemiga.

La porción del mar nicaragüense y la topografía de ese mar no reúnen las condiciones necesarias para fondeadero de naves de gran calado, ni constituye un lugar apropiado y suficiente para el establecimiento de una base naval. La extensión de mar territorial nicaragüense en el golfo es pequeña, y prescindiendo del canal de Farallones, donde las aguas son profundas, el resto de las aguas presenta serios obstáculos por los bancos de arena y la poca profundidad, que hacen imposible la navegación de los buques, no digamos de gran calado, pero ni siquiera de regular calado. Esa porción de mar no tiene una profundidad uniforme, siendo muy accidentada por causa de los mismos bancos, hasta el grado de que cerca de una profundidad de ocho a diez pies, se encuentran lugares que apenas tienen tres o cinco pies de agua, según aparece del mapa levantado por ingenieros americanos.

La parte nicaragüense del golfo no bastaría para resguardar la armada americana y garantizar la base naval. Para estos objetos habría necesidad de minar toda la entrada de la bahía en la línea de Punta Cosigüina a Punta Amapala, quedando entonces completamente cerrado el golfo, para El Salvador y Honduras y convertidas las aguas de estos países en puntos de abrigo de los vapores de guerra de Norte América, con lo que se viola y desaparece de hecho la soberanía de estos Estados en la extensión de mar que les corresponde.

En el caso de guerra de los Estados Unidos con otra potencia, las aguas hondureñas y salvadoreñas serían el refugio obligado de las unidades de combate de la escuadra americana: prácticamente todo el golfo quedará bajo su control y su dominio. Las Repúblicas de El Salvador y Honduras, cualesquiera que sean sus pactos de alianza con una nación fuerte, no podrán ni construir fortificaciones que las defiendan de la base naval de los Estados Unidos, porque los americanos verían en ello un peligro para su seguridad, ni podrían ofrecer en sus aguas neutrales un abrigo seguro a los barcos de las potencias en guerra con la Federación del Norte, porque su mar territorial, en el hecho, se habría convertido en apéndice de la base naval americana. ¿Y qué valor tiene la soberanía de un Estado cuando se le priva hasta del derecho de atender a su defensa y al cumplimiento de los deberes que le impone la vida internacional?

¡Esa soberanía sería sólo de nombre en el hecho no existiría!

LA BASE NAVAL AMERICANA ES UN PELIGRO PARA LA SEGURIDAD DE HONDURAS

Las fortificaciones que establezcan los americanos como consecuencia de la fundación de la base naval, dominarán indudablemente una gran extensión de la Bahía de Fonseca; y los cañones con que artillen esas fortificaciones, tendrán a no dudarlo un alcance suficiente para dominar bajo sus bocas de fuego, no sólo el mar nicaragüense, sino también el mar de Honduras y nuestras costas del litoral del Sur. La seguridad del país quedará, pues, amenazada.

Pero para demostrar este peligro no se necesita esforzar el razonamiento: la historia diplomática de Europa y más que toda la historia misma de los Estados Unidos suministra argumentos suficientes para establecer que la fundación de esta base naval, debe considerarse como un positivo peligro para la seguridad de estos países.

En 1911 —hace apenas cinco años— el Gobierno alemán pretendió establecer una base naval en Agadir, costa de Marruecos. Francia e Inglaterra se opusieron al pensamiento de Alemania, por considerar, respectivamente, que el establecimiento de esa base naval constituía un peligro para la seguridad de las colonias francesas en el África Septentrional y para la seguridad de los intereses comerciales y políticos de la Gran Bretaña en el Oriente. La cuestión tomó tales proporciones que llegó a constituir un *casus bell*; y si Alemania no desiste de sus pretensiones, seguramente que desde entonces se hubiera encendido en e1 viejo Continente la guerra asoladora que hoy devasta los campos de Europa.

Por el Tratado de Berlín de 1878, se reconoció la independencia de Montenegro anexándole el Puerto de Antiyari; pero como una garantía en favor de Austria se estipuló (Art. 29) que el puerto de Antivari y todas las aguas de Montenegro quedarían cerradas a los buques de guerra de todas las Naciones y que las fortificaciones situadas entre el lago y el litoral en el territorio Montenegro, serían arrasadas y no podrían levantarse otras en dicha zona.

(Véase Tratado de Berlín de 1878, inserto en la obra de Neumann ya citada, páginas 301 a 317).

Por razones iguales de seguridad para otras potencias, Francia se obligó mediante los Tratados de Utrecht (1713). Aquisgrán (1748) y París (1763), a no fortificar a Dunquerque; y mediante el Tratado de París de 1815, se comprometió a no reconstruir las fortificaciones de Huminga, (Véase Martens obra y tomo citados, página 456).

Pero ningún país ofrece tantos hechos históricos relacionados con este asunto, como los Estados Unidos de Norte América. La historia toda de esta Nación está demostrando que ella ha considerado siempre como un peligro para su seguridad el establecimiento en cualquier forma de una base de fuerza de cualquier poder europeo en América.

En 1820, bastó que los americanos sospecharan que Inglaterra pretendía apoderarse de Cuba, para que el Gobierno de los Estados Unidos se dirigiera al de Su Majestad Británica significándole que no vería con gusto que la isla de Cuba pasara a otras manos que las de España; y le comunicó la noticia que corría sobre el particular. (Véase Calvo, obra y tomo citados, página 145).

En 1823, el Gobierno americano proclamó a la faz del mundo la célebre doctrina de Monroe, contenida en el mensaje de 2 de diciembre de aquel año. En ese documento, el Presidente Monroe, hizo entre otras declaraciones, las que literalmente dicen: "En consideración a las francas relaciones que existen entre los Estados Unidos y estas Potencias (Las Potencias aliadas de Europa) debemos declarar que consideraremos toda tentativa de su parte para extender su sistema sobre cualquier parte de este hemisferio, como peligrosa para nuestra paz y nuestra seguridad. Nosotros no intervendremos jamás en las colonias americanas de los Estados de Europa; pero respecto de los Gobiernos que han declarado su independencia, que la mantienen y cuyo reconocimiento hemos hecho por serios motivos y según los principios de justicia, no consentiremos jamás que se produzca una intervención con el objeto de oprimirlos, o de controlar de una manera cualquiera su destino por parte de cualquier potencia europea, sin ver en ello la manifestación de una disposición hostil hacia los Estados Unidos... Es imposible que los Estados de Europa extiendan su sistema político sobre una parte cualquiera de este Continente sin atender a nuestra paz y a nuestra seguridad y bienestar... Los Continentes americanos, por la libre condición que han adquirido y que mantienen, no deben considerarse por más tiempo sujetos a una colonización en el porvenir, por parte de cualquier potencia europea".

(Véase Álvarez, Derecho Internacional Americano, páginas 134 y 135).

Y esa doctrina que estima como un peligro para la paz y la seguridad de los Estados Unidos el establecimiento de cualquier poder europeo en cualquier región del Nuevo Mundo, aunque sea en los confines de la Patagonia, se ha venido sosteniendo por los americanos desde aquella época hasta nuestros días.

En 1840, el Presidente Van Buren, haciendo frente a las aspiraciones de la Gran Bretaña, declaró que los Estados Unidos impedirían por la fuerza la ocupación militar de Cuba por Inglaterra. (Véase Álvarez —Obra Citada— páginas 152 y 153).

En 1895, tratándose de la misma República de Nicaragua, algunos de cuyos Gobiernos han tenido empeño, según parece, en comprometer la soberanía del país el Gobierno americano se opuso a la intención del Gobierno nicaragüense de ceder a Inglaterra, a título de indemnización por la prisión de un Vicecónsul inglés, y para servir de estación carbonera, esas mismas Islas de Maíz, que hoy han pasado a ser propiedad americana, bajo pretexto de arrendamiento por un término de casi dos siglos. (Véase Álvarez obra citada, pág. 152). Para los Estados Unidos, firmantes del Tratado Chamorro—Bryan, era peligroso que Inglaterra tuviera depósito de carbón en las Islas del Maíz; pero para los hondureños no constituye, sin duda, ningún peligro el que los americanos tengan fortalezas y cañones y vapores de guerra, en las costas y aguas del Golfo de Fonseca colindantes con las costas y aguas de su mar territorial.

Últimamente —en el año de 1912— algunos individuos americanos propietarios de varios millones de acres de terreno en la Bahía de Magdalena, situada a más de tres mil millas de Panamá, pretendieron ceder esos terrenos a súbditos del Japón. El Senado de los Estados Unidos se alarmó por este hecho; y a moción del Senador Lodge, resolvió:

"Que cuando un puerto o cualquier otro lugar del Continente Americano se halle situado en tal forma, que la ocupación del mismo para fines militares o navales pudiese constituir una amenaza para las comunicaciones o la seguridad de los Estados Unidos, el Gobierno de los Estados Unidos no puede ver sin interés especialísimo la posesión de dicho puerto u otro lugar por una Corporación o Sociedad que esté de tal forma relacionada con otro Gobierno que no sea americano, que en virtud de ella, ese Gobierno pueda ejercer virtualmente su dominio sobre el mismo para fines nacionales". (Véase Revista Americana de Derecho Internacional —Tomo 6— número 4, página 974).

Es indiscutible, pues, que tanto Europa como Estados Unidos, han reconocido como un principio incontrovertible que no está permitido, según el uso de las naciones, el establecimiento de fortificaciones o bases navales, cuando ellas puedan constituir un peligro para las demás potencias; y si los Estados Unidos, que son una Nación fuerte y poderosa, han estimado que peligra su seguridad por el establecimiento de una base de poder de cualquier nación europea, en cualquier lugar de este Continente, aunque sea a muchos centenares de millas de sus Costas, con mayor razón Honduras que es un país débil, debe considerar como un peligro, como un gravísimo peligro para su seguridad el establecimiento de una base naval de los Estados Unidos en las costas y aguas del Golfo de Fonseca, que dominan las costas y aguas de su mar territorial.

EL TRATADO CHAMORRO—BRYAN JUSTIFICA HASTA EL DERECHO DE INTERVENCIÓN Y, POR CONSIGUIENTE, PERTURBA EL ESTADO DE PAZ DE CENTRO AMÉRICA Y VIOLA EL ARTÍCULO I DEL TRATADO DE AMISTAD DE WASHINGTON.

Establecido como queda, que el Tratado Chamorro—Bryan pone en peligro la seguridad de Honduras y lesiona su soberanía y los derechos adquiridos por ella de conformidad con el Tratado de Paz y Amistad de Washington, es indudable que Honduras, por vía de defensa, podría según la ciencia internacional hasta intervenir violentamente en los asuntos nicaragüenses para hacer respetar sus derechos menospreciados conculcados por el Gobierno de aquel país.

Los tratadistas de la materia así lo establecen unánimemente.

El Barón Neumann, dice: "Ha lugar a la intervención cuando la modificación constitucional de un Estado lesione los derechos adquiridos del que inter vienen". (Obra citada. Página 72)

El Marqués de Olivart se expresa así: "Satruch, en el Diccionario de Bluntschli, considera indudable la existencia del derecho de intervención en los negocios interiores de un Estado cuando el interventor ha sido llamado, o sin serlo, lo hace por los intereses del equilibrio europeo o por la lesión del derecho propio".
(Obra citada, Tomo I, página 250).

El mismo autor, agrega: "Woolsey admite la intervención como excepción, si lo requiere la propia defensa *(self preservation).*
(Obra citada, Tomo I, página 248).

Sir Roberto Primore dice: "Puede ser lícito intervenir por razón de la propia defensa cuando las instituciones interiores de un Estado sean incompatibles con la paz y la seguridad de las demás".
(International Law, Tomo I, P. 93).

Guizot dice: "Ningún Estado tiene derecho a intervenir en la situación ni en el Gobierno Interior de otro Estado, sino cuando el interés de su propia conservación o seguridad haga que esta intervención sea indispensable".
(Memoires pour servir a Phistoire de mon temps. T. I. V. páginas 4 y 5).

Martens dice: "Pero si el Estado regido por el Derecho Internacional no consigue hacer respetar los derechos de cuya tutela está encargado, recordando simplemente que existen, se hace necesario el empleo de la fuerza o de la coacción".
(Obra citada, Tomo III, página 119).

Calvo dice:

"Con motivo de las medidas que tomaron las grandes potencias relativamente a la revolución de Nápoles en 1820, el Gobierno Inglés hizo declaraciones de muchísima importancia. Manifestó que no reconocía el derecho de intervención sino cuando fueren seria y realmente amenazadas la seguridad e intereses esenciales de un Estado por los cambios que en otro sobrevinieran".

(Derecho Internacional, Tomo I, Página 140)..

Y para terminar estas citas que no queremos prolongar en demasía, copiaremos por último la opinión de Heffter, quien dice así:

"Puede apelarse a las medidas de intervención cuando los cambios interiores ocurridos en un Estado sean de tal naturaleza que puedan perjudicar los legítimos intereses del Estado vecino".

(Derecho Internacional párrafo 45).

Pero el derecho de intervención es el derecho a la guerra. Autoriza al país ofendido para hacer respetar por la fuerza sus derechos conculcados. Es la interposición armada. Es uno de los casus belli de que hablan los internacionalistas.

El Marqués de Olivart, tratando de explicar este concepto, dice: "Debe comprenderse para evitar sensibles confusiones, que la verdadera intervención envuelve la idea de acción violenta, o por lo menos de amenaza".

(Véase Tratado de Derecho Internacional Público, Tomo I, página 241).

Don Pascual Flore es más concreto y terminante en sus afirmaciones. Dice: "El sentido jurídico de la palabra intervención expresa siempre la interposición armada".

(Derecho Internacional Público. Tomo II, Página 9).

Y en otra parte de la misma obra, se expresa así: "Cuando la organización política de un Estado traiga consigo una lesión real del derecho de otro, la parte lesionada lo tiene a la defensa. Este es, por tanto, uno de los casus belli y debe apreciarse conforme a los principios que rigen el derecho de guerra".

(Obra y tomo citados, página 16).

Y en igual sentido opinan Holtzendorff y otros.

El Gobierno de Nicaragua al celebrar un tratado que lesiona los derechos fundamentales de Honduras, ha creado, en consecuencia, entre los dos países una situación jurídica que autorizaría a esta República hasta para intervenir en los asuntos de aquélla; y como la intervención es la guerra, surge la conclusión de que con el Tratado Chamorro—Bryan se produce una causa de perturbación a la paz de los dos Estados, garantizada por el artículo 1°. del Tratado de Paz y Amistad de Washington, que dice:

"Artículo 1°. Las Repúblicas de Centro América consideran como el primordial de sus deberes en sus relaciones mutuas el mantenimiento de la paz".

El Tratado Chamorro—Bryan viola, pues, de un modo evidente, la primera de las estipulaciones del Tratado de Paz y Amistad, celebrado en Washington el 20 de diciembre de 1907; y como el mantenimiento de la paz centroamericana fue el fin primordial, el objeto supremo que inspiró a las cinco Repúblicas del Istmo para la celebración de ese contrato internacional, manifiestamente se comprende que el Tratado Chamorro—Bryan, de hecho, dejará sin efecto en su totalidad el Tratado de Paz y Amistad de Washington que los países centroamericanos consideraron como una garantía de sus relaciones mutuas y como una base para asegurar su estabilidad y su desarrollo en el porvenir.

Y sea este el momento oportuno para decir que aunque los Estados Unidos no firmaron el tratado de Paz y Amistad de Washington, tienen el compromiso moral de respetarlo por la influencia decisiva que ejercieron para la reunión de las conferencias de 1907. Las agitaciones de la América Central inspiraron a los Presidentes Teodoro Roosevelt y Porfirio Díaz la idea de invitar a estas repúblicas a una reunión que provocara un acuerdo permanente. El gobernante de México sugirió el proyecto de las conferencias, y Roosevelt, en su primer mensaje cablegráfico del 28 de agosto de aquel año, dirigido a los Jefes de Estado Centroamericanos, exponía tal pensamiento, "guiado, según dijo, por sentimientos de imparcial amistad para cooperar de toda veras en la causa de la paz".

Aceptado por los gobiernos de estas cinco secciones el proyecto de las conferencias, se firmó el protocolo preliminar en la capital americana, y a continuación dirigió Roosevelt su cablegrama de 21 de septiembre, excitándolos para que enviaran las delegaciones respectivas. En esos mensajes, en las palabras del Secretario Interino, señor Alevy Adee, que presidió la conferencia preliminar de 11 de septiembre y en el discurso de Mr. Root, que inauguró formalmente las conferencias de diciembre, en todas esas declaraciones oficiales, el concepto de la paz de Centro América constituye la idea esencial.

El Tratado Chamorro—Bryan crea un estado de perturbación en Centro América, cuyas primeras manifestaciones son las demandas de

Costa Rica y El Salvador contra Nicaragua; y en consecuencia, los Estados Unidos, que invitaron a estos Estados para que deliberaran bajo el techo de Washington, según la expresión de Mr. Adee, están comprometidos por las leyes del honor a sostener la letra y el espíritu del Tratado y Convenciones de 1907, porque su violación por el mismo gobierno americano supondría un irrespeto flagrante a las leyes de la amistad internacional.

ADICIÓN DEL SENADO AMERICANO

Con motivo de las protestas que por la Celebración del Tratado Chamorro—Bryan, presentaron ante el Gobierno de Estados Unidos los Gobiernos de El Salvador, Honduras y Costa Rica, el Senado Americano al aconsejar y consentir la ratificación de ese convenio, declaró:

"Que daba dicho consejo y consentimiento en la inteligencia que debe ser expresa como parte del instrumento de ratificación de que nada de dicha Convención ha sido concebido para afectar derecho alguno de cualquiera de esos Estados".

Esa declaración implica indudablemente el reconocimiento de los derechos de Honduras en el Golfo de Fonseca, y se quiere, una aprobación condicional que da valor al Tratado sólo en el caso de que no perjudique los derechos que en sus protestas consideraron lesionados El Salvador, Honduras y Costa Rica; pero esa adición no fue aprobada por el Poder Legislativo de Nicaragua, por lo cual no puede considerarse como parte del Tratado Chamorro—Bryan; y esta circunstancia y el hecho de que, según parece, el Gobierno Americano está resuelto a llevar a cabo, sin dilaciones, los trabajos preliminares para el establecimiento de la base naval, indican que por parte de los Gobiernos signatarios del Convenio Chamorro—Bryan no hay el propósito de respetar los derechos de los Estados Riberanos del Golfo.

La soberanía y la seguridad de Honduras y los derechos adquiridos por ésta en virtud del Tratado de Paz y Amistad de Washington, están, pues, en peligro; nuestro país atraviesa una crisis con relación a algunos de sus derechos fundamentales, sin precedente en los anales de su historia; y por un deber de conservación, está obligado a atender a su defensa en la forma más conveniente aconsejada por el derecho y por los Pactos Internacionales que rigen sus relaciones jurídicas con los países signatarios del Tratado Chamorro—Bryan.

ACCIÓN QUE DEBE PROMOVER EL GOBIERNO DE HONDURAS PARA RESGUARDAR SUS DERECHOS

¿Cuál es esta forma? ¿Cuáles los medios más a propósito para que Honduras haga respetar sus derechos vulnerados por el Pacto celebrado por Nicaragua con los Estados Unidos?

La Convención celebrada en Washington el 20 de diciembre de 1907, creando la Corte de Justicia Centro—Americana, es una ley para las cinco Repúblicas de Centro—América.

Esa Convención dispone en su artículo 1°. que todas las controversias o cuestiones que puedan suscitarse entre los países contratantes, de cualquier naturaleza que sean y cualquiera que sea su origen, deberán ser sometidas al conocimiento y decisión de la Corte de Justicia Centro—Americana, en el caso de que las Cancillerías no hubieren podido llegar a un avenimiento.

Existe, pues, un Tribunal Internacional, llamado e decidir las contiendas que se susciten entre los países centroamericanos, cual quiera que sea el origen de esas contiendas; y respecto de las faculta des de ese alto Tribunal, no cabe siquiera discusión alguna porque el mismo Convenio que lo creó, la autoriza ampliamente para fijar su competencia; y en el caso de la demanda de Costa Rica contra la República de Nicaragua, ha declarado ya de un modo terminante que se considera investido de atribuciones para conocer y decidir las controversias entre estas Repúblicas, originadas por el Tratado Bryan Chamorro.

Conviene, pues, acudir a la Corte Centro—Americana en demanda de justicia: pero como la Convención citada establece que deben agotarse previamente las gestiones amigables para llegar a un acuerdo, entendemos que si no se han hecho esas gestiones, convendría que el Gobierno hondureño las hiciera a la mayor brevedad posible, a fin de obtener la constancia de haber cumplido tal requisito, ya que de antemano, puede comprenderse que no será posible ningún avenimiento tanto por el Gobierno de Nicaragua que muestra quizá más empeño que los mismos Estados Unidos en el establecimiento de la base naval americana, como porque los compromisos contraídos no le permitirán al tenerse voluntariamente de cumplir obligaciones que aunque nulas según el Derecho Internacional responden a los deseos y aspiraciones del Gobierno de aquella Nación.

Y obtenida esa constancia, creemos que el Gobierno de Honduras, debe presentarse ante la Corte de Justicia Centro—Americana, demandando al Gobierno de Nicaragua, para que aquel Alto Tribunal declare, en mérito de las razones que hemos expuesto:

1º. Que el Gobierno de Nicaragua no ha tenido facultades ni ha podido conforme a las reglas del Derecho Internacional y conforme al Tratado de Paz y Amistad de Washington, celebrar ningún Tratado que lesione la soberanía o los derechos de Honduras o que constituya un peligro para su seguridad.

2º. Que el Tratado Chamorro—Bryan constituye una lesión de la Soberanía de Honduras y un peligro para su seguridad y viola en perjuicio de esta República los derechos adquiridos por ella en virtud de lo estipulado en las cláusulas I, II y IX del Tratado de Paz y Amistad de Washington.

Si como es de esperarse, el fallo que recaiga es favorable, toda cuestión entre Honduras y Nicaragua originada por el Tratado Chamorro—Bryan, quedará definitivamente terminada bajo el punto de vista legal; y el Gobierno de Honduras contará con un antecedente de valor jurídico inapreciable para oponerse ante el Gobierno de Washington al establecimiento de la base naval americana en el Golfo, y podrá, bajo muy buenos auspicios, anunciadores del triunfo, si es que la justicia no es una palabra vana, hacer las gestiones conducentes para que el asunto se someta a la decisión de un Arbitramento, según lo previene el Tratado de Arbitraje celebrado por Honduras con el Gobierno de la Federación Americana.

Pero mientras llega el momento de hacer esas gestiones, entendemos que para salvaguardar los derechos de Honduras, debe el Gobierno hondureño repetir su protesta ante el Gobierno de Washington por la lesión que infiere a la Soberanía y a los derechos de esta República el Tratado Chamorro—Bryan: y declarar en ella, de un modo categórico, como lo hizo el Gobierno de El Salvador, que el Gobierno de Honduras no reconoce la validez del tratado Chamorro—Bryan y que por lo mismo hará uso en todo tiempo contra dicho

Tratado de todos los medios y procedimientos que las Convenciones vigentes, el Derecho Internacional y la justicia le franqueen para invalidarlo en sus efectos.

La Federación Americana es un Poder colosal; Honduras es un país débil: por consiguiente, si no obstante los derechos incontrovertibles de Honduras, los Estados Unidos se empeñan en llevar a la práctica el establecimiento de la base naval, es indudable que podrán hacerlo sin incurrir en más responsabilidad que la censura de los países civilizados: la fuerza ahogará el derecho; pero sobre esa situación de violencia quedará prevaleciendo, de manera indiscutible y clara, el derecho de Honduras; y en el transcurso del tiempo, al través de las evoluciones que producen los diversos intereses en la vida de los pueblos, quizá nuestro país humillado pueda reivindicar algún día sus derechos perdidos y ejercitar de nuevo en toda su plenitud su soberanía sobre las aguas y costas de nuestro mar del Pacífico:

Tegucigalpa, 26 de diciembre de 1917.

P. Quesada. D. Gutiérrez. Paulino Valladares. Miguel O. Bustillo. Alberto A. Rodríguez. Domínguez Zambrano. Manuel F. Barahona.

DICTAMEN DE LA COMISIÓN REVISORA NOMBRADA PARA EL EXAMEN DEL ESTUDIO QUE ANTECEDE

Comisionados para emitir dictamen sobre el informe elaborado por encargo de la Sociedad de Abogados, acerca del Tratado Internacional Bryan—Chamorro; y relativo al establecimiento por parte de Estados Unidos de una base naval y estación carbonera en territorio de Nicaragua, situado en la costa del Golfo de Fonseca, hacemos constar: que estudiamos conjuntamente con los recomendados para la presentación del expresado informe, el estudio que precede, el cual hemos encontrado correcto en sus puntos de vista y conclusiones, por lo que recomendamos su aprobación, con los únicos aditamentos que siguen:

Desde a raíz del descubrimiento de América, fue motivo de preocupación mundial el hallazgo de una vía marítima que pusiera en comunicación, a través del Continente, los Océanos Atlántico y Pacífico.

Con anterioridad a los estudios del Barón de Humboldt los conocimientos sobre el particular, se reducían a conjeturas infundadas; y los trabajos que al respecto se hicieron reservadamente por orden del gobierno de España, eran harto deficientes.

Humboldt propuso cinco vías por las cuales era posible la comunicación deseada; la de Darién, la de Chocó, la Tehuantepec, la de Nicaragua y la de Panamá, que ha llevado a efecto el gobierno americano.

Con la importancia que adquirieron las ricas minas de California, a mediados del siglo recién pasado, creció por parte del gobierno de Estados Unidos el interés de encontrar una vía intercontinental que pusiera en rápida comunicación sus costas orientales con las occidentales. Por esta razón en 1850 el geógrafo norteamericano, E. G. Squier, decía: "e gran desiderátum de los Estados Unidos es encontrar una ruta lo más al Norte posible; y ya sea por mar o por tierra, el requisito más indispensable es que haya buenos puertos en ambos mares. Sin éstos, no puede haber ni fácil ni segura comunicación, y cada milla al Sur de la latitud de New Orleans que tenga cada ruta, añade dos de distancia entre los Estados del Atlántico y California, Oregón, Islas Sandwich y los mayores centros de comunicación oriental que están abiertos a nuestro comercio. Así, pues, la ruta que mejor lleva estas dos condiciones —una alta latitud y buenos puertos— satisfará las exigencias públicas y será superior a las otras".

Posteriormente, Estados Unidos ha resuelto estos problemas, con la construcción del monstruoso ferrocarril interoceánico, que partiendo de New York llega a San Francisco y con la reciente apertura del Canal de Panamá.

Pero esta última circunstancia en vez de alejar toda posibilidad de interés por parte del Gobierno Americano, por construir o adueñarse de las vías de comunicación interoceánicas viables en territorio de Centro América, ha venido a complicar la situación en forma grave y delicada en lo que concierne particular y directamente a la República de Honduras.

La apertura del Canal de Panamá ha puesto a Estados Unidos en la necesidad de construir bases navales en ambos océanos para atender la conservación y defensa de la expresada vía; y en la de alejar para el futuro toda virtualidad tendiente a la construcción de otra ruta rival de la que es dueño.

En cuanto a establecimientos navales en el Atlántico, protectores del canal, Estados Unidos ha resuelto satisfactoriamente sus dificultades; y al mismo fin tienden los propósitos del Tratado Bryan—Chamorro, lo mismo que a impedir la apertura del proyectado canal de Nicaragua, al menos, por otra Nación que no sea la misma de Estados Unidos de Norte América.

El Tratado Internacional a que se alude, al permitir el establecimiento de una base naval en el Golfo de Fonseca, revive para Estados Unidos el antiguo interés de adueñarse de la vía terrestre de comunicación interoceánica, factible por territorio de Centro América.

Desde en tiempo de Squier se sabe que la vía más rápida y segura de comunicación entre ambos mares y entre Estados Unidos y los centros más importantes del mar del Sur, se halla ubicada en Honduras; y al respecto son memorables estas textuales palabras de aquel geógrafo: "A la lista de las vías de comunicación interoceánicas, añado otra que tiene tales ventajas peculiares que le dan una superioridad permanente sobre las otras, como medio de tránsito, seguridad, rapidez y facilidad para comunicar a Estados Unidos con los puntos más importantes y centrales del Pacífico. Esta línea está dentro del Estado de Honduras, y ya se tiene un completo reconocimiento, como se verá de los resultados que se presentan". "Comienza en Puerto Caballos en la Bahía de Honduras, latitud 150 49'N y longitud 870 57' O., y sigue un poco al Sur, atravesando el Continente, hasta la bahía de Fonseca, en el Pacífico, latitud 130 21'N y longitud 870 35' 0. Su total longitud de fondeadero a fondeadero es de 148 millas geográficas, iguales a 160 millas comunes, etc., etc.".

Con el establecimiento de la pretendida base naval de Estados Unidos en el Golfo de Fonseca, la citada ruta tendría para dicho país el doble interés de llegar por ella más rápida, segura y prontamente a su expresado establecimiento y el de prestar también por un intermedio más eficiente protección a la zona del Canal de Panamá y la misma base naval de Fonseca.

Considerado desde este punto de vista el Tratado Bryan—Chamorro, debe estimarse lesivo y amenazante para la soberanía e independencia de Honduras, por cuanto que la construcción y sostenimiento de la base naval citada, pondrá a Estados Unidos en la necesidad de adueñarse de la vía de comunicación interoceánica factible por Honduras, para la construcción de un camino de hierro militar destinado a los fines de protección y defensa del establecimiento naval anunciado y los intereses de aquella nación en el mar Pacífico. Existe también la posibilidad de que el gobierno americano, sobre el pretexto de imperiosas necesidades defensivas invoque y uso del respetable e incontrastable derecho de la fuerza para obtener la propiedad o derecho en el ferrocarril militar aludido, con lo que quedaría por completo aniquiladas la libertad y soberanía de Honduras, atributos esenciales de toda entidad internacional independiente.

Desde hace algunos años, recuérdese el proyecto de contrato presentado por René Kellhauer, varias compañías americanas han pretendido el control del ferrocarril de que se habla, el que permitiría a Estados' Unidos estar en contacto con su establecimiento naval del Golfo de Fonseca en un lapso de 76 horas, imposible de superarlo por ninguna de las otras partes que posee.

Las pretensiones de esas compañías son altamente significativas para apreciar la magnitud del peligro que entraña para Honduras la construcción naval que el Tratado Bryan—Chamorro permite; y para comprobar por modo innegable, que la amenaza de la expresada convención, desde el punto de vista que estas líneas comprenden, es realmente efectiva.

II

Aunque la neutralidad de Honduras, reconocida en los Pactos de Washington de 1907, tiene importancia secundaria en el problema que presenta el Tratado Chamorro—Bryan, creemos que debe aducirse en el presente estudio, para hacer resaltar más, si cabe, las violaciones que entraña aquel convenio.

Al lesionar este tratado la soberanía territorial del país, ataca un orden constitucional reconocido y coloca a los Estados riberanos en la necesidad de defenderse, defensa que puede acarrear la alteración de la paz. En este sentido, si El Salvador, por ejemplo, se hallara en guerra con Nicaragua, por causa de los intereses del Golfo de

Fonseca, Honduras, en reivindicación de sus derechos, puede aliarse con el gobierno salvadoreño, rompiendo de ese modo lícitamente por razones de existencia, la neutralidad actual. Queda sin base ni fuerza alguna esa neutralidad, mientras no se solucione satisfactoriamente el conflicto creado por el convenio canalero.

Además de esa neutralidad especial, pactada para cimentar la estabilidad centroamericana, la neutralidad probable y futura de Honduras, en el concierto internacional, no se podría declarar ni sostener, en presencia de la guerra de otras naciones.

Cerradas las aguas de la bahía de Fonseca por una base naval de los norteamericanos, Honduras no podrá jamás ejercer una acción propia, aun cuando en lo futuro el aumento de su población y de sus recursos financieros, le permitieran crear una flota siquiera como la que posee cualquiera de los Estados escandinavos. Y demás estaría suponer que pudiera celebrar alianzas con otra gran potencia, si el interés determinante de ésta fuera el abrigo que presentan las agulas del golfo, por la imposibilidad creada con la estación naval de Estados Unidos. Desde cualquier punto de vista, pues, que se examine la neutralidad, queda insubsistente y rota, porque, lesionada la soberanía, desaparece la causa esencial que define el carácter neutral de una nación.

Tegucigalpa, 31 de diciembre de 1916.

J. Ángel Zúñiga Huete, Salvador Zelaya, José María Sandoval, Ricardo Pineda, Felipe Cálix, Coronado García, Antonio R. Reina h.

[Anexo]
TRATADO CHAMORRO—BRYAN

"El Gobierno de los Estados Unidos de América y el Gobierno de Nicaragua, animados del deseo de fortalecer su antigua y cordial amistad por medio de la más sincera cooperación en cualquiera empresa de ventaja e interés mutuos, y de proveer en cuanto a la posible ulterior construcción de un canal interoceánico de navegación por la vía del río San Juan y del Gran Lago de Nicaragua, o por cualquier otra ruta en territorio nicaragüense, cuando quiera que el Gobierno de los Estados Unidos estime conveniente para los intereses de ambos países la construcción de tal canal; y queriendo el Gobierno de Nicaragua facilitar por todos los medios posibles la feliz conservación y funcionamiento del Canal de Panamá, han resuelto celebrar una convención para esos fines y nombrado, en consecuencia, para sus Plenipotenciarios; El Presidente de los Estados Unidos, al Honorable William Jennings Bryan, Secretario de Estado; y El Presidente de Nicaragua, al señor General don Emiliano Chamorro, Enviado Extraordinario y Ministro Plenipotenciario de Nicaragua en los Estados Unidos:

Quienes, habiéndose exhibido sus respectivos plenos poderes, que encontraron en buena y debida forma, han convenido en los siguientes artículos:

Artículo I. El Gobierno de Nicaragua CEDE A PERPETUIDAD al Gobierno de los Estados Unidos, por siempre libre de todo impuesto u otra carga pública, los derechos de exclusiva propiedad necesarios y convenientes para la construcción, funcionamiento y conservación de un canal interoceánico por la vía del río San Juan y del Gran Lago de Nicaragua, o por cualquier otra ruta en territorio nicaragüense. Los detalles de los términos en que el canal será construido, manejado y mantenido serán convenidos por ambos Gobiernos, cuando quiera que el Gobierno de los Estados Unidos notifique al Gobierno de Nicaragua su deseo o intención de construirlo.

Artículo II. Para facilitar al Gobierno de los Estados Unidos la protección del Canal de Panamá y el ejercicio de los derechos de propiedad cedidos al mismo Gobierno por el artículo anterior, y para facilitarle también la adopción de cualquier medida necesaria para los fines aquí previstos, el Gobierno de Nicaragua por la presente le da en arriendo por noventa y nueve años las islas del Mar Caribe conocidas por. Great Corn Island y Little Corn Island; y le concede además por igual lapso de noventa y nueve años el derecho de establecer, explotar y mantener una base naval en el punto del territorio de Nicaragua, sobre el Golfo de Fonseca, que el Gobierno de los Estados Unidos quiera elegir. El Gobierno de los Estados Unidos tendrá la opción de renovar por otro lapso de noventa y nueve años el arriendo y concesiones referidos, a la expiración de los respectivos términos, siendo expresamente convenido que el territorio ahora arrendado y la base naval que puede ser establecida en virtud de la concesión arriba pactada, estarán sujetos exclusivamente a las leyes y soberana autoridad de los Estados Unidos durante los plazos del arriendo y la concesión, y de cualquiera prórroga de éstos.

Artículo III. En consideración a lo arriba estipulado, y para los fines previstos por esta Convención, y a efecto de reducir la actual Deuda de Nicaragua, el Gobierno de los Estados Unidos deberán pagar en beneficio de la República de Nicaragua, una vez hecho el canje de ratificaciones de esta Convención, la suma de $3.000.000 en moneda de oro de los Estados Unidos, de la presente ley y peso, cantidad que será depositada a la orden del Gobierno de Nicaragua en el Banco, Bancos o Casa Bancaria que el Gobierno de los Estados Unidos determine, para ser aplicada por Nicaragua al pago de su Deuda o a otros usos públicos encaminados al progreso de su prosperidad de la manera que lo acuerden las dos Altas Partes Contratantes.

Todos los desembolsos serán efectuados por medio de cheques girados por el Ministro de Hacienda de la República de Nicaragua, y aprobados por el Secretario de Estado de los Estados Unidos o por la persona que él designe al intento.

Artículo IV. Esta Convención será ratificada por las Altas Partes Contratantes, de conformidad con sus respectivas leyes, y las ratificaciones serán canjeadas en Washington tan pronto como sea posible.

En fe de lo cual, los respectivos Plenipotenciarios han suscrito el Presente Tratado y puéstole cada uno su sello.

Hecho en Washington, por duplicado, en inglés y en español, a cinco de agosto de 1914.

William Jennings Bryan   Emiliano Chamorro
(Sello)   (Sello)

PUNTO DE ACTA DE LA SESIÓN EN QUE FUE APROBADO EL DICTAMEN DE LAS COMISIONES SOBRE EL TRATADO CHAMORRO—BRYAN

Sesión del veinticinco de enero de mil novecientos diez y siete, celebrada como de costumbre en el Salón de Actos de la Universidad Central.

Presidió el Abogado Quezada, con asistencia de los socios Gutiérrez, Oquelí Bustillo, Muñoz (don Audato), Rodríguez,(don Jesús María), Valenzuela Fonseca, García (don Coronado) Canales (don Cristóbal), Morales, Garay (don Constantino), Rivera Retes, Pineda (don Rodolfo), Sandoval, Zelaya (don Carlos), Girón Escobar, Osorio Rodríguez, Zelaya (don Salvador), Alonso (don Gabino),Reina h. Cálix (don Felipe), Cálix (don Valentín), Matamoros, Valeriano, Colindres Zepeda, Rovelo, Ochoa y los Secretarios Valladares (don Paulino) y Rodríguez (don Alberto).

La Mesa manifestó, por medio de la Secretaría, que la Revista de la Sociedad "Foro Hondureño" había publicado ya el estudio de la Comisión nombrada al efecto, para dictaminar sobre el problema creado por el Tratado Bryan—Chamorro en relación con el Golfo de Fonseca, y el de la Comisión Revisora: y que en esta virtud preguntaba a la Sociedad si dichos trabajos se leían en globo, o se discutían punto por punto, para su aprobación o improbación.

Se procedió, en consecuencia, a dar lectura a los dictámenes de las Comisiones.

Concluida la lectura, el socio don Audato Muñoz, dijo: "Que el trabajo de la Comisión de estudio y el dictamen de la Comisión revisora eran tan claros, precisos y concluyentes, que no vacilaba en calificarlos de brillantes: que felicitaba a las Comisiones y a la Sociedad por tales piezas jurídicas que hacían honor a sus autores y al país; y que desde luego manifestaba su adhesión y su, aprobación a esos dictámenes". El orador fue aplaudido.

El socio García expresó al señor Muñoz en nombre de la Sociedad, sus agradecimientos por las frases entusiastas y encomiásticas vertidas por él con relación a los trabajos de ambas Comisiones, y pidió que se procediera a recoger la opinión de la Sociedad sobre los dictámenes mencionados.

Aceptada la indicación del socio, García, se procedió a tomar la votación del caso, resultando aprobados, por unanimidad de votos el estudio y dictamen expresados.

Se levantó la sesión. P. Quesada. Presidente. Alberto A. Rodríguez Secretario. Paulino Valladares. Secretario.

DOBLE SIGNIFICADO DEL MOVIMIENTO UNIONISTA DE 1917

Lo que había sucedido en Panamá, Provincia Colombiana que fue arrancada a la fuerza para constituirla en República Independiente por voluntad de Bunau—Varilla más otros afiliados suyos y por voluntad del Presidente Norteamericano Teodoro Roosevelt, el 3 de noviembre de 1903, inquietó sobremanera a los dirigentes de los gobiernos y los pueblos de Centro América, por lo que decidieron adelantar una medida provisora que les evitara cualquier sorpresa que les pudiera venir de un momento a otro. Esa medida sería la unión o algo parecido.

La iniciativa la tuvo Honduras, por estar en el centro del conjunto istmeño, ser la más débil y estar sujeta a los vaivenes constantes de las revueltas procedentes de las fronteras de sus vecinas o surgidas en su propio territorio. Las demás repúblicas centroamericanas aceptaron lo propuesto de buen grado. Y para darle mayor seguridad al proyecto, pensaron que se debían reunir en la ciudad de Washington para que el Gobierno de los Estados Unidos no recelara del objetivo. Así sucedió.

Los delegados de las cinco repúblicas firmaron el Tratado de Paz y Amistad, más la Convención para el establecimiento de una Corte de Justicia Centroamericana (inaugurada el 25 de mayo de 1908); una Convención de Extradición; una Convención para establecer una Oficina Internacional Centroamericana (inaugurada en Guatemala el 15 de septiembre de 1908); una Convención para establecer un Instituto Pedagógico Centroamericano; y una Convención de Comunicaciones.

Lo más importante de todo esto fue la Corte de Justicia Centroamericana, la que poco tiempo después tuvo encima problemas sumamente graves causados por los Estados Unidos que no pudo resolver ella.

En primer lugar, los Estados Unidos ocasionaron la caída del General José Santos Zelaya (1893—1909). Zelaya no cayó por su larga dictadura sino porque estaba en arreglos secretos con los japoneses en París para llegar a arreglos sobre la zona canalera de Nicaragua.

En segundo lugar, los Estados Unidos provocaron la caída Presidencial del Doctor José Madriz, el gobernante más ilustre que ha tenido el país de los lagos, por la simple razón de ser sucesor de Zelaya. (1909—1910).

En tercer lugar, Adolfo Díaz (1911—1916) solicitó a los Estados Unidos que le ayudara a conservar el orden con una fuerza militar que llegó sin tardanzas y permaneció en Nicaragua hasta 1925.

En cuarto lugar, Nicaragua y los Estados Unidos celebraron el Tratado Chamorro—Bryan en 1913, que produjo el mayor escándalo en el área de Centro América. El Salvador y Costa Rica se presentaron denunciando el atentado a la soberanía de sus naciones y centroamericana, pero la demanda no llegó a nada. Y:

En quinto lugar, el resultado definitivo de todo aquello fue que el Tratado Chamorro—Bryan, puso en quiebra el Tratado de Paz y Amistad centroamericano de 1907, la Corte de Justicia y las demás Convenciones firmadas en Washington. El Gobierno de Managua denunció la Corte.

Nicaragua ocupada por tropas yanquis y abozalada por el Tratado Chamorro—Bryan era un caso sumamente serio que daba en que pensar a las demás naciones centroamericanas y buscaban el medio de liberarla.

El más indicado para ellas era la unión, ya no en Washington que había resultado fallida, sino mediante deliberaciones celebradas en una de las capitales de Centro América, por ejemplo en Tegucigalpa.

II

Nuevamente, fue Honduras la que tuvo la iniciativa de unir a los cinco países de Centro América en una sola Nación. El gobierno del doctor Francisco Bertrand por medio de su secretario de Relaciones Exteriores, doctor Mariano Vásquez, fue el que la propuso en los siguientes términos:

"Mi Gobierno, Excelentísimo señor, fiel a la grande idea de la unidad de Centro América que ha acariciado siempre, aprovecha esta feliz ocasión en que los pueblos y Gobiernos del Istmo confirman por modo inequívoco sus sentimientos de confraternidad, para proponerla como tema primordial de la Conferencia de Plenipotenciarios iniciada por el Gobierno de V.E.

"Las dificultades de todo orden que rodean al presente a las débiles Repúblicas en que está dividida la Patria de nuestros mayores y la previsión de futuros peligros que amenazan aisladamente a cada una de ellas, en el desequilibrio internacional que habrá en el mundo, cualquiera que sea el resultado de la formidable guerra actual, son otros tantos atendibles motivos para realizar de una vez, con la Unión, nuestro destino histórico.

"El mismo Gobierno de Nicaragua, que quizás tendría motivos para no aceptar la iniciativa de V. E. por haber sido él el denunciante de la Convención que creó la Corte de Justicia Centroamericana y por haber mantenido esta denuncia, no obstante las gestiones que el Gobierno de Guatemala hizo para su reconsideración, no tendría tal vez inconveniente para suscribir con los demás Gobiernos de las Repúblicas hermanas, el Pacto de Unión que reclama hoy, más que nunca el patriotismo centroamericano.

"Mi Gobierno, fiado en la buena voluntad del Gobierno de V.E., cuyas miras se reflejan en la nota a que tengo el honor de referirme, le propone este proyecto y quiere recabar su ilustrada opinión para proponerlo a los demás Gobiernos de las Repúblicas hermanas, que han demostrado, en toda ocasión, el más vivo y sincero sentimiento centroamericanista.

"Los trabajos en el sentido de realizar la Unión de Centro América tendrían el tiempo suficiente para meditar, sin festinación, las bases más convenientes al efecto, con el propósito de que, la memorable fecha en que se cumple el Centenario de nuestra Independencia política, encuentre ya unidas en una sola República a las cinco fracciones del Istmo Centroamericano.

"Gloria, inmarcesible gloria, alcanzarán, señor Ministro, los actuales Gobernantes de Centro América, si como no lo dudo, ponen al servicio de esta grande idea sus patrióticos esfuerzos".

(Al Excelentísimo señor Ministro de Relaciones Exteriores de Costa Rica, don Carlos Lara. San José).

III

A la vez, el doctor Vásquez, se dirigió proponiendo la idea de la Unión a los Ministros de Relaciones Exteriores de Guatemala, San Salvador y Managua, en los siguientes términos:

"Mi Gobierno, al acoger la iniciativa del Gobierno de Costa Rica, se ha permitido insinuar la conveniencia de que la Conferencia de Plenipotenciarios que se proyecta, se ocupe primordialmente de establecer las bases de Unión de Centro América, por considerar que es llegado el momento de reconstruir la nacionalidad de la cual nuestras Repúblicas no son sino fracciones disgregadas. Ha tomado en cuenta mi Gobierno, para hacer esta iniciativa, no solo las marcadas manifestaciones de centroamericanismo que hacen hoy más vivamente los Pueblos y Gobiernos del Istmo, sino también las dificultades presentes de todo orden, y las que podrán sobrevenir en lo futuro, a cada una, separadamente, de las Repúblicas de Centro América.

"Con instrucciones especiales del señor Presidente de la República, someto respetuosamente a la ilustrada consideración del Gobierno de Vuestra Excelencia esta iniciativa, a la que se le dará forma práctica, de común acuerdo, una vez que todos los Gobiernos de las Repúblicas hermanas la juzguen oportuna y conveniente.

"Me permito remitir a Vuestra Excelencia copia de la nota dirigida al Gobierno de Costa Rica, y le ruego favorecerme con su contestación".

(Excelentísimo señor Ministro de Relaciones Exteriores. Guatemala. San Salvador. Managua).

IV

Para concluir este nuevo esfuerzo unionista centroamericano con significado anti—monroista, el doctor Mariano Vásquez, Ministro de Relaciones Exteriores en el Gobierno del doctor Francisco Bertrand (1913—1919), dirigió una nota más a la Oficina Internacional Centroamericana, el 12 de agosto de 1917, concebida en los siguientes términos:

"Señor Presidente (de la OIC): Tengo la honra de llevar al conocimiento de los honorables miembros de esa Oficina que el Gobierno de Costa Rica, en nota de 17 de julio próximo pasado, ha propuesto al Gobierno de esta República la reunión de una Conferencia de Plenipotenciarios de los cinco Estados Centroamericanos, para tratar sobre la conveniencia de la revisión total o parcial de los Pactos suscritos en Washington en 1907, y especialmente para la reorganización de la Corte de Justicia Centroamericana, por medio de una prórroga de la Convención que le dio origen.

"Que mi Gobierno, al acoger la iniciativa del Gobierno de Costa Rica, se ha permitido insinuar la conveniencia de que la Conferencia de Plenipotenciarios que se proyecta, se ocupe primordialmente de establecer las bases de Unión de Centroamérica, por considerar llegado el momento de reconstruir la nacionalidad de la cual nuestras Repúblicas no son sino fracciones disgregadas. Ha tomado en cuenta mi Gobierno, para esta iniciativa, no solo las marcadas manifestaciones de centroamericanismo que hacen hoy, más vivamente los pueblos y Gobiernos del Istmo, sino también las dificultades presentes de todo orden, y las que podrán sobrevenir en lo futuro, a cada una, separadamente, de las Repúblicas de Centro— América.

"Esta iniciativa se ha comunicado ya a los demás Gobiernos de las Repúblicas hermanas y con ella se cumplen los patrióticos anhelos de la Oficina Internacional expresados en su importante nota de 18de diciembre de 1915.

"La idea ha despertado vivo entusiasmo en toda la República y confía mi Gobierno que será benévolamente acogida por los demás Gobiernos y pueblos del Istmo centroamericano, y no duda que la Oficina Internacional le prestará su más decidido apoyo.

"Por separado tengo la honra de remitir a V. E. varios ejemplares del periódico en que se publican las notas cruzadas sobre este asunto con el Gobierno de Costa Rica".

(Señor Presidente de la Oficina Internacional Centroamericana. Guatemala).

V

El Gobierno de El Salvador, por medio de su Ministro de Relaciones Exteriores, Doctor F. Martínez Suárez, aceptó categóricamente la proposición de Honduras sobre la unión de los cinco países de Centro América. (Fecha: 16 de agosto de 1917).

El Gobierno de Costa Rica, a través de su Ministro de Relaciones Exteriores, Licenciado Carlos Lara, también se adhirió a la iniciativa unionista.

(Fecha: 23 de agosto de 1917).

El Gobierno de Nicaragua, presidido por Emiliano Chamorro (el mismo que había firmado el tratado canalero Chamorro—Bryan) a través de su Ministro de Relaciones Exteriores, señor J. A. Urtecho, aceptó la iniciativa de la unión de Centro América, en una nota de varios pliegos en que proponía que la nueva conferencia de los plenipotenciarios fuera celebrada en la ciudad de Washington o en la ciudad de Panamá, y que esta última Nación, fundada en 1903, mediante los procedimientos universalmente conocidos, también se incorporara a la unidad centroamericana.

Textualmente decía la nota en su parte resolutiva:

"Así, pues, del mismo modo que mi Gobierno ha expresado su aceptación a la proposición de Costa Rica a que Vuestra Excelencia hacía referencia, mediante las condiciones en otra parte anotadas, rindiendo así el tributo de su respeto por el principio eminentemente civilizador de jurisprudencia, cual es el Arbitraje, así también se apresura a asociarse sincera y entusiastamente al Gobierno de Vuestra Excelencia en la redentora idea que hoy inicia y patrocina, uniéndose francamente a él para llamar a la fraternidad y a la federación a todos los Estados del Istmo, desde Guatemala hasta Panamá inclusive, bajo el Pabellón de la Patria de nuestros mayores. En este concepto, mi Gobierno se adhiere a la plausible idea de Vuestra Excelencia respecto del asunto primordial de las próximas Conferencias que deban verificarse, después de un prudencial de preparación, en la capital de los Estados Unidos o de Panamá, con invitación de esta última República hermana, como Nación signataria de las convenciones que se revisen o celebren". (Managua, 6 de septiembre de 1917).

El Gobierno de Guatemala, por medio de su Ministro de Relaciones Exteriores, Licenciado Luis Toledo Herrarte, contestó el

21 de septiembre de 1917, al Ministro Vásquez, de Honduras, diciéndole que su Gobierno estaba totalmente de acuerdo con la idea de la unión centroamericana; pero que para que el esfuerzo no fuera a parar en nada, que a su vez Guatemala proponía que los plenipotenciarios de las cinco Repúblicas tuvieran una reunión previa en la Oficina Internacional Centroamericana el 12 de octubre próximo para estudiar y planear el gran proyecto unionista; y que a la Conferencia en perspectiva se invitara en calidad de amigos leales a los Gobiernos de los Estados Unidos y de México. (Guatemala 21 de septiembre de 1917).

El Ministro de Costa Rica dijo al de Honduras:

"El Encargado de Negocios de Costa. Rica en El Salvador informa que la Cancillería salvadoreña se ha servido manifestarle la buena disposición de concurrir a esta ciudad (San José) el 12 de octubre próximo para los altos propósitos que determinan la proyectada Conferencia centroamericana, agregando que el Gobierno de México aceptó la invitación que le hizo dicha cancillería para asistir a la misma Conferencia.

(San José 13 de septiembre de 1917)

La Oficina Internacional Centroamericana en Guatemala le contestó al Ministro de Relaciones Exteriores de Honduras, en los términos siguientes:

Escribe el Presidente de la Oficina, Licenciado Gilberto Larios: "En respuesta, la Oficina Internacional que tengo la honra de presidir, no puedo menos que enviar al ilustrado Gobierno de Honduras el más caluroso aplauso por la iniciación de un proyecto que —como dice muy bien en la nota que me es grato contestar—responde "a las marcadas manifestaciones de centroamericanismo que hacen hoy vivamente los pueblos y Gobiernos del Istmo.

"Por su parte, la Oficina se compromete cooperar con todo empeño, en la medida de sus fuerzas y en la órbita de sus atribuciones, a la realización de un ideal cuyo solo enunciado ha sido un poderoso incentivo para despertar el espíritu patriótico de los ciudadanos de Centro América".

(Guatemala 4 de septiembre de 1917).

VI

El Gobierno de Honduras pone en conocimiento de los demás Gobiernos centroamericanos la contestación de Nicaragua:

"El Gobierno de Nicaragua acepta la iniciativa de mi Gobierno, haciendo, no obstante, una ampliación en cuanto insinúa que se invite para ingresar en este Congreso Centroamericano, a la República de Panamá, y propone que la reunión de Plenipotenciarios se verifique en Washington o en Panamá.

La iniciativa de mi Gobierno, claramente expuesta en la nota de esta Cancillería, de fecha 31 de julio anterior, se dirige a proponer a la consideración de los Gobiernos la Unión de los cinco Estados que en 1824 formaron la República Federal de Centro América, disuelta en 1839, unión reclamada constantemente por el patriotismo centroamericano, y declarada como una aspiración y aun como una necesidad primordial en sus respectivas Constituciones Políticas, que son la más alta expresión de la voluntad soberana de los pueblos.

Estos cinco Estados, Honduras, Guatemala, El Salvador, Nicaragua y Costa Rica, son los que, no obstante la ruptura del Pacto Federal que los unía han mantenido su filiación histórica y han constituido un derecho público especial entre ellos, de cuyas ventajas no han pretendido ser partícipes las demás Naciones, sino que más bien los han reconocido explícitamente como miembros disgregados de una sola Nacionalidad, como lo declaran sus leyes fundamentales.

Sin embargo, mi Gobierno respetando la opinión de los demás Gobiernos de las Repúblicas hermanas y cumpliendo con los deseos del Gobierno de Nicaragula, se permite remitir a V. E. copia de la nota de la Cancillería Nicaragüense, rogando a su ilustrado Gobierno, se sirva, si lo tiene a bien, expresar su parecer sobre los puntos contenidos en dicha nota.

Aceptado por el Gobierno de Nicaragua el punto principal de la iniciativa de este Gobierno, las observaciones hechas sobre la invitación de un nuevo Estado o designación de lugar para la Conferencia, fuera de Centro América, las considera mi Gobierno como de carácter secundario, como tal vez las considere el Gobierno mismo de Nicaragua, en fuerza del alto y noble ideal que se persigue, y quizás una acción conjunta de los Gobiernos que han aceptado el proyecto de la reconstrucción de la República Federal, en su integridad histórica, cerca del Gobierno de Nicaragua, obviara estas dificultades".

(Tegucigalpa, 19 de septiembre de 1917).

En nota posterior, el doctor Mariano Vásquez dirigida a sus colegas de Guatemala, San Salvador y San José de Costa Rica, delineo la situación de Panamá, en los siguientes términos:

"En cuanto a la invitación a Panamá, mi Gobierno se apresura a observar al Gobierno de V. E. que las condiciones políticas en que aquella República se encuentra colocada y las obligaciones que ha contraído de modo permanente en favor de otra nación, no le permiten formar parte de la entidad independiente que tratan de reconstruir, como soberanos y libres los cinco Estados de la América Central.

"En efecto, la Constitución Política de Panamá autoriza la limitación de su independencia y soberanía, permitiendo la intervención de un poder extraño en sus asuntos interiores, como puede verse en el Artículo 136 de dicha Constitución, que dice textualmente:

"Artículo 136. El Gobierno, de los Estados Unidos de América podrá intervenir, en cualquier punto de la República de Panamá, para restablecer la paz pública y el orden constitucional, si hubiere sido turbado, en el caso de que por virtud de Tratado público aquella Nación asumiere, o hubiere asumido, la obligación de garantizar la independencia y soberanía de esta República".

(Tegucigalpa, 15 de octubre de 1917).

Finalmente, fue aceptada la proposición de Guatemala en el sentido de reunir una junta preliminar con delegados de los cinco Estados para estudiar en la Oficina Internacional Centroamericana los puntos contenidos en el plan de Unión de los cinco países istmeños.

Es entendido que se reunirían Guatemala, El Salvador, Honduras y Costa Rica.

De Nicaragua no se volvió a saber una palabra.

Panamá, con la aclaración constitucional que hizo el doctor Mariano Vásquez, quedó fuera del círculo unionista.

También quedó fuera de agenda la ciudad de Washington y Panamá como asiento de la Conferencia. La primera por no tener relaciones con Costa Rica, a raíz de la celebración del Tratado

Chamorro—Bryan. Y la segunda por interpretación derivada de lo expresado por el doctor Vásquez.

VII

Todo se hacía a matacaballo. Había varias razones para que fuera así: Una, la primera guerra mundial estaba demostrando que las grandes potencias invadían sin consideración y arrasaban a las naciones pequeñas y débiles. Estaba a la vista lo que Alemania acababa de hacer con Bélgica.

Esto podía repetirse en diversas formas en todas las áreas del mundo.

Dos, los Estados Unidos estaban haciendo en América exactamente lo que Alemania hacía en Europa. Con el lazo del Tratado Bryan—Chamorro habían maniatado a la débil Nicaragua, la que además estaba ocupada por tropas yanquis desde 1912.

Tres, las demás naciones centroamericanas, Honduras, El Salvador, Costa Rica y Guatemala, que ya tenían el Tratado Chamorro—Bryan en casa, podían caer de un momento a otro en una mayor dominación. De modo que se hallaban en peligro inminente.

Cuatro, de otra parte el pueblo centroamericano nunca se había visto tan enardecido como entonces, a raíz de la celebración del Tratado Chamorro—Bryan.

Quinto, este furor popular hizo aparecer en primera línea al Partido Unionista Centroamericano con cinco secciones, dispuesto a luchar sin descanso hasta llegar a su objetivo.

Sexto, los Gobiernos ante el peligro de arriba abajo, representado por la amenaza de los Estados Unidos, y ante la presión de abajo arriba de sus respectivos pueblos, tuvieron que decidirse a capitanear el Movimiento unionista de 1917.

Es honroso para Honduras, para el pueblo hondureño, para el Gobierno de Francisco Bertrand haber sugerido aquella gesta que si no llegó a ningún resultado concreto entonces, no desmayó un segundo, y con el mismo espíritu y la misma voluntad, volvió a la carga unionista de 1921.

VIII

El furor popular por el Tratado Chamorro—Bryan encontró vía de salida en el esfuerzo de unir a los cinco países de Centro América. El fin de la primera guerra mundial encontraría a una nueva República de mayores proporciones en el corazón de América. El coloso del Norte acostumbrado a cometer abusos con las naciones débiles, esta vez tendría respuesta merecida.

Mientras la diplomacia trabajaba con empeño en lo suyo, la prensa que modernamente ha ocupado el lugar de la oratoria, agitaba y orientaba a la opinión pública centroamericana. Desde luego, cabe advertir que la prensa se dividía, como en épocas anteriores, en unionista, que alentaba el ideal inmarcesible, y en separatista, que defendía los intereses que se apoyaban en la separación.

Por supuesto, el unionismo de 1917 ningún parecido tenía con el de 1898, simple deseo unionista de los liberales que habían escalado el poder en aquellos años. Este último unionismo tenía sus visos antimonroístas por lo que acababa de pasar con el Tratado Chamorro—Bryan. En palabras más recias era un unionismo anti—imperialista, y la metrópoli del capital financiero lo sabía detalladamente desde que había empezado el movimiento unionista. De modo que la lucha podía librarse a degüello.

Por su parte, el separatismo de 1917 estaba muy lejos del separatismo de épocas anteriores, porque los intereses feudales ocupaban un sitio de tercera posición, y en el año citado se trataba de inversiones gigantescas para abrir un canal interoceánico por la República de Nicaragua y crear una base naval enorme en el Golfo de Fonseca que diera el alto a las grandes potencias del Oriente.

De modo que para los visionarios del dólar en la América Central, que tenían a la vista una operación enorme, que los llevaría a la riqueza legendaria de Simbad el Marino, la soberanía republicana era un arcaísmo de los libros del siglo XVIII, y la independencia una vanidad sin sentido, y el esfuerzo de la unión un entretenimiento de gente desocupada.

En este sentido, la lucha de la prensa unionista y separatista fue enconada, mientras la junta unionista hace proyectos en la Oficina Internacional Centroamericana. Como los unionistas tenían sobrados motivos para desear la unión, los separatistas menos cínicos reconocían la razón de sus adversarios, y esto dio motivo a que se valieran de plumas alquiladas. como la del venezolano Jacinto López, quien escribía desde Nueva York en los periódicos salvadoreños contra la unión.

Más tarde se sumó a la tropa separatista el jurisconsulto Salvador Rodríguez González, a quien no se sabe por qué asumió una actitud tan deslucida. Rodríguez González, figura cimera de El Salvador, había ocupado los más altos puestos públicos, había sido Ministro de Relaciones Exteriores, y en ese desempeño lo sorprendió la primera guerra mundial.

Cuando los Estados Unidos, al borde de la guerra, sugirieron que los países latinoamericanos rompieran sus relaciones con las potencias centrales (Alemania, Austria—Hungría, Turquía) el Ministro de Relaciones Exteriores de la República de El Salvador, Doctor Salvador Rodríguez González, inventose una doctrina que produjo sorpresa en el mundo de la diplomacia.

No queriendo quedar del todo mal con los Estados Unidos y no queriendo menospreciar la importancia de los imperios centrales de Europa, no rompió relaciones con estos, como era el deseo de Washington, simplemente declaró la NEUTRALIDAD BENEVOLA.

Que era como decirle a Washington: "—A mí no me importa tu guerra en Europa, de la que por ser el mejor negocio del mundo, extraerás toneladas de oro; a mí me importa, como país pequeño, cultivar las mejores relaciones con todos los países del planeta, grandes y pequeños, para cosechar ventajas de esas relaciones..." El doctor Rodríguez González dejó el Ministerio de Relaciones Exteriores, quedando en pie su doctrina como diplomacia oficial de El Salvador, a lo largo de la primera guerra mundial.

Entonces, no se comprende por qué el doctor Rodríguez González le negó su ayuda a la causa unionista de 1917 que buscaba precisamente lo que él había establecido en su doctrina de la "Neutralidad benévola", o sea que una Nación física y espiritualmente más desarrollada como Centro—América, podía con más fuerza y razón ejercer con toda plenitud su soberanía y su independencia, sin obedecer a potencias de habla inglesa.

IX

Paulino Valladares ya era célebre en el periodismo, el derecho y la política. Con éxito se había dedicado al diarismo en Nicaragua en sus años de exilio. Allá adquirió el doctorado en leyes. Y cuando triunfó la revolución de 1907, volvió al país, dirigió al diario Oficial "La Prensa", fue diputado de una Asamblea Constituyente y terminó siendo Secretario Privado del Presidente Miguel R. Dávila.

En servicio de Dávila estaba Valladares cuando llegó al país el ofrecimiento de un empréstito de la Casa Morgan, de Nueva York, a través del Departamento de Estado. El Presidente Taft, siguiendo el ejemplo de Teodoro Roosevelt en Panamá, tenía decidido colonizar a Honduras con el recurso omnipotente del capital financiero. Se le ofrecería un empréstito al Gobierno de Dávila, se le embargarían las rentas del país, en principal las rentas aduaneras, para que pagara el principal y los intereses. Taft estaba seguro que Dávila aceptaría el empréstito porque no le quedaba otro camino.

Pero si remotamente no llegara a aceptarlo, entonces se buscaría el pretexto para ocupar militarmente a Honduras. Según Taft, Honduras centro del territorio istmeño, de aquí debía extenderse la ocupación centroamericana. Informado de esto Dávila por una nación amiga, cuyo servicio secreto había descubierto lo que se tramaba contra Honduras, más corriendo aceptó el empréstito y para satisfacer los formulismos financieros mandó a los comisionados General Juan E. Paredes y al Doctor Paulino Valladares a Washington, donde debían cerrar los ojos y firmar el papel que les pusieran al frente. Así nació el Tratado Paredes Knox por diez millones de dólares.

Sucedió que el Tratado Paredes—Knox tenía que ser aprobado por el Congreso Nacional. Pero como el Congreso no lo aprobó, a iniciativa de don Francisco Escobar, quien dijo que "primero le cortaban la mano que firmar aquel papel infame", en el país se alzó una tremenda oleada anti—imperialista.

Como Dávila ya veía el desembarco de los marinos yanquis, mandó un mensaje a Juticalpa, a decirle al doctor Francisco Bertrand, encargado entonces de despachar una farmacia, que fuera a Belice a entrevistarse con el General Manuel Bonilla, a quien le explicaría la situación en que se hallaba Honduras y a urgirlo para que invadiera el país, entendido que el Gobierno no le haría ninguna oposición.

Un fulgor de la política secreta de Honduras.

Todo va para decir que el doctor Paulino Valladares fue llamado vende—patria por haber participado en la negociación del empréstito de la Casa Morgan, sin haber afectado al país por no realizarse. Esto lo obligó a marcharse a su pueblo, Güinope, departamento de El Paraíso, donde permaneció hasta que el país recuperó su tranquilidad.

Valladares era un hombre tranquilo, inalterable, paciente. Era la imagen que ofrecía. Pero esto no quiere decir que así fuera por dentro. Por dentro debe haber sido un volcán en erupción, cuando lo acosaba la mala fe, la injusticia. Aquella acusación de vende—patria derivada del fallido convenio Paredes—Knox, son conocer las causales, debe haberlo mantenido en fervor permanente.

Este antecedente fue la fuerza de su periodismo unionista de 1917. Y en campaña tan enconada contra el separatismo vil, sirviente de intereses imperiales, debe haber repetido a Petrarca, citado por Maquiavelo, cambiando una palabra:

Valor luchará contra barbarie
y el feroz combate será corto
porque el denuedo antiguo aún no ha
muerto en los corazones centroamericanos.

X

La fortuna le había dado a Paulino Valladares la oportunidad para dar a conocer su gran periodismo. Escribió con aquella facilidad que le era característica. Con aquella elegancia que le era propia. Con aquel conocimiento de la materia que nadie lo tenía. Y con aquel objetivo (ya se sabe cuál) que lo impulsaba.

Desarrolló una campaña tan magistral que los hondureños, y también los centroamericanos se sentían orgullosos dé ella. Le prestó atención a los grandes, porque responder a los pequeños era perder el tiempo. De repente, Jacinto López dejó de escribir, suponiéndose que fue silenciado por Valladares o ya no le siguieron dando dinero.

Los artículos editoriales de Valladares fueron reunidos en un folleto que llevó el nombre de MOVIMIENTO UNIONISTA DE 1917. Le acompañó un prólogo del Doctor Salvador R. Merlos, brillante orador salvadoreño. El propio Valladares agrega estas palabras: "El objeto de esta obra se reduce a la conveniencia de hacer que se conozca en América el origen y la verdadera significación del proyecto presentado por el Presidente de Honduras a los demás gobiernos centroamericanos. Ojalá lean sus páginas los maestros de escuela y los jóvenes estudiantes que serán los ciudadanos del porvenir".

Solo citemos unos párrafos de aquel periodismo.

"El folleto del señor Salado Álvarez habla de la unidad centroamericana en relación con la política de Estados Unidos, y esa circunstancia nos presenta un motivo adecuado para amplificar nuestro pensamiento acerca de este capital asunto. Por una parte yerra quien nos atribuya la triste creencia de que los cinco Estados, por el hecho de organizarse bajo un solo gobierno, serían capaces de colocarse frente a frente de la federación del norte como rivales o competidores arrogantes. Nada de eso. La república del centro, como potencia, será siempre una debilidad ante el poder formidable de los anglo—americanos; pero su prestigio, para los efectos comerciales, sería mayor, y sobre todo el especulador septentrional no apelaría, como lo ha hecho, al plan revolucionario para redondear sus ganancias en estas comarcas divididas. Una sola representación en Washington nos daría mayor crédito internacional, y sin alharacas de ningún género podríamos defendernos de las intervenciones con mayor facilidad, porque no solo conquistaríamos consideraciones en Estados Unidos, sino en las naciones del Sur y México y en aquellos países de Europa que tienen intercambio de productos con nosotros".

Otro:

"El secretario de Estado Mr. William Jennings Bryan, refiriéndose a ese argumento, contestó lo siguiente en pliego de 18 de febrero de 1914: "Con respecto a la objeción de que la propuesta de Nicaragua formaría un obstáculo para la restauración de la unión de Centro América, el Departamento abriga la esperanza de que su Gobierno, con ulterior examen de todas las circunstancias, se inclinará a considerar el asunto de distinta manera.

La concesión no daría a los Estados Unidos ningún derecho o interés en los asuntos políticos de Centro América fuera de los que actualmente existen, y bajo ningún concepto pondrán obstáculos a la unión política de los Estados centroamericanos en el caso de que en cualquier tiempo deseen adoptar esa resolución".

Y otro:

"No hay quijotería en la campaña pacífica emprendida, y lo demuestra el hecho de que los gobiernos laboran con decisión y calma. No vamos a desencantar a Dulcinea, convertida en aldeana mal oliente por la furia de los nigromantes envidiosos. La Dulcinea fresca y lozana que muele trigo candeal existente en su prístina pureza y la buscamos por un imperativo nacional. Volver a la federación antigua es un hecho tan lógico y sencillo, en las funciones del espíritu, que a veces se piensa que solo la pereza tropical nos impide tomar una resolución decisiva. Pero ya el impulso sigue su rotación natural, y dentro de pocos días, en la ciudad de los Caballeros de Santiago de Guatemala, se concertarán las bases que servirán de norma para levantar el edificio de la patria suspirada".

XI

La Iniciativa del Presidente Bertrand levantó el espíritu unionista centroamericano y lo mantuvo encendido todo el año de 1917. Pero al pasar los plenipotenciarios la puerta de la Oficina Internacional Centroamericana, las brujas tenebrosas de Macbeth frustraron las buenas intenciones, multiplicaron el papeleo, allegaron las intrigas y alargaron el tiempo de tal modo que el ideal unionista se fue borrando de las mentes.

Los norteamericanos no le perdonarían a Bertrand la mala jugada del unionismo antiimperialista de 1917. A eso se debió su caída presidencial en 1919, y no a las pequeñas razones que divulgan los comentaristas sosos. Si Bertrand no hubiera propuesto la unión como aquel contenido, no habría habido ningún inconveniente para que el doctor Nazario Soriano, hombre culto y capaz, dicho sea de paso, lo hubiera substituido en el gobierno de Honduras.

Y menos le perdonarían que diera al delegado hondureño en la Conferencia de Paz de Versalles, Doctor Policarpo Bonilla, amplias facultades para que denunciara la Doctrina Monroe ante las naciones del mundo. Como se trata de una documentación tan importante, que le da gloria, a la República de Honduras, vamos a reproducirla:

"ACLARACION SOBRE LA DOCTRINA DE MONROE".
Proposición de la Delegación de Honduras

La Delegación de Honduras propone que, en el momento de insertar la enmienda sobre la Doctrina de Monroe, en el Pacto de la Liga de las Naciones, se agregue la declaración siguiente:

"Esta Doctrina, que ha sido sostenida por los Estados Unidos de América desde 1823, en que fue proclamada por el Presidente Monroe, significa que todas las Repúblicas de América tienen derecho a su vida independiente sin que ninguna otra nación pueda adquirir, por la conquista, una porción cualquiera de su territorio, ni intervenir en su Gobierno o administración interiores, ni ejercer actos cualesquiera que pudiesen lesionar su autónoma o su dignidad nacional. La Doctrina de Monroe no se opone a que los países de la América Latina busquen y tiendan a confederarse o a reunirse en lo futuro para la mejor consecución de sus destinos".

"Exposición de la Delegación de la República de Honduras".

Señor Presidente,
Señores Delegados:
En la sesión privada que tuvo lugar el 16 de abril último tenida por los delegados de las naciones que no han intervenido en la redacción del Tratado Preliminar de Paz, nos fue comunicado que se convocaría para el 25 del corriente mes a una sesión plenaria con el objeto de conocer las bases del Tratado, antes de ser presentadas a los delegados de Alemania, convocados para Versalles el día siguiente.

En vista de la brevedad del tiempo disponible, fue declarado que no sería posible dar lectura completa al proyecto, y por esto solo se leerán los puntos fundamentales. Nosotros creímos que esta limitación no tendría inconvenientes para los delegados que no conocen absolutamente el proyecto, en lo que concierne a los arreglos territoriales y algunos otros puntos en los cuales los países que nosotros representamos no se encuentran directamente interesados; pero tenemos una plena confianza en que las cláusulas

63

correspondientes serán conformes a la justicia, la única base segura para una paz estable. La misma confianza nos anima para pensar que se han tomado las precauciones necesarias a fin de evitar que se repita una catástrofe universal como la guerra que acaba de terminar.

De las noticias dadas por la prensa, se deduce que el Pacto sobre la Liga de las Naciones sería incorporado al Tratado Preliminar de Paz, con el fin de asegurar la estabilidad de ésta.

Todas las naciones representadas en la Conferencia se encuentran directamente interesadas en el Pacto de la, Liga de las Naciones, y aún más las pequeñas, como la que tenemos el honor de representar. Las bases redactadas por la Comisión no son conocidas; pero la prensa ha publicado que han sido introducidlas enmiendas, entre otras, la propuesta por la Delegación norteamericana, declarando que:

"El Pacto no afecta la validez de otras convenciones internacionales como los tratados de arbitraje, o los entendimientos regionales como la Doctrina de Monroe, para asegurar el mantenimiento de la paz".

La Doctrina de Monroe afecta de muy cerca a las Repúblicas de la América Latina; como jamás esta Doctrina ha estado inscrita en ningún. documento internacional y nunca ha sido expresamente aceptada por los pueblos del antiguo ni por los del nuevo Continente, habiendo sido objeto de definiciones y aplicaciones diversas por los hombres de Estado y Presidentes de Estados Unidos de América, creemos que es necesario definirla con toda claridad en el Pacto que se va a suscribir, y quedará así incorporada en el Derecho Internacional escrito.

La Delegación norteamericana está presidida por el muy honorable Woodrow Wilson, y es creíble que al referirse a la Doctrina de Monroe en su enmienda, si no se ha dado una definición, se ha tenido en cuenta la que muchas veces él, como Presidente de los Estados Unidos, ha dado en sus discursos, desde el de Mobila, en 1913, hasta los del año en curso. Él ha hecho constar que esta Doctrina no significa nunca amenaza, sino más bien una garantía para las naciones débiles de América; él ha desconocido enteramente las interpretaciones que se habían dado hasta aquí y que servían para justificar, el ejercicio de una suerte de tutela de los Estados Unidos sobre las otras Repúblicas americanas. Muy especialmente, el 7 de junio de 1918, en su discurso a los periodistas mexicanos, el señor Presidente Wilson explicó la Doctrina de Monroe, declarando que la garantía constituida por ella en favor de los pueblos débiles, era no solamente con respecto a naciones del otro lado del mar, sino también con relación a los Estados Unidos. Él preconizó un pacto panamericano en este sentido, el cual podría tener su realización incorporándolo al de la Liga de las Naciones que tenemos al frente. Las justas declaraciones del señor Presidente Wilson a que hemos hecho alusión, constituye el mejor exponente del ideal de los pueblos del Continente Americano.

Presentamos algunos párrafos de su hermoso discurso aludido que dirigió a los periodistas mexicanos.

"Todas estas consideraciones me impulsan a presentaros la proposición que os ha sido leída y abrigo la esperanza de que tendrá una benévola acogida de parte de la Delegación de los Estados Unidos, lo mismo me merecerá el apoyo de las Delegaciones de las Repúblicas de la América Latina, que han pagado su tributo de admiración y res peto al Primer Magistrado de la Nación Norteamericana, que ha dado tantas pruebas de amor por la justicia.

Si la enmienda americana a la cual se refiere esta exposición, se encuentra redactada en los términos publicados y otros semejantes, el Pacto de la Liga de las Naciones no es nunca un obstáculo para que los pueblos de la América Latina se confederen o se unan en una forma cualquiera, teniendo por finalidad la realización de los sueños de Bolívar.

Queremos haceros una última declaración: al suscribir nosotros el Pacto de la Liga de las Naciones, es entendido que haremos la reserva expresa, en relación a nuestro país, del derecho que su Constitución le da de unirse a las otras Naciones del Istmo Centroamericano, para reconstruir la antigua República de la América Central; y haremos esta reserva expresamente, porque esta unión es el más bello ideal del patriotismo de aquellas comarcas y no debe quedar alguna duda en lo que concierne al derecho de su realización". París, 22 de abril de 1919. (f) P. BONILLA.

***

El movimiento unionista de 1917 paró en esa denuncia formidable hecha en el Salón de los Espejos del Palacio de Versalles al firmarse la paz que ponía fin a la primera guerra mundial.

LA ÚLTIMA INTENTONA DE LOS PUEBLOS PARA UNIR A CENTRO AMERICA EN 1921

Después de una crisis que termina en una guerra mundial, el sistema social queda en tan malas condiciones que a la vista del observador presenta paredes desplomadas o totalmente caídas. En ese momento se anuncia una reforma del sistema malparado o una revolución que levanta en el lugar de los terrones un nuevo sistema social.

Una vez pasada la primera guerra mundial, en la inmadura América Latina, a lo sumo se podía llegar a la reforma de cuanto sostenía el viejo feudalismo hacendario en el que en no pocas ocasiones se apoyaba el imperialismo yanqui para perfeccionar sus planes de expansión y dominación.

La principal reforma en Centro América tenía que ser la unión de los cinco países para presentar una nación más vigorosa y consistente en el concierto internacional. Era una necesidad inaplazable hacer la unión centroamericana, porque ya se había visto lo que le había pasado a Colombia con el cercenamiento de Panamá, y se estaba viendo la amenaza del Tratado Chamorro—Bryan en pleno corazón de Centro América.

A todo esto, el partido unionista se había ido fortaleciendo, y los liberales que habían mantenido la militancia de la unión en el siglo pasado, seguían dándole fuerza con más empeño en el primer cuarto del siglo XX, sabidos y convencidos de que era la única manera que tenían de justificarse ante la historia.

Otros partidos, hijos de la Reforma de 1871, militaron bajo la bandera del partido unionista. Y aun aquellos partidos que habían sido protectores y protegidos de la Iglesia, pero que ya no lo eran porque la Iglesia había sido separada de la política y de la propiedad, siguieron la corriente unionista con entusiasmo.

En el transcurso de sus luchas el partido unionista se dio cuenta que algunos gobernantes istmeños estorbaban el proceso de la unión, por ejemplo Manuel Estrada Cabrera, autócrata de Guatemala, ayudado por el imperialismo a mantenerse en el poder a lo largo de 22 años para que cumpliera planes perfectamente trazados.

En efecto, Estrada Cabrera servía de muro en Guatemala para que no pasaran al resto de Centro América las influencias progresistas de México. Sobre todo, no debían pasar las ideas de la reforma agraria de Emiliano Zapata a Centro América para evitarles intranquilidad a los hacendados feudales y a las compañías bananeras que se desarrollaban con la velocidad del viento.

Pero el partido unionista juró que Estrada Cabrera debía caer y cayó. En 1920 los unionistas establecieron en Guatemala el Gobierno de don Carlos Herrera, gran azucarero, con la condición que debía trabajar en favor de la reconstrucción de la República Federal.

No había que hacer nada en El Salvador. Los oligarcas Meléndez—Quiñónez—Molina eran unionistas por convicción política y por interés económico.

En Honduras el liberalismo había organizado el Gobierno del general Rafael López Gutiérrez y estaba totalmente en favor de la unión. Su contrario, el partido nacional, apoyaba con decisión el unionismo.

En Costa Rica gobernaba Julio Acosta García, inclinado al unionismo centroamericano.

Y en Nicaragua, la excepción, ejercía su dominio separatista por sus compromisos con Washington la familia Chamorro.

Por iniciativa de los Gobiernos consecuentes de ese tiempo, sus respectivos plenipotenciarios se reunieron en San José de Costa Rica para redactar el siguiente:

PACTO DE UNIÓN DE CENTRO AMÉRICA

Los Gobiernos de las Repúblicas de Guatemala, El Salvador, Honduras y Costa Rica, estimando como un alto deber patriótico llevar a cabo, en cuanto es posible, la reconstrucción de la República Federal de Centro América, mediante bases de justicia y de igualdad que garanticen la paz, mantengan la armonía entre los Estados, aseguren los beneficios de la libertad y promuevan el progreso y bienestar general, han tenido a bien celebrar un Tratado de Unión que tiene ese fin; y al efecto, han nombrado como delegados plenipotenciarios, a saber:

El Gobierno de Guatemala a los Excelentísimos señores Licenciados don Salvador Falla y don Carlos Salazar;

El Gobierno de El Salvador a los Excelentísimos señores doctores don Reyes Arrieta Rossi y don Miguel Tomás Molina;

El Gobierno de Honduras a los Excelentísimos señores doctores don Alberto Uclés y don Mariano Vásquez;

Y el Gobierno de Costa Rica a los Excelentísimos señores Licenciados don Alejandro Alvarado Quiroz y don Cleto González Víquez; quienes, después de haberse comunicado sus respectivos Plenos Poderes, que encontraron en buena y debida forma, han convenido en las estipulaciones siguientes:

ARTÍCULO I

Las Repúblicas de Guatemala, El Salvador, Honduras y Costa Rica se unen, en unión perpetua e indisoluble, y constituirán en adelante una nación soberana e independiente que se denominará FEDERACION DE CENTRO AMERICA. El Poder Federal, tendrá el derecho y el deber de mantener la Unión; y de acuerdo con la Constitución Federal, el orden interior de los Estados.

ARTÍCULO II

Los cuatro Estados concurrirán, por medio de Diputados, a una Asamblea Nacional Constituyente, y aceptan, desde luego, como ley suprema, la Constitución que decrete dicha Asamblea, de acuerdo con las estipulaciones del presente Tratado.

ARTÍCULO III

En cuanto no se oponga a la Constitución Federal, cada Estado conservará su autonomía e independencia para el manejo y dirección de sus negocios interiores, y asimismo todas las facultades que la Constitución Federal no atribuya a la Federación.

Las Constituciones de los Estados continuarán en vigor en cuanto no contraríen los preceptos de la Constitución Federal.

ARTÍCULO IV

Mientras el Gobierno Federal, mediante gestiones diplomáticas, no hubiere obtenido la modificación, derogación o sustitución de los tratados vigentes entre Estados de la Federación y naciones extranjeras, cada Estado respetará y seguirá cumpliendo fielmente los tratados que lo ligan con cualquiera o cualesquiera naciones extranjeras, en toda le extensión que impliquen los compromisos existentes.

ARTÍCULO V

La Asamblea Nacional Constituyente, al formular. la Constitución Federal, respetará las bases siguientes:

A) Habrá un Distrito Federal, gobernado directamente por el Gobierno Federal. La Asamblea señalará y delimitará el territorio que hubiere de formarle y dentro de él señalará la población o el lugar que habrá de ser capital política de la Federación, El Estado o Estados a los cuales se tome territorio para constituir el Distrito Federal, lo ceden, desde luego, gratuitamente, a la Federación.

B) El Gobierno de la Federación será republicano, popular, representativo y responsable. La soberanía residirá en la Nación. Los Poderes Públicos serán limitados y deberán ejercerse con arreglo a la Constitución. Habrá tres Poderes. Ejecutivo, Legislativo y Judicial.

C) El Poder Ejecutivo será ejercido por un Consejo Federal compuesto de Delegados popularmente electos. Cada Estado elegirá un propietario y un suplente, mayores de cuarenta años y ciudadanos naturales del Estado que los elija.

El período del Consejo será de cinco años.

Los Delegados propietarios y suplentes deberán residir en la Capital Federal. Los suplentes asistirán a las deliberaciones del Consejo, sin voto; lo tendrán, sin embargo, cuando no concurrieren a la reunión los respectivos propietarios.

Para que el Consejo actúe válidamente es preciso que todos los Estados estén representados en él. Las decisiones se tomarán por mayoría absoluta de votos, excepto en aquellos casos que la Constitución exija una mayoría superior. En caso de empate, el Presidente tendrá doble voto.

El Consejo elegirá entre los Delegados propietarios, un Presidente y un Vicepresidente, cuyas funciones durarán un año. El Presidente del Consejo no podrá ser reelecto para el año inmediato siguiente.

El Presidente del Consejo será tenido como Presidente de la Federación; pero actuará siempre en nombre y por resolución o mandato del Consejo Federal.

El Consejo se distribuirá de la manera que juzgue más conveniente la conducción de los manejos públicos; y puede encargar el departamento o departamentos que estime oportunos a cualquiera o cualesquiera de los suplentes. La Constitución determinará la forma en que hayan de llevarse las relaciones exteriores y completará la organización del Poder Ejecutivo.

D) El Poder Legislativo residirá en dos Cámaras; una de Senadores y otra de Diputados.

El Senado se compondrá de tres Senadores por Estado, elegidos por el Congreso de cada Estado. Los Senadores deberán ser mayores de cuarenta años y ciudadanos de cualquiera de los Estados. Su período será de seis años y se renovarán cada dos años por terceras partes.

La Cámara de Diputados se compondrá de representantes popularmente electos en la proporción de un Diputado por cada cien mil habitantes o fracción de más de cincuenta mil. La Asamblea Constituyente determinará el número de Diputados que haya de elegir cada Estado, mientras no se levante el censo general de la Federación.

Senadores y Diputados podrán ser reelectos indefinidamente.

En cada Cámara el quórum lo forman los tres cuartos del total de sus miembros.

Ninguna ley valdrá si no hubiere sido aprobada, en Cámaras separadas, por la mayoría absoluta de votos de los Diputados y por dos tercios de votos de los Senadores; y si no hubiere obtenido la sanción del Ejecutivo según disponga la Constitución Federal.

E) El Poder Judicial será ejercido por una Corte Suprema de Justicia y por los Tribunales inferiores que establezca la ley.

El Senado, dentro de una lista de veintiún candidatos que le presentará el Ejecutivo Federal, elegirá siete Magistrados Propietarios, que compondrán la Corte, y tres Suplentes para reponer las faltas temporales de los propietarios. Las faltas absolutas de

Propietarios y Suplentes se llenarán por nueva. elección. Los Magistrados serán inamovibles, salvo que por sentencia judicial proceda su remoción.

La Corte Suprema de Justicia conocerá de las controversias en que fuere parte la Federación; de las contiendas judiciales que se susciten dos o más Estados; de los conflictos que ocurran entre los Poderes de un Estado de la Federación, sobre constitucionalidad de sus actos; y de todos los demás asuntos que por la Constitución Federal o por la Ley Orgánica se le recomienden.

Los Estados que tengan entre sí cuestiones pendientes sobre límites territoriales o sobre validez o ejecución de sentencias o laudos dictados antes de la fecha de este Tratado, podrán sujetarlas a arbitramento.

La Corte Federal podrá conocer de dichas cuestiones, en calidad de Arbitro, si los Estados interesados las sometieren a su decisión.

F) La Federación garantiza a todo habitante la libertad: de pensamiento y de conciencia. No podrá legislar sobre materia religiosa. En todos los Estados será principio obligatorio el de la tolerancia de cultos no contrarios a la moral y a las buenas costumbres.

G) La Federación reconoce el principio de la inviolabilidad de la vida humana por delitos políticos o conexos, y garantiza la igualdad de todos los hombres ante la ley y la protección que el Estado debe dar a las clases desvalidas, así como al proletariado.

H) La Federación garantiza la libertad de enseñanza.

La enseñanza primaria será obligatoria; y la que se dé en las escuelas públicas, gratuita, dirigida y costeada por los Estados. Colegios de segunda enseñanza podrán ser fundados y sostenidos por la Federación, por los Estados, Municipios y particulares.

La Federación creará, cuanto antes fuere posible, una Universidad Nacional; y dará la preferencia para su pronto establecimiento, a las secciones de agricultura, industria, comercio y ciencias matemáticas.

I) La Federación igualmente garantiza, en todos los Estados, el respeto de los derechos individuales, así como la libertad del sufragio y la alternabilidad en el Poder.

J) El Ejército es una institución destinada a la defensa nacional y al mantenimiento de la paz y el orden público; es esencialmente pasivo y no podrá deliberar.

Los militares en servicio activo no tendrán derecho de sufragar. El Ejército estará exclusivamente a las órdenes del Consejo Federal. Los Estados no podrán mantener otra fuerza que la de Policía para resguardar el orden público.

Las guarniciones que, con carácter permanente o transitorio, mantenga la Federación en cualquier Estado serán mandadas por jefes nacionales de libre nombramiento y remoción del Consejo; pero en caso de que en un Estado ocurra un movimiento subversivo o justamente se tema que venga un trastorno serio, dichas fuerzas deberán ponerse a la orden del Gobierno del Estado. Si esas fuerzas no fueren suficientes para sofocar la rebelión, el Gobierno del Estado pedirá y el Consejo suministrará los refuerzos convenientes.

La ley reglamentará el servicio militar, el de las guarniciones y la instrucción militar, de modo que se sujeten a reglas fijas.

El Consejo tendrá la libre disposición de los armamentos y pertrechos de guerra que actualmente existen en los Estados, después de provistos estos de la cantidad necesaria para la fuerza de policía.

Los Estados reconocen como una necesidad y conveniencia que la Federación reduzca los armamentos y ejércitos a lo indispensable, para resolver brazos a la agricultura e industrias y para invertir, en promover el adelanto común, las cantidades que con exceso consumen en ese ramo.

L) El Gobierno Federal administrará la Hacienda Pública Nacional, que será diferente de la de los Estados. La ley creará rentas y contribuciones federales.

M) Los Estados continuarán haciendo el servicio de sus actuales deudas internas y externas. El Gobierno Federal tendrá la obligación de ver que ese servicio se cumpla fielmente y que a ese fin se dediquen las rentas comprometidas.

En adelante ninguno de los Estados podrá contraer o emitir empréstitos exteriores sin autorización de una ley del Estado y ratificación de una ley federal; ni celebrar contratos que puedan de algún modo comprometer su soberanía o independencia, o la integridad de su territorio.

N) La Federación no podrá contratar o emitir empréstitos exteriores sin la autorización de una ley que aprueben los dos tercios de votos de la Cámara de Diputados y tres cuartos de votos del Senado.

O) La Constitución podrá señalar un plazo después del cual sea requisito esencial para ejercer el derecho del sufragio, en elecciones de autoridades federales, la circunstancia de saber leer y escribir.

P) La Constitución detallará los trámites mediante los cuales puede decretarse la enmienda de sus disposiciones. Sin embargo, si la reforma hubiere de alterar alguna o algunas de las bases enumeradas en este artículo, será requisito indispensable, además de los que la Constitución exija en general, que den su consentimiento las legislaturas de todos los Estados.

Q) La Constitución determinará y especificará las materias que hayan de ser objeto exclusivo de la legislación federal.

La Asamblea Nacional Constituyente, al formular la Constitución, completará el plan y principios de la misma, desarrollando las bases anteriores, sin que en ningún caso puedan contrariarlas.

Inmediatamente después de emitida la Constitución, la Asamblea decretará las leyes complementarias sobre la libertad de imprenta, amparo y estado de sitio, las cuales se tendrán como parte de la Constitución Federal.

ARTÍCULO VI

La Asamblea Nacional Constituyente a que se refiere el Artículo II del presente Tratado, se compondrá de quince Diputados por cada Estado, que serán electos por el respectivo Congreso.

Para ser Diputado se requiere ser mayor de veinticinco años y ciudadano de cualquiera de los cinco Estados de la América Central.

Los Diputados gozarán de inmunidad en sus personas y bienes desde que se declare la elección por el Congreso del Estado, hasta un mes después de cerradas las sesiones de la Asamblea.

ARTÍCULO VII

El quórum de la Asamblea lo formarán las tres quintas partes del total de Diputados.

Las votaciones se harán por Estados. Caso de que faltare uno o más de los Diputados de un Estado, el Diputado o Diputados presentes asumirán la representación completa de su Estado. Si hubiere divergencia de votos entre los Diputados de un Estado, se tendrá como voto del Estado el de la mayoría de sus Diputados, y en caso de empate, el que se conforme. con la mayoría de votos de los otros Estados; o si entre éstos hubiere asimismo empate, el qule se conforme con la mayoría de votos personales de los Diputados.

Las decisiones de la Asamblea se tomarán por mayoría de votos de Estados.

ARTÍCULO VIII

Para el cumplimiento de lo estipulado se instituye, desde luego, un Consejo Federal Provisional compuesto de un Delegado por cada Estado. Dicho Consejo se encargará de dictar todas las medidas preliminares a la organización de la Federación y de su Gobierno inicial; y especialmente de convocar la Asamblea Nacional Constituyente; de promulgar la Constitución, leyes constitutivas y demás resoluciones que dicte la Asamblea; de decretar lo conveniente para que, en su oportunidad los Estados elijan Delegados al Consejo, Senadores y Diputados; y finalmente, de dar posesión al Consejo Federal, con los que terminarán sus funciones.

ARTÍCULO IX

Los Delegados al Consejo Federal deberán ser mayores de cuarenta años y ciudadanos del Estado que los elija.

Gozarán de inmunidad en sus personas y bienes desde que fueren electos hasta un mes después de haber cesado en el cargo. Gozarán además en el Estado donde ejerzan sus funciones, de todos los privilegios y preeminencias que por derecho o por costumbre se dispensen a los Jefes de misiones diplomáticas.

ARTÍCULO X

El Congreso de cada Estado inmediatamente después de otorgar a este Tratado su aprobación, elegirá el Delegado que le corresponda en el Consejo Provisional y comunicará esta elección por el órgano respectivo, a la Oficina Internacional Centroamericana. Esta a su vez comunicará a los Gobiernos, así como a los Delegados electos, el hecho de haber recibido la ratificación de tres Estados, a efecto de que, en el término que a continuación se expresa, concurran los Delegados a iniciar sus labores.

ARTÍCULO XI

El Consejo Federal Provisional se reunirá en la ciudad de Tegucigalpa, capital de Honduras, a más tardar treinta días después de haber sido depositada en la Oficina Internacional Centroamericana la tercera ratificación del presente Pacto.

ARTÍCULO XII

Para que el Consejo Provisional actúe válidamente se requerirá la presencia a lo sumo de tres Delegados.

ARTÍCULO XIII

El Consejo Provisional elegirá un Presidente y un Secretario, los cuales firmarán todos los documentos necesarios. El Secretario llevará la correspondencia.

ARTÍCULO XIV

Cuando ocurra la cuarta ratificación, la Oficina Internacional Centroamericana, o el Consejo Federal Provisional, si ya estuviere reunido llamará al Delegado correspondiente para que se incorpore en el Consejo Provisional.

ARTÍCULO XV

El Congreso de cada Estado, al mismo tiempo que elija su Delegado al Consejo Provisional, conforme lo previene el Artículo X de este Tratado, elegirá los Diputados a la Constituyente que corresponda a su Estado.

ARTÍCULO XVI

Verificada la elección de los Diputados a la Asamblea Constituyente, el Ministro de Relaciones Exteriores del Estado respectivo lo hará saber a la Oficina Internacional Centroamericana y librará las credenciales del caso a los Diputados electos.

ARTÍCULO XVII

Una vez que la Oficina Internacional Centroamericana haya comunicado al Consejo Federal Provisional la elección de los Diputados verificada por tres Estados, a lo menos, el Consejo Federal Provisional convocará a la Asamblea Nacional Constituyente, para que se instale en la ciudad de Tegucigalpa, en la fecha que determine el decreto de convocatoria, el cual se hará saber al Ministerio de Relaciones Exteriores de cada Estado y a cada Diputado individualmente, con treinta días o más de anticipación. El Consejo Provisional procurará que la instalación de la Asamblea Constituyente se verifique, a más tardar, el quince de septiembre del presente año de 1921, centenario de la emancipación política de Centro América.

ARTÍCULO XVIII

Bastará que tres de los Estados contratantes ratifiquen este Tratado para que se considere firme y obligatorio entre ellos y se proceda a su cumplimiento.

El Estado que no aprobare este Pacto podrá, sin embargo, ingresar en la Federación en cualquier momento que lo solicite y la Federación lo admitirá sin necesidad de más trámite que la presentación de la ley aprobatoria de este Tratado y de la Constitución Federal y leyes constitutivas. En tal evento, se aumentarán en lo que proceda el Consejo Federal y las dos Cámaras legislativas.

ARTÍCULO XIX

Los Estados contratantes sinceramente deploran que no concurra desde luego a integrar la Federación de Centro. América la hermana República de Nicaragua. Si más tarde dicha República decidiere ingresar en la Unión deberá la Federación otorgar las mayores facilidades para su ingreso, en el tratado que con ese objeto se celebre.

En todo caso, la Federación seguirá considerándola y tratándola como parte integrante de la familia centroamericana, lo mismo que al Estado que por cualquier motivo no ratifique el presente Pacto.

ARTÍCULO XX

Cada Estado entregará al Consejo Provisional la suma que éste designe para cubrir los gastos que demande el cumplimiento de su misión, y fijará y pagará las dietas a los respectivos Diputados Constituyentes.

ARTÍCULO XXI

El presente Tratado deberá ser sometido en cada Estado, cuanto antes fuere posible, a la aprobación legislativa que requiera la respectiva Constitución; y las ratificaciones serán inmediatamente ratificadas a la Oficina Internacional Centroamericana, a la cual se enviará un ejemplar en la forma usual. Al recibir el ejemplar de cada ratificación, dicha Oficina lo hará saber a los demás Estados y tal notificación se tendrá y valdrá como canje.

Hecho en San José de Costa Rica, en cuatro ejemplares, el día diez y nueve de enero de mil novecientos veintiuno.

En fe de lo cual firma el presente Tratado.

Por la República de Guatemala: Salvador Falla. Carlos Salazar.

Por la República de El Salvador: R. Arrieta Rossi. M. T. Molina.

Por la República de Honduras: Alberto Uclés. Mariano Vásquez.

Por la República de Costa Rica: Alejandro Alvarado Quiroz. Cleto González Víquez.

Ratificaciones

El Congreso Nacional de Honduras ratificó el Pacto de Unión, por Decreto No. 25 de 3 de febrero de 1921.

La Asamblea Nacional Legislativa de El Salvador, en Decreto de 23 de febrero de 1921.

La Asamblea Nacional de Guatemala, en Decreto de 6 de abril de 1921.

Las ratificaciones fueron depositadas en la Oficina Internacional Centroamericana para los efectos del Artículo XXI del Pacto.

Instalación del Consejo Federal Provisional Centroamericano

Fue elegido Presidente del Consejo el Delegado de Guatemala, doctor José Vicente Martínez, y Secretario el Delegado de El Salvador, doctor Francisco Martínez Suárez, quedando como integrante del Consejo el Delegado por Honduras, doctor y General Dionisio Gutiérrez.

Nómina de los Diputados electos a la Asamblea Nacional Constituyente

ESTADO DE GUATEMALA
PROPIETARIOS
Doctor Salvador Mendieta
Licenciado José Astúa Aguilar
Licenciado Tácito Molina
Licenciado Carlos Salazar
Licenciado Salvador Falla
Doctor Eduardo Lizarralde
Licenciado José León Samayoa
Licenciado Filadelfo J. Fuentes
Licenciado Federico Arias
Licenciado Virgilio Obregón
Licenciado Antonio Valladares
Licenciado Alberto de León
Licenciado Salvador Sandoval
Licenciado Miguel T. Alvarado
Doctor José Matos
SUPLENTES
Licenciado Rafael D. Ponciano
Licenciado Eladio Menéndez
Licenciado Adolfo Barillas González

ESTADO DE EL SALVADOR
PROPIETARIOS
Doctores Francisco Dueñas
Manuel Delgado
Manuel Castro Ramírez
Enrique Córdova
Eduardo Álvarez
Carlos Azúcar Chávez
Daniel González

Francisco A. Lima
Lisandro Cevallos
General   J. Tomás Calderón
Don Alberto Masferrer
Don Francisco Castañeda
Doctor Rafael Justiniano Hidalgo
Doctor David Rosales (padre)
Don Antonio Alfaro
SUPLENTES
Doctor Lázaro Mendoza
Doctor Miguel A. Soriano
Don Silverio Henríquez
Doctor Miguel Pacheco h.

ESTADO DE HONDURAS
PROPIETARIOS
Doctor Policarpo Bonilla
Juan ángel Arias
Miguel Oquelí Bustillo
Federico Uclés
Vicente Mejía Colindres
Ángel Zúñiga Huete
Coronado García
Hipólito Moncada
General Juan E. Paredes
Doctor   Miguel A. Navarro
Antonio R. Reina (padre)
Teodoro F. Boquín
Salvador Corleto
Lic. José María Sandoval
Doctor Manuel F. Barahona

INAUGURACIÓN DE LA ASAMBLEA NACIONAL CONSTITUYENTE

El día martes 19 de julio de 1921, se verificó la primera sesión preparatoria de la Asamblea Nacional Constituyente, celebrada a las cuatro de la tarde y presidida por el Excelentísimo señor Doctor don

Alberto Uclés, Ministro de Relaciones Exteriores del Estado de Honduras por Delegación del Consejo Federal Provisional Centroamericano.

Revisadas las credenciales, se procedió a elegir el Directorio en propiedad de la Asamblea, cuyo resultado fue el siguiente:

Presidente, Dr. don Policarpo Bonilla;

Primer Vicepresidente, Dr. don Manuel Delgado;

Segundo Vicepresidente, Dr. don Carlos Salazar;

Primer Secretario, Dr. don José Matos;

Segundo Secretario, Dr. don Manuel Castro Ramírez;

Primer Prosecretario, Dr. don Salvador Mendieta;

Segundo Prosecretario, Dr. don Ángel Zúñiga Huete.

Saludó a la Asamblea Nacional Constituyente el Presidente del Consejo Federal Provisional, Licenciado don J. Vicente Martínez en el acto de su inauguración.

Contestó al saludo el Presidente de la Asamblea Nacional Constituyente, Dr. don Policarpo Bonilla.

NUEVOS FUNCIONARIOS FEDERALES

El Congreso Nacional de Honduras, en sus últimas sesiones extraordinarias, practicó las siguientes elecciones:

Delegado Suplente, por el Estado de Honduras, al Consejo Federal Provisional:

Dr. Jesús M. Alvarado

Diputados Suplentes a la Asamblea Nacional Constituyente:

Dr. Manuel F. Rodríguez

Dr. Ricardo Alduvín

Dr. Francisco Paredes

Dr. Jacinto Meza

Ing. Rafael Díaz Chávez

Ing. Vicente Sáenz

LA ASAMBLEA NACIONAL CONSTITUYENTE NOMBRA LAS COMISIONES REDACTORAS DE LA CONSTITUCIÓN FEDERAL

Comisión de unificación y redacción: Señores Diputados Delegados, Castro Ramírez, Álvarez, Salazar, Falla, Matos, Bonilla, Oquelí Bustillo, Mejía Colindres y Mendieta.

1ª. Comisión. De nacionalidad y soberanía. Diputados Enrique Córdova, Virgilio Obregón, Coronado García y Antonio Valladares.

2ª. Comisión. Nacionalidad, ciudadanía, derechos y deberes. Diputados Salvador Falla, Antonio Alfaro y Salvador Corleto.

3ª. Comisión. Garantías, Diputados Alberto de León, David Rosales P. y Ricardo Alduvín.

4ª. Comisión. Forma de Gobierno y los Poderes de la Federación y Distrito Federal, Diputados José Astúa Aguilar, Carlos Azúcar Chávez y Ángel Zuñiga Huete.

5ª. Comisión. Poder Legislativo. Diputados Miguel A. Navarro, Francisco Castañeda, Salvador Mendieta y Rafael Justiniano Hidalgo.

6ª. Comisión. Poder Ejecutivo. Carlos Salazar, Manuel Castro Ramírez, Manuel F. Barahona y Salvador Mendieta.

7ª. Comisión. Poder Judicial. Diputados Lisandro Cevallos, Filadelfo J. Fuentes, José María y Salvador Sandoval.

8ª. Comisión. Rentas de la Federación y Cuestiones Económicas, Diputados Salvador Falla, Francisco A. Lima y Juan E. Paredes.

9ª. Comisión. Ejército Federal. Diputados Juan. E. Paredes, Rafael D. Ponciano y Tomás Calderón.

10. Comisión. Cuestiones Sociales e Instrucción Pública. Diputados Alberto Masferrer, Eugenio Silva Peña, Hipólito Moncada y Francisco A. Lima.

11. Comisión. Disposiciones Generales. Diputados Antonio R. Reina, Sixto Barrios y Eduardo Lizarralde.

Este acuerdo fue tomado el 10 de agosto y dada la competencia de las comisiones, sus trabajos fueron presentados prontamente.

GESTIONES PARA INCORPORAR A COSTA RICA Y NICARAGUA A LA FEDERACIÓN

Los Diputados Enrique Córdova, Vicente Mejía Colindres y Coronado García, hicieron una exposición razonada que decía:

"La Asamblea debe afrontar los medios que estén a su alcance, en prosecución de tan justo anhelo, y hacemos formal moción, pidiendo a la Junta Directiva de este Alto Cuerpo, para que se dirija atentamente al Honorable Consejo Federal Provisional Centroamericano, haciéndole presente que esta Asamblea, interpretando los sentimientos y aspiraciones del pueblo centroamericano, abriga el más vivo deseo porque los Estados de Nicaragua y Costa Rica ingresen cuanto antes a formar parte de la Federación de Centro América; y excitando a la vez al Honorable Consejo para que continúe sus patrióticas y activas gestiones con este laudable objeto. (Fms). Enrique Córdova, V. Mejía Colindres, Coronado García".

RESPUESTA A COSTA RICA

El Gobierno costarricense que había participado por medio de plenipotenciarios en la Redacción del Pacto de Unión, contestó que "el Pacto de Unión había sido rechazado por el Congreso de Costa Rica, (y que) el Ejecutivo esperaba la renovación parcial de su personal en diciembre entrante para volver a someter el Tratado a conocimiento del Poder Legislativo, y si entonces fuere aprobado, Costa Rica entrará en la Federación, etc.

En esta ocasión, Ricardo Jiménez Oreamuno, destinado por Mefistófeles a ser el próximo gobernante de Costa Rica, siendo uno de los periodistas de más timbre en Centro América, desató una tan aplastante campaña separatista desde San José, que acobardó al Congreso de la República y con este ánimo rechazó el Pacto de Unión.

RESPUESTA DE NICARAGUA

No hay que alargar la información. Es irritante. La tierra del Tratado Chamorro—Bryan, valiéndose del sofisma y del cinismo, se negó a sumarse en el carro de la Federación. De nada sirvieron las gestiones del Consejo Federal Provisional y de los gobiernos de los Estados. Naturalmente, en Managua y en San José estaban al tanto; participaban en la zancadilla que prepara contra la Unión, el traidor José María Orellana.

VIGENCIA DE LA CONSTITUCIÓN FEDERAL

Nos ha servido en esta relación el "Boletín del Consejo Federal" publicado por el periodista y escritor Augusto C. Coello que duró del 28 de junio de 1921 a 31 de enero de 1922.

La Constitución Federal entró en vigencia el primero de octubre de 1921, con grandes manifestaciones de júbilo en los países federados. Y en el tiempo estipulado por la misma se procedió a elegir las autoridades constitucionales federales.

ELECCIONES DE AUTORIDADES FEDERALES

CONSEJO FEDERAL

Delegados por Guatemala: Doctores don Julio Bianchi, propietario, y don Salvador Sandoval, suplente.

Por El Salvador: Doctores don Francisco Martínez Suárez, propietario, y don Reyes Arrieta Rossi, suplente.

Por Honduras: Doctor don Policarpo Bonilla, propietario, y doctor don Mariano Vásquez, suplente.

SENADO
Por el Estado de El Salvador

SENADORES PROPIETARIOS
Dr. Miguel Tomás Molina
Dr. Carlos Azúcar Chávez
Dr. Rafael Antonio Orellana
SUPLENTES
Dr. Eduardo Álvarez
Dr. David Rosales P.
Dr. Rodolfo Schonenberg

Por el Estado de Honduras
SENADORES PROPIETARIOS
Dr. Juan Ángel Arias
Dr. Dionisio Gutiérrez
Dr. Francisco Paredes Fajardo
SUPLENTES

Dr. Miguel Oquelí Bustillo
Dr. Antonio Reina P.
Dr. Carlos A. Meza

CONGRESO FEDERAL

Diputados por Guatemala: Propietarios: Lic. Salvador Falla; Lic. Adalberto Saravia; Lic. Oscar F. Sandoval; Lic. Filadelfo Salazar; don Damián Cániz; Lic. Eugenio Silva Peña; Dr. Rafael Robles; Lic. Filadelfo J. Fuentes; Lic. Abelino Mariscal; don Edmundo Guerrero; don José María Albir; Lic. Manuel Coronado Aguilar; Lic. Francisco H. de León; Lic. Flavio Herrera; Lic. Benjamín Solórzano.

Diputados suplentes por Guatemala: Lic. Carlos Salazar; Lic. Ángel Cuevas D.; Doctor Tulio Castañeda; don Pedro Salazar; Lic. Tácito. Molina Izquierdo; Lic. Desiderio Berganza; Lic. Marcial García Salas; don Fernando Arango; Lic. Raúl Calvo C.; don Víctor M. Ocheita; Lic. Jorge Morales Urruela; Lic. Adolfo Barillas González; Lic. Marcos Cermeño; don Abraham Reyes; Lic. Fernando Castañeda.

Diputados por El Salvador: Propietarios. Doctor Cecilio Bustamante; doctor Abraham Rivera; Dr. César Virgilio Miranda; Dr. Bernandino Larios h.; Dr. Rosalío Acosta Carrillo; Dr. Vicente Cortés Reales; Dr. Sarbelio Navarrete; Dr. Ezequiel Olavarrieta; Dr. Adrián Meléndez Arévalo; Dr. Raúl Andino; don Luis Munguía Payés; Dr. Alberto González Ansaldo; Dr. Leopoldo B. Paz; Dr. Salvador R. Merlos; Dr. Simeón Eduardo.

Diputados suplentes por El Salvador: Dr. Adrián García; don Recaredo Gallardo; Dr. Cayetano Ochoa; Dr. Felipe Clara; Dr. Miguel Ángel Montalvo; Dr. David Rosales h.; don Jesús María Arévalo Pino; don Luis Rovelo; Dr. Manuel Bolaños; don Salvador Gallegos; Dr. Arcadio Rochac Velado; Dr. Francisco Alberto Olano; don Pedro Jiménez; don César Meléndez González; don José Mejía.

Diputados por Honduras: Propietarios. General Tiburcio Carías A., Lic. Jacinto A. Meza; Lic. Silverio Laínez; Dr. Ricardo Alduvín; Dr. Julián Baires; Lic. Manuel Ugarte h.; Lic. Manuel F. Rodríguez; Dr. Samuel Laínez; Lic. Rafael Alduvín; Lic. Ricardo Pineda; don Salomón Bueso V.; Lic. Rafael Medina Raudales; Dr. Francisco A. Matute; Ing. Luis Bográn; don Ángel Sevilla.

Diputados Suplentes por Honduras: Lic. Jacinto R. Rivas, Dr. Gregorio A. Lobo, Dr. Héctor Valenzuela, Lic. Carlos Zelaya, Lic. Román Meza, Dr. Inés Hernández, Dr. José del Carmen Carrasco, don Trinidad E. Rivera, Ing. Mónico Zelaya, don Pedro Rivas, don José Izaguirre, Lic. Hipólito Moncada, Lic. Rodolfo Pineda G., Profesor Eusebio Fiallos.

Diputados por el Distrito Federal: Propietario Ing. Rafael Díaz Chávez, Suplente: Dr. Manuel G. Zúñiga.

FIN

El imperialismo tomó su última resolución para poner fin al intento progresista de reconstruir la República Federal de Centro América. No le convenía la Unión. Para ello se valió de su agente guatemalteco, general José María Orellana, quien dio el golpe militar del 6 de diciembre de 1921. Cayó el gobierno unionista de don Carlos Herrera.

Como era peligroso poner fin a la Unión de un solo porrazo por el peligro de una guerra con los dos Estados unionistas, entró en juego el eufemismo de la "Asamblea anormal de Guatemala" consistente en introducir hombres de confianza en el Senado.

Se vio claro que en la nueva situación creada por el traidor Orellana, Guatemala tomaba las de Villadiego, como antes lo había hecho Costa Rica.

OPINIÓN DEL DOCTOR POLICARPO BONILLA

El Doctor Bonilla escribió un artículo explicativo titulado *MOVIMIENTO UNIONISTA DE 1921.*

La nueva República de Centro América, formada por Guatemala, El Salvador y Honduras, estaba ya para consolidarse, pues solo faltaba que la Asamblea de Guatemala eligiese los tres senadores por aquel Estado, para que pudiese instalarse el Congreso Federal, practicar el escrutinio de votos de los miembros electos para el Poder Ejecutivo y elegir los del Poder Judicial.

Desgraciadamente, al amanecer del 6 de diciembre el ejército de Guatemala decidió deponer al Jefe de Estado, don Carlos Herrera, un Consejo Militar para sustituirlo, el cual convocó, no la Asamblea que estaba funcionando, sino la que en 1920 se disolvió al convocar una constituyente[4].

Los militares, secundando la propaganda del Partido Liberal Federalista, declararon que esta Asamblea Constituyente y la Legislativa que se eligió conforme a la nueva Constitución, eran ilegítimas, por haberse disuelto ilegalmente la que ahora han reunido. Esta admitió la renuncia al señor Herrera, nombrando designado al general Orellana, uno de los miembros del triunvirato militar. Al mismo tiempo declaró nulos los actos de la anterior, referentes a la ratificación del Pacto de Costa Rica, y nombramiento de diputados a la Constituyente Federal que dictó en septiembre la Constitución de la nueva República; pero por decretos posteriores ratificó esos pactos.

Tanto el nuevo Gobierno como la Asamblea actual hicieron declaraciones expresas de estar resueltos a mantener la Federación, si bien declararon como nulas las elecciones de delegados al Consejo y diputados al Congreso Federal, practicadas popularmente, aunque a la vez eligieron los tres senadores por Guatemala. Hasta allí parecía que en realidad estaban dispuestos a mantener la Federación, pues la nulidad alegada tenía que ser resuelta por el Congreso Federal, en el cual se hubiera encontrado la solución a la dificultad.

El cambio operado en Guatemala es indudablemente inconstitucional y un precedente funesto para el porvenir dentro o fuera de la Federación. Tocaba al Consejo Federal, de acuerdo con los Jefes de Estado de Honduras y El Salvador, y conforme a la Constitución Federal violada, restablecer el orden en Guatemala, si necesario fuese por la fuerza; pero esto se hizo imposible por la notificación que hizo el Departamento de Estado de Washington de que vería con desagrado la intervención de los otros Estados en los asuntos de Guatemala, invocando para ello los pactos celebrados en Washington en 1907, en los cuales se estipuló también que estos Estados no pueden reconocer ningún Gobierno creado por revolución o golpe de Estado mientras no se reorganice el país donde ocurre por una Asamblea popularmente electa.

---

[4] La Asamblea convocada fue la que funcionaba en tiempos de Manuel Estrada Cabrera.

Sin embargo, en mi concepto, el Departamento de Estado, al hacer esa declaración, dejó de tomar en cuenta que esos pactos fueron abrogados por la Constitución vigente que hizo de los tres países una sola nación. Indudablemente la intención del Departamento de Estado fue humanitaria, siendo preferible entrar en negociaciones diplomáticas con los rebeldes. Mas el Consejo Federal Provisional, ateniéndose a la nota de Washington, rehusó a abrir relaciones de ninguna clase con el nuevo Gobierno de Guatemala, negándose hasta acusar recibo de sus telegramas, y por Decreto No.12, de 9 de enero, el Consejo declaró nula la elección de senadores hecha por la Asamblea de Guatemala, por lo cual el Gobierno de aquel Estado les ordenó regresar, cuando ya venía a Tegucigalpa a incorporarse al Congreso Federal. Este fue indudablemente un grave error del Consejo, que impidió la Instalación del Congreso Federal por falta de los Senadores de Guatemala ya que viniendo ellos se habría podido organizar con los diputados guatemaltecos que vinieron y aún están aquí.

La calificación de la nulidad de unos y otros correspondían por la Constitución Federal a la Cámara respectiva y no al Consejo; pero, como ya dijo, aunque hay quórum para la Cámara de Diputados, por estar aquí los de El Salvador y Honduras, no lo hay que la de senadores, y el Congreso no puede funcionar. El Gobierno y Asamblea de Guatemala, con vista del decreto citado del Consejo, declararon rota la Federación, y reasumida la plena soberanía de aquel Estado, a pesar de que llegó a tiempo una rectificación del Consejo, exigida por la opinión pública, prometiendo aceptar a los senadores.

El Gobierno guatemalteco contestó que no era enteramente satisfactoria esa rectificación, porque no resolvía otros puntos más graves que le había sometido; pero siendo ya un principio de conciliación, que debía hacer esperar las demás concesiones, menos importantes, debió aplazarse la resolución de la ruptura; y en vez de ello fue apresurada; demostrando así que el Poder Ejecutivo y Asamblea guatemaltecos no lo tomaban como justa causa sino como pretexto.

Si en esos momentos el representante de Estados Unidos hubiera aconsejado siquiera la calma y la prudencia, no estaría rota la

Federación; pero se ignora hasta el momento en que sentido haya sido su acción[5].

Para el objeto de este estudio, hasta aquí vamos a reproducir el artículo del Dr. Policarpo Bonilla.

LOS PACTOS DE WASHINGTON DE 1923

Aquí sí, apenas el Departamento de Estado invitó a los cinco Gobiernos centroamericanos para que por medio de plenipotenciarios se reunieran en Washington con el objeto de tratar asuntos que irían en beneficio de Centro América, todos a una y más corriendo que andando se situaron en el lugar de la cita.

Esperaban a los obedientes el Jefe del Departamento de Estado, Charles Evans Hughes y el inevitable Sumner Welles. Después de la ceremonia de rigor pasaron al objeto que los reunía: organizar políticamente a Centro América del modo que convenía a los Estados Unidos.

Estuvieron constantemente presentes en la junta:

Por Estados Unidos, Sumner Welles.

Por Guatemala, Francisco Sánchez Latour y Marcial Prem.

Por El Salvador, Francisco Martínez Suárez y J. Gustavo Guerrero.

Por Honduras, Alberto Uclés, Salvador Córdova y Raúl Toledo López.

Por Nicaragua, Emiliano Chamorro, Adolfo Cárdenas y Máximo H. Zepeda.

Por Costa Rica, Alfredo González Flores y J. Rafael Oreamuno. Firmaron los documentos siguientes:

1) Tratado General de Paz y Amistad

2) Convención para el establecimiento de un Tribunal Internacional Centro Americano.

3) Convención sobre el ejercicio de profesiones liberales.

4) Convención de Extradición.

---

[5] El Dr. Bonilla sabía de sobra que todos los consejos separatistas no podrán venir de otra parte que de los representantes diplomáticos de los Estados Unidos.

5) Convención para el establecimiento de Centros Experimentales Agrícolas y sobre Industrias Pecuarias.

6) Convención sobre limitación de armamentos.

7) Convención para el cambio recíproco de estudiantes centroamericanos.

8) Convención sobre unificación de Leyes Protectoras de Obreros y Trabajadores.

9) Convención para el establecimiento de Comisiones permanentes Centroamericanas.

10) Convención de Libre Cambio.

11) Convención sobre preparación de Proyectos de Leyes Electorales.

Tales son los conocidos Pactos de Washington de 1923, que fueron ratificados por los Congresos y ejecutados por los gobernantes centroamericanos, sin ninguna objeción.

Es de advertir que los Gobiernos Centroamericanos eran propicios a los Pactos de Washington.

En Guatemala gobernaba José María Orellana que había dado el golpe militar del 6 de diciembre de 1921, alentado y asistido por las fuerzas tenebrosas del cabrerism0.

En El Salvador gobernaba el grupo oligárquico de los Meléndez— Quiñónez Molina, que en el fondo veía la unión centroamericana como una operación financiera.

En Honduras estaba en el Poder el cariísmo, destinado a vivir muchos años en él para impedir que lo sustituyera un régimen siquiera ligeramente adverso a los planes expansionistas y de dominación de los Estados Unidos.

En Nicaragua, basta decir que dominaba la familia Chamorro.

Y en Costa Rica ya estaba en la Presidencia Ricardo Jiménez Oreamuno, un hombre que con su fuerza periodística había separado a aquel país del Pacto de Unión que se había redactado en San José.

Los Pactos de Washington iniciaron una etapa de franca dominación de los Estados Unidos en Centro América.

Publicamos aquí solamente el Tratado General de Paz y Amistad, y la Convención para el Establecimiento de Comisiones de Investigación.

PACTOS DE WASHINGTON DE 1923 TRATADO GENERAL DE PAZ Y AMISTAD

Los Gobiernos de las Repúblicas de Guatemala, El Salvador, Honduras, Nicaragua y Costa Rica, deseando continuar las buenas relaciones de amistad que han existido entre ellos y establecer las más sólidas bases para la existencia de una situación de paz en la América Central, han tenido a bien celebrar un Tratado General de Paz y Amistad, y al efecto, han nombrado delegados, a saber:

Guatemala, a los Excelentísimos señores don Francisco Sánchez Latour y Licenciado don Marcial Prem;

El Salvador, a los Excelentísimos señores don Francisco Martínez Suárez y Doctor don J. Gustavo Guerrero;

Honduras, a los Excelentísimos señores Doctor don Alberto Uclés, Doctor don Salvador Córdova y don Raúl Toledo López;

Nicaragua, a los Excelentísimos señores General don Emiliano Chamorro, don Adolfo Cárdenas y Doctor don Máximo H. Zepeda; y

Costa Rica, a los Excelentísimos señores Licenciado don Alfredo González Flores y Licenciado don J. Rafael Oreamuno.

En virtud de la invitación hecha al Gobierno de los Estados Unidos de América por los Gobiernos de las cinco Repúblicas de Centro América, estuvieron presentes en las deliberaciones de la Conferencia y como Delegados del Gobierno de los Estados Unidos de América, los honorables señores Charles E. Hughes, Secretario de Estado de los Estados Unidos de América, y Sumner Welles, Enviado Extraordinario y Ministro Plenipotenciario.

Después de comunicarse sus respectivos plenos poderes, que fueron hallados en buena y debida forma, los Delegados de los cinco Estados de la América Central, reunidos en Conferencia, sobre Asuntos Centroamericanos, en Washington, han convenido en llevar a efecto el propósito indicado, de la manera siguiente:

ARTÍCULO I

Las Repúblicas de Centro América consideran como el primordial de sus deberes, en sus relaciones mutuas, el mantenimiento de la paz y se obligan a observar siempre la más completa armonía y a resolver los desacuerdos o dificultades que puedan sobrevenir entre ellas, de conformidad con las Convenciones que en esta fecha han suscrito para el establecimiento de un Tribunal Internacional Centro—americano y para el establecimiento de Comisiones Internacionales de Investigación.

ARTICULO II

Deseando asegurar en las Repúblicas de Centro América los beneficios que se derivan de la práctica de las instituciones libres y contribuir al propio tiempo a afirmar su estabilidad y los prestigios de que debe rodearse, declaran que se considera amenazante a la paz de dichas repúblicas todo acto, disposición o medida que altere en cualquiera de ellas el orden constitucional, ya sea que proceda de algún Poder Público, ya de particulares.

En consecuencia, los Gobiernos de las Partes Contratantes no reconocerán a ninguno que surja en cualquiera de las cinco Repúblicas por un golpe de Estado o de una revolución contra un Gobierno reconocido, mientras la representación del pueblo, libremente electa, no haya reorganizado el país en forma constitucional. Y aun en este caso se obligan à no otorgar el reconocimiento, si alguna de las personas que resultaren electas Presidente, Vicepresidente o Designado, estuviere comprendida en cualquiera de los casos siguientes:

1°. Si fuere el Jefe o uno de los Jefes del golpe de Estado o de la revolución, o fuere por consanguinidad o afinidad, ascendiente, descendiente o hermano de alguno de ellos:

2°. Si hubiese sido Secretario de Estado o hubiese tenido alto mando militar al verificarse el golpe de Estado o la revolución, o al practicarse la elección, o hubiese ejercido ese cargo o mando durante los seis meses anteriores al golpe de Estado, revolución o elección;

Tampoco será reconocido en ningún caso, el Gobierno que surja de elecciones recaídas en un ciudadano inhabilitado expresa e indubitablemente por la Constitución de su país para ser electo Presidente, Vicepresidente o Designado.

ARTÍCULO III

Las Partes Contratantes se obligan a constituir ante cada una de las otras, Agentes Diplomáticos o Consulares.

ARTÍCULO IV

Ningún Gobierno de Centro América podrá, en caso de guerra civil, intervenir en favor ni en contra del Gobierno del país donde la contienda tuviera lugar.

ARTÍCULO V

Las Partes Contratantes se obligan a mantener en sus respectivas Constituciones el principio de no reelección del Presidente y Vicepresidente de la República; y aquellas en cuya Constitución se permita esa reelección se obligan a provocar la reforma constitucional en ese sentido, en la próxima reunión del Poder Legislativo, después de la ratificación del presente Tratado.

ARTÍCULO VI

Los nacionales de una de las partes Contratantes, residentes en el territorio de cualquiera de las otras, gozarán de los mismos derechos civiles de que gozan los del propio país. Se considerarán como ciudadanos en el país de su residencia si manifestaren su voluntad de serlo y reuniesen las condiciones que exijan las correspondientes leyes constitutivas.

Los no naturalizados estarán exentos en todo tiempo de todo servicio militar. Tampoco podrán ser admitidos en dicho servicio sin el previo consentimiento de su Gobierno, salvo el caso de guerra internacional con un país no centroamericano. También estarán exentos de todo empréstito forzoso o requerimiento militar y no se les obligará por ningún motivo a pagar más contribuciones o impuestos ordinarios o extraordinarios que aquellos que paguen los naturales.

ARTÍCULO VII

Los ciudadanos de los países signatarios que residan en el territorio de los otros, gozarán del derecho de propiedad literaria, artística o industrial en los mismos términos y sujetos a los mismos requisitos que los naturales.

ARTÍCULO VIII

Las naves mercantes de cada uno de los países signatarios se considerarán en los mares, costas y puertos de los otros como naves nacionales; gozarán de las mismas exenciones, franquicias y concesiones que éstas y no pagarán otros derechos ni tendrán otros gravámenes que los establecidos para las embarcaciones del país respectivo.

ARTÍCULO IX

Los Gobiernos de las Repúblicas Contratantes se comprometen a respetar la inviolabilidad del derecho de asilo a bordo de los buques mercantes de cualquiera nacionalidad, surtos en sus aguas. No podrá extraerse de dichas embarcaciones sino a los reos de delitos comunes, por orden de Juez competente y con las formalidades legales. A los perseguidos por delitos políticos o delitos comunes conexos con los políticos, no se les podrá extraer en, ningún caso.

ARTÍCULO X

Los agentes diplomáticos y consulares de las Repúblicas Contratantes en los países extranjeros prestarán a las personas, buques y demás propiedades de los ciudadanos de cualquiera de ellas, la misma protección que a las personas, buques y demás propiedades de sus compatriotas, sin exigir por sus servicios otros o mayores derechos que los acostumbrados respecto a sus nacionales.

ARTÍCULO XI

Habrá entre las Partes Contratantes un canje completo y regular dé toda clase de publicaciones oficiales.

ARTÍCULO XII

Los instrumentos públicos otorgados en una de las Repúblicas Contratantes, serán válidos en las otras, siempre que estén debidamente autenticados y que en su celebración se hayan observado las leyes de la República de donde proceden.

ARTÍCULO XIII

Las autoridades judiciales de las Repúblicas Contratantes, darán curso a las requisitorias en materia civil, comercial o criminal, concernientes a citaciones, interrogatorios y demás actos de procedimiento o instrucción, exceptuando las requisitorias en materia criminal cuando el hecho que las motive no constituya delito, en el país requerido.

Los demás actos judiciales en materia civil o comercial, procedentes de acción personal, tendrán en el territorio de cualquiera de las Partes Contratantes igual fuerza que los de los Tribunales locales, y se ejecutarán del mismo modo, siempre que se declaren previamente ejecutoriados por el Tribunal Supremo de la República en donde han de tener ejecución, lo cual se verificará si llenaren las condiciones esenciales que exige su respectiva legislación y conforme a las leyes vigentes en cada país para la ejecución de las sentencias.

ARTÍCULO XIV

Cada uno de los Gobiernos de las Repúblicas de Centro América; en el deseo de mantener una paz permanente, conviene en no intervenir en ninguna circunstancia directa o indirectamente, en los asuntos políticos internos de otra República Centroamericana, y en no permitir que persona alguna, ya sea nacional, centroamericana o extranjera, organice o fomente trabajos revolucionarios dentro de su territorio contra un Gobierno reconocido de cualquiera otra República centroamericana. Ninguno de los Gobiernos Contratantes permitirá a las personas que estén bajo su jurisdicción que organicen expediciones armadas o tomen parte en las hostilidades que surjan en un país vecino o suministren dinero o pertrechos de guerra a las partes contendientes.

Los Gobiernos Contratantes se comprometen a adoptar y dictar las medidas eficaces, compatibles con la constitución política de su país, que fueren necesarias para evitar que se efectúen actos de esta naturaleza dentro de su territorio. Inmediatamente después de ratificado este Tratado, los Gobiernos Contratantes se comprometen a presentar a sus respectivos Congresos los proyectos de ley necesarios para el debido cumplimiento de este artículo.

ARTÍCULO XV

Las Partes Contratantes se obligan a no celebrar entre ellas, por ningún motivo, pactos, convenios o acuerdos secretos, y en tal virtud, todo pacto, convenio o acuerdo entre dos o más de las Partes Contratantes será publicado en el periódico oficial de cada uno de los Gobiernos interesados.

ARTÍCULO XVI

Estando resumidas o convenientemente modificadas en este Tratado las disposiciones de los firmados en diversas Conferencias Centroamericanas por los cinco países contratantes, se declara que todos quedan sin efecto y derogados por el actual cuando sea definitivamente aprobado y canjeado.

ARTÍCULO XVII

El Presente Tratado entrará en vigor para las partes que lo hayan ratificado desde que concurran las ratificaciones de por lo menos tres de los Estados firmantes.

ARTÍCULO XVIII

El presente Tratado estará en vigor hasta el primero de enero de mil novecientos treinta y cuatro, no obstante denuncia anterior o cualquier otro motivo. Del primero de enero de mil novecientos treinta y cuatro en adelante, continuará vigente hasta un año después de la fecha en que una de las partes obligadas notifique a las otras su intención de denunciarlo. La denuncia de este Tratado por una o dos de dichas partes obligadas, lo dejará vigente para que las que habiéndolo ratificado no lo hubieren denunciado, siempre que esas fueren por lo menos tres. Si dos o tres Estados obligados por este Tratado llegaren a formar una sola entidad política, el mismo Tratado se considerará vigente entre la nueva entidad y las Repúblicas obligadas que permanecieren separadas, mientras éstas sean por lo menos dos. Cualquiera de las Repúblicas de Centro América que dejare de ratificar este Tratado, podrá adherirse a él mientras esté vigente.

ARTÍCULO XIX

El canje de las ratificaciones del presente Tratado se hará por medio de comunicaciones que dirigirán los Gobiernos al Gobierno de Costa Rica, para que éste lo haga saber a los demás Estados Contratantes. El Gobierno de Costa Rica les comunicará también la ratificación si la otorgare.

ARTÍCULO XX

El ejemplar original del presente Tratado, firmado por todos los delegados plenipotenciarios, quedará depositado en los archivos de la Unión Panamericana establecida en Washington. Una copia auténtica de él será remitida por el Secretario General de la Conferencia a cada uno de los Gobiernos de las Partes Contratantes.

Firmado en la ciudad de Washington, a los siete días del mes de febrero de mil novecientos veintitrés.

F. Sánchez Latour (Sello), Marcial Prem (Sello), F. Martínez Suárez (Sello) J. Gustavo Guerrero (Sello), Alberto Uclés (Sello), Salvador Córdova (Sello), Raúl Toledo López (Sello), Emiliano Chamorro (Sello), Adolfo Cárdenas (Sello), Máximo H. Zepeda (Sello), Alfredo González (Sello), J. Rafael Oreamuno (Sello).

CONVENCIÓN PARA EL ESTABLECIMIENTO DE COMISIONES INTERNACIONALES DE INVESTIGACIÓN

El Gobierno de los Estados Unidos de América y los Gobiernos de las Repúblicas de Guatemala, El Salvador, Honduras, Nicaragua y Costa Rica, deseosos de unificar y refundir en una sola Convención las Convenciones que para constituir Comisiones Internacionales de Investigación celebró el Gobierno de los Estados Unidos con el Gobierno de Guatemala, el 20 de septiembre de 1913, con el Gobierno de El Salvador el 7 de agosto de 1913, con el Gobierno de Honduras el 3 de noviembre de 1913, con el Gobierno de Nicaragua el 17 de diciembre de 1913, y con el Gobierno de Costa Rica el 13 de febrero de 1914, han nombrado con ese objeto sus Plenipotenciarios:

El Presidente de los Estados Unidos de América:

Al Señor don Charles E. Hughes, Secretario de Estado de los Estados Unidos de América.

Al señor don Sumner Welles, Enviado Extraordinario y Ministro Plenipotenciario.

El Presidente de la República de Guatemala:

Al señor don Francisco Sánchez Latour, Enviado Extraordinario y Ministro Plenipotenciario en los Estados Unidos en América.

El Presidente de la República de El Salvador:

Al señor Doctor don Francisco Martínez Suárez, Presidente de la Corte Suprema.

Al señor Doctor don J. Gustavo Guerrero, Enviado Extraordinario y Ministro Plenipotenciario en Italia y España.

El Presidente de la República de Honduras:

Al señor Doctor don Alberto Uclés, Ex—Ministro de Relaciones Exteriores.

Al señor Doctor don Salvador Córdova, Ex—Ministro Residente en El Salvador.

Al señor don Raúl Toledo López, Encargado de Negocios en Francia.

El Presidente de la República de Nicaragua.

Al señor General don Emiliano Chamorro; ex Presidente de la República y Enviado Extraordinario y Ministro Plenipotenciario en los Estados Unidos de América.

Al señor don Adolfo Cárdenas, Ministro de Hacienda.

Al señor Doctor don Máximo H. Zepeda, Ex—Ministro de Relaciones Exteriores.

El Presidente de la República de Costa Rica:

Al señor Licenciado don Alfredo González Flores, Ex presidente de la República.

Al señor Licenciado don J. Rafael Oreamuno, Enviado Extraordinario y Ministro Plenipotenciario en los Estados Unidos de América.

Quienes después de comunicarse sus respectivos plenos poderes, que fueron hallados en buena y debida forma, han convenido en los artículos siguientes:

ARTÍCULO I

Cuando dos o más de las Partes Contratantes no hubieren podido arreglar satisfactoriamente por la vía diplomática una controversia originada por discrepancia o diferencia de opinión sobre cuestiones de hecho, relativas a la falta de cumplimiento de las provisiones de cualquiera de los Tratados o Convenciones existentes entre ellas y que no afecten la existencia soberana e independiente de cualquiera de las Repúblicas Signatarias ni su honor ni sus intereses vitales, se obligan las Partes a constituir una Comisión de Investigación con el objeto de facilitar la solución de la controversia, mediante una investigación imparcial de los hechos. Esta obligación cesa si las Partes que sostienen la controversia convinieren de común acuerdo, en someter la cuestión a arbitraje o a la decisión de otro tribunal.

No se podrá formar una Comisión de Investigación sino a solicitud de una de las Partes directamente interesadas en el esclarecimiento de los hechos que se trata de dilucidar.

ARTÍCULO II

Llegado el caso previsto en el artículo anterior, las Partes firmarán de común acuerdo, un protocolo en el cual se expresarán la cuestión o cuestiones de hecho que se trate de dilucidar.

Cuando a juicio de uno de los Gobiernos interesados haya sido imposible llegar a un acuerdo respecto de los términos del protocolo, la Comisión procederá a hacer la investigación tomando como base la correspondencia diplomática habida entre las Partes con ese motivo.

ARTICULO III

Dentro del período de treinta días subsiguientes a la fecha en que se verificare el canje de ratificaciones de la presente Convención, cada una de las partes que la haya ratificado procederá a nombrar cinco de sus nacionales para formar una lista permanente de comisionados. Los Gobiernos podrán cambiar sus respectivos nombramientos cuando lo juzguen conveniente, dando aviso a las otras Partes Contratantes.

ARTÍCULO IV

Cuando haya lugar a la formación de una Comisión de Investigación, cada una de las Partes directamente interesadas en la controversia estará representada en la Comisión por uno de sus nacionales escogidos de la lista permanente. Los Comisionados escogidos por las partes elegirán, de común acuerdo, un Presidente que deberá ser una de las personas incluidas en la lista permanente por cualquiera de los Gobiernos que no tenga interés en la controversia.

A falta de ese común acuerdo, el Presidente será designado por sorteo, pero en este caso, cada una de las Partes tendrá derecho de recusar hasta dos de las personas designadas en el sorteo.

Cuando haya más de dos Gobiernos directamente interesados en una controversia y los intereses de dos o más de ellos estén identificados, el Gobierno o Gobiernos que estén de cada lado de la cuestión podrán aumentar el número de sus Comisionados de entre los miembros de la lista. permanente nombrados por dicho Gobierno o Gobiernos, tanto cuanto sea indispensable a fin de que ambos lados en la controversia tengan siempre igual representación en la Comisión.

En el caso de empate el Presidente de la Comisión tendrá doble voto.

Si por cualquier motivo alguno de los miembros nombrados para integrar la Comisión llegare a faltar, se procederá a reemplazarlo, en la misma forma en que fue nombrado. Mientras estén integrando una Comisión de Investigación, los Comisionados gozarán de las inmunidades que las leyes del país donde se reúna la Comisión confieren a los miembros del Congreso Nacional. No podrán formar parte de una Comisión los Representantes Diplomáticos de alguna de las Partes Contratantes acreditados ante alguno de los Gobiernos que sean parte en las cuestiones que se trata de esclarecer.

ARTÍCULO V

La Comisión tendrá facultad para examinar todos los hechos, antecedentes y circunstancias relacionadas con la cuestión o cuestiones que sean objeto de la investigación y al rendir su informe dilucidará tales hechos, antecedentes y circunstancias y podrá recomendar las soluciones o arreglos que a su juicio sean pertinentes, justos y convenien tes.

ARTÍCULO VI

Las resoluciones de la Comisión se considerarán como informes sobre las cuestiones que fueren objeto de investigación, pero no tendrán el valor o fuerza de sentencias judiciales o arbitrales.,

ARTÍCULO VII

En el caso de arbitraje o juicio ante el Tribunal creado por la Convención firmada entre las cinco Repúblicas de Centro—América, en igual fecha a la de esta Convención, los informes de la Comisión de Investigación podrán ser presentados como prueba por cualquiera de las Partes litigantes.

ARTÍCULO VIII

La Comisión de Investigación se reunirá en la fecha y en el lugar que se designe en el protocolo respectivo, y a falta de éste, en el lugar que la misma Comisión determine, y una vez instalada podrá trasladarse a los lugares que creyere propios para los fines de su cometido. Las Partes Contratantes se comprometen, a poner a la disposición de ella, o de sus agentes, todos los medios y facilidades necesarios para el cumplimiento de su misión.

ARTÍCULO IX

Los Gobiernos Signatarios otorgan a todas las Comisiones que lleguen a constituirse, la facultad de citar y juramentar testigos y de recibir pruebas y testimonios.

ARTÍCULO X

Durante la investigación serán oídas las Partes, y podrán ser representadas por uno o más agentes y abogados.

ARTÍCULO XI

Todos los miembros de la Comisión jurarán ante la más alta autoridad judicial del lugar en donde aquélla se instale, el fiel y leal desempeño de su cometido.

ARTÍCULO XII

La investigación se llevará a cabo contradictoriamente. En consecuencia, la Comisión notificará a cada Parte las exposiciones que la otra presente y fijará términos para recibir pruebas.

Una vez notificadas las Partes, la Comisión procederá a la investigación no obstante que ellas no comparezcan.

ARTÍCULO XIII

Desde el momento en que quede organizada la Comisión de Investigación podrá ésta fijar la situación en que deban permanecer las Partes que sostienen la controversia, a solicitud de cualquiera de ellas, a fin de no agravar el mal y de que las cosas se conserven en el mismo estado mientras la Comisión rinde su informe.

ARTÍCULO XIV

El informe de la Comisión deberá ser publicado dentro de tres meses contados desde la fecha de su instalación, a menos que las Partes directamente interesadas restrinjan o amplíen el tiempo por mutuo consentimiento.

El informe será firmado por todos los miembros de la Comisión. Si alguno o algunos de ellos no quisieran firmarlo, se hará constar así y el informe será siempre válido si obtiene el voto de la mayoría.

En todo caso también se publicará junto con el informe de la Comisión el voto de la minoría, si la hubiere.

Una copia del informe de la Comisión y del voto de la minoría, en su caso, será remitido a cada una de las Cancillerías de las Partes. Contratantes.

ARTÍCULO XV

Cada Parte soportará sus propios gastos y una parte igual de los gastos generales de la Comisión. El Presidente de la Comisión devengará un sueldo mensual no menor de quinientos pesos, oro americano, y le serán pagados sus gastos de viaje.

ARTÍCULO XVI

La presente Convención, firmada en un ejemplar único, será depositada en los archivos del Gobierno de los Estados Unidos de América, el que suministrará copia auténtica de la misma a los demás Gobiernos Signatarios. Dicha convención será ratificada por el Presidente de los Estados Unidos de América, de acuerdo y con el consentimiento. del Senado de los mismos, y por los poderes Ejecutivo y Legislativo de las Repúblicas de Guatemala, El Salvador, Honduras, Nicaragua y Costa Rica, de conformidad con sus Constituciones y leyes respectivas.

El depósito de las ratificaciones de la presente Convención se hará ante el Gobierno de los Estados Unidos de América, el que suministrará a cada uno de los demás Gobiernos copia auténtica del acta del depósito de la ratificación. Deberá entrar en vigor para las Partes que la ratificaren inmediatamente a partir del día en que tres por lo menos de los Gobiernos Contratantes hayan efectuado el depósito de sus ratificaciones y continuará vigente por un período de diez años. Deberá permanecer en vigor después de vencido ese término por un período de doce meses a contar de la fecha, en que uno cualquiera de los Gobiernos Contratantes comunique a los otros en debida forma el deseo de denunciarla.

La denuncia de esta Convención por una o más de dichas Partes Contratantes la dejará vigente para las Partes que habiéndola ratificado no la hubieren denunciado, siempre que éstas fueren por lo menos tres. Si algunos Estados Centroamericanos obligados por esta Convención llegaren a formar una sola entidad política, la misma Convención se considerará vigente entre la nueva entidad y las Repúblicas obligadas que permanecieren separadas mientras éstas sean por lo menos dos. Cualquiera de las Repúblicas Signatarias que dejare de ratificar esta Convención, podrá adherirse a ella mientras esté vigente.

En fe de lo cual, los Plenipotenciarios antes nombrados han firmado la presente Convención y estampado en ella sus respectivos sellos.

Hecho en la ciudad de Washington, el día siete de febrero de mil novecientos veintitrés.

Charles E. Hughes (Sello), Sumner Welles (Sello), F. Sánchez Latour (Sello) Marcial Prem (Sello), F. Martínez Suárez (Sello) J. Gustavo Guerrero (Sello) Alberto Uclés (Sello), Salvador Córdova (Sello), Raúl Toledo López (Sello) Emiliano Chamorro (Sello), Adolfo Cárdenas (Sello), Máximo H. Zepeda (Sello), Alfredo González (Sello), J. Rafael Oreamuno (Sello).

ENCLAVE BANANERO EN LA HISTORIA DE HONDURAS

EXPLICACIÓN

Tenemos el material suficiente para hacer una exposición didáctica de las bananeras en Honduras. Pero nos parece mejor insertar aquí el estudio de los economistas Vilma Laínez y Víctor Meza titulado *EL ENCLAVE BANANERO EN HONDURAS.*

Vilma Laínez y Víctor Meza pertenecen al Instituto de Investigaciones Económicas de la Universidad Nacional Autónoma de Honduras. De una abundante documentación y estudio ha surgido el presente trabajo que profundiza en el análisis del llamado "Imperio Bananero" en un sitio clave de Centro América.

Se publicó por primera vez este estudio en las páginas de la revista de mi propiedad que lleva el nombre de REVISTA ARIEL en el mes de mayo de 1973, con un tiraje de 5,000 ejemplares.

Este Enclave es el alma de la historia contemporánea de Honduras. Pero es un alma endemoniada porque es ella la que rige el saqueo de las riquezas nacionales y la explotación al borde de la esclavitud de los trabajadores hondureños.

Es esa alma la que también preside el subdesarrollo de las partes no controladas por las compañías. Y es esa alma en fin de cuentas la causa principal de la dependencia de Honduras.

En años posteriores al límite de esta historia que llega hasta 1954, por decisión del propio Enclave que siempre busca lo que más conviene a sus intereses, un Gobierno militar de facto puesto para que haga lo que convenga al Enclave, invalidó las concesiones bananeras, dejando el cultivo de las plantaciones y la producción a los hijos, del país, pero reservándose ella el comercio del banano y el monopolio del mercado extranjero.

LA PRODUCCIÓN BANANERA EN HONDURAS: SU PRIMERA ETAPA

Jamás podrían haberse imaginado los primeros cultivadores del banano en las Islas de la Bahía, a mediados del siglo pasado, la enorme importancia que el cultivo de esta fruta habría de llegar a tener en la historia de Honduras, unas cuantas décadas después.

Se cultivaba el banano en cantidades relativamente pequeñas y todavía no se había estructurado ninguna red de plantaciones regulares.

El profesor GUSTAVO A. CASTAÑEDA, en su interesante libro *EL DOMINIO INSULAR DE HONDURAS*, asegura que para esa época no existían plantaciones con fines comerciales y "las cepas primeras fueron plantadas como adorno en los jardines"). Las dificultades en el transporte y la ausencia de una red de comercialización que garantiza la compra del producto, impedían la iniciativa local y no favorecían el desarrollo regular y continuado de la producción bananera.

En 1885 el ex capitán Baker se asoció con otro importante hombre de los negocios bananeros, Andrew Preston, y fundaron la Boston Fruit Company.

No podían imaginarse los dos hombres de empresa que catorce años más tarde, su compañía llegaría a constituirse en la base fundamental sobre la que habría de erigirse el poderoso imperio de la United Fruit Company.

El inmenso auge del negocio bananero en el territorio norte—americano tenía su reflejo directo en nuestras tierras, en donde el cultivo y la producción de la fruta se había convertido ya en una ocupación sumamente difundida, diseminada en las manos de los pequeños productores independientes que vendían el producto a los numerosos compradores norteamericanos.

La ausencia de un sistema de transporte adecuado limitaba en mucho el incremento de la producción bananera. Los productores independientes transportaban la fruta utilizando pequeñas barcazas a lo largo del curso de los ríos.

Las compañías compradoras del banano utilizaban miles de argucias para obtener el producto a precios bajísimos y poder aumentar así el volumen de sus propias ganancias. A menudo reducían arbitrariamente el precio de la fruta y se ingeniaban la forma de engañar a los vendedores al momento de proceder al conteo de la misma.

Para el año 1892, la exportación de banano constituía el 11.3% de total de nuestras exportaciones. Una década después, el auge sería tan intenso y el aumento tan acelerado, que los bananos llegarían a representar el 53o/o de todas nuestras exportaciones.

En 1896, según los autores de **EL IMPERIO DEL BANANO,** la exportación bananera representaba el 22,80/o del total de las exportaciones de nuestro país, lo que quiere decir que apenas en cuatro años, desde 1892 a 1896, el volumen porcentual de la exportación bananera en el total de las exportaciones hondureñas, se duplicó prácticamente.

En 1898, los Estados Unidos importaban con procedencia del continente americano una cantidad de 16 millones de racimos, y más de cien empresas se dedicaban exclusivamente al negocio del banano, en todo el territorio norteamericano, ya sea importando la fruta o simplemente distribuyéndola en el mercado de los Estados Unidos, inevitablemente, las grandes empresas fueron desplazando paulatinamente a las menos fuertes y ya para la época en que se fundó la United Fruit Company, el treinta de marzo de 1899, apenas si existían 22 empresas disputándose el mercado del banano en los Estados Unidos.

Comenzaba la época en que habría de consolidarse definitivamente el monopolio bananero y daba inicio así una nueva etapa en la industria del banano en nuestros países americanos y particularmente en Honduras.

Se iniciaba la fase en que los inversionistas extranjeros habrían de llegar hasta nuestras tierras para ocuparse ellos mismos del cultivo de la fruta y fundarían las inmensas plantaciones que serían la base firme sobre la que habría de asentarse indefectiblemente el enclave bananero en nuestro país.

Era el inicio del control directo y total por parte del inversionista extranjero sobre la producción y la comercialización del banano, lo que a su vez marcaba la formación de otro Estado dentro del frágil Estado hondureño.

LAS PRIMERAS CONCESIONES.

El año 1899 marca la primera fecha en el terrible calendario de las concesiones propiamente bananeras.

Ese año, tres hermanos italianos naturalizados en los Estados Unidos, Félix, José y Lucas Vaccaro lograron obtener de nuestro gobierno la concesión necesaria para dedicarse al cultivo y a la exportación de bananos en nuestro propio territorio. Entre 1899 y 1900 ya funcionaba plenamente la plantación de bananos en el Valle del Aguán. 2) Para poder llevar a cabo esta empresa, principalmente para poder obtener la concesión, los Vaccaro contaron con la inestimable ayuda de uno de sus sobrinos, el señor D'Antoni, residente en La Ceiba quien muy pronto se vio convertido en potentado del negocio bananero.

Tiene mucha razón Edmundo Flores cuando afirma en su "Tratado de Economía Agrícola" que "el transporte es el factor clave de la plantación puesto que asegura el acceso del producto al mercado y permite regular la oferta".

Los Vaccaro habían comprendido perfectamente esta gran verdad y se disponían a ponerla en práctica. En el año de 1904 lograron obtener la concesión solicitada, la que debería tener una duración de diez años.

Al término de los diez años que duraría la concesión, los favorecidos hermanos Vaccaro podían disponer de todo el material fijo y rodante relativo al tranvía.

Ya en el año de 1905, los Vaccaro disponían de una línea de ferrocarril que abarcaba una distancia aproximada de siete u ocho millas, desde la Barra del Salado hasta la propia ciudad de La Ceiba.

Luego adquirieron el ferrocarril y demás material que administraba la compañía, también norteamericana, tropical Timber Company.

La contrata original concertada con los Vaccaro fue objeto de posteriores modificaciones que están contenidas en los decretos 121 de 1906 y 116 de 1910.

Conforme a estas modificaciones ya no se contempla la canalización de los ríos sino la prolongación del ferrocarril desde La Ceiba hasta la ciudad de Yoro, en el departamento del mismo nombre y la construcción de un muelle.

Al disponer del control sobre las vías de comunicación, la compañía de los Vaccaro estaba también en capacidad de monopolizar la compra de la fruta y, consecuentemente, de establecer los precios y decidir arbitrariamente sobre la producción bananera en la región.

En 1909 se concedió a la municipalidad de San Francisco, la libre importación de todos los artículos y equipos necesarios para llevar a cabo la construcción de una carretera que comunicara las principales plantaciones bananeras con1 el río Limón y poder transportar la fruta hasta ése punto o bien hasta la barra de Salado, lugares en donde otros compradores pagaban mejores precios que los arbitrariamente dispuestos por los hermanos Vaccaro.

Los Vaccaro no limitaron su actividad empresarial a la simple producción y exportación de bananos. Conservando la producción bananera como su actividad fundamental, se dedicaron también a otras funciones y establecieron grandes plantaciones de caña de azúcar. Organizaron además fábricas de jabones, cerveza, calzado, una destilería y hasta llegaron a montar un banco.

LA CONCESIÓN OTORGADA A STREICH

En el año de 1902, un ciudadano norteamericano, oriundo de Filadelfia, Williams Frederick Streich, obtuvo del gobierno de nuestro país una concesión mediante la cual recibía en arrendamiento, durante un período de veinticinco años, la cantidad de cinco mil hectáreas de tierras nacionales en la Costa de Omoa a ambos lados del río Cuyamel.

Streich, por su parte, quedaba obligado a pagar diez centavos por hectárea cultivada y veinticinco centavos por cada hectárea que no lo estuviera. Esta era su única obligación.

El Estado de Honduras, a su vez, permitiría a Streich la libre importación de equipo, ganado, insumos y todo lo que se considerara necesario para el cultivo y beneficio de los productos agrícolas y para el establecimiento de la fuerza motriz y la luz eléctrica.

Se autorizaba también al concesionario el establecimiento de los medios de comunicación indispensables para sus actividades, permitiéndosele además prestar este tipo de servicios a los particulares hasta tanto no existiera una compañía de transporte entre Omoa y El Motagua.

La concesión contenía también el permiso a favor de Streich para que pudiera introducir al país los operarios que necesitara, con la condición expresa de que éstos no fueran chinos, coolies o negros. 5)

SAMUEL ZEMURRAY Y EL ENCLAVE BANANERO EN HONDURAS

Samuel Zemurray era hijo de un labriego de Besarabia y había llegado a los Estados Unidos en el año de 1892, atraído por las nuevas posibilidades que brindaba "América" y dispuesto a obtener fortuna a como diera lugar.

Dedicado fundamentalmente al comercio de frutas en Mobile, un día tuvo la oportunidad de comprobar en el puesto de Nueva Orleans, la forma en que la United Fruit Co. vendía los bananos a precios inferiores al nivel normal, cuando la fruta amenazaba con podrirse y echarse a perder.

Zemurray intuyó entonces la brillante oportunidad de obtener magníficas ganancias, comprando este tipo de fruta y luego vendiendo la en las comunidades vecinas a precios inferiores a los del mercado tradicional.

La idea resultó ser un éxito y muy pronto Zemurray despachaba los racimos de banano por ferrocarril hasta las distintas ciudades del interior. Su negocio prosperaba y se convertía en un fuerte competidor para los intereses de la United Fruit Co.

Muy pronto Zemurray comprendió las inmensas posibilidades que encerraba su ventajosa posición y llegó a un acuerdo con los personeros de la poderosa United, a fin de que la Compañía Bananera contribuyera a financiar la compra de los derechos de Streich aquí en nuestro país.

Así fue como se organizó la Hubbard Zemurray Company, de la cual la United Fruit era dueña en un sesenta por ciento del total de las acciones.

Hubbard (Ashbel) era dueño de una pequeña compañía que distribuía bananos en Mobile y se había asociado con Zemurray para explotar, el negocio bananero.

Ahora ambos constituían una nueva compañía, gracias a la financiación de la gigantesca United Fruit Company y a la astucia y espíritu empresarial del inmigrante de Besarabia.

Si en un principio, la Hubbard—Zemurray se dedicaba esencialmente a la compra de bananos en Honduras y a su posterior venta en los Estados Unidos a través de las distribuidoras de la United, cuando Zemurray adquirió los derechos de Streich, se dedicó al cultivo de la fruta en gran escala, y por sí mismo.

A la vez que adquirió los derechos de Streich, Zemurray adquirió también sus obligaciones. Una de estas era la de tener completamente cultivadas mil hectáreas para el año 1908.

La Compañía Hubbard—Zemurray no estaba en capacidad de poder llenar este requisito debido en parte a cierta escasez de mano de obra, por la fiebre amarilla que había azotado la Costa Norte del país en los años 1905—1906. La United, previendo un inminente fracaso para la empresa de Zemurray decide deshacerse de sus acciones y emprende la retirada en el año 1907. A pesar de que todos, vaticinaban una estrepitosa bancarrota para la empresa de Zemurray, éste no se da por vencido y consigue una prórroga por dos años para dar cumplimiento a la contrata. El Gobierno de Honduras accedió a conceder esta prórroga, teniendo en cuenta primordialmente los trabajos que ya Zemurray había tenido que desarrollar, tales como aperturas de carreteras, iniciación del ferrocarril al punto de embarque, etcétera).

El año 1911 marca un viraje cualitativo en los negocios de Samuel Zemurray. En ese año, el audaz comerciante originario de Besarabia, organiza su propia compañía, la Cuyamel Fruit Company, libre ya de obligaciones financieras para con la United Fruit Company y con un capital inicial de cinco millones de dólares.

Ya sobre esta base, Zemurray pasa a convertirse en un competidor verdaderamente serio para la poderosa UFCO.

Al año siguiente, o sea en 1912, Hubbard y Zemurray traspasan todos sus derechos y obligaciones a la recién fundada Cuyamel Fruit Company.

No es nada casual que la Cuyamel Fruit Company, que habría de convertirse en la punta de lanza de Zemurray en la lucha contra la United, fuera fundada en 1911. Veamos de qué forma, los intereses bananeros se entrelazan con los movimientos políticos internos del país y cómo logran formar un solo complejo, en el cual siempre resulta dominante el extremo que favorece a los empresarios del banano.

En el año 1910 estaba al frente del Gobierno de Honduras, el Presidente Miguel R. Dávila. El país se encontraba atravesando una fuerte crisis económica y se veía obligado a la cancelación de la vieja deuda externa, originada en la construcción del ferrocarril nacional y cuya financiación había sido llevada a cabo mediante la emisión de bonos que fueron adquiridos por los ciudadanos ingleses.

A fin de poder salir de esta difícil situación, el Presidente Dávila se disponía a gestionar un préstamo ante los banqueros norteamericanos. Para asegurar el pago de dicho préstamo, Honduras comprometía sus ingresos aduanales, accediendo a que estos fueran controlados y recogidos por un recaudador general que debería ser nombrado prácticamente por el Gobierno americano.

El descontento que tal perspectiva había generado en el seno del pueblo hondureño, fue prontamente aprovechado por la oposición, principalmente por el General Manuel Bonilla, Expresidente de la República que había sido derrocado en el año de 1907.

Zemurray también se contaba entre los descontentos por las iniciativas del Presidente Dávila, aunque sus razones eran radicalmente distintas a las que podían tener los patriotas hondureños. Si el Gobierno norteamericano procedía a "recaudar" los ingresos aduana—les de la República, difícilmente podría Zemurray obtener mayores exenciones y dispensas en sus derechos de importación y exportación. De allí pues, que a la Compañía de Zemurray no le resultara muy conveniente el acuerdo a que aspiraba llegar el Presidente Dávila con los banqueros de Nueva York. En este punto precisamente, aunque fuera por diferentes vías y con intenciones distintas, coincidían el opositor Manuel Bonilla y el empresario bananero Samuel Zemurray.

La coincidencia de ambos los llevó a la colaboración estrecha y muy pronto Zemurray se encontraba aportando toda la ayuda financiera para que Manuel Bonilla pudiera invadir el país, alzarse en armas y proceder al derrocamiento del incómodo presidente Dávila.

En diciembre de 1910, a bordo del yate *HORNET*, comprado con el dinero de Zemurray, zarpó el General Bonilla hacia Honduras, para llevar a cabo su "revolución" contra Dávila. Lo acompañaban en esta aventura dos ciudadanos norteamericanos de antecedentes poco gratos: el General Lee Christmas exconductor de locomotora y mercenario dispuesto a "luchar con cualquiera viendo caer al suelo una moneda" y el soldado de fortuna, recientemente fallecido por cierto, Machine Guy Malony; llevaban además una caja de fusiles, tres mil cartuchos y una ametralladora).

La "revolución" logró su cometido al obligar al Presidente Dávila a renunciar y en los últimos días del mes de octubre del año 1911, el victorioso General Bonilla ascendía a la silla presidencial, y se constituía en presidente de la República.

No está demás decir que las pláticas de paz y entendimiento entre los insurrectos y el gobierno, se llevaron a cabo a bordo del *TACOMA,* crucero de los Estados Unidos que se encontraba anclado en aguas territoriales de nuestro país. Actuó en calidad de supervisor, el Cónsul General de los Estados Unidos de Norteamérica en Puerto Cortés, Thomas G. Dawson.

En marzo de 1912, apenas cinco meses después de que Bonilla había capturado la presidencia de la República, mediante decreto número 78, se le dan en arrendamiento a Zemurray diez mil hectáreas, en iguales condiciones a las que fueron impuestas a Streich en 1902.

No cabe duda que el audaz inmigrante de Besarabia, no se andaba con muchas demoras para cobrar su parte por los servicios prestados y la financiación concedida al movimiento encabezado por el General Bonilla, en contra del Presidente Miguel R. Dávila.

Stacy May y Galo Plaza, en su apologético libro sobre las actividades de la United Fruit Company en América Latina, al referirse al osado competidor de UFCO, Samuel Zemurray, dicen que éste "comprendió que si quería que su empresa prosperara tendría que obtener algunas concesiones del gobierno, sobre todo, garantías contra un aumento de impuestos, permiso para instalar un ferrocarril, y más importante aún, exención aduanera para los materiales de construcción necesarios sobre los cuales pesaban impuestos que él consideraba prohibitivos".

Sin duda alguna, Zemurray obtuvo todo esto y mucho, muchísimo más. Y para lograrlo, no se detuvo ante nada ni ante nadie, no se anduvo con consideraciones éticas o con elucubraciones sobre la no intervención y la autodeterminación de los pueblos; actuó con audacia, se arriesgó en las aventuras políticas, sobornó funcionarios, ejerció el chantaje, promovió las discordias internas, atizó los odios fratricidas y logró sus objetivos.

La aventura política en la que se había embarcado Zemurray, comenzó muy pronto a dar más y mejores frutos.

El nombre de H.V. Rolston, lugarteniente de Zemurray, es particularmente conocido en Honduras por cuanto es su firma la que suscribe la tristemente célebre Carta Rolston; documento éste de indudable importancia que contiene todo el evangelio de la conquista bananera y resume, en terribles diez puntos, toda la estrategia y la táctica a seguir para estructurar sobre bases firmes y consolidadas el poderoso imperio bananero en Honduras.

Léase para el caso lo que contiene el punto número cuatro:

"Debemos obtener concesiones, privilegios, franquicias, abrogación de impuestos aduaneros, exonerarnos de toda carga pública, de gravámenes, y todos aquellos impuestos y obligaciones, que mermen nuestras utilidades y la de nuestros asociados. Debemos erigirnos una situación privilegiada, a fin de imponer nuestra filosofía comercial y nuestra defensa económica".

El punto cinco también es sumamente ilustrativo:

"Es indispensable cultivar la imaginación de estos pueblos avasallados, atraerlos a la idea de nuestro engrandecimiento y de una manera general, a políticos y mandones que debemos utilizar. La observación y estudio cuidadoso, nos permite asegurar que este pueblo envilecido por el alcohol es asimilable para lo que se le necesite y destine: es en nuestro interés preocuparnos porque se doblegue a nuestra voluntad, esta clase privilegiada, que necesitaremos a nuestro exclusivo beneficio; generalmente, estos como aquellos, no tienen convicciones, carácter y menos patriotismo; y solo ansían cargos y dignidades, que una vez en ellos, nosotros se los haríamos más apetitosos".

El 8 de abril de 1912, H.V. Rolston, hombre de confianza de Zemurray y quien fungía en calidad de Vicepresidente de la Cuyamel Fruit Company, recibió de parte del Estado una concesión para poder construir un ferrocarril y dedicarse al cultivo del banano en las inmediaciones del puerto de Tela, en el departamento de Atlántida.

En junio, el señor Rolston traspasó todos sus derechos obtenidos en base a esta concesión, a su jefe inmediato Samuel Zemurray. Posteriormente un año más tarde, Zemurray vendió esta concesión a la United Fruit Company, la que de esta forma, dio inicio formal y en gran escala a sus operaciones en nuestro territorio.

En 1914, Zemurray recibía de parte del Estado la exención del pago de faro y tonelaje y de cualquier otro impuesto de puerto para entrar y salir de Omoa.

Mediante decreto número 111 de 1916, el Estado de Honduras otorgó una concesión por un período de cincuenta años, para exportar libremente productos naturales y maderas, con excepción de las de tinte y preciosas, trementina y productos extraídos de la madera manufacturada, minerales y broza de toda clase, artículos manufacturados en el país y que fueran transportados en el ferrocarril, el que a su vez, el concesionario se comprometía a construir hasta la ciudad de Copán, en el departamento del mismo nombre.

Se concedía además, la libre importación de maquinaria y equipo destinados al establecimiento de futuras industrias y a la construcción de la vía férrea; al uso de las maderas de terrenos nacionales o ejidales para mantenimiento del ferrocarril y el uso de cal, arena, piedra, etc. que se encontrara en dichos terrenos.

En 1918, mediante decreto número 93, se otorgó a Zemurray la concesión para construir el ramal del ferrocarril del interior de Puerto Cortés hasta Mata de Guineo y para llevar a cabo la construcción de un muelle.

La explotación del ferrocarril estaría a cargo del concesionario por un término de 75 años y se permitía a éste, el uso de la línea férrea nacional, a condición de que reconstruyera cinco kilómetros anualmente, y mediante el pago de quinientos pesos oro anuales por cada kilómetro.

Por su lado, la administración del muelle estaría en manos del gobierno, el que se comprometía a entregar al concesionario el 25 por ciento de lo recaudado en la aduana hasta amortizar el costo total del mismo.

Al igual que en las demás concesiones, quedaba permitida la importación de maquinaria y equipo libre de todo pago de derechos de aduana, establecidos o por establecer.

Se concedía además, exención del pago de todo derecho de puerto, faro y tonelaje de los buques del concesionario que transportaran el equipo.

La exportación del banano se gravó con el pago de 0.01 oro por cada racimo a favor del Gobierno y,0.005 oro en calidad de impuesto a favor de la municipalidad correspondiente. Se especificó también el compromiso de comprar a los agricultores de la línea principal del ferrocarril una cantidad no menor de 1.200.000 racimos de banano al año y se dispuso la libre exportación de productos agrícolas e industriales que tuvieran el mismo privilegio en el ferrocarril nacional.

Mediante decreto número 89 del año 1919 se otorgó a la Cuyamel Fruit Company la exención del pago de muellaje por la exportación de ganado y productos del país, naturales o manufacturados.

ZEMURRAY Y EL FERROCARRIL

Ya se ha visto de qué forma la plantación bananera, para desarrollarse y consolidarse como algo definitivo y seguro, debe hacerse acompañar en su proceso de expansión por parte de los más diversos medios de transporte, obtener el dominio sobre estos medios y ponerlos por completo al servicio de los intereses bananeros.

En el caso de Honduras, la expansión del negocio bananero corrió paralelo con los niveles de dominio que sobre los medios de transporte, principalmente el ferrocarril, lograron establecer los diferentes inversionistas y concesionarios.

En este sentido, Samuel Zemurray logró grandes avances y prácticamente puso el ferrocarril nacional al servicio exclusivo de sus plantaciones y negocios en el territorio nacional.

En 1920, el Gobierno de la República, mediante contrato, entregó el ferrocarril nacional en manos de la Compañía Agrícola de Sula, para que fuera administrado. La Compañía Agrícola de Sula no era más que una subsidiaria de la Cuyamel Fruit Company y de esta forma, el ferrocarril nacional pasó directamente a las manos de Zemurray.

En realidad no se trataba de un simple contrato de administración.

El contrato en mención, que no es otro que el famoso Contrato de Anticresis, obligaba a la compañía a conceder al Estado de Honduras un crédito en cuenta corriente por valor de un millón de dólares al ocho por ciento, lo que dicho sea de paso, serían administrados además por el mismo prestamista hasta que se llegara a la cancelación de la deuda.

El gobierno se comprometía a traspasar el ferrocarril nacional a manos de la compañía, para que ésta lo administrara durante el tiempo que la deuda del millón de dólares se mantuviera vigente.

La compañía, en su calidad de administradora del ferrocarril, se encargaría de que el millón de dólares fuera destinado estrictamente a las labores de reparación, reconstrucción, equipamiento y pago de derecho de paso, y poder así, en un plazo de tres años, devolver al Estado de Honduras un ferrocarril nacional en buen estado, mejor equipado y, de ser posible con una extensión de vía férrea superior a la que en ese momento existía.

También se comprometía Zemurray a no gastar un centavo más del millón de dólares en la realización de sus funciones administrativas, de tal forma que la deuda que el Estado hondureño había contraído con él, no podría exceder de su cantidad original.

Se estipulaba también que las ganancias netas que el ferrocarril produjera deberían destinarse al pago de intereses sobre el préstamo y a la amortización del préstamo mismo.

Solo para formarse una idea de la forma en que Zemurray cumplió las cláusulas del contrato en lo relativo a sus obligaciones, basta apenas saber que en el año 1926 la cantidad original del crédito había subido en un cincuenta por ciento y el Estado de Honduras debía a la compañía de Zemurray la cantidad de $ 1.530.616.30. A fin de mantener el ferrocarril en sus manos, Zemurray hacía hasta lo imposible por conservar la deuda e incluso aumentarla. De tal forma, el Estado de Honduras se vería imposibilitado para cancelarla y el poderoso medio de transporte continuaría al servicio incondicional de la plantación bananera.

Se llegó a extremos tales de elaborar curiosos sistemas de contabilidad, según los cuales el ferrocarril nacional producía ganancias insignificantes y hasta irrisorias. Para el caso, durante el año 1926—1927 las ganancias del ferrocarril nacional fueron apenas de 4.800 lempiras, cantidad ésta que según el Ing. Rubén Bermúdez quien fungía como Presidente de la Comisión Interventora del

Ferrocarril, sería insuficiente hasta para el simple pago de los intereses que correspondía pagar por el préstamo. Conforme al dictamen expuesto por la Comisión Interventora, el ferrocarril nacional en el año 1930, había logrado reducir su deuda hasta la suma de 14.000 dólares y por lo tanto, el crédito estaba ya prácticamente cancelado. Sin embargo, los empresarios del banano lo retuvieron en su poder hasta el 31 de diciembre de 1951, es decir un período de 22 largos años más.

José Jorge Callejas, en su libro "Miseria y Despojo en Centro—américa" anota el siguiente comentario en relación con los verdaderos gastos que el Estado debió realizar y con las cantidades que la Compañía Bananera recibió fácilmente:

"Haciendo números se llega a la siguiente conclusión: los datos anteriores revelan que la producción líquida del ferrocarril era de Dls. 86.000 anuales, que multiplicados por 31 años que lo retuvo la compañía en su poder, arrojan la suma de Dls. 2,666.000 que se embolsó—la empresa; y si a esto se agrega el millón que se hizo pagar por su préstamo primitivo, se demuestra que obtuvo ella, en total Dls. 3.666.000. En otras palabras, pagó el raquítico Estado hondureño reparaciones del ferrocarril, que ningún provecho le reportaron y más de dos veces la cantidad recibida en préstamo".

LA CONSTRUCCIÓN Y EXPLOTACIÓN DE LOS RAMALES CLANDESTINOS Y EL FERROCARRIL NACIONAL

Zemurray no solamente se limitó a mantener artificialmente la deuda del Estado, sino que también promovió activamente la construcción y consecuente explotación de los llamados ramales clandestinos, o sea líneas férreas adicionales que se establecían a partir de la línea principal del ferrocarril nacional o como simples redes de ferrocarril privado.

Vale la pena señalar que la misma Ley Agraria existente en aquel entonces, mediante su artículo 48, prohibía la construcción de este tipo de ramales en una forma clara y concreta:

"En una zona de 40 kilómetros a cada lado de un ferrocarril nacional, construido o en proyecto, nadie puede construir un ferrocarril privado. Cualquier ramal, subramal o apartadero, necesario para la explotación de una plantación situada en la zona antes mencionada, formará parte del ferrocarril nacional, estará unido a él, y su trazado y su plan deberán presentarse previamente a la aprobación del gobierno, el cual fijará las condiciones de explotación".

Zemurray no se detuvo ante la prohibición contenida en la ley y construyó una amplia red de ramales clandestinos en los cuales, además, impuso tarifas especiales, dictadas única y exclusivamente por el afán de ganancias de la compañía.

Según los estudios realizados por el Ingeniero Rubén Bermúdez, la explotación de estos ramales clandestinos produjo a la compañía de Zemurray la suma de 142.000 dólares en un año tan solo. Semejante cantidad pudo haber sido recibida por el ferrocarril nacional, de no haber existido la red clandestina de ramales que Zemurray había construido.

Todos estos ramales y subramales fueron declarados ilegales en el año de 1925, conforme decreto número 72 y se excitaba al Poder Ejecutivo para que llegara a un arreglo satisfactorio con la compañía bananera, en torno al problema de las violaciones cometidas por ésta en contra de la legislación agraria y ferrocarrilera del país. Inesperadamente las oficinas del ferrocarril nacional fueron "saqueadas" y desaparecieron los principales documentos, lo que indudablemente dificultó o mejor dicho, imposibilitó el ejercicio de lo ordenado en el decreto número 72.

De esta forma, pues, la Cuyamel Fruit Company tenía ya en su poder no sólo el ferrocarril nacional propiamente, sino también la amplia red de ramales clandestinos que le permitían ejercer prácticamente un monopolio sobre los medios del transporte, y consecuentemente también sobre la producción y comercialización de la fruta.

Hay que agregar además, que contaba con el muelle de Pu1erto Cortés, cuya construcción se le había encargado conforme el decreto 93 del año 1918 y por la que el Estado se había comprometido a pagar utilizando un determinado porcentaje de los ingresos aduaneros del muelle.

Contaba también con el ferrocarril de Mata de Guineo, cuya construcción le había sido autorizada en el año 1918 y en base al mismo decreto antes mencionado.

Era pues, un verdadero monopolio sobre los medios de transporte, adquirido en base a concesiones onerosas otorgadas por el Estado, a violaciones constantes a las leyes del país y a la absoluta inescrupulosidad que caracterizaba la conducta del, señor Samuel Zemurray.

En el año 1929, el Congreso de la República facultó al Poder Ejecutivo para ejercer acción en contra de la Cuyamel Fruit Company por las violaciones cometidas contra lo estipulado en el Contrato de Anticresis, por la construcción de los ramales clandestinos y la irregularidad e incumplimiento en la construcción del muelle.

Era este el decreto número 148 y fue emitido el 6 de abril de 1929, así: "Considerando: Que se ha vencido el plazo de tres años en que Zemurray debía entregar el muelle de Puerto Cortés, según cláusula 5ª. del Contrato de abril 7 de 1918, decreto No. 93.

"Considerando: Que a pesar de las diferentes resoluciones dictadas por el Congreso no se han legalizado los ramales construidos por la Cuyamel.

"Considerando: Que habiéndose derogado el decreto No. 63, de 25 de febrero de 1919, ha quedado sin efecto la franquicia de muellaje para la exportación de ganado y demás productos del país, naturales y manufacturados, concedida a don Samuel Zemurray, por decreto No. 89 del 15 de marzo de 1919, debiéndose hacer efectivos los impuestos correspondientes.

"Considerando: Que el documento original sólo aparece con la firma de don Luis Bográn, como representante de la Compañía Agrícola de Sula y no aparece la firma del representante del Gobierno, con lo cual se establece la inexistencia del contrato.

"Decreta: Art. 1o. El Poder Ejecutivo, por medio del Fiscal General de Hacienda, procederá a establecer las acciones correspondientes, que tengan relación con el contrato de Anticresis, los ramales clandestinos, y el muelle de Puerto Cortés.

Art. 2°. El Poder Ejecutivo dará cuenta al Congreso Nacional en sus próximas sesiones".

El decreto fue vetado y posteriormente ratificado el veto.

Al año siguiente, se vuelve a plantear de nuevo el espinoso asunto, agregando esta vez la situación ilegal en que se encontraba Zemurray al continuar haciendo uso de una concesión que le autorizaba la libre exportación de ganado vacuno, cuando ya la mencionada concesión había sido cancelada.

Esta vez sí se autorizó la publicación del decreto pero inexplicablemente tal publicación tuvo lugar solamente hasta el año 1932, o sea que la disposición contenida en el decreto entró en vigencia únicamente a partir de esa fecha... y ya para entonces la Cuyamel Fruit Company no pertenecía más a Samuel Zemurray. Había sido adquirida por la United Company.

LA UNITED FRUIT COMPANY Y HONDURAS

Trece años después de haber sido fundada e incorporada al amparo de la legislación de Nueva Jersey, la United Fruit Company logró penetrar al territorio hondureño ya en calidad de cultivadora directa del banano y como poseedora de una concesión.

Ya se dijo anteriormente que en abril de 1912, Rolston, el Vicepresidente de la Cuyamel Fruit Company, logró obtener de parte del Estado de Honduras una concesión para dedicarse al cultivo del banano y construir el ferrocarril en las cercanías del Puerto de Tela, en la costa norte del país. Una vez obtenida esta concesión, Rolston la traspasó a su jefe inmediato Samuel Zemurray, quien el cuatro de marzo de 1913, la vendió a la Tela Railroad Company, subsidiaria de la United Fruit Company.

Casi al mismo tiempo, el gobierno de Bonilla mediante decreto No. 99 le concedió a Víctor Camors concesión en el departamento de Colón, también en la costa norte, la que posteriormente fue traspasada a la Trujillo Railroad Company, empresa subsidiaria de la United Fruit Company.

Concretamente, pues, las operaciones de la UFCO en el territorio de Honduras se han llevado a cabo por parte de dos empresas subsidiarias de la misma: la Tela Railroad Company y la Trujillo Railroad Company. Los términos de estas dos contratas que cayeron en manos de la United Fruit Company son bastante similares y tienen un contenido semejante:

Construcción de un muelle y ferrocarril para lo que el gobierno concede la importación libre del pago de derechos aduaneros y de toda clase de impuestos fiscales y municipales, marítimos y terrestres establecidos o por establecer, de maquinaria, carros, herramientas, rieles, durmientes y todo lo necesario para construir, equipar, mantener, explotar y hacer funcionar el muelle, el ferrocarril, los ramales y las diferentes dependencias por un término de sesenta años.

Por este mismo período de tiempo, el concesionario queda exento del pago de todo impuesto fiscal o municipal, establecido o por establecer, en todo lo relacionado con la construcción, mantenimiento o funcionamiento del ferrocarril, muelle, accesorios y dependencias.

Se autoriza además al concesionario para que pueda hacer libre uso de las maderas de los terrenos nacionales, de la piedra, cal, arena, etc. que se encuentre en los terrenos nacionales o ejidales que estuvieren libres o desocupados. Se concede el libre uso de la fuerza motriz de las aguas de los ríos o corrientes naturales adyacentes cincuenta kilómetros al ferrocarril. Igualmente se permite el uso gratuito de los terrenos nacionales para la construcción de oficinas, bodegas y talleres y se garantiza el derecho a construir y usar líneas telegráficas y telefónicas.

El concesionario quedaba, pues, autorizado para poseer en propiedad, administrar y hacer funcionar, libre de todo impuesto, licencia, contribución, carga pública, el muelle, el ferrocarril y sus ramales, los que debería construir, equipar y mantener. Los empleados extranjeros, colonos, inmigrantes, etc. que la parte concesionaria hiciera venir a tierras hondureñas, quedaban también exentos por un período de diez años, del pago de tasas, impuestos, contribuciones extraordinarias, derechos e impuestos fiscales de cualquier clase por introducción de herramientas, maquinaria, instrumentos o libros de ciencia o artes, efectos personales y muebles.

La concesión de la Tela Railroad Company contenía además la exención de pago de faro, tonelaje y zarpe o cualquier impuesto de puerto a favor de todos los vapores del concesionario o los que fueran fletados por él.

Por su parte, el concesionario quedaba obligado a pagar al gobierno 0.01 oro por racimo de banano exportado a través del muelle y ferrocarril construidos. En el año 1925, la contrata de la Tela Railroad Company fue modificada en el sentido de establecer el pago de 0.005 oro como impuesto municipal por cada racimo exportado.

La duración de estas dos contratas era de sesenta años para la de Trujillo Railroad Company y tiempo indefinido para la contrata de la

Tela Railroad Company. Así, basándose en estas dos contratas iniciales daba comienzo el dominio de la United Fruit Company en Honduras.

Los privilegios otorgados, las facilidades concedidas, el carácter extremadamente "liberal" de las concesiones, sumando a la fortaleza económica y la experiencia de la poderosa compañía frutera, habrían de determinar muy pronto el crecimiento de la influencia de la United en el territorio nacional y el aumento vertiginoso de su poderío económico y político en el país.

Kepner y Soothill describen de la siguiente forma, con datos y comparaciones, este interesante proceso de expansión y crecimiento de la UFCO en Honduras.

"En 1914, un año después de la adquisición de las concesiones de Tela y Trujillo, las tierras cultivadas por la United, de su propiedad, ascendían a quince mil acres, o sean aproximadamente la mitad de sus cultivos bananeros en Guatemala y Panamá y un tercio de sus extensos cultivos bananeros en Costa Rica. Por espacio de cinco años continuaron las subsidiarias de la United cultivando aproximadamente la misma extensión de tierras. En 1919, se cultivaban doce mil acres de tierras nuevas; en 1920, quince mil acres; en 1922, otros quince mil acres y en 1923 veinte mil. Por consiguiente, en 1924, diez años después, las compañías ferroviarias de Tela y Trujillo, estaban en pleno desarrollo, los cultivos de bananos de la United en Honduras ascendían en total a 87.800 acres, o sea trece veces la extensión de sus cultivos en Colombia y Guatemala y cinco veces sus cultivos en Panamá y Costa Rica, habiendo descendido sus cultivos bananeros en esta última república de 47.723 acres en 1913 a 17.575 en 1924.

"Es evidente que el proceso más conspicuo de la United durante el decenio 1914—24 se hizo en Honduras. Hacia este último año, los cultivos bananeros hondureños no sólo triplicaban con creces los de cualquier otro país, sino que, como consecuencia de su construcción de ferrocarriles bananeros, edificios para oficinas, hospitales, campamentos, talleres, sistemas de abastecimiento de agua y electricidad, lavanderías, calles, puentes, líneas telefónicas etc. el valor total de sus tierras e instalaciones en Honduras había subido hasta $26.000.000,cifra que debe compararse con sus inversiones de $ 9.000.000 en Costa Rica y $6.500.000 en Colombia").

El imperio de la United Fruit Company en Honduras creció ininterrumpidamente y pasó a convertirse en la columna vertebral de lo que es en esencia el enclave bananero.

Cuatro años después de la primera concesión, en el año de 1916, la Tela Railroad Company obtiene una concesión que autoriza la instalación de una planta de energía eléctrica para uso público o privado, una planta para fabricar hielo, la instalación del agua potable etc. y se le conceden además derechos para, hacer uso de 242 hectáreas de tierras nacionales destinadas al plantel y demás instalaciones, así como el uso de las aguas de brazo oriental del río de Tela.

Por el término de sesenta años se le concede además al concesionario el derecho a importar libres del pago de impuestos (aduaneros, marítimo o terrestre, fiscal o municipal e incluso peaje) todo lo necesario para las instalaciones que se autorizan en la contrata, al igual que para administrarlas, equiparlas y mantenerlas.

Uno de los métodos que la United utilizó con suprema intensidad para poder apoderarse de una mayor cantidad de tierras en el país y ampliar sus ya vastos dominios, está directamente relacionado con los así llamados lotes alternados.

Los lotes alternados no eran más que el reflejo de un principio que supuestamente debía consignarse y hacerse efectivo en toda la política concesionaria del Estado, conforme al cual éste último reservaba para sí un lote determinado entre dos lotes concedidos a una compañía extranjera.

De esta forma el Estado hondureño perseguía la intención de no permitir la consolidación del dominio absoluto de una compañía extranjera sobre grandes extensiones de tierra.

El principio de los lotes alternados había sido ya consignado en la Ley de Agricultura del país, del 24 de agosto de 1895. Sin embargo, la efectividad de tal disposición y los resultados concretos de su aplicación, pueden deducirse de la verdadera situación que prevalecía ya en el año 1914, cuando el vasto sistema de concesiones había dado lugar a una explotación total de 416.500 hectáreas de las mejores tierras del país, distribuidas de la siguiente forma:

CONCESIÓN	HECTÁREAS
Greely (1908) Cuyamel	30.000
Morse (1911) Río Chamelecón	33.500
Vaccaro—Yoro	100.000
Rolston—Tela—Yoro	50.000
Reynolds (1909)	3.000
Camors—Trujillo	200.000

El Estado, al reservarse para sí los lotes alternados, aspiraba a poder arrendárselos a los nacionales para que éstos pudieran constituir "pequeñas avanzadas hondureñas" dentro de los dominios de las compañías fruteras.

Por su parte, las compañías también1 aspiraban a poder disponer de esos lotes y estructurar así sus dominios en una forma más compacta y unificada.

Las compañías subsidiarias de la United Fruit Company al igual que la compañía de los Hermanos Vaccaro se las ingeniaron para comprar a los nacionales los derechos de arrendamiento sobre los lotes alternados.

También utilizaron el método de obtener las adjudicaciones mediante intermediarios que posteriormente traspasaban las tierras que habían recibido del Estado, a manos de las compañías bananeras.

Particularmente durante el Gobierno de Rafael López Gutiérrez (1920—24) los lotes alternados fueron distribuidos con una facilidad extraordinaria y a precios verdaderamente ridículos. El Ministro de Obras Públicas llegó a arrendar gran parte de tales lotes al "precio" de un centavo mensual por cada acre de tierra recibido.

En el año de 1929, el Congreso Nacional discutió sobre la legalidad de estas operaciones de transferencia y decidió anular gran cantidad de ellas. Durante estas discusiones también tuvo conocimiento el Congreso Nacional sobre la toma de posesión de una de las Islas del Cisne, por parte de la Tropical Radio, compañía subsidiaria de la UFCO, sin el conocimiento ni la autorización previas del Gobierno hondureño.

En total, 75 acuerdos de arrendamiento y dominio útil en lotes alternados (un total de 119.768 ha) fueron declarados nulos por carecer de la firma del Presidente de la República. Otros acuerdos que sí contaban. con la sanción del Poder Ejecutivo, pero que no habían sido pasados al conocimiento del Congreso, también fueron declarados ilegales.

Sin embargo, la decisión del Poder Legislativo no fue publicada oficialmente sino hasta el 21 de enero de 1932. 13)

En el mes de noviembre de 1929, se produjo lo que para la United Fruit Company ha significado "la última fusión importante de su historia".

En esa fecha, Samuel Zemurray vendió su compañía, la Cuyamel Fruit Company a la poderosa UFCO. A cambio recibió 300.000 acciones de esta última que tenían un valor de 32 millones de dólares.

La operación se había consumado: la Cuyamel Fruit Company pasaba a ser una empresa más de la United y la competencia no existiría más.

Kepner y Soothill dan una idea bastante detallada de todo lo que adquirió la United Fruit Company al realizar "la última fusión importante de su historia".

"Un indicio de lo que obtuvo la United Fruit Company con esta compra lo da el inventario de la Cuyamnel del 31 de diciembre de 1928, que incluía el ingenio de La Lima, capaz de producir 1.500 toneladas de azúcar diarias; 16 vapores; 145 millas de líneas de ferrocarril; y 250.000 acres de tierra, de los cuales 22.149 en Honduras, y 12.450 en otras regiones estaban dedicados al cultivo del banano. El activo fijo total de la compañía se valuó entonces en $ 26.000.000. De esta manera, la United Fruit Company, habiendo comprado a su principal competidor, se convirtió en una sociedad anónima con un capital de $ 242,000.000, mandando en un vasto imperio bananero".

Pero además de todo esto, con la absorción de la Cuyamel Fruit Company, la United adquirió también todos los derechos y los privilegios que durante tantos años había logrado mantener Zemurray, en base a las diferentes concesiones que recibió por parte del Estado de Honduras.

De esta forma, el Contrato de Anticresis pasó a favorecer los intereses del nuevo propietario. Y si bien anteriormente anotamos que el ferrocarril nacional fue posible redimirlo tan sólo hasta en diciembre de 1951, también es necesario agregar que apenas treinta días después, el 31 de enero de 1952, la United logró nuevamente establecer su control sobre él, mediante un contrato de arrendamiento que tendría el mismo tiempo de duración que tardara el Estado en cancelar una deuda recién contraída con la compañía por valor de 575.000.00 lempiras.

Era este contrato una especie de Contrato Anticresis en pequeño.

La absorción de la Cuyamel Fruit Company por parte de la United marca prácticamente el inicio de una nueva etapa en la historia del enclave bananero en Honduras, por cuanto se inicia la era del dominio absoluto a irrestricto de la UFCO en el territorio nacional.

La otra empresa existente, la Standard Fruit Company y que surgió en base al dominio bananero de los Vaccaro, no tiene la fuerza necesaria ni el deseo manifiesto de hacerle competencia la UFCO en la producción y comercialización del banano.

LAS ACTIVIDADES ECONÓMICAS DE LAS EMPRESAS BANANERAS

Si nos atenemos a los términos específicos de las diferentes contratas de concesión difícilmente podremos establecer el contenido verdadero de las actividades económicas realizadas por las distintas compañías bananeras en el país.

Casi siempre se destacan en un primer plano las actividades relacionadas con la construcción, el mantenimiento y la explotación de ferrocarriles o la instalación y administración de instalaciones portuarias. La producción y la comercialización del banano se incluye como una actividad complementaria, que las compañías llevarán a cabo, utilizando las tierras que reciban en recompensa por la construcción de las vías férreas, principalmente.

Sin embargo, una vez otorgada la concesión, las compañías fruteras invertían prioridad de los términos y destacaban a lugar primordial, la producción y el comercio del banano, fundamentalmente.

La construcción de las vías férreas para servicio público era relegada a un segundo plano y se da inmediata prioridad a la construcción de los ramales y de las vías que favorecieron directamente al transporte de la fruta. El criterio esencial para la construcción del ferrocarril lo dictaban los intereses de la plantación y no el servicio ni la comunicación de las diferentes comunidades de la región.

Para el caso, durante el año 1922 la Truxillo Railroad Company construyó únicamente 4 kilómetros de línea principal y 29 kilómetros de ramales hacia sus fincas; la Tela Railroad Company construyó 104Kms. de línea principal y 172 Kms. hacia sus plantaciones.

El acaparamiento de los lotes: alternados por diferentes vías pasaban a manos de los empresarios bananeros, las inmensas cantidades de tierras, 250 hectáreas más, otorgadas por el Estado a cambio de cada kilómetro de vía férrea construido, el control absoluto sobre los diferentes medios de comunicación, principalmente el ferrocarril y el manejo de los asuntos relacionados con el muelle de Puerto Cortés, además del dominio establecido sobre otros puntos de embarque y sobre líneas completas de vapores, permitieron a las compañías bananeras estructurar todo un imperio económico, cuyas ramificaciones abarcaban los más diversos sectores de la economía hondureña.

El dominio establecido por las compañías bananeras dio al traste con las perspectivas económicas de los finqueros y agricultores independientes que se dedicaban al cultivo del banano.

Al contar las compañías con el control sobre inmensas plantaciones y sobre los medios de transporte fundamentales, estaban en capacidad de dictar sus condiciones a los finqueros independientes, imponiendo el precio y la calidad de la fruta que se disponían a comprar y creándoles una atmósfera económica tan desesperante, que los obligaba a vender sus propiedades y dejar en manos de las compañías todo el negocio bananero.

Ya en el año 1918, el 75 por ciento de todas las plantaciones bananeras existentes en el país, pertenecía directamente o estaba bajo el control irrestricto de los empresarios extranjeros de las compañías fruteras.

Las actividades productivas de las compañías bananeras no se reducían únicamente a la producción y comercialización del banano.

Estaban vinculadas además a las plantaciones de caña de azúcar, la elaboración del alcohol y aguardiente, la producción de calzado, aceites, y mantecas, hielo, cerveza, explotación de maderas y desarrollo de la ganadería.

Sólo la producción de azúcar de la Cuyamel Fruit Company observó entre 1924 y 1927 un ritmo ininterrumpido de crecimiento del 10.1% anual.

Entre 1920 y 1928, la producción de bananos en el país se había incrementado en un 216 por ciento.

Se llevó a cabo también el establecimiento de una institución bancaria en la ciudad de La Ceiba, destinada a facilitar las operaciones comerciales y las transacciones financieras de las compañías bananeras y a volver más amplio y diversificado el contenido económico del enclave bananero.

Las compañías se dedicaban además al comercio en pequeño, realizado a través de los así llamados comisariatos, factorías comerciales pertenecientes a las mismas empresas bananeras en las cuales se abastecían todos los trabajadores y empleados de la plantación.

Los comisariatos disponían de inmensas cantidades de mercaderías importadas desde los Estados Unidos de Norteamérica y por las cuales las compañías pagaban precios insignificantes, además de que las transportaban en sus propios barcos, por lo que el costo de las mismas resultaba bastante reducido. El funcionamiento de los comisariatos significaba una seria limitación en el área de circulación monetaria y sustraía importantes contingentes de consumidores del mercado propiamente interno del país.

Las compañías operaban también líneas telegráficas y telefónicas, estaciones telegráficas inalámbricas. La Tropical Radio fue legalizada en su funcionamiento en marzo de 1921 mediante Decreto número 85 etcétera.

Establecieron el servicio de energía eléctrica y para ello recibieron en concesión el uso de las aguas del río de Tela y 242 hectáreas de terrenos nacionales, además de la correspondiente dispensa de impuestos por la introducción del ' equipo necesario. En síntesis, pues, se había logrado estructurar todo el andamiaje vital para la consolidación del imperio bananero. Las actividades económicas de las compañías fruteras, girando en torno a la actividad fundamental o sea la producción y la comercialización del banano, giraban además sobre las demás esferas de la economía hondureña y poco a poco establecían un control gradual sobre esas mismas esferas.

Los empresarios nacionales se veían desplazados de sus áreas tradicionales de ocupación ante la intromisión brusca del imperio bananero, que contaba no sólo con los medios técnicos y financieros indispensables sino además con el apoyo irrestricto de los círculos gobernantes, siempre dispuestos a firmar las concesiones que las empresas bananeras solicitaran.

El concepto mismo de la estabilidad política se vio estrechamente ligado al mayor o menor apoyo que las compañías concedían a un gobierno. Los criterios de la seguridad y el orden social estaban directamente vinculados con los niveles de simpatía y agradecimiento que los empresarios bananeros profesaran hacia los gobernantes de turno.

EXPORTACIONES E IMPORTACIONES. LAS EXONERACIONES FISCALES Y SU RELACIÓN CON LA ECONOMÍA DEL PAÍS

Ya hemos visto como en las mismas contratas de concesión ha quedado consignada la exención del pago de impuestos, "establecidos o por establecer" a favor de las diferentes compañías bananeras. Tanto las exportaciones como las importaciones realizadas por estas compañías han contado con el beneficio de la ausencia, parcial o total, de la imposición fiscal. Anteriormente al desarrollo y auge de la economía bananera, las exportaciones hondureñas estaban constituidas casi en su totalidad por los minerales. Esta situación fue modificándose sustancialmente a medida que la plantación bananera fue convirtiéndose en un eje económico fundamental para la vida de la nación.

El lugar de los minerales en nuestras escalas de exportación, poco a poco fue siendo ocupada por los racimos de banano. Veamos el siguiente cuadro, sumamente ilustrativo por cierto, en relación con el proceso anteriormente descrito:

EXPORTACIONES DE MINERALES Y BANANOS
(CIFRAS EN MILLONES)

Período	Minerales	Bananos	Racimos
		Valor	
1891—92	0.8	0.2	0.4
1903—04	1.2	2.3	4.4
1904—05	2.0	2.1	3.8
1911—12	2.5	3.5	5.9
1912—13	1.3	4.0	6.2
1913—14	2.2	4.3	6.6
1914—15	3.7	3.9	5.9
1917—18	3.0	5.4	9.3
1918—19	2.1	5.6	9.7
1919—20	2.5	5.7	9.6
1920—21	1.8	5.7	9.8
1925—26	3.5	19.7	16.3
1926—27	2.8	27.2	17.1
1927—28	2.5	37.3	24.3
1928—29	3.0	41.7	26.9
1929—30	2.2	46.0	20.1
1930—31	2.5	34.6	29.0

FUENTE: Memorias de Hacienda 1893/1932. Revista Económica. Dic. 1921. Vol. IX.

Mediante una simple comparación del valor de las exportaciones, se puede descubrir el proceso por el cual el banano va adquiriendo e imponiendo su hegemonía en la escala de las exportaciones y a la vez, convirtiendo al país en un país monocultivisa y monoexportador.

A pesar de las grandes facilidades concedidas por el Estado, más las enormes cantidades de tierras otorgadas, el insuficiente control gubernamental fue aprovechado por las compañías bananeras para poder burlar las escasas restricciones impositivas que el Poder Legislativo había acordado.

Anteriormente a 1918, las compañías exportaron sus productos libremente sin tener que pagar al fisco ningún tipo de impuestos.

Después de este año, debido a las constantes reformas a que estuvieron sometidas las diferentes contratas, se impuso a la Cuyamel y a la Vaccaro el pago de 3 y 4 1/2 centavos de lempira por cada racimo exportado. A la Tela Railroad Company, mediante decreto 113 de 1912, se le fijaba el pago de 0.01 oro como impuesto de exportación.

En el año 1925 fue denunciado ante el Congreso Nacional el fraude de que era objeto el fisco durante las operaciones de exportación, al registrar las compañías bananeras un racimo exportado por cada tres que tuvieran un número menor de ocho "manos". En las contratas no se especificaba el número de "manos" que debían componer un racimo. De esta forma, el Estado hondureño estaba perdiendo impuestos de exportación desde 1912, por lo menos para un 66 por ciento del total exportado.

Los siguientes datos, publicados por José Jorge Callejas en su libro anteriormente citado, contribuyen a ilustrar con los mayores detalles la dimensión del fraude continuo a que se sometía el Estado de Honduras:

"Hasta 1915, se calcula el embarque clandestino de banano así:

Importación a los Estados Unidos

Racimos	
Según Estadística procedente de Honduras	135.535.287
Despachos de Honduras, según datos oficiales, en igual tiempo	101.649.127
Diferencia	33,886.160".

Esto con respecto a las exportaciones.

Por otro lado, las importaciones, conforme a las diferentes contratas gozaban de la dispensa del pago de derechos de introducción y prácticamente no tenían ninguna restricción por parte del Estado.

Esta situación y su indudable repercusión en la economía del país, puede ser mejor comprendida si se tiene en cuenta que tan sólo en el año 1918, tal tipo de importaciones representaban la cuarta parte de las importaciones totales del país.

Estas importaciones consistían principalmente en comestibles, útiles e instrumentos, ropa, muebles, medicinas, ferretería, etc.

Nuevamente es preciso recordar la actividad comercial de las compañías bananeras, realizada a través de los antes mencionados comisariatos.

El comercio al por menor realizado por las compañías, se nutría fundamentalmente de los productos importados y constituía un importantísimo renglón económico en las actividades de la empresa. A partir del año 1913, la Tela Railroad Company comienza a pagar derechos sobre la importación de comestibles con el fin de poder gozar de una mayor libertad al momento de expenderlos.

El decreto número 117 de 1919 modificó el artículo del decreto número 116 de 1910, conforme el cual la compañía de los hermanos Vaccaro gozaba del derecho de libre importación de víveres por un período de catorce años. La modificación se redujo simplemente a no mencionar este renglón1 en la nueva redacción de la contrata.

De hecho, mediante la exoneración del pago de derechos, el Estado de Honduras contribuía a la financiación de las actividades de importación de las compañías bananeras. Los siguientes datos son bastante ilustrativos al respecto 18)

Derechos Dispensados por Importación
(Millones pesos plata)

Empresas	1913 1914	1914 1915	1917 1918	1920 1921	1921 1922	1923 1924	1924 1925	1925 1926
Cuyamel Fruit Co.	0.5	0.6	0.4	1.9	8.0	0.6	0.6	0.6
Tela RR. Co.	1.0	*)	0.9	1.1	2.0	3.4	3.4	1.9
United Fruit Co.	0.1	–	–	–	–	–	–	–
TruxilloRR. Co.	0.1	0.3	0.5	–	2.3	4.0	4.0	3.3
Honduras Sugar and Distilling Co.	–•	0.3	0.2	0.1	0.1	0.1	–	–
Vaccaro Bros. Co.	1.2	1.4	2.9	1.1	–	–	–	–
Standard Fruit Co.	–	–	–	–	4.0	2.2	2.2	3.0
Aguan Valley Co.	–	–	–	–	0.1	*)	–	–
TOTALES	2.9	2.6	4.9	4.2	16.5	10.3	10.2	8.8

Las cifras anteriores demuestran claramente el verdadero contenido de la política de exenciones que el Estado promovía con respecto a las compañías bananeras. Resulta interesante comparar

134

estas cifras con las que reflejan las operaciones del Estado y comprobar como el Estado en varios años operó con déficit o, en el mejor de los casos, las exenciones concedidas a las compañías fruteras llegaron a representar hasta el cincuenta por ciento en comparación con las rentas estatales.

Veamos:

Año Estado	Rentas	Exenciones %
1913—14 5.9	2.9	49.1
1914—15 5.1	2.6	51.0
1917—18 4.8	4.9	102.1

Otra comparación interesante en torno a la política fiscal del Gobierno hacia las compañías bananeras puede fundamentarse en los siguientes datos:

En el año 1926, la deuda interna del Gobierno ascendía a la suma de 7.763.549.64 pesos, de los cuales el 93 por ciento era deuda a favor de las compañías bananeras: 19)

Standard Fruit Company	120.696.10 pesos
Cuyamel Fruit Company	174,656.26 pesos
Tela y Truxillo RR. Co.	
N.Y. and Honduras Rosario	
Mining Company	18.636.84 pesos
Samuel Zemurray	
(Ferrocarril Nacional)	3,000.000.00 pesos
Santos Soto	500.000.00 pesos

Y sin embargo, en ese mismo período de 1925—26, el Estado hondureño había exonerado a las compañías bananeras del pago de impuestos y derechos por un valor equivalente a 8.8 millones de pesos, 20) cantidad superior a la deuda que tenía con ellas. Gran parte de la deuda que el Estado mantenía con las compañías bananeras, se había originado en los diferentes préstamos que éstas hacían a los distintos bandos en pugna, a fin de financiar las interminables revueltas armadas internas de aquella época.

LAS RELACIONES LABORALES Y EL ENCLAVE

La política laboral observada por las compañías bananeras estaba determinada prácticamente por la voluntad única del enclave y por los intereses exclusivos de la producción bananera.

En el año 1916, tanto la United Fruit Company como la Cuyamel Fruit Co. impusieron formas de pago antojadizas, en abierta contravención a las leyes del país.

La United pretendía pagar salarios cada cuarenta días y la Cuyamel obligaba a los trabajadores, mediante la firma del contrato, a contravenir las disposiciones legislativas del país, que establecían el pago a los trabajadores cada ocho días y en plata acuñada.

He aquí un formato de contrato de trabajo de la Cuyamel Fruit Company: 21)

"Cuyamel Fruit Co.

Contrato con sus operarios, artesanos y jornaleros:

1º. La compañía pagará a todas las personas a su servicio, excepto contratos especiales, cada segundo domingo de mes el valor de sus servicios prestados durante parte o todo el mes vencido: salvo que ese día tenga corte o embarque de fruta en cuyo caso será pospuesto el pago para el día siguiente al de la terminación del embarque:

2º. Todo operario, artesano, jornalero o empleado de la "Cuyamel Fruit Co." es aceptado en los trabajos de la compañía con la condición precisa de que renuncia al derecho que por cualquier ley emitida o que después se emita tenga o adquiera en lo sucesivo, a que se le pague su salario o sueldo en otra fecha que no sea la designada anteriormente:

3º. La fecha del pago establecida en este contrato es aplicable a los trabajos que la Compañía ejecute directamente o por medio de sus contratistas, empleados o agentes:

4º. Para los efectos legales se estima los derechos a que se contrae este contrato en la suma de diez pesos, y debe considerarse sujeto a la jurisdicción de la Cuyamel, República de Honduras.

Al entrar al servicio de la "Cuyamel Fruit Co.", en calidad de...
suscribo y otorgo a favor de dicha Compañía las bases arriba
especificadas.

(Aquí diez líneas dobles en blanco).

Testigo

Aceptado por mí
como Contratista   Testigo
de la   Aceptado por la
"Cuyamel Fruit Co.   "Cuyamel Fruit Co."

Es preciso señalar que los trabajadores de las compañías fruteras
viven en los campos, caseríos y fincas comprendidas dentro del
enclave, alejados de lo que podría denominarse centros comerciales y
encerrados dentro de una limitada circulación monetaria, cuyas reglas
y principios son dictados por el enclave bananero.

Las compañías bananeras prohíban a los vendedores ambulantes
o buhoneros transitar y dedicarse al comercio en, los campos
bananeros.

Las compañías bananeras abastecían a los trabajadores y sus
familias de los productos y artículos necesarios, los que podían ser
adquiridos en los comisariatos. Se pagaba a los trabajadores con
fichas y cupones con valor desde un peso hasta cincuenta, los que
podían ser cambiados por mercaderías en los respectivos
comisariatos. Si se quería cambiar la ficha por dinero en efectivo, era
preciso ceder un 50% de descuento y se corría el riesgo adicional
hasta de perder el empleo.

Así, los mecanismos de comercialización y la original política de
salarios practicados por el enclave, facilitaban una pronta
recuperación del fondo de salarios, con la cual, sumado a las remesas
de utilidades enviadas al exterior, los inversionistas del banano
estaban en capacidad de apoderarse de todo o gran parte del valor
agregado de la producción.

Esta situación de absoluta arbitrariedad por parte de las compañías
en relación con los derechos laborales de los trabajadores, generó
indudablemente diversas manifestaciones de descontento y oposición
que forman toda una cadena de lucha constante por parte de los
trabajadores contra las compañías bananeras.

En el año 1916, la Cuyamel Fruit Company tuvo que afrontar las consecuencias de sus desmanes y habérselas con un movimiento huelguístico de sus trabajadores. Poco o casi nada se sabe acerca de esta huelga, sobre todo por el "extraño" silencio observado por la prensa del país en aquella época.

En agosto de 1920, los trabajadores de la Vaccaro Bros. Co, se declararon en huelga reclamando mejoras salariales. El Gobierno que presidía Rafael López Gutiérrez declaró el estado de sitio en todo el departamento de Atlántida, zona neurálgica de la huelga, y ya a fines de septiembre los trabajadores se habían reincorporado a sus labores.

En 1925, un nuevo brote huelguístico se registra en las plantaciones de caña de la Cuyamel y cuenta con el apoyo de los trabajadores de las otras compañías bananeras. Los trabajadores exigían pago semanal en moneda de curso legal, cuatro pesos diarios (dos dólares) en jornada de ocho horas, supresión de las órdenes para entrega de mercadería en los comisariatos, rebaja en un 25% en los precios de los artículos, servicio médico y hospitalario para los familiares de los trabajadores, etc.

La compañía alegó en su favor la existencia de bajos precios en el mercado mundial de sus productos y el alto costo de la producción en el azúcar, como causas directas que impedían el aumento de salarios.

El Gobierno llegó hasta la intervención militar en contra del movimiento huelguístico, la coacción abierta contra sus dirigentes, pretextando que se trataba de un levantamiento antigubernamental.

Al final, la compañía aceptó la jornada de ocho horas y el paso libre de vendedores particulares por las zonas del enclave. A su vez, los trabajadores cedieron en otras demandas.

En 1930, nuevamente el descontento obrero vuelve a cobrar manifestación concreta, esta vez en La Ceiba y, el gobierno, luego de declararlo movimiento de "inspiración comunista", declara el estado de sitio en toda la costa norte del país y se apresta a reprimir a los trabajadores.

Los reclamos obreros se reducían fundamentalmente a mejorar las condiciones de vida y de trabajo y a rechazar la contratación masiva de inmigrantes de Jamaica en desmedro de los trabajadores propiamente hondureños. Había que sumar a esto, el agravante adicional de las dificultades originadas en torno a la gran crisis económica mundial.

Como resultado de este movimiento huelguístico, los trabajadores lograron que se autorizara el cambio en efectivo de todas las órdenes representativas de valor, que les eran entregadas por la misma compañía para la compra en los comisariatos. De esta forma, los trabajadores podían ya disponer libremente de su remuneración.

A lo largo de una incesante lucha contra los desmanes y arbitrariedades de los empresarios bananeros, el movimiento obrero originado y alimentado en el seno mismo del enclave, ha ido adquiriendo una elemental conciencia de clase y ha pasado a convertirse, al pasar de los años, en uno de los núcleos mejor organizados de todo el movimiento obrero en general.

La creciente madurez política de los trabajadores bananeros, paralelamente a los mayores niveles organizativos que han alcanzado, determina en mucho el sitial de elevada importancia que actualmente ostentan dentro del movimiento obrero todo de Honduras.

EL ENCLAVE BANANERO HONDUREÑO

A finales del siglo XIX y comienzos del presente, con el ascenso de la estructura capitalista mundial a una nueva fase de su desarrollo, la fase monopolista propiamente, aumenta también y se intensifica el poder de absorción, de control y de penetración directa por parte de las economías metropolitanas con respecto a las economías de la periferia. Este poder reviste múltiples manifestaciones y la formación de las economías de enclave en los países continentales del caribe, es una de esas manifestaciones.

Las relaciones de dependencia, consecuentemente, adquieren una nueva y mayor profundidad y modifican en parte su contenido. En este nuevo contexto, la vinculación de la economía hondureña al mercado mundial, adquiere un nuevo contenido y comienza a tener su expresión concreta a través de la formación y consolidación de la incipiente economía del enclave bananero.

El enclave bananero en la historia de Honduras ha venido a representar una forma más avanzada y profunda de dependencia y se convirtió muy pronto en el punto focal por excelencia de toda nuestra vinculación económica con la economía de la metrópoli y con el mercado mundial por extensión.

Anteriormente a la consolidación y establecimiento definitivo del enclave bananero, la producción minera constituía fundamentalmente el vehículo de vinculación con la economía exterior o economía "central".

La explotación de las minas estaba en manos de compañías norteamericanas y tuvo un auge considerable a partir de 1882, año en que se establece en Honduras la poderosa compañía New York and Honduras Rosario Mining Company.

Los minerales ocupaban el primer lugar en la escala de las exportaciones.

A pesar de todo, la producción minera no llegó, como más tarde sucedería con el banano, a constituirse en un sector o economía de enclave. Ya a principios de siglo, los minerales habían cedido su puesto a la producción bananera, no solamente como instrumentos de ligazón con la economía metropolitana, sino también como núcleo central de la nueva dependencia económica del país. Su lugar en la escala de las exportaciones lo ocupaban los bananos, y tanto cuantitativa como cualitativamente, los minerales habían pasado a un segundo lugar en la estructura económica de Honduras.

La producción y la comercialización del banano, pasaban a convertirse en la actividad fundamental del quehacer económico y la economía de enclave era ya una realidad insertada dentro de la economía nacional.

Los productores nacionales de banano, pequeños finqueros y agricultores independientes, no constituían en esencia un grupo económico consolidado y con perfiles propios y definidos. Sus posibilidades de influencia en la vida institucional y política del país eran sumamente escasas o definitivamente no existían.

Apenas si formaban pequeñas unidades de producción con perspectivas de desarrollo limitadas o restringidas, al menos mientras no contaron con los medios adecuados para transportar sus productos e imponer sus condiciones al momento de la comercialización. De tal forma, pues, las perspectivas de crecimiento y las posibilidades de convertirse en un grupo económico dominante en la vida del país, no eran muy prometedoras para los productores nacionales de banano.

Existían como unidades económicas en tanto que existiera la posibilidad de que los compradores extranjeros aceptaran sus productos y compraran toda la fruta. La capacidad de absorción del mercado interno era tan insignificante, que prácticamente no podía pensarse en una producción destinada únicamente al abastecimiento de tal mercado.

Los empresarios bananeros, por tanto, no encontraron en su camino de penetración los obstáculos normales que podría poner un grupo económico nacional con aspiraciones y posibilidades concretas de fortalecimiento y desarrollo, en torno a la esfera de la producción y comercialización del banano.

No encontraron ninguna oposición digna de ser tomada en cuenta y con mucha facilidad se presentaron como los abanderados del progreso y de la nueva civilización, como una perspectiva de modernización y mejoras en el nivel de vida de la población.

Precisamente esta situación, la ausencia de un grupo productor local con posibilidades de decisión y perspectivas reales de fortalecimiento, más la imagen de progreso y desarrollo económico con que
presentaban sus actividades, facilitó a las compañías la consolidación del enclave y determinó las características que acompañaron a éste en su proceso de formación: facilidades extremas contenidas en las concesiones, auge inusitado, desarrollo y crecimiento ininterrumpidos.

El contenido de las concesiones otorgadas a las compañías bananeras, por parte del Estado hondureño, ilustra con lujo de detalles esta situación de extrema "liberalidad" y de entreguismo absoluto de los grupos dominantes en el país, que poco a poco fueron estableciendo una dependencia directa entre las condiciones de seguridad interna y de la estabilidad institucional, por un lado, y las concesiones sin límites y regalías desmesuradas a las compañías bananeras, por el otro. Además, la irrupción misma de las compañías bananeras en la vida económica de la nación, asestó un golpe definitivo a las incipientes intenciones de consolidación económica y formación oligárquica del sector nacional vinculado al negocio bananero.

De esta forma, el enclave bananero, no solamente neutralizó a un grupo económico en embrión sino que además, al someterlo a su voluntad y envolverlo en sus diversos mecanismos, estuvo en capacidad de apoderarse del excedente económico generado por los diferentes productores independientes y convertir a éstos en fuente inagotable de utilidades para la economía propia del enclave.

Los productores nacionales fueron absorbidos por el impulso y las enormes posibilidades, técnicas y financieras, de la nueva empresa y sus posibilidades de subsistencia fueron quedando atadas al destino del enclave bananero. Los empresarios del banano se limitaron simplemente a realizar una elemental "inversión" de dólares para dar impulso a la producción bananera en gran escala.

Los elementos o factores fundamentales para que la producción bananera se desarrollara a niveles superiores y cobrara un carácter masivo, ya no existían en el país: las grandes extensiones de tierras y la mano de obra necesaria, abundante y barata.

Mediante su política concesionaria, el Estado de Honduras ponía a disposición de las compañías bananeras los recursos naturales imprescindibles y facilitaba la consolidación del enclave. Así, pues, la "inversión" inicial de las compañías fue sumamente pequeña y se limitó fundamentalmente a la construcción de unas cuantas obras de infraestructura (infraestructura construida en función del enclave, para favorecer a la plantación y no en función del desarrollo económico del país) y a un pequeño fondo monetario.

Muy pronto, el enclave recuperó con creces la "inversión" inicial y continuó consolidando más su sistema de explotación.

Para el caso, la "inversión" inicial de la Cuyamel Fruit Company ascendió a la suma de cinco millones de dólares. Sin embargo, en 1929 esta misma empresa fue vendida a la UFCO por la suma de 32 millones de dólares.

Prácticamente, en 18 años, la "inversión" inicial de Zemurray fue recuperada y quintuplicada.

Por otro lado, al acaparar las grandes extensiones de las mejores tierras del país, tanto por su fertilidad como por su localización, y al absorber los grandes contingentes de mano de obra, las compañías bananeras cerraban las posibilidades de desarrollo para otros sectores de la economía hondureña y condenaban al país a girar permanentemente en la órbita del enclave, incluso como factor de destrucción de los núcleos familiares tradicionales, el enclave bananero ha tenido manifestaciones concretas en la historia del país. La emigración campesina hacia las "nuevas fuentes de trabajo" que representaba el enclave, adquirió carácter verdaderamente masivo y prácticamente condicionó también la formación y consolidación de nuevos núcleos familiares, y dentro de la zona del enclave, en desmedro de los anteriores núcleos, abandonados en el interior del país con la esperanza del pronto. enriquecimiento del responsable familiar que había emigrado hacia el nuevo Dorado.

El enclave bananero en Honduras se constituyó como una unidad económica independiente, relativamente aislada de la economía nacional.

La misma estructura económica del enclave, sus sistemas salariales, la red interna de comisariatos y la especialización de la producción fundamental, contribuyen a acentuar su carácter autosuficiente, el aislamiento y la relatividad de su vinculación con la economía local.

Los mecanismos comerciales del enclave, los comisariatos principalmente, sustraen del mercado interno una masa considerable de consumidores y le permiten al empresario bananero, recuperar prontamente el mismo fondo de salarios que paga a sus trabajadores, apoderarse del valor agregado y engrosar así sus remesas de utilidades.

Esta misma circunstancia determina la ruina y el estancamiento de los pequeños comerciantes nacionales que intentan subsistir a la sombra de las posibilidades de compra que el enclave proporciona a sus trabajadores y que se establecen en las zonas aledañas al dominio bananero. El sentido de autosuficiencia que se desarrolla en el seno del enclave y su efectiva desvinculación de la economía local, condicionados en gran parte por la existencia del enclave en función del mercado mundial y de la exportación hacia la metrópoli, encuentran su contrario en la indudable tendencia de las fuerzas internas del mismo enclave a expandirse y ramificarse hacia los demás sectores de la economía local.

O sea pues, que el aislamiento del enclave bananero reviste un carácter relativo. Las mismas potencialidades económicas internas lo obligan a expandir y ensanchar sus fuerzas, extenderse y ramificarse hacia otros sectores de la economía del país.

La diversificación de las actividades económicas del enclave, partiendo del centro de ocupación fundamental, o sea la producción bananera, abarca los sectores industriales, financieros y hasta de la misma producción agropecuaria del país.

Esta es una especie de contradicción interna del enclave; contradicción que lo obliga a conciliar su existencia en función del mercado externo y su tendencia hacia el control de otros sectores claves del mercado interno del país en donde opera.

El enclave crece hacia afuera en la medida en que incrementa la producción y perfecciona la comercialización del banano, con lo que a su vez, fortalece los nexos de dependencia de la economía nacional con el mercado mundial, a través esencialmente de la metrópoli

Pero también, el enclave crece "hacia adentro", en la medida en que rebasa sus límites propiamente "bananeros" y se ocupa de otros quehaceres económicos en la industria, la banca, y diferentes sectores dentro de la producción agropecuaria.

Se opera pues, un doble crecimiento del enclave bananero, lo que se traduce indudablemente en una limitación mayor de las posibilidades de autonomía de la economía local y en la imposición al desarrollo, del sello inevitable de una mayor dependencia y deformación.

En tanto que entidad económica independiente y representante de un nuevo ordenamiento económico, el enclave bananero ha llegado a constituir una organización moderna y superior de la producción, con mayores niveles de efectividad y racionalización económica en comparación con los demás sectores de la economía local.

Consecuentemente, ha generado también una poderosa masa de obreros agrícolas y de obreros industriales, que constituyen un sector importante y vital dentro del movimiento obrero en general existente en el país.

BIBLIOGRAFÍA

Kepner, Jr. Ch. D. y Soothill, J. H.— El imperio del Banano. Ed. del Caribe, México, D.F.— 1949. May, Stacy y Plaza, Galo. La United1 Fruit Company en América Latina. Imprenta Nuevo Mundo. México, D. F.— 1959.

Callejas, José Jorge. — Miseria y despojo en Centroamérica, Ed. Jus. México D.F.—1954.

Bauer Paiz, Alfonso. — Como Opera el Capital yanqui en Centroamérica. —Editora Ibero—mexicana, México, D.F.— 1956.

Castañeda, Gustavo A.— El Dominio Insular de Honduras. — Compañía Editora de Honduras. Honduras. —1939.

Cáceres Cruz, Francisco. — En las Selvas Hondureñas. — Talleres Tipo—gráficos Nacionales, Honduras. —1955.

Cardoso, Ferando Henrique y Faletto, Enzo. —Dependencia y desarrollo en América Latina. — Siglo XXI, México, D.F.— 1969.

Torres Rivas, Edelberto. — Interpretación del Desarrollo Social Centro—americano. — Educa, San José, Costa Rica. —1971.

Banco Central. — Historia Financiera de Honduras. — Imprenta Bulnes.—Tegucigalpa, Honduras.—1957.

Barán, Paul. —La Economía Política del Crecimiento.—Fondo de Cultura Económica.—México, D.F.

Flores, Edmundo. — Tratado de Economía Agrícola. —Fondo de Cultura Económica.—México D.F.—1961.

REVISTAS Y DOCUMENTOS.
Revista Económica. La Semana Ilustrada
Colección de Decretos Legislativos
Colección de Gacetas Oficiales
Periódico EN MARCHA. — Números correspondientes
a 4/V/1930 y 26/X/1930.
Leyes de Hacienda. —1866—1902. —Tipografía Nacional.
Colección de Revista ARIEL
Ministerio de Economía y Hacienda. —Contratos celebrados entre el Gobierno y la Cuyamel Fruit Company y la Tela RR. Co.— Años 1902. 55.

SIGLO XX HASTA 1924 UN EJEMPLO DE GUERRA CIVIL. EL SITIO DE TEGUCIGALPA

El español Mario Ribas de Cantruy, fundador y Director de la Revista mensual RENACIMIENTO, escribió un DIARIO DE GUERRA que abarcó desde el 30 de enero hasta el 30 de abril de 1924. Dice el escritor político Lucas Paredes en uno de sus libros a propósito de esta publicación, que la veracidad y la imparcialidad con que este diario fue escrito, obliga a los autores de aquellos sangrientos sucesos, para que pongan en claro los puntos reñidos con la verdad histórica, ya que muchos de los apuntes contenidos en el acu1cioso Diario del Periodista Ribas de Cantruy, están destinados a servir de guía a los que en el futuro se encarguen de escribir la historia de las guerras civiles de Honduras.

Por el valor y el interés que contiene la narración aludida, queda aquí íntegra para reforzar el proceso narrativo de aquellos acontecimientos que precisa exponer a los ojos del lector, tal como se registraron.

La guerra civil tuvo origen. Lo diremos sin mucho embrollo. Por debajo, las empresas del enclave bananero disputaban entre la parte del león. Inmediatamente después, chocaban con ferocidad las ambiciones políticas de los caudillos, las ambiciones de los Candidatos Presidenciales Juan Ángel Arias, Policarpo Bonilla y Tiburcio Carías Andino, agregándose a éstos, posteriormente, las ambiciones de los dictatoriales. Y por encima de lo anterior, los designios imperiales del Departamento de Estado que esgrimía los conocidos, Pactos de Washington.

EL DIARIO DE GUERRA solo cuenta los episodios del mes de enero al mes de abril de 1924. Pero la cadena sigue después de las decisiones tomadas en el Milwaukee, barco de guerra de los Estados Unidos anclado en el Golfo de Fonseca con el inevitable caballero Sumner Welles, para poner fin a las diferencias hondureñas.

La paz fue lograda hasta que llegó el Doctor Miguel Paz Baraona a la Presidencia de la República.

DIARIO DE LA GUERRA
Fracaso del Plan Paz—Baraona

Enero 30. Desde ayer se dio por completamente fracasado el plan de arreglo entre el partido Arista y el partido Cariísta, conocido con el nombre de Plan Paz—Baraona. Por dicho convenio se retiraban el General Carías y el Dr. Arias, y los Diputados partidarios de los dos candidatos (15 carístas y 18 aristas) que debían elegir en el Congreso al Dr. don Miguel Paz Baraona Presidente de la República.

Enero 31. Ultimo día de Gobierno Constitucional. El Congreso celebra sesión en la tarde, con asistencia del Cuerpo Diplomático, pero no hay quórum y a las 5 p.m. se levanta la sesión. En la noche se celebra otra sesión, dícese que para ver si a última hora se puede elegir Presidente o siquiera un Designado. Tampoco hay quórum y a las 9 clausura el Congreso Nacional.

Febrero 1°. Renuncia el Ministro de la Guerra y Marina, Dr. y Gral. don Dionisio Gutiérrez, quedando la Cartera a cargo del Sr. don Abel Gamero. Renuncia el Comandante Militar y Gobernador Político de Tegucigalpa, don Raúl Toledo López.

Salen para El Salvador varias importantes personalidades políticas, entre ellas don Raúl Toledo López, General don Dionisio Gutiérrez, don Santos Soto y familia, Ing. don Héctor Medina Planas, Lic. don José María Matute, Generales Jacobo Galindo, Joaquín Medina Planas, Ramón Alvarado Mendieta, Coronel Ricardo Lardizábal, F. Alfredo Medrano, Lic. Guillermo Moncada R., etc. etc.

EMPIEZA LA GUERRA

Febrero 1°. Se anuncia la llegada a San Juancito de fuertes contingentes de tropas, revolucionarias al mando del General J. Inocente Triminio, que salió de Tegucigalpa en la noche del 30. Se cree que con dichas fuerzas va el General Carías y que de San Juan—cito volverá sobre sus pasos y atacará la capital. Hay alarma en los círculos capitalinos.

La ciudad de La Esperanza ha quedado hoy en poder de las fuerzas del General Ferrera.

Febrero 2. Se anuncia en la capital, que las fuerzas del General Triminio han pasado por Cantarranas y que van camino de la frontera de Nicaragua. Don Lucas Moncada G. Alcalde Municipal de Tegucigalpa, se hace cargo de la Gobernación Política del Departamento.

El Ministerio de Relaciones Exteriores comunica oficialmente a los representantes diplomáticos y consulares residentes en Tegucigalpa el decreto proclamando la Dictadura y expresa la esperanza de que los Gobiernos extranjeros continuarán sus relaciones con el Gobierno de facto.

Febrero 3. Marcala. ha caído hoy en poder de la Revolución.

Febrero 4. Se recibe la noticia de que el General Mariano Bertrand Anduray, al mando de 125 hombres del Partido del General Carías, ha tomado Siguatepeque, importante punto de tránsito en la carretera del norte.

PROCLAMA DEL CONSEJO DE JEFES DEL EJÉRCITO CARIÍSTA, DADA EN "LAS MANOS" CERCA DE LA FRONTERA

Febrero 5. El Consejo de Jefes del Ejército Revolucionario que acuerpa al General Carías, ha dado hoy la siguiente proclama:

En Las Manos", a 5 de febrero de 1924. El Consejo de Jefes del Ejército Constitucional, al mando de tres mil soldados acampados en la frontera, habiendo recibido noticias fidedignas de que en Tegucigalpa se llevan a cabo negociaciones para convenir en la persona que debe asumir la Presidencia de la República;

CONSIDERANDO: Que al asumir el mando dictatorial, el 1o.de febrero, el General López Gutiérrez, la Constitución de Honduras quedó rota de derecho, en consecuencia, cualquier Gobierno que surja de dichos pactos se organizará fuera de la ley;

CONSIDERANDO: Que de acuerdo con la Constitución, el General Carías fue electo por voluntad del pueblo en las elecciones de octubre de 1923, y que por lo mismo, el General Carías es el Presidente de Honduras;

Por tanto, el Consejo de Jefes y Oficiales del Ejército Constitucional de Oriente,

Resuelve:

1°. Reconocer como Presidente Constitucional de Honduras al Dr. y General don Tiburcio Carías A.

2º. Protestar contra todas las negociaciones ilegales que, violando el principio de la soberanía popular, se están llevando a cabo en Tegucigalpa, en contra del texto expreso de la Constitución, que es el único pacto que rige la organización y derechos políticos del pueblo hondureño.

3º. Jurar el sostenimiento de la Constitución que ha pretendido abrogar el General López Gutiérrez.

(*) El Gral. Carías fue proclamado Presidente de la República para el período de 1924—1928, en Cabildo Abierto, en Lamaní, el 9 de febrero, según el documento que dice:

"El Infrascrito Secretario Municipal de este pueblo Certifica que a folios 8, 9 y 10 del libro de actas municipales que llevara esta Municipalidad en el año de mil novecientos veinte y cuatro (1924) se encuentra el punto de acta que literalmente dice:

En Lamaní a nueve de febrero de mil novecientos veinticuatro, ante el Infrascrito Alcalde Municipal de este pueblo y en presencia de gran número de vecinos y de las tropas reivindicadoras estando presente el señor General don Tiburcio Carías A., electo Presidente por el pueblo hondureño para el período de 1924 a 1928, y a excitativa de varias Municipalidades de la República, se procedió a tomarle la promesa de Ley, habiéndole preguntado: Ofrecéis cumplir fiel y lealmente los deberes que os confiere la ley; el Señor General Carías contestó: Prometo ser fiel a la República, cumplir y hacer cumplir la Constitución y las leyes. Con la cual y en medio de grandes aclamaciones se dio por terminado el acto, firmando para constancia, y ordenando se entregue una copia al señor Presidente de la República, General don Tiburcio Carías A. Hay un sello que dice: Alcaldía Municipal. Lamaní Departamento de Comayagua, Honduras. Eusebio Castro, Salvador Aguirre, Antonio C. Rivera, Próspero S. Romero, Jesús Bendaña, M. Bertrand Anduray, Narciso Boquín, General Ulisis Valenzuela, Federico Zelaya Flores, Saúl Zelaya Flores, Julio Villars h., Antonio C. Bustillo, A. Petit Fonseca, Alejandro S. Bulnes, Porfirio Boquín, Antonio Fonseca. Por el vecindario de San Antonio, José M. Maradiaga, Alcalde Municipal, S. A. Cerrato, Sebastián Castillo, José N. David, Luis T. Flores, Ignacio Reconco, Pablo Matute, Pedro R. Castillo, Francisco

Velásquez, Francisco Calderón, Fernando M. Zelaya, J. de Dios Castillo, Narciso Castro, Leovigildo Aguilar,

4°. Comunicar esta resolución a las Cancillerías Americana, Guatemalteca, Salvadoreña, Nicaragüense y Costarricense, por medio de sus representantes en Tegucigalpa; y

5°. Transcribir el texto de esta resolución al Presidente General Tiburcio Carías A., Gustavo A. Castañeda, Carlos Izaguirre V., Isidro Moncada, diputados propietarios; Dr. Rafael Callejas, General Juan B. Pagoaga, Dr. Manuel Valladares Núñez, Dr. Ramón Rosa Figueroa, General Pío S. Fálope, Gral. Juan Pablo Urrutia, Coroneles Rafael Valenzuela Fonseca, J. Bernardo Bardales, etc. etc.[6])

Febrero 5. El Ministro de Gobernación y Justicia, Dr. don Ángel Zúñiga Huete, llama a su oficina a los principales comerciantes, industriales y banqueros, —nacionales y, extranjeros, — y les manifiesta que el Gobierno necesita $ 200,000 inmediatamente, y que espera que ellos verán el modo de conseguirlos para prestárselos. Los comerciantes explican que, dada la malísima situación actual de los negocios y el hecho de que algunos jefes de casas comerciales o bancarias están ausentes y no han dado instrucciones para semejante caso, va a ser muy difícil poner esa suma a la orden en el corto plazo que concede, máxime que ya se debe dinero a todos los comerciantes y bancos y no hay gran esperanza de cobrarlo pronto. El señor Ministro da por terminada la entrevista y les convoca para el día siguiente "con el dinero".

---

[6] Tomás Amador Palma, Gabino Castro, Ernesto Gutiérrez, Marcial C. Medina, C.B. Bustillo, Carlos Bustillo, Francisco R. Castro, Ignasio V. Galeano, Pedro Pablo Gómez, S.S. Castro, Jacobo Zelaya, Francisco Mejía, Martín Fuentes, Francisco Suazo, C. Indalecio Mejía V., Eusebio Castellanos, Moisés Medina, Eusebio V. Castro, Nicolás Vásquez Bardales, Rafael Flores M., Eduardo Ruano, Rafael D. Rivera, Julián Castillo, Salomón Castillo, Ricardo Suazo Mo, Arcadio Salgado S. Juan Torres, Miguel A. Centeno, Secundino Carranza, Servando Moreno, Jacinto Castellanos, Antonio Aguilar, Ildefonso Baires, Francisco Medina, Cándido Sánchez, Isaac Fernández, Jesús Cálix, José Adalberto Padilla, Tiburcio Dubón F., Faustino Ramos, Coronado Meza h. Bonifacio Martínez, Gilberto Carranza, Mariano B. Morales, Emilio C. Licona, Juan Morán, Braulio Amador, Andrés Madrigales, Braulio Armijo, Aurelio Mejía, Encarnación Velásquez, Juan Ángel B. Arias, Esteban Raudales, Francisco Mendoza, Luis Rivera, Ricardo Zelaya, Emilio Mejía.

Varios comerciantes se quejan a sus representantes Diplomáticos y Consulares contra esa forma de empréstito forzoso, e intervienen los señores Ministros de Estados Unidos y Encargado de Negocios de Inglaterra en defensa de sus respectivos nacionales.

Algunos comerciantes, sin embargo, tanto nacionales como extranjeros, ofrecen al Gobierno de la Dictadura sumas de dinero para ayudar en algo en la presente emergencia.

Febrero 6. En la mañana de hoy continúan las gestiones financieras del Gobierno de la Dictadura por conseguir los $ 200,000; hay más conferencias en el Ministerio de Gobernación, pero sin el resultado deseado.

Por el vecindario de Ajuterique Eualio López, Alcalde Municipal, Francisco Rivera F. Enrique Rojas, Juan R. Turcios. Síndico Municipal del Rosario. Por el vecindario del Rosario, Antonio Castañeda, Alcalde Municipal, Salvador Castañeda, Santos Baida, José María V. Hernández, Miguel Bueso, Trinidad Rivera, Blas Vindel, Plácido Recarte, Inocente Machado, Humberto Machado, Gregorio Bueso, Miguel Villanueva, Manuel Isaac Raudales, Isaac Mazariegos, M., Ildefonso Pereira, Antonio B. Discua, Miguel L. Castillo, Paulino Orellana, Federico A. Domínguez, Héctor R. Rosales, Ramón P. Castillo, José Ángel Maradiaga, Santiago Almendares, Santos Rodríguez, Leocadio Hernández, Marco Argueta. Por el Teniente Coronel Apolonio García y por mí Eusebio Mendoza, Vicente Macías, Salvador Alvarado R. Emilio Castañeda, Tranquilino Padilla, José María Flores, Arcadio Salgado, Bernardo Donaire, Teodosio Zelaya, Segundo Aguilar, Julián Recarte, Isidro Macías, Guadalupe Rivera, Hilario Cabrera, Octavio C. Turcios, Miguel A. Martínez, Ramón A. Martínez, Encarnación Morillos, Alberto Molina, Basilio Rodríguez, Amílcar Bustillo, por Rafael Mejía Ordóñez y por mí, Roberto Mejía, Fidel Ardón, Matilde Castro, Daniel Castro, Teodoro Macías, Salvador Licona C. Teodoro Zelaya, Tobías Zapata, Andrés Martínez, Gabriel A. Tomé h., Es conforme con su original.

Extendida en Lamaní, a los veintisiete días del mes de julio de 1938.

LUIS M. BULNES,
Secretario

Vo. Bo. SANTOS VELASQUEZ
Alcalde Municipal.

CRISIS MINISTERIAL

Febrero 6. En la tarde de hoy se ha producido una crisis ministerial, y a las 5 p.m. queda formado un nuevo Gabinete en la forma siguiente:

Gobernación y Justicia: Dr. Vicente Mejía Colindres, Relaciones Exteriores: Dr. don Rómulo E. Durón, Fomento y Obras Públicas, don Ángel Sevilla, Guerra y Marina: Dr. don Ernesto Argueta, Hacienda y Crédito Público: Dr. don Serapio Hernández y Hernández, Instrucción Pública: Dr. don Federico A. Smith.

Con el cambio parcial del Gabinete se ha suspendido la cuestión del empréstito de $ 200.000, limitándose el Gobierno de la Dictadura a conseguir pequeñas cantidades de los comerciantes amigos y a sacar mercaderías con órdenes del Ministerio de Guerra.

SE ENVÍA UNA COMISIÓN AL GENERAL CARÍAS

Febrero 6. A instancias del Excmo. señor Ministro de Estados Unidos, don Franklin E. Morales, ha salido hoy, a las 8 de la mañana, una comisión compuesta de los señores Dr. don Manuel G. Zúñiga e Ing. don Alfredo Membreño, para ir en busca del General Carías, a quien se supone en la frontera de Nicaragua, y rogarle volver pacíficamente a Tegucigalpa para tratar de llegar a un arreglo de la cuestión política.

Nadie se explica el porqué de esa misión tan rara y tan extemporánea; y, desde luego, nadie cree tampoco en la eficacia de la gestión, por más que las personas escogidas reúnan todas las condiciones para tener éxito en cualquiera misión en la que el éxito fuera posible.

Febrero 7. Hoy se ha recibido aquí la noticia de que el día 4 fue atacada la plaza de Yoro por una fuerza revolucionaria al mando de los Coroneles Abraham López y Emeterio Rivera, muriendo en el combate los Coroneles López y Timoteo Reyes. Después de tres— horas de fuego se han retirado las fuerzas atacantes.

GRACIAS EN PODER DE LA REVOLUCIÓN

Febrero 7. Hoy ha caído la ciudad de Gracias en poder de la revolución acaudillada por los Generales Gregorio Ferrera y Vicente Tosta C.

Febrero 8. El Gobierno sigue llamando gente a las armas, y a cada momento entran y salen columnas de tropas.

Febrero 9. Se habla de nuevos cambios ministeriales, y el General López Gutiérrez ha celebrado hoy varias conferencias con el Dr. Juan Ángel Arias, para pedirle, según se rumora, su apoyo a la Dictadura, lo cual hace creer, que si hay cambios de Ministros, será para sustituir Ministros policarpistas por Ministros aristas.

NUEVA CRISIS MINISTERIAL

Febrero 10. Crisis Ministerial parcial, dejando sus puestos los Ministros de Gobernación, Guerra y Fomento, señores Mejía Colindres, Sevilla y Argueta, quedando el Gabinete reformado como sigue:

Gobernación y Justicia, Dr. Francisco Bueso. Fomento y Obras Públicas, Dr. José María Sandoval. Guerra y Marina, Dr. y Coronel Roque J. López. Relaciones Exteriores, Dr. Rómulo E. Durón. Instrucción Pública, Dr. Federico A. Smith. Hacienda y Crédito Público, Dr. Serapio Hernández y Hernández.

BATALLA DE JACALEAPA

Febrero 10. Hoy se ha publicado por boletín oficial la noticia de la batalla librada en Jacaleapa, cerca de la frontera de Nicaragua, entre las fuerzas revolucionarias del partido cariísta y las fuerzas dictatoriales al mando de los Generales Sánchez, Cárcamo, Cámbar, Fonseca y Mejía. Aunque se carece de detalles, se sabe que ha habido muchos muertos y heridos, y el General Cárcamo ha quedado herido y prisionero en poder de la Revolución.

Las fuerzas de la Revolución han tenido que retirarse debido a la falta de parque para continuar luchando.

Entre los jefes de las fuerzas revolucionarias estaban los señores Generales Inocente Triminio y Camilo R. Reina, y los Coroneles Pedro Triminio, Constantino S. Ramos, Manuel Valladares Núñez, Ricardo Lozano, Armando B. Reina y otros cuyos nombres no tenemos a mano.

En esa batalla los revolucionarios han hecho proezas en valor y en temeridad. El Coronel Armando. B. Reina ha sido mortalmente herido en la lucha, cuando a pecho descubierto se lanzó sobre una ametralladora de las fuerzas dictatoriales.

El Coronel Pedro Triminio ha sido herido de gravedad. Y el Coronel Ricardo Lozano ha recibido cuatro balazos que lo han dejado en estado sumamente grave.

Todos estos jefes se han batido con denuedo y heroísmo a pesar de su inferioridad en armamento.

Hoy ha caído Santa Rosa de Copán en poder de las fu1erzas revolucionarias encabezadas por los Generales Tosta y Ferrera.

PATRIÓTICO MANIFIESTO DE LOS GENERALES TOSTA Y FERRERA

Febrero 10. En la ciudad de Santa Rosa de Copán los Generales Vicente Tosta C. y Gregorio Ferrera, han dado hoy un vibrante Manifiesto al Pueblo Hondureño. Publicamos a continuación el texto de este importante documento.

"Al Pueblo Hondureño:

De todos vosotros son conocidos los sacrificios hechos en 1919 luchando por la libertad, o sea por restablecer el imperio de la Constitución violada por un Gobernante que, ofuscado por las pasiones y por el deseo de perpetuar la familia en el poder, violaba los derechos del pueblo con mengua de su soberanía. Restablecido el orden, surgió el Gobierno del General don Rafael López Gutiérrez, prestando la promesa constitucional el primero de febrero de 1920, promesa que no fue cumplida, pues en la elección de Consejeros Federales, restringió la libertad del sufragio, uno de los principales ideales que acariciara aquella gloriosa revolución. Y últimamente, observado con imparcialidad el proceso electoral, nadie podrá negar que también ha sido violada la libertad del sufragio con1 mengua de la Constitución y del buen nombre del Gobierno, preparando así el terreno para que fuera el Congreso y no el pueblo el que hiciese la elección; y coaccionado aquel por una de las agrupaciones patrocinadas por el Ejecutivo, quien en su odio manifiesto a un candidato independiente, obstaculizó todo arreglo entre los candidatos, y por consiguiente la elección en el Congreso, para asumir la Dictadura acariciada de tiempo atrás, dictadura que será efímera, pues el pueblo hondureño no se someterá bajo ningún concepto al yugo de las violaciones de la ley, ya que el Congreso no cumplió con el alto mandato que la Constitución le impone, eligiendo al sucesor legal. En consecuencia, Occidente, y especialmente el pueblo de Intibucá, se ha indignado ante el que, de manera arbitraria, quiere perpetuarse en el poder, sin haber sido un digno delegado del pueblo en el período constitucional de 1924 a 1928. Por lo expuesto: Los suscritos hoy hacen un gesto enérgico de protesta armada, y excitan a sus buenos hermanos hondureños, para que los acompañen en esta cruzada que será una nueva lección para que los que, ávidos de mando, hacen caso omiso de la voluntad nacional.

Creemos que en estos momentos de angustia para la Patria, los hondureños honrados acudirán gustosos en defensa de la libertad, la justicia y el derecho.

Santa Rosa, 10 de febrero de 1924.
Vicente Tosta   *G. Ferrera.*

LA REVOLUCIÓN A 30 KILÓMETROS DE LA CAPITAL

Febrero 10. Un norteamericano venido hoy de la costa norte, ha traído a Tegucigalpa una noticia que causa verdadero asombro. Todo el mundo, incluso las autoridades de Tegucigalpa y los principales elementos del Partido Nacional, creían hasta hoy que el General Carías se hallaba en la frontera de Nicaragua, junto con las fuerzas del General Triminio. El norteamericano dice que él fue hecho prisionero en el Valle de Comayagua por un piquete de revolucionarios que se lo llevó al pueblo de Lamaní; que en Lamaní se encontró con el General Carías, quien tiene allí su Cuartel General desde que salió de Tegucigalpa. Añade el norteamericano que el General Carías tiene cerca de 2.000 hombres bien armados y equipados y que se prepara a marchar sobre la capital.

El Gobierno Dictatorial, deseando confirmación de la noticia, manda un destacamento a investigar lo que hay de cierto en el relato del norteamericano. La columna de exploración se encuentra con una columna revolucionaria al mando del General Bertrand Anduray; se traba un tiroteo y la columna dictatorial es casi totalmente deshecha por los revolucionarios. Los que escapa regresan a Tegucigalpa e informan de lo sucedido, añadiendo que las fuerzas del General Carías está no ya en Lamaní, sino escalonadas entre Zambrano y Támara.

¡La revolución con 2.000 hombres bien armados y equipados a 30 kilómetros de Tegucigalpa, y marchando sobre la capital!

Ese descubrimiento que entre muchas cosas viene a probar el malísimo servicio de espionaje del Gobierno Dictatorial, produce un pánico indescriptible. Dicho Gobierno a toda prisa manda ocupar militarmente los cerros del Picacho, Berrinche, Sipile y Juana Laínez y coloca en ellos fuertes destacamentos de tropa con cañones y ametralladoras. El comercio cierra sus puertas y Tegucigalpa, presa del temor de una lucha sangrienta en las calles de la capital, permanece decaída y angustiada, esperando el ataque de un momento a otro.

EL MINISTRO DE EE.UU. INTENTA CELEBRAR UNA ENTREVISTA

Febrero 11. El Ministro de Estados Unidos señor Franklin E. Morales, acompañado del señor Ing, don Luis Bográn y el Dr. don Rodolfo Espinoza, ha ido a celebrar una conferencia con el General Carías; no se sabe cuál es la misión de los señores Morales, Bográn y Espinoza, pero la iniciativa del viaje parece haber salido del General López Gutiérrez.

En la tarde regresa el Sr. Ministro Morales con el Dr. Espinoza, habiéndose quedado el Ing. Bográn con el Gral. Carías. Parece que el Sr. Morales no llegó hasta el campamento del General Carías, por estar éste demasiado lejos de la carretera, continuando el Ing. Bográn el viaje a pie. Y nada más se sabe de esta misión.

—Las fuerzas del General. Carías continúan en la carretera del Norte, de Támara para abajo. Al ver que llega la tarde de hoy sin que la capital haya sido atacada, renace la calma en los ánimos y los comerciantes hablan de abrir mañana sus tiendas, si nada ocurre durante la noche.

Se anuncia hoy que el Dr. don Salvador Córdova, ha dejado de ser Ministro de Honduras en Washington, y que la Legación ha quedado a cargo de la de Guatemala.

Febrero 12. El señor Dr. Carlos Alberto Uclés, es nombrado Ministro de Relaciones Exteriores y el Dr. Rómulo E. Durón, que lo era interinamente, queda encargado de la Subsecretaría.

—Hoy ha caído Santa Bárbara en poder de la Revolución.

ABRE EL COMERCIO

Febrero 13. El comercio ha abierto ayer sus puertas confiado en que el ataque a la capital por el General Carías ha sido suspendido por ahora.

Se sabe hoy que el Gobierno de Estados Unidos ha roto el 5del corriente sus relaciones diplomáticas con el Gobierno Dictatorial.

Pocos días antes de proclamarse la Dictadura se dio a conocer a algunas personas un cablegrama del Departamento de Estado, dirigido, a la Legación en Tegucigalpa, en el cual se declaraba que el Gobierno de Estados Unidos posiblemente reconocería la Dictadura con tal de que se llenaran ciertas condiciones. Nosotros tuvimos en nuestras manos una copia de lo que se nos dijo era el cablegrama original. Seguramente no debieron llenarse las condiciones estipuladas, puesto que no sólo no reconoce Estados Unidos al Gobierno de la Dictadura, sino que yendo más allá, ha roto sus relaciones diplomáticas con el actual orden de cosas. Según se ha sabido hoy, esa ruptura tuvo lugar el 5 del corriente; pero tanto la Legación de Estados Unidos como el Gobierno Dictatorial la habían tenido secreta.

—Hoy ha sido atacada la plaza de San Marcos de Colón por el General Francisco Martínez Funes, resultando unos 45 muertos de ambas partes. La plaza resistió el ataque, y el General Martínez Funes se ha retirado hacia la frontera de Nicaragua.

Febrero 14. Ha desaparecido por ahora la inminencia de un ataque a la capital por el General Carías. En efecto, hoy se supo que el General Carías salió de Lamaní con su gente el día 9, llegando hasta Támara, continuando de allí para Río Hondo, Cedros, Cantarranas y hacia la frontera de Nicaragua. El Gobierno Dictatorial ha hecho salir hoy una fuerte columna al mando del General Julio Peralta, con instrucciones de atacar al General Carías en donde lo encuentre.

—Hoy ancló en la rada de Amapala el crucero norteamericano Milwaukee, de 7.200 toneladas y 110.000 caballos de fuerza. El Rochester está desde hace algunos días en Puerto Cortés.

—Esta mañana salió para El Salvador y Guatemala el Doctor José Ángel Zuñiga Huete, quien se dice va en misión de la Dictadura ante los Gobiernos de aquellas repúblicas hermanas.

—El General Román Díaz M. ha sido nombrado Comandante Militar de Tegucigalpa, y el Lic. Arturo Pineda Arias, Gobernador Político; y Dr. Salvador Erazo Cálix, Cirujano Militar de la Guarnición.

Febrero 15, 16 y 17. Tres das sin noticias de ninguna clase, aunque es evidente que ocurren cosas de importancia en el interior del país.

Febrero 18. El Gobierno Dictatorial anuncia que el General Leonardo Nuila ha recuperado la plaza de La Paz, después de un corto tiroteo con las fuerzas revolucionarias del Coronel Moisés Nazar.

Febrero 19. El Coronel Nazar ha tomado nuevamente La Paz.

BATALLA DEL PEDREGALITO

Febrero 20. El General Peralta ha llegado anoche a Alauca, a cuatro leguas del Pedregalito y Sabana Redonda, donde se halla el General Carías con su ejército. Hoy a las 5 de la mañana entablóse un reñido combate que ha durado casi todo el día. Hay muchos muertos y heridos.

En esa batalla pelearon valerosamente los revolucionarios, y a pesar de su peligrosa escasez de parque, sostuvieron durante largo tiempo el fuego de las fuerzas dictatoriales, distinguiéndose entre los jefes revolucionarios los Generales J. Inocente Triminio, Mariano Sanabria, Camilo R. Reina y los Coroneles Pedro Triminio, Calixto Carías, Manuel Valladares Núñez y otros cuyos nombres sentimos no tener. El Coronel Carías ha sido gravemente herido y no se le ha podido hallar después de la batalla. Por falta de parque y suficiente armamento, las fuerzas revolucionarias han tenido que abandonar el terreno a las fuerzas dictatoriales.

EL GENERAL FERRERA ATACA COMAYAGUA

Febrero 21. El General Ferrera ha atacado temprano de esta mañana la importante plaza de Comayagua.

Febrero 22. Sigue peleándose encarnizadamente en Comayagua y las fuerzas del General Ferrera van ganando terreno cada momento.

—Hoy ha regresado de Guatemala y El Salvador el Dr. Ángel Zúñiga Huete.

DESPUÉS DE SERIOS Y TERRIBLES COMBATES CAE COMAYAGUA

Febrero 23. Después de dos días y una noche de terrible lucha, ha caído hoy la importantísima plaza de Comayagua en poder del ejército revolucionario encabezado, por el General Ferrera. Del Dr. José María Ochoa Velásquez y el Coronel Salomón Zorto Z., que defendían la plaza, no hay noticias.

Febrero 24. Hoy llegaron a Tegucigalpa, salvos y sanos, los señores Dr. Ochoa Velásquez y Coronel. Zorto.

EL GRAL. FERRERA PIDE LA ENTREGA DE LA PLAZA DE TEGUCIGALPA

Febrero 24. Procedente de Comayagua ha llegado hoy' una comisión compuesta de los señores General Evaristo Henríquez, Dr. B.D. Guilbert y Fray Gregorio de Beire; viene esta comisión en nombre del General Ferrera con una carta suya pidiendo la entrega de la plaza de Tegucigalpa. El General Henríquez visita primero al Sr. Ministro de Estados Unidos y le expone la solicitud del General Ferrera.

Febrero 25. A iniciativa del Sr. Ministro de Estados Unidos y en vista de la comisión enviada por el General Ferrera, el Cuerpo Diplomático se reúne en la Legación Norteamericana y resuelve ir con el General Henríquez a entrevistarse con el Gobierno y discutir la solicitud del General Ferrera y tratar de evitar que se pelee en Tegucigalpa.

A las 11 de la mañana se celebra la Conferencia en la Mansión Presidencial, estando presentes el Sr. General López Gutiérrez, su Gabinete, el Cuerpo Diplomático y el General Henríquez, en su carácter de Comisionado del General Ferrera. El General López

Gutiérrez lee la carta del General Ferrera y oye las explicaciones que le da el General Henríquez y las observaciones que hace el Cuerpo Diplomático en el sentido de evitar una lucha armada en Tegucigalpa. Dice el General López Gutiérrez que bajo ningún concepto entregará al General Ferrera la plaza de Tegucigalpa; que el Gobierno está dispuesto a resistir a cualquier ataque; pero que cree no habrá necesidad de pelear en la capital.

Los miembros de la comisión enviada por el General Ferrera son retenidos en la capital con orden de no intentar salir de la ciudad.

El Dr. José María Ochoa Velásquez es nombrado Ministro de Hacienda y Crédito Público, en lugar del Dr. Hernández y Hernández; y el Dr. Marcial Lagos, Ministro de Instrucción Pública, en lugar del Doctor Federico A. Smith. El Dr. Carlos Alberto Uclés renuncia del cargo de Ministro de Relaciones Exteriores, y el Subsecretario del Ramo, Dr. Rómulo E. Durón, se hace cargo nuevamente de la Cartera.

Febrero 26. El Gobierno manda un fuerte ejército a Zambrano con objeto de detener el avance del Gral. Ferrera sobre la capital.

Febrero 27. Sigue saliendo tropa para Zambrano. Se organiza la Cruz Roja Militar, se despacha un poderoso tren de guerra a Zambrano y se hacen preparativos para una gran batalla. Los Gobiernos de España, Inglaterra, Francia, China e Italia han puesto en manos del de Estados Unidos la protección de sus nacionales en los lugares de Honduras donde ellos no tienen representación diplomática ni consular.

LA GRAN BATALLA LIBRADA EN TRINCHERAS, COFRADIA Y PALMAR

Marzo 1°. En la Costa Norte se ha librado una batalla que ha durado tres días y ha sido decisiva en cuanto se refiere a San Pedro Sula; se puede asegurar que de esta batalla depende la suerte toda de la Costa Norte, puesto que en ella tomó parte el grueso del Ejército con lo más granado de los jefes gobiernistas.

Fracasada la conferencia de Búfalo entre el Gral. Lagos y las fuerzas revolucionarias, supo el Gral. Tosta que las fuerzas del Gral. Lagos lo iban a atacar en la noche del 27. El ejército revolucionario, fuerte, de unos 2.000 hombres, se hallaba en Calpules, posición malísima para sostener una ofensiva contra las fuerzas numéricamente muy superiores, y durante la noche se traslada a las alturas de Trincheras para combatir las del Gral. Lagos 6.000 hombres bien equipados.

Comprendió el Gral. Tosta que su salvación consistía en un golpe de estrategia, dejando al valor de su Ejército la suerte de la batalla. Dejó en Calpules unos 60 hombres, con numerosas banderas, para engañar al enemigo, mientras él, el General Tosta, con el grueso de sus fuerzas, se trasladaba a marcha forzada a las alturas antes dichas de donde pudiera dominar a los dictatoriales y atacarlos emprendiendo un movimiento envolvente.

Y en efecto, a las 8 de la mañana las fuerzas dictatoriales atacan las posiciones revolucionarias en Calpules (Agua Prieta), asaltándolas y tomándolas sin mayor dificultad, ya que los 60 hombres que allí había dejado el General Tosta no tenían por objeto defenderlas sino atraer allí al enemigo.

En ese momento el General Tosta llega con su Ejército, en cuyos lugares, Las Trincheras, Cerro Will, Cofradía, Palmar y Choloma, se combate duramente tres días —27, 28 y 29— y el Ejército dictatorial va gradualmente cediendo terreno, hasta que, comprendiendo que tiene la batalla perdida y viéndose en peligro de ser completamente derrotado, emprende la retirada hacia el Noroeste, dejando San Pedro Sula a merced de la Revolución.

La estrategia del Gral. Tosta ha triunfado, ha triunfado su estrategia y el valor de su tropa. También los dictatoriales se han batido con valor y arrojo, pero con menos estrategia.

Para el Gobierno de la Dictadura es un golpe de gran efecto, pues todas sus esperanzas se cifraban en el Ejército del General Lagos, quien tenía a sus órdenes en la Costa Norte 6.000 hombres al mando de sus mejores jefes, como eran los Generales Salvador M. Cisneros, Ángel Matute, Arturo Matute, Ceferino Delgado, Fidel Carías, J. B. Mendoza, L. del Cid, Simón Aguilar, Manuel Antonio López, Romualdo Figueroa, Luis Mejía Moreno, Eusebio Bonilla, Gonzalo Navarro, Espinoza y cuatro más.

En esta batalla, que pone en manos del Gral. Tosta la llave de la Costa Norte, ha habido centenares de muertos y heridos.

El Ejército dictatorial se aleja hacia la frontera de Guatemala batiéndose en retirada; no huye: se retira para tratar de reorganizarse y presentar acción nuevamente; pero el Gral. Tosta encarga al valiente Gral. José León Castro qué persiga al Ejército dictatorial, mientras él, con una parte de su columna, marcha a someter La Ceiba.

MUERTE DEL DR. MARCOS CARÍAS

Marzo 2. El distinguido hombre público, Dr. don Marcos Carías A. ha muerto hoy repentinamente en la residencia de don Antonio Lardizábal, donde se hallaba hospedado desde hace algunos días.

EL GENERAL TOSTA TOMA POSESIÓN DE SAN PEDRO SULA

Marzo 3. Hoy entró triunfalmente en San Pedro Sula el General don Vicente Tosta, a la cabeza de su Ejército.

MEMORÁNDUM DEL CUERPO DIPLOMÁTICO PRESENTADO AL GOBIERNO

Marzo 4. El Cuerpo Diplomático ha presentado hoy al Gobierno el siguiente Memorándum:

"Memorándum. El Cuerpo Diplomático acreditado en Honduras considera como un deber suyo llamar la atención del Gobierno sobre los puntos siguientes:

1º. Es evidente que Tegucigalpa está en vísperas de ser atacada por las fuerzas revolucionarias que han estado operando en los alrededores de la capital.

2º. Es asimismo evidente que una lucha en esta ciudad causará un gran número de víctimas inocentes entre la población civil de la capital, tanto entre los elementos nacionales como entre los extranjeros, sin contar los grandes perjuicios materiales que ocasionará una lucha armada en las calles de Tegucigalpa.

3º. No es ya ningún secreto que el Gobierno de Honduras está dispuesto a resistir, a pesar de que las principales poblaciones de la Costa Norte, están ya en poder de la Revolución, y que una resistencia en la capital no puede en ningún caso dominar el movimiento revolucionario que ya se ha extendido por todo el país, causando grandes pérdidas en vidas y en propiedades.

4º. En tal virtud, el Cuerpo Diplomático se ve obligado a rogar al Gobierno busque un camino para evitar un ataque a la capital, ya sea entrando en pláticas con las fuerzas revolucionarias que la amenazan, ya sea saliendo a luchar fuera del radio de la capital, ya sea depositando el poder en un Consejo de Ministros que inspire confianza al país y que sea garantía de paz inmediata, evitando así derramamiento de sangre y destrucción de propiedad.

5º. El Cuerpo Diplomático, al hacer esta solicitud, no lleva en mira favorecer a ningún grupo o partido, sino otorgar protección a los elementos extranjeros y nacionales que han apelado a él para que se evite la catástrofe que significaría para la capital y el país, una lucha armada en esta capital. Y como es deber nuestro como representantes oficiales de nuestros respectivos países, proteger nuestros nacionales, y como es deber también de humanidad evitar el derramamiento de sangre que implicarla el ataque a la capital, nos permitimos rogar al Gobierno tomar una decisión inmediata sobre tan grave asunto. 4 de marzo de 1924.

BATALLA DE ZAMBRANO

Marzo 4. Hoy ha tenido lugar la batalla de Zambrano entre las fuerzas dictatoriales y las del General Ferrera. Han triunfado las armas revolucionarias y el ejército dictatorial ha tenido que retirarse precipitadamente a la capital, abandonando un cañón y muchos pertrechos de guerra.

Al dar cuenta de este combate el General Ferrera dice:

—Ayer a las 4 y 30 p.m. de improviso chocamos con el enemigo fuertemente atrincherado en estos campos. Nuestra caballería fue sorprendida y casi deshecha; pero inmediatamente fue apoyada por los valientes Coroneles Cristóbal Gutiérrez, Pedro G. Domínguez, Fulgencio Machado y Blas Domínguez.

Los fuegos se iniciaron con extremada violencia. A las 5 y media se ordenó a los Coroneles Práxedes García y Juan Z. Pérez un ataque por nuestra derecha, que se efectúo con energía. Este ataque principió a hacer vacilar al enemigo. A las 7 de la noche una carga a machete. Así logramos quitar a las fuerzas de la dictadura sus primeras posiciones; pero el combate continuó durante la noche y con suerte varió hasta las 8 de la mañana, que triunfamos definitivamente.

Fueron deshechos mil trescientos hombres, provistos de artillería, ametralladoras y abundantes cartuchos, comandados por los

Generales Máximo B. Rosales, Julio Peralta, Francisco Cardona y Fonseca y varios Coroneles que recibían constantemente auxilios en hombres y en armas de la capital. Capturamos 2 ametralladoras Thompson y parte del tren de guerra. Entre nuestros muertos figura el malogrado Coronel Cristóbal Gutiérrez, y heridos los Coroneles Machado y Domínguez (Pedro G.) y varios otros que oportunamente nominaré. Nuestros heridos han sido llevados ya para Comayagua. El desastre de los dictatoriales ha sido completo; pero hemos necesitado hacer grandes esfuerzos, ya que los elementos que combatimos constituían lo esencial y selecto para la Dictadura. Servidor y amigo. G. Ferrera.

Como en lo sucesivo nos hemos de referir a menudo al Cuerpo Diplomático, es bueno considerar aquí quienes lo componen, haciendo constar que el señor Dr. don Diego Robles, Encargado de Negocios de Costa Rica, probablemente por su carácter de diplomático ad honorem y también por ser empleado del Gobierno (es Director del Hospital), no figura en el Cuerpo Diplomático en las gestiones hechas hasta ahora o que en lo sucesivo se hagan por los representantes extranjeros.

Forman el Cuerpo Diplomático: el Excmo. señor Franklin B. Morales, Ministro Plenipotenciario y Enviado Extraordinario de Estados Unidos; el Excmo. señor don Anselmo Rivas G., Ministro Plenipotenciario y Enviado Extraordinario de Nicaragua; el Honorable señor don G. Lyall, Encargado de Negocios de Inglaterra; el Honorable señor Doctor don Pablo Campos Ortiz, Encargado de la Legación de México; el Honorable señor Doctor don José María Bonilla, Encargado de Negocios de Guatemala, y el Honorable señor Doctor don Bernardino Larios h., Encargado de Negocios de El Salvador.

SALIDA DEL DR. ARIAS

Marzo 5. Esta mañana salió para El Salvador y Guatemala el Dr. don Juan Ángel Arias.

—Hoy tuvo lugar otra conferencia del Cuerpo Diplomático con el Gobierno de la Dictadura, a fin de ver si, ahora que el resultado de la batalla de Zambrano ha abierto al General Ferrera el camino de la capital, se puede llegar a un arreglo entre el Gobierno y la Revolución, para evitar el ataque a Tegucigalpa. Sin resultado.

Marzo 6. Don Maximiliano Vásquez es nombrado Director General de Policía.

—El General López Gutiérrez está gravemente enfermo.

—Puerto Cortés cae en poder de la Revolución.

EL GENERAL FERRERA AVANZA SOBRE LA CAPITAL

Marzo 7. El General Ferrera ha avanzado con su ejército hasta las alturas de Santa Cruz, a dos leguas de la capital.

Marzo 8. Nuevamente se produce el pánico en Tegucigalpa al ver que es inminente un ataque a la ciudad. Los comerciantes cierran sus tiendas y los habitantes se encierran en sus hogares.

—Tela ha caído hoy en poder de las fuerzas de la Revolución.

INCENDIO Y DESTRUCCIÓN DEL EDIFICIO DE CORREOS

Marzo 9. El edificio de Correos, Almacén Nacional y Administración General de Rentas es destruido por un incendio, perdiéndose una gran cantidad de correspondencia recientemente llegada del Sur, incluso muchos paquetes postales.

COMUNICACIÓN DEL GRAL, FERRERA AL CUERPO DIPLOMÁTICO

El General Ferrera dirige una comunicación al Cuerpo Diplomático, por medio del señor Ministro de Estados Unidos, manifestando que si el Gobierno no le entrega la capital, él se verá obligado a tomarla por asalto. El Cuerpo Diplomático se reúne en la Legación Norteamericana y visita al Gobierno, ofreciendo nuevamente su amistosa mediación para ver si hay modo de llegar a un arreglo que traiga la paz y evite el ataque a la capital con su correspondiente derramamiento de sangre.

El Gobierno se muestra poco dispuesto a entrar en arreglo alguno con la Revolución, pero dice al Cuerpo Diplomático que pida al General Ferrera las condiciones en que aceptaría la paz.

Vuelve el Cuerpo Diplomático a la Legación de Estados Unidos, y allí se discute la cuestión de declarar una Zona Neutral en

Tegucigalpa para que se refugien en ella los miembros de las colonias extranjeras y la población civil hondureña. Y para hacer respetar esa Zona, el Señor Ministro de Estados Unidos se propone hacer venir un contingente de marinos del crucero Milwaukee. Los Diplomáticos allí presentes aceptan la idea, con excepción del señor Representante de México, Lic. don Pablo Campos Ortiz, quien dice que él no puede dar su aprobación a semejante medida, porque su Gobierno, en principio, es enemigo de toda intervención extranjera en asuntos internos de otro país, aunque el objeto sea simplemente mantener el orden, y de carácter provisional.

El señor Encargado de Negocios de Guatemala, don José María Bonilla, no ha asistido a las deliberaciones en la Legación1 de Estados Unidos, acerca de la traída de marinos, y por lo tanto no se sabe cuál sea su opinión sobre este asunto.

El Ministro de Estados Unidos ha dado órdenes al crucero Milwaukee para que desembarque 125 marinos y los despache a Tegucigalpa.

EL CUERPO DIPLOMÁTICO SE TRASLADA AL CAMPAMENTO DEL GRAL. FERRERA

Marzo 10. El Cuerpo Diplomático se traslada al campamento revolucionario situado en los cerros de Santa Cruz, a dos leguas de la capital, y allí celebra una larga entrevista con el General Ferrera, quien, a solicitud del Cuerpo Diplomático, ofrece un armisticio de 72 horas para ver si se llega a un arreglo que restablezca la paz. Sus condiciones son que el Gobierno debe entregarle la plaza incondicionalmente; que se formará un Gabinete compuesto de dos Ministros de cada uno de los tres partidos; que él será nombrado Comandante en Jefe de las fuerzas de la República; que sus tropas ocuparán Tegucigalpa; y las del Gobierno serán acuarteladas en Comayagüela.

EL CUERPO DIPLOMÁTICO A PUNTO DE PERECER

Cuando el Cuerpo Diplomático, en su viaje al campamento del General Ferrera iba ya cerca de Santa Cruz, por la Carretera del Norte, salió del monte un soldado y colocó rápidamente una bomba, con la mecha encendida, en medio del camino por donde iba a pasar el automóvil; éste no tuvo tiempo de parar, ni había modo de desviarse de la carretera. Un oficial, el Coronel Napoleón Cubas Turcios, al fijarse bien en la bandera del automóvil, vio que era la norteamericana, en vez de la bandera rojiblanca del Gobierno Dictatorial, que él había creído ver cuando aún el auto estaba algo lejos. El Coronel Cubas, desde su escondite, en la orilla de la carretera, se dio cuenta del grave error y de lo que iba a suceder dentro de unos segundos; dio un salto, echó a correr hacia la bomba y, con peligro de su propia vida, separó de un machetazo la mecha encendida de la bomba; esto en el preciso momento en que el automóvil, llevando los diplomáticos, llegaba al lugar del peligro.

Sin la oportuna y valiente intervención del Coronel Cubas Turcios, habría volado el automóvil con todo el Cuerpo Diplomático.

El machete salvador, que es ahora un objeto de verdadero mérito histórico, fue obsequiado al señor Encargado de Negocios de México, Licenciado don Pablo Campos Ortiz, por el General Ferrera, al tener conocimiento del hecho ocurrido.

Que si no es por este machete y el brazo que tan diestramente lo supo manejar, México, El Salvador, Guatemala, Inglaterra y Estados Unidos estarían hoy de luto; y Honduras no tendría Cuerpo Diplomático en Tegucigalpa.

ULTIMÁTUM DEL GRAL. FERRERA

En la Conferencia celebrada por el Cuerpo Diplomático con el General Ferrera, éste ha fijado como término del Armisticio el día 13a las 5 de la tarde. Si a esa hora del día 13 el Gobierno Dictatorial no ha resuelto entregarle la plaza, se romperán las hostilidades y empezará el ataque a la capital.

EL CONSEJO DE MINISTROS ASUME EL PODER EJECUTIVO Y RESTABLECE LA CONSTITUCION DE 1894

Marzo 10. El Consejo de Ministros ha dado hoy el siguiente decreto:

Decreto No. 2. El Consejo de Ministros del Gobierno Provisional de la República.

Considerando: Que el Congreso Nacional se disolvió de hecho el treinta y uno de enero último, sin haber declarado ni practicado la elección de Presidente y Vicepresidente de la República para el período que debió empezar el primero de febrero y sin haber nombrado los Designados a la Presidencia para el presente año, razón por la cual el señor Presidente Constitucional General don Rafael López Gutiérrez, por decreto de aquella fecha, a las doce de la noche, se vio en el caso de asumir todos los Poderes del Estado mientras se inaugura el régimen Constitucional.

Considerando: que el General don Rafael López Gutiérrez se encuentra imposibilitado de ejercer las funciones de Presidente Provisional, por estar gravemente enfermo; y que es llegado el caso previsto por el Art. 107 de la Constitución Política;

Por Tanto:
DECRETA:

Artículo 1º. Mientras se reúne la Asamblea Nacional Constituyente, que se manda a convocar en el decreto citado de treinta y uno de enero pasado, el Consejo de Ministros ejercerá el Poder Ejecutivo de la República.

Artículo 2º. Se declara restablecido el imperio de la Constitución Política promulgada el catorce de octubre de mil ochocientos noventa y cuatro, en cuanto fuere compatible con las necesidades del Gobierno actual.

Dado en Tegucigalpa, a las tres de la tarde del día diez de marzo de mil novecientos veinticuatro.

El Secretario de Estado en el Despacho de Gobernación y Justicia, F. Bueso. El Secretario de Estado en el Despacho de Guerra y Marina, R.J. López. El Secretario de Estado en el Despacho de Hacienda y Crédito Público, José María Ochoa V. El Secretario de Estado en el Despacho de Relaciones Exteriores, Rómulo E. Durón. El Secretario de Estado en el Despacho de Fomento, Obras Públicas y Agricultura, José Ma. Sandoval. El Secretario de Estado en el Despacho de Instrucción Pública, Marcial Lagos.

MUERTE DEL GRAL. LOPEZ GUTIERREZ
Marzo 10. Hoy a las 4 de la tarde ha fallecido el General don Rafael López Gutiérrez, Jefe del Gobierno y Dictador de la República.

—En la noche de hoy como a las 8, estalla un nutrido tiroteo que el público interpreta como un ataque a los cuarteles. Han estallado varias bombas frente a la casa del Dr. Policarpo Bonilla, donde ha empezado el tiroteo, continuando después en los alrededores del Cuartel de San Francisco. La población está sumamente alarmada. A las 10 de la noche reina completo silencio en la ciudad.

Marzo 11. El Gobierno guarda secreto sobre lo ocurrido anoche y dice que fue un simple "escándalo"; no hay detalles del número de muertos y heridos durante el tiroteo, pero se sabe que ha habido algunos; lo que hay de cierto es que no fue un ataque a los cuarteles, sino un combate entre soldados aristas y policarpistas al servicio del Gobierno y una intentona contra la casa del Dr. Bonilla.

En vista de lo ocurrido anoche, el Dr. Bonilla abandona hoy su casa y busca refugio en otra más segura, donde permanece oculto.

—Habiéndose concertado un armisticio de tres días con el General Ferrera y creyendo el Cuerpo Diplomático que ya no habrá ataque a la capital, el Sr. Ministro de Estados Unidos ha dado ayer a los marinos que venían a Tegucigalpa orden de reembarque; y anoche salieron de San Lorenzo regresando al Milwaukee.

—El Gobierno no acepta las condiciones del General Ferrera para la capitulación y hace contrapropuestas.

EL PRESIDENTE DE EL SALVADOR PROPONE UNA CONFERENCIA DE PAZ

Mientras tanto se ha recibido hoy un telegrama del señor Presidente de la República de El Salvador, Dr. don Alfonso Quiñónez Molina, participando que, de acuerdo con los Gobiernos de Guatemala y Nicaragua y con el beneplácito del de Estados Unidos, él ha iniciado una conferencia que se habrá de celebrar en Amapala a la mayor brevedad posible con el objeto de restablecer la paz en Honduras. Añade que ya se ha dirigido al General Ferrera, quien le ha contestado, aceptando la idea; pide la aceptación del Gobierno de la Dictadura para proceder al nombramiento de los Delegados. En dicha conferencia deberán tomar parte Delegados de los tres Gobiernos mediadores, del Gobierno de la Dictadura y del General Ferrera.

El Consejo de Ministros, encargado del Poder desde ayer, acepta la iniciativa de Conferencia y manifiesta al Cuerpo Diplomático que, en vista de la iniciativa del Presidente Quiñóñez, debe extenderse el plazo del armisticio a 8 días, a fin de dar tiempo para la reunión de la Conferencia, ya que el problema hondureño está ahora en manos de los Gobiernos mediadores.

El Cuerpo Diplomático visita nuevamente al General Ferrera, quien ha trasladado su Cuartel General a los llanos del Toncontín, ocupando la Estación Inalámbrica y el Estiquirín. El General Ferrera acepta gustoso de ir a la Conferencia, pero no puede extender el armisticio sino entregándosele la plaza, pudiendo continuar después las gestiones de la Conferencia con el fin de solucionar el problema de Honduras.

Marzo 12. El día de hoy pasa en conferencias entre el Cuerpo Diplomático y el General Ferrera. El Consejo de Ministros ha presentado una queja al Cuerpo Diplomático, por haber ocupado las fuerzas del General Ferrera el Estiquirín y el Toncontín, cortando las comunicaciones del Gobierno de Tegucigalpa. El General Ferrera dice, a ese respecto, que él no se ha comprometido a mantener libre para el Consejo de Ministros la Carretera del Sur, y que sus tropas no han violado ninguna de las condiciones del armisticio, como lo puede constatar, y como en efecto lo reconoce el Cuerpo Diplomático.

—El Gobierno de Nicaragua ha manifestado hoy que es su deseo que también el General Carías, sea invitado a participar en la Conferencia de Amapala y que ha sido nombrado el Dr. don Paulino Valladares para ir como Delegado del General Carías. Al mismo tiempo pide garantías para el Dr. Valladares a su llegada a Amapala.

Pero la opinión general es que la tal Conferencia no se llevará a cabo.

En la última entrevista que ha tenido hoy el Cuerpo Diplomático con el General Ferrera, éste ha confirmado su ultimátum al Consejo de Ministros haciendo notar que el armisticio se vence mañana a las 5 de la tarde.

EL GRAL. CARÍAS SE DIRIGE AL CUERPO DIPLOMÁTICO

El Sr. Ministro de Estados Unidos ha recibido hoy una comunicación del General Carías, con copias para otros miembros del Cuerpo Diplomático, pidiendo la entrega de la plaza antes de mañana a las 3de la tarde. La carta del General Carías lleva fecha del 10 y viene del lugar llamado La Ciénega. El ultimátum del General Carías es comunicado al, Consejo de Ministros, pero éste dice que el General Carías "está muy lejos para que sea una amenaza para la capital".

—En la tarde como a las 5, regresa el Cuerpo Diplomático de su visita al General Ferrera, y viene convencido de que el ataque a Tegucigalpa es inevitable. Da, pues, por terminada su gestión y por fracasada la iniciativa de la Conferencia de Amapala.

CAÍDA DE LA CEIBA

Marzo 13. Después de una lucha de varios días, ha caído hoy La Ceiba en poder de las fuerzas revolucionarias del ejército del General Tosta, al mando inmediato de él y del General don Filiberto Díaz Zelaya y otros prestigiados jefes. Ha habido muchos muertos y heridos, y una parte de la ciudad fue destruida por el incendio antes de este ataque.

—En la mañana de hoy el Cuerpo Diplomático celebra una última conferencia en la Legación Norteamericana, y hace un postrer esfuerzo por evitar el ataque a Tegucigalpa. A las 11 visita al Consejo de Ministros, y después de una larga discusión sobre la gravedad del momento, y a instancias del Encargado de Negocios de Inglaterra, Sr. Lyall, le entrega el siguiente Memorándum:

CONTENIDO DEL HISTÓRICO MEMORÁNDUM

El Consejo de Ministros recibió del Cuerpo Diplomático este documento:

"Memorándum. Habiendo llegado al último día del Armisticio concertado entre el General Ferrera y el Gobierno, el Cuerpo Diplomático desea hacer una corta recapitulación de sus esfuerzos para evitar la lucha armada en la capital de la República y las desastrosas consecuencias que son inevitables si se lleva a efecto esa lucha en Tegucigalpa.

Después de la caída de Comayagua, el General Ferrera se dirigió al Cuerpo Diplomático, poniendo en su conocimiento que si la plaza de Tegucigalpa no era entregada y el Gobierno depositado en manos de un Consejo de Ministros, cuyos miembros serían designados en seguida de entre personas de varios colores políticos, él, el General

Ferrera, se vería obligado a atacar la capital. Intervino el Cuerpo Diplomático en el sentido de evitar dicho ataque, ofreciendo sus buenos oficios para cooperar en busca de una solución pacífica. Esto fue el 4 de marzo. El Gobierno entonces, por medio del Sr. Presidente, General López Gutiérrez, dijo al Cuerpo Diplomático que el General Ferrera no era un peligro inminente, pues que las tropas del Gobierno le atacarían en las cercanías de Zambrano, y que el Gobierno estaba convencido de que podría dominar la situación; y puesto que entre la capital y la revolución había entonces un ejército del Gobierno, que se alistaba a pelear en campo abierto lejos de Tegucigalpa, el Cuerpo Diplomático se apartó y dejó que se desarrollaran los acontecimientos.

Vino la batalla de Zambrano, que resultó en una retirada de las tropas gobiernistas a la capital, y el consiguiente avance de la Revolución hasta los cerros de Támara, Santa Cruz, etc., ya en las inmediaciones de Tegucigalpa. Y el 9 de marzo, el General Ferrera se dirigió nuevamente al Cuerpo Diplomático, pidiendo que el Gobierno entregara la plaza si se quería evitar la lucha armada.

Se puso el Cuerpo Diplomático al habla con el Gobierno, y presentando la situación a éste, le hizo ver la conveniencia de evitar que se peleara en la capital; entonces el Gobierno dijo que al confirmarse la noticia de la caída de la Costa Norte en manos de la Revolución, no habría inconveniente de entrar con el General Ferrera en algún arreglo de capitulación que evitara más derramamiento de sangre. Fue el Cuerpo Diplomático, a entrevistarse con el General Ferrera, y se concertó una tregua para mientras se lograba hacer algún arreglo de paz entre el Gobierno y la Revolución.

Mientras tanto, el Sr. Presidente de El Salvador, Dr. don Alfonso Quiñónez Molina, había iniciado, de acuerdo con los Gobiernos de Guatemala y Nicaragua, un armisticio que permitiera la inmediata reunión de una conferencia para solucionar el problema todo de la cuestión política hondureña. Y el General Ferrera, en vista de esa iniciativa, aceptó un armisticio de tres días, plazo que termina hoy a las 5 p.m. Ayer el Gobierno presentó al Cuerpo Diplomático un Memorándum de condiciones en que se queja de que el General Ferrera ha roto el armisticio, y pide, además, que se extienda el plazo de armisticio para mientras se reúne la conferencia. El General

Ferrera no acepta más extensión, y su ultimátum es que si hoy a las 5 de la tarde no se le ha entregado la plaza, él la atacará para tomarla.

Toda la gestión del Cuerpo Diplomático durante ese tiempo ha sido inspirada única y exclusivamente a evitar el derramamiento de sangre y la destrucción de propiedad, que significa la lucha armada en Tegucigalpa. Nada tiene que ver el Cuerpo Diplomático con la parte política del problema; nada le importa el color político de un bando u otro, ni le interesa tampoco saber los fines políticos de unos y otros. Lo único que sí le interesa al Cuerpo Diplomático es la parte humanitaria de esta grave situación. El fin que ha perseguido el Cuerpo Diplomático ha sido evitar los peligros de la lucha armada en Tegucigalpa, pues que de llevarse a cabo ésta, sufrirán no sólo las partes beligerantes, sino también la población civil, incluso ciudadanos e intereses extranjeros.

El Cuerpo Diplomático tiene conocimiento/positivo de que las plazas de La Ceiba, San Pedro Sula, Puerto Cortés y Tela, están en poder de la Revolución, y con tal motivo, recuerda las palabras del ahora difunto señor Presidente López Gutiérrez, quien dijo, después de la batalla de Zambrano, que al tenerse confirmación de la caída de la Costa Norte, el Gobierno trataría de poner término a su resistencia, buscando un modo de pactar con la Revolución y volver a la paz.

El Cuerpo Diplomático está convencido que tanto el Gobierno como las fuerzas del General Ferrera han respetado el armisticio, y nada tiene que decir sobre el particular.

Pero el punto capital en todo esto es que hoy a las 5 se cumple el plazo del armisticio. Quiere el Cuerpo Diplomático llamar una vez más la atención de los honorables miembros del Gobierno sobre los muchos males y graves consecuencias que traerá para la población de Tegucigalpa una lucha armada. En todos los países y en todas las épocas, desde que el mundo se preocupa por la humanidad, el Cuerpo Diplomático ha acostumbrado ofrecer su mediación amistosa cuando surgen problemas que entrañan derramamiento de sangre humana; y no podía esta vez el Cuerpo Diplomático acreditado en Honduras permanecer indiferente a la catástrofe que se aproxima, ni alejarse de las partes contendientes ante el peligro que amenaza la capital. Por eso ha ofrecido su cooperación desinteresada, neutral y benévola al Gobierno de Honduras, para ver si hay algún modo de conjurar el peligro. Y aun ese paso lo ha dado únicamente después que el mismo General Ferrera se dirigió a él, exponiendo la situación en que se hallaría Tegucigalpa si el Gobierno no tomaba una decisión aceptable para la Revolución.

Lejos de la mente del Cuerpo Diplomático de querer dictar al Gobierno de Honduras la actitud que debe seguir en estos momentos apremiantes. Pero es del deber del Cuerpo Diplomático hacer ver al Gobierno la gravedad del momento y la magnitud de la catástrofe inminente. Piense bien en las consecuencias y responsabilidades ante el mundo y ante la historia, y después de meditarlo a fondo, resuelva lo que crea más conveniente. La gestión del Cuerpo Diplomático termina aquí; hoy a las 5 p.m. y rechaza toda responsabilidad por lo que venga después.

Lamenta, sí, el Cuerpo Diplomático, que su mediación ofrecida con toda sinceridad y. con fines profundamente humanitarios, no haya tenido el resultado que hubiera deseado, es decir: que no haya podido evitar la lucha en Tegucigalpa.

Quedan aún unas pocas horas para resolver si ha de correr la sangre hondureña en las calles de Tegucigalpa; quedan aún unos momentos para meditar sobre si deben sacrificarse más vidas y más intereses en una resistencia de última hora, que puede traer para Honduras consecuencias difíciles de justificar, aun lográndose defender la capital victoriosamente.

Medite, pues, el Gobierno sobre el momento presente, y sobre todo, sobre el futuro, que habrá de ser un reflejo de lo que ahora pase. Medite y decida, que a las 5 de la tarde empieza el momento crítico. 13 de marzo de 1924. 10 a.m.

SE ROMPEN LAS HOSTILIDADES Y EMPIEZA EL SITIO DE TEGUCIGALPA

A las 5 de la tarde del jueves 13 de marzo vence el plazo del armisticio. La expectación y el pánico son grandes. La hora fatal e histórica se ha vencido. Se espera el ataque durante la noche: muchas familias de Comayagüela y barrios retirados de la ciudad abandonan sus casas y se van a La Leona y otros lugares que ofrecen una seguridad relativa.

Marzo 14. Ha pasado la noche sin oírse un tiro, pero Tegucigalpa no ha dormido. Las posiciones militares en los cerros que rodean la ciudad están llenas de soldados, y se notan preparativos y mucha actividad. Las calles están desiertas; las tiendas, casas y oficinas cerradas. La tropa está distribuida en sus puestos esperando la hora fatal.

—A las 2 y 35 de la tarde se oye un cañonazo disparado por una batería del cerro de Juana Laínez; le sigue otro, y otros muchos y varias descargas de fusilería. El Ministro de la Guerra, Dr. don Roque J. López, ha dado la orden de romper el fuego contra las fuerzas de la Revolución en el preciso momento en que están evolucionando en los llanos del Toncontín y haciendo preparativos, según se puede ver desde la ciudad, para atacar la capital. El fuego se va haciendo cada minuto más nutrido. Funcionan los cañones de los Cerros del Picacho, Juana Laínez y Sipile, y los proyectiles cruzan el aire por sobre la ciudad llevando la muerte a los campamentos revolucionarios.

El ruido de los cañones, los rifles y las ametralladoras es atronador, y su eco en los cerros vecinos tiene algo de espantoso y de grandioso a la vez.

El fuego se generaliza un poco en todas partes, pero el combate principal se está librando entre Guacerique y el Estiquirín. El humo de los disparos va obscureciendo poco a poco los alrededores de los combatientes, y a las pocas horas ya no se ven las evoluciones de la batalla. La lucha continúa ruda y encarnizada toda la tarde y hasta las 9 de la noche, hora en que la vanguardia de las fuerzas revolucionarias se encuentra dueña del campo hasta el puente de Guacerique. Cesa el combate, pero el fuego continúa intermitente hasta las 5 de la mañana del día siguiente. El Jefe de la vanguardia de la Revolución, Coronel Hipólito Retes, pasa la noche, dirigiendo el fuego, en una casa de Guacerique, a orillas de la capital; se puede decir, pues, que las fuerzas revolucionarias están ya dentro de la ciudad.

Marzo 14. Hoy ha caído Juticalpa en Poder de la Revolución

Marzo 15. Después de media hora de descanso, hoy a las 5:3am, ha empezado de nuevo el combate en las afueras de Comayagüela y Guacerique. Se oye otra vez el estruendo de los cañones ametralladoras. Hay momentos en que parece que las fuerzas de la Revolución llegan ya al Puente Mallol y al Palacio Presidencial. La tropas del Gobierno colocadas en los cerros Juana Laínez y Sipile en la Plaza del Obelisco y Cuartel de Veteranos, lanzan una lluvia de balas sobre las fuerzas atacantes. A las 10 el combate llega a lo más recio y se atiende desde Guacerique hasta el Estiquirín. A la 1 de la tarde cesa el fuego, después de ocho horas de tremenda lucha. A las 2 entáblase un combate detrás de Sipile, en La Soledad y la Zopilotera, continuando hasta las 7 de la noche.

Desde las 2 de la tarde, hora en que cesó el fuego en la línea de Guacerique, han estado entrando muertos y heridos por carretadas. A los primeros se les quema, porque no hay tiempo ni gente para sepultarlos; a los últimos se les lleva al Hospital para que acaben allí la vida, ya que no hay 'elementos para curarlos ni alimentos para mantenerlos.

—La noche pasa un tanto tranquila.

BATALLA DEL JOCONAL

Marzo 15. Ayer y hoy ha tenido lugar una serie de furiosos combates en el lugar llamado Joconal, entre Puerto Cortés y la frontera de Guatemala.

—El ejército dictatorial del General Lagos, después de su derrota en los alrededores de San Pedro Sula, (batalla de Trincheras, 27, 28 y 29 de febrero), se ha ido retirando hacia Cuyamel y la frontera guatemalteca. En ese ejército van los mismos jefes que pelearon en Trincheras, y como 800 hombres bien armados.

El General José León Castro que los ha venido persiguiendo desde la batalla de Trincheras, ataca las fuerzas dictatoriales en Joconal, y empieza una lucha encarnizada. Se pelea todo el día de ayer y parte del de hoy; las fuerzas dictatoriales hacen un último esfuerzo por quedar dueñas del terreno, pues si no vencen al ejército revolucionario allí, ya no les queda más remedio que cruzar la frontera guatemalteca, terminando así su resistencia y abandonando toda la Costa Norte a la Revolución.

Todos, rojos y azules, pelean con denuedo, defendiendo el terreno palmo a palmo.

Pero el General Castro está decidido a vencer o morir en ese combate; y es tal el empuje de sus tropas, que al cabo de 24 horas de lucha ya lleva algunas ventajas sobre las fuerzas dictatoriales. Hoy en la tarde, después de más de 48 horas de lucha, el General Castro es dueño del terreno, y lo que queda de las fuerzas dictatoriales, se retira hacia la frontera, internándose en territorio guatemalteco.

Con esta batalla ha acabado el ejército del General Lagos. La lucha ha sido reñidísima, y el campo ha quedado cubierto de muertos y heridos de ambos bandos.

El éxito de esta brillante acción de armas, tan importante para la Revolución, se debe a la pericia y al arrojo del General Castro y de sus valientes tropas.

Marzo 15. Hoy ha quedado en poder de la Revolución el Puerto de Trujillo y las Islas de la Bahía.

ASALTO AL CERRO DE JUANA LAINEZ

Marzo 16. Hoy es domingo, día que el mundo cristiano acostumbra dedicarse a adorar a Dios. Pero hoy en Tegucigalpa el día será dedicado a la matanza humana.

A las 5.30 de la mañana el Cerro de Juana Laínez y el retén del Guanacaste han sido atacados con una furia y un empuje tales que no parece sino que ya van a caer en poder de las fuerzas atacantes.

El General Carías ha llegado ayer a Suyapa, según se anuncia hoy; y son sus tropas las que han atacado temprano esta mañana las posiciones del Gobierno. Es un asalto furioso a las trincheras del Gobierno con el fin evidente de abrirse paso al Cuartel de San Francisco y adueñarse de Juana Laínez para dominar desde allí el Palacio Presidencial, donde permanece el Gobierno con un fuerte contingente de tropa bien armada.

A las 7, la vanguardia de las fuerzas atacantes está a 25 metros de las trincheras del Gobierno, y parece que ya se adueñan de la fortaleza; pero las ametralladoras funcionan con tanta rapidez que los asaltantes que no caen bajo la lluvia de balas comprenden su inferioridad en número y en armamento, y retroceden dejando el campo sembrado de muertos y heridos.

En el Guanacaste el Coronel Maximiliano Vásquez ha retenido el avance de las fuerzas atacantes, y éstas, al igual de las que han asaltado las posiciones de Juana Laínez, se retiran hacia San Felipe. A las 11 cesó el combate aunque se oyen descargas aisladas por el lado del Guanacaste y San Felipe.

En la carretera de San Juancito, más allá del Picacho, se ha estado peleando desde las 8 hasta las 11 de esta mañana.

A las 2 de la tarde son atacadas las posiciones de Sipile, donde se libra una reñidísima batalla sin resultado decisivo.

—Todo el día y hasta las 11 de la noche se ha estado peleando furiosamente en el Estiquirín y alrededores de la Estación Inalámbrica, tomando parte en el combate la artillería del Sipile y, a ratos, la de Juana Laínez.

SAQUEOS EN LA CAPITAL

Marzo 17. Se pelea todo el día en el Estiquirín, La Granja, La Soledad, La Burrera y Toncontín. Siguen1 entrando carretadas de heridos; los muertos son incinerados en el mismo lugar donde se les encuentra después del combate.

—Hoy ocurren en la ciudad sucesos muy lamentables y que han venido a agravar la situación de los habitantes de Tegucigalpa. Desde temprano, en la mañana, grupos de hombres armados y con divisa roja recorren las calles gritando y disparando y alarmando la población. Su principal objeto parece ser atemorizar a la gente para tener ellos más libertad en su censurable tarea, que consiste en romper y saquear las tiendas. Han empezado por las del Mercado de San Isidro, yendo después a las del Mercado de Los Dolores.

Las tiendas que más han sufrido son las de Francisco Siercke & Cía, Santos Soto, Joaquín Pon & Cía., Quinchón León & Cía, en Comayagüela, y las de Luis Soto M., en el centro de la capital. Estas tiendas lo mismo que todas las de los dos mercados han sido totalmente saqueadas y destruidas. Las tiendas de la calle del comercio han sido tiroteadas, pero debido a la intervención del señor Ministro de Gobernación y Justicia, Dr. Francisco Bueso, del Ministro de Guerra, Dr. López y del Gobernador Político, Lic. Arturo Pineda Arias, se ha podido detener el saqueo y salvar los principales almacenes del centro.

La propiedad saqueada y destruida asciende a varios cientos de miles de pesos.

Entre los principales artículos robados figuran grandes cantidades de licor que los saqueadores han bebido, aumentando así con la embriaguez el horror de su obra nefasta.

El Ministro de Gobernación y Justicia, Dr. Bueso; el Ministro de la Guerra, Dr. López, y el Sr. Gobernador Pineda Arias, recorren las calles con escoltas militares para detener el saqueo y arrestar a los culpables; logran detener la anarquía y restablecer el orden a la llegada de la noche, pero ya se han causado muchos daños. En algunas partes el Ministro de Guerra ha sido recibido a balazos por los saqueadores y ha tenido que hacer uso de las armas para imponerse.

Varias de las tiendas saqueadas pertenecen a ciudadanos chinos, cuyos intereses y personas al principio de la guerra fueron puestos bajo la protección del Gobierno de Estados Unidos. Otras pertenecen a ciudadanos turcos, protegidos de la Gran Bretaña o de Francia. Esto puede traer complicaciones de carácter internacional.

En La Ceiba y en Puerto Cortés, el mes pasado ocurrieron sucesos parecidos, y el Gobierno Norteamericano dio órdenes al Crucero Rochester, surto en aguas hondureñas del Atlántico para que desembarcara un contingente de marinos y protegiera los intereses extranjeros. Desembarcaron marinos en aquellos puertos, y una vez que la Revolución hubo entrado y restablecido el orden, los marinos volvieron a bordo y abandonaron las costas de Honduras.

Marzo 17. La Plaza de Yoro ha caído hoy en poder de la Revolución.

ESCASEZ DE VÍVERES EN LA CAPITAL

Marzo 18. Desde que empezó el cerco de Tegucigalpa, el 13 del corriente, ha ido aumentando la escasez de víveres y hoy ya se dificulta conseguir algunos artículos de primera necesidad. El maíz, cuyo precio normal es de 20 centavos la medida, está hoy a 75 centavos; los huevos, antes a 3 centavos, están ahora a 20 centavos cada uno; los frijoles han subido de 30 centavos a $' 2.50 la medida; el arroz ha subido de 20 centavos a 60 centavos la libra y la manteca que normalmente se vende a 30 centavos, está hoy a $1 la libra. Y aun a esos elevadísimos precios se dificulta conseguir esos productos. La leche no se consigue a ningún precio, lo cual ocasiona muchos sufrimientos a los niños.

—Desde el 15 de enero, o sea desde hace dos meses, no hay servicio de correo con el exterior, ni ha llegado ninguna correspondencia de fuera. Un correo de paquetes postales, impresos y algunas cartas que vino por la vía de Amapala, pereció en el incendio del Edificio de Correos el 9 del corriente.

—No hay periódicos, ni comunicación telegráfica para nadie desde que empezó el sitio; hasta el mismo Consejo de Ministros está

totalmente incomunicado, pues la estación inalámbrica situada en los llanos del Toncontín está en poder de la Revolución; en cuanto a la pequeña estación que estaba en Miramesí, ha sido trasladada a la Legación de Estados Unidos para uso exclusivo del Ministro norteamericano.

La situación de la población civil en la capital es muy angustiosa, y entre la gente pobre ya se está padeciendo hambre.

—El Ministro de Estados Unidos, en vista de los sucesos de ayer y para evitar su repetición, ha ordenado al crucero Milwaukee, anclado en Amapala, que despache 200 marinos. Como casi todos los camiones están en poder de la Revolución, el General Ferrera prestará 3que tiene en Toncontín para traer los marinos hasta el Campamento Revolucionario, de donde seguirán a pie hasta Tegucigalpa. De la capital irá otro camión, el único que ha quedado en servicio.

—A las 8 de la noche son atacadas desde el Guijarro las posiciones de Juana Laínez y las de Guacerique, peleándose fuertemente hasta cerca de media noche.

—El Encargado de Negocios de México, Lic. don Pablo Campos Ortiz y el Encargado de Negocios de Guatemala, don José María Bonilla, han dirigido una nota al Sr. Ministro de Estados Unidos, preguntándole si es cierto que, en vista de los sucesos del 17, va a traer marinos a la capital, como se rumora en los círculos comerciales.

LLEGADA DE LOS MARINOS NORTEAMERICANOS

Marzo 19. La ciudad amanece relativamente tranquila, pero en los cerros hay tiroteos aislados, y los cañones funcionan sin cesar.

—A las 11 de la mañana entran en la capital al paso militar 200 marinos norteamericanos, del crucero Milwaukee; viene con ellos un camión lleno de armas y pertrechos de guerra; los marinos van armados hasta los dientes y entran con bandera desplegada.

El Poder Ejecutivo Provisional hace pública una protesta dirigida por el Sr. Ministro de Relaciones Exteriores al Sr. Ministro de Estados

Unidos, por el desembarque de tropas norteamericanas en territorio hondureño.

PROTESTA DEL GOBIERNO PROVISIONAL CONTRA EL DESEMBARQUE DE LOS MARINOS

He aquí el texto de la protesta:

Protesta del Poder Ejecutivo Provisional contra el llamamiento de marinos norteamericanos a nuestro país.

Tegucigalpa, 19 de marzo de 1924. Señor Ministro: En cumplimiento de instrucciones del Consejo de Ministros en ejercicio del Poder Ejecutivo de la República, tengo el honor de dirigirme a Vuestra Excelencia para manifestarle lo siguiente:

El día de hoy, a las 11 am., ha entrado a la plaza de Tegucigalpa un cuerpo de soldados americanos en número de doscientos, armados y equipados, que desembarcaron el día de ayer en el Puerto de San Lorenzo, procedentes de uno de los barcos de guerra americanos, que está surto en aguas del Golfo de Fonseca.

Por mensaje telefónico de Vuestra Excelencia, dirigido ayer a la Secretaría de Relaciones Exteriores y a la de Guerra, se tuvo noticia por el Gobierno del desembarque de un pequeño cuerpo de soldados y de que vendría a esta capital con el objeto de custodiar la Legación de los Estados Unidos de América al digno cargo de Vuestra Excelencia y de proteger los intereses de sus connacionales. El número arriba expresado no corresponde a la noticia recibida, respecto a la cual no se tomó determinación ninguna.

El Consejo de Ministros no puede menos que manifestar a Vuestra Excelencia su sorpresa por el hecho del desembarco y la venida de ese cuerpo de soldados a esta capital, sin solicitud ni autorización del Gobierno de la República, y en consecuencia, lo considera como un agravio a la soberanía e independencia del país.

No tiene el Gobierno conocimiento de que se haya intentado inferir ofensa alguna contra la persona de Vuestra Excelencia, contra los demás funcionarios de la Legación Americana, contra las personas e intereses de sus connacionales, ni contra el Gobierno que representa; y no es de temer que el personal de la Legación o los ciudadanos americanos residentes en esta capital sean perjudicados de palabra o de hecho, pues la Secretaría de Guerra, que sabrá cumplir su deber estrictamente, impedirá con medidas eficaces, todo atentado contra tales personas e intereses; y en el caso de que la Legación Americana se considere realmente amenazada, pondrá en ella y en los demás lugares donde sea menester una guardia de soldados o de ciudadanos armados, que serán escogidos por dicho Ministro o por Vuestra Excelencia, si así lo prefiere.

La llegada de ese cuerpo de soldados al territorio de Honduras y su ingreso a la capital ha causado profundo disgusto en todos los ciudadanos, naturalmente celosos de que se mantengan ilesos los fueros de Honduras como pueblo libre y soberano, y un considerable grupo de respetables personas de esta capital ha ocurrido ante el Gobierno a expresar igual sentimiento. En previsión de que ese disgusto pueda traducirse en actos de hostilidad, el Gobierno excita atentamente a Vuestra Excelencia, a dar orden de que el expresado cuerpo de soldados se retire inmediatamente de esta capital y vuelva a la mayor brevedad posible, al barco de guerra de donde procede.

Al hacer esta excitativa a Vuestra Excelencia, el Consejo de Ministros protesta, en la forma más respetuosa, pero más enérgica, por el hecho que la motiva; y abriga la convicción de que Vuestra Excelencia, ante los principios y prácticas del Derecho Internacional y ante el alto espíritu de justicia en que siempre inspira sus actos el Gobierno que rige a la gran nación americana, encontrará perfectamente fundada la demanda de mi Gobierno y, dándole plena satisfacción, ordenará inmediatamente el regreso del expresado cuerpo de soldados.

En el caso inesperado de que esta respetuosa gestión del Gobierno de Honduras sea desatendida, el Consejo de Ministros declina en la Legación al digno cargo de Vuestra Excelencia las responsabilidades por los sucesos que puedan ocurrir como consecuencia de la llegada de los soldados americanos.

Al manifestar a Vuestra Excelencia que ya me dirijo a los Gobiernos con quienes el Gobierno de Honduras tiene relaciones, poniendo en su conocimiento lo expuesto, reitero a Vuestra Excelencia las seguridades de mi consideración más alta y distinguida. (f) Rómulo E. Durón. Excelentísimo señor Franklin E. Morales, Enviado Extraordinario y Ministro Plenipotenciario de los Estados Unidos de América. Presente.

ENÉRGICAS DISPOSICIONES DE ORDEN PÚBLICO. SE RESTABLECE LA PENA DE MUERTE

Marzo 20. El Jefe Militar de la Zona Central de la República, Dr. José Ángel Zúñiga Huete, ha publicado el siguiente bando:

—Disposiciones de Orden Público. José Ángel Zúñiga Huete, — Jefe Militar de la Zona Central de la República, haciendo uso de las facultades discrecionales de que por efecto de las circunstancias se ha investido el Poder Público, para garantizar mejor las personas e intereses de los habitantes de su jurisdicción y moralizar las tropas de su dependencia, hace saber:

1º. Que serán inmediatamente pasados por las armas los individuos que fueren sorprendidos por la autoridad cometiendo los delitos de asesinato, homicidio, robo, incendio y otros estragos;

2º. Que los delitos militares serán juzgados de conformidad con el Código Militar de 8 de febrero de 1906, debiendo estimarse para este efecto restablecida la pena de muerte;

3º. Se declara en absoluto estado seco la Zona Militar del Centro, hasta nueva orden. Queda, en consecuencia, prohibido el tráfico de bebidas alcohólicas. A los dueños de cantinas que contravinieren esta disposición se les decomisarán sus establecimientos, lo mismo que a los comerciantes que expendieren bebidas prohibidas, destruyéndoselas, sin responsabilidades, las existencias que de ella tuvieren. Los fabricantes de aguardiente clandestino y demás embriagantes, lo mismo que los simples expendedores serán juzgados breve y sumaria mente y pasados por las armas;

4º. Los militares que hicieren disparos dentro de las poblaciones con el sólo objeto de promover escándalo, sin tener enemigo al frente, sufrirán dos meses de prisión. Los civiles que tuvieren armas nacionales y que disparen dentro de las poblaciones con cualquier clase de armas, serán sometidos a juicio sumario y pasados por las armas;

5º. Se da toda clase de garantías a los rebeldes que dentro de diez días, a partir de la fecha, depusieren voluntariamente las armas; y

6º. Toda ejecución que por efecto de las presentes disposiciones deba llevarse a cabo, será ratificada por la Jefatura de la zona. Tegucigalpa, 20 de marzo de 1924.

—Han salido varias hojas sueltas protestando contra el desembarque de marinos norteamericanos, entre ellas figura una del poeta Froylán Turcios y otra del Coronel Maximiliano Vásquez.

—Tiroteo aislado en Guacerique; fuego de artillería todo el día. Se anuncia para mañana otro ataque general a la ciudad.

BATALLA DE SUYAPA

Marzo 21. Desde las 6 a.m. funciona con regularidad1 la artillería del Picacho, de Juana Laínez y de Sipile.

—A las 10 a.m. empieza un combate furioso en el oriente de la población; la línea de fuego se extiende desde el Guanacaste hasta el Hato de Enmedio, San Felipe y Suyapa. Es el Gral. Carías que ha atacado con su ejército las posiciones de Guanacaste, Casa Mata y Juana Laínez. El fuego se hace cada minuto más intenso y dura hasta las 6 de la tarde.

—Han sido incendiados los cerros y cañaverales al oriente de la ciudad y las faldas del Cerro Juana Laínez están ardiendo también.

—Hay muchas casas en la capital acribilladas a balas y en Comayagüela las hay completamente destruidas por las granadas de mano y por los proyectiles de los cañones. Hay también algunos heridos entre la población civil.

—De las 6 a las 8 de la noche hay relativa tranquilidad. No se conoce el resultado de la batalla de hoy, pero al cesar el fuego a las 6, los combatientes estaban ya bastante alejados de la población, lo cual indica una retirada de las tropas atacantes.

—A las 8 empieza un fuerte tiroteo en Guacerique, pero un aguacero torrencial que evidentemente dificulta el combate, viene a poner fin a la lucha como a las 9, y el resto de la noche pasa tranquilo.

—Don Froylán Turcios ha publicado hoy el primer número del "Boletín de la Defensa Nacional", hoja de protesta contra el desembarque de marinos norteamericanos. Estos están acuartelados en el anexo del Hotel Agurcia, con un piquete en la Legación de Estados Unidos y otro en la estación inalámbrica.

AMAPALA SE ADHIERE A LA REVOLUCIÓN

Marzo 21. Hoy ha llegado a Amapala el General Dionisio Gutiérrez con el propósito de organizar un contingente militar que peleará al lado del General Ferrera. Con el General Gutiérrez se encuentra el Dr. José María Matute y otras personalidades políticas y militares que participarán en la organización del nuevo ejército. Desde su llegada a Amapala el General Gutiérrez ha obtenido del Comandante del puerto, Gral. Dimas Alvarado, que Amapala se adhiera a la causa del General Ferrera, y al efecto el General Alvarado ha dado el siguiente manifiesto:

Dimas Alvarado, Comandante de Armas y Capitán del puerto, para conocimiento de los Cuerpos Militares de su mando y de los vecinos en general, hace saber: que el imperativo del patriotismo reclama de los buenos hondureños su contingente cívico para unirse en un supremo esfuerzo y contribuir a la terminación del vergonzoso estado que tan seriamente amenazados trae al bienestar y soberanía nacionales.

Que, con el desaparecimiento del General López Gutiérrez, quedó en acefalía el régimen implantado por aquel jefe, y que el Gobierno ejercido por el Consejo de Ministros de Tegucigalpa, aparte de su origen ilegítimo, no ha merecido la confianza pública, habiéndose convertido en una nueva amenaza para la existencia decorosa de la nación.

Que el movimiento reivindicador acaudillado por el General Gregorio Ferrera, para deponer la Dictadura rechazada por el pueblo hondureño, tan celoso del mantenimiento y respeto .de sus instituciones, ha sido secundado por todos los ámbitos del país con movimientos parciales, precursor del éxito de aquel caudillo y del advenimiento de una era de orden, de paz y de progreso; y que es deber de patriotas en tal caso contribuir a la pacificación del país. Esta Comandancia Principal, de acuerdo con los empleados militares y civiles de este puerto, resuelve:

1º. Desconocer el Estado de hecho implantado por el llamado Consejo de Ministros de Tegucigalpa. 2º. Adherirse al movimiento constitucionalista acaudillado por el General Gregorio Ferrera, y 3º. Hacer un llamamiento de patriotismo a los vecinos de esta jurisdicción y. a todos los hondureños que esta manifestación leyeren, para que presten su contingente en favor de la causa que defiende el mencionado General Ferrera, bajo la convicción de que se apoya en la causa de la justicia y de los verdaderos intereses hondureños. Amapala, 21 de marzo de 1924. Dimas Alvarado.

Marzo 22. Sólo la artillería de Sipile funciona hoy; en la tarde hay un corto combate en las posiciones del Guijarro.

—A las 8 de la noche tiroteo en la ciudad, introduciéndose muchas balas por los techos de las casas de la capital, sufriéndose también esos efectos en los Consulados de La Leona.

Marzo 23. El día pasa tranquilo, con calma absoluta en todas las líneas de fuego.

Marzo 24. Pasa el día sin novedad, habiendo solamente fuego de artillería, con intermitencias.

Marzo 25. Hoy se sabe que en la batalla del 21 librada con las fuerzas del General Carías, en el oriente de la ciudad, hubo muchos muertos y heridos. Las fuerzas revolucionarias se retiraron hasta más allá de Suyapa, donde tuvo lugar el final del combate como a las 7 de la noche.

—El día pasa tranquilo.

GRAN BATALLA DEL ESTIQUIRÍN

Marzo 26. Hoy a las 6 de la mañana el Consejo de Ministros manda atacar las posiciones del General Ferrera en Guacerique y El Estiquirín. Ha lanzado 800 hombres en el combate, mandados por los Generales Antonio Sánchez, Francisco Cardona, José María Fonseca y Luis Rivera Martínez.

Se pelea rudamente todo el día, hasta las 4 de la tarde, resultando muchos muertos y heridos, entre los últimos el General Sánchez y el General Fonseca.

Desde las 3 han estado entrando carretadas de heridos.

Las fuerzas del General Ferrera se han retirado hasta el Toncontín, y las del Consejo de Ministros anuncian que son dueñas del Estiquirín. En las esferas oficiales se celebra la batalla como victoria y se asegura que el General Ferrera se ha retirado hasta más allá de Germania, anunciando que desde Juana Laínez se han visto los camiones y el tren de guerra alejarse por la carretera del Sur.

La opinión de muchos, sin embargo, es que esto ha sido una estrategia del General Ferrera para atraerse las tropas del Gobierno a su propio terreno, alejándolas así de su centro de operaciones y debilitándoles la línea a medida que se extiende. También puede ser que por falta de suficiente parque, y debido al furioso empuje de las fuerzas dictatoriales, el General Ferrera haya preferido batirse a la defensiva, y ceder un poco de terreno, antes que sacrificar, por conservarlo, un crecido número de vidas. Evidentemente el ataque de las fuerzas dictatoriales y la furia de su empuje ha de haber sorprendido al General Ferrera, y al tener que cambiar de atacante en atacado, se ha visto obligado a alterar su plan de batalla y tomar nuevas disposiciones retirándose a nuevas posiciones y simulando una retirada en gran escala.

—El señor Ministro de Estados Unidos ha reunido en la Legación esta mañana los miembros del cuerpo diplomático para entregarles una copia del Convenio de Tiloarque firmado por los Jefes de la Revolución y enviado por el General Carías al diplomático norteamericano.

Marzo 27. Después de la batalla de ayer, las tropas dictatoriales, creyéndose completamente dueñas del campo hasta el Toncontín, abandonaron sus posiciones y regresaron a la ciudad. Hoy al amanecer, el Estiquirín y las afueras de Guacerique estaban nuevamente en posesión de las tropas del General Ferrera, estando la línea de fuego exactamente en el mismo lugar que antes de la batalla de ayer. Resultado: para el Gobierno, ninguno, excepto un gran número de muertos y heridos para conquistar posiciones que después se han dejado abandonadas para que la Revolución las ocupe nuevamente.

Esta mañana se está peleando otra vez en el mismo lugar; pero ahora las fuerzas dictatoriales no avanzan, permaneciendo en sus posiciones de Guacerique, y tiroteando desde allí a las fuerzas del General Ferrera.

—A las 8 de la noche un ataque a Juana Laínez por los lados del Guanacaste y de Guacerique. Durante media hora el fuego de las ametralladoras, los rifles y la artillería del Picacho y Juana Laínez demuestra, por su intensidad, que el ataque tiene por objeto apoderarse de Juana Laínez, pues esta fortaleza es asediada a tres fuegos.

Marzo 28. Durante la noche ha habido tiroteos aislados, pero no se ha verificado ninguna acción de importancia.

—Resulta claro ahora que la batalla de antier en el Estiquirín no ha sido una victoria para el Consejo de Ministros; por otra parte, el ataque de anoche por el lado del Guanacaste, viene a probar que las fuerzas del General Carías que se habían retirado más allá de Suyapa, están nuevamente a las puertas de la capital.

EL GENERAL FERRERA PIDE NUEVAMENTE LA ENTREGA DE LA PLAZA

Marzo 28. Esta mañana el General Ferrera mandó una comisión al Sr. Ministro de Estados Unidos manifestándole que habiendo demostrado el Consejo de Ministros en la batalla de antier su imposibilidad. para desalojar definitivamente a las fuerzas revolucionarias del Estiquirín, él pide nuevamente la capitulación de la plaza para evitar más derramamiento de sangre, pues de lo contrario tendrá que hacer un ataque definitivo que causará muchas víctimas.

El Sr. Ministro Norteamericano convoca al Cuerpo Diplomático para discutir esa comunicación y resolver si ha de proceder a dar nuevos pasos en el sentido de una mediación amistosa. Los señores Representantes de México, Guatemala y El Salvador, son de opinión que no debe tomarse ninguna acción; el representante de Inglaterra opina que quizás sea esto una última oportunidad de mediar y lograr al fin la paz.

Termina la conferencia. El Sr. Representante de Nicaragua no ha asistido a ella.

Más tarde el Sr. Morales y el Sr. Lyall deciden ofrecerse ellos dos, en su carácter oficial, para acompañar una comisión del Consejo al campamento del General Ferrera a celebrar una entrevista. El Sr. Morales ha sondeado a algunos miembros del Gabinete sobre si éste estaría dispuesto a parlamentar con el General Ferrera para tratar de una capitulación honrosa; el Consejo parece estar dispuesto a parlamentar.

Más tarde el Sr. Ministro de Estados Unidos se ha comunicado con el General Ferrera para preguntarle si está dispuesto a recibir una comisión del Consejo y otorgar un armisticio de 12 horas para mientras dura la conferencia de los parlamentarios; el General Ferrera ha contestado que está dispuesto a celebrar la conferencia si el Consejo lo propone. Tiene ahora la palabra el Consejo y veremos si mañana se decide a parlamentar.

Marzo 28. Anoche llegó al campamento del General Ferrera, procedente de la Costa Norte, el General Vicente Tosta Carrasco. Se asegura que trajo un buen contingente de tropas y elementos de guerra.

—Es indudable que el Consejo de Ministros ya está cansado de su resistencia, sobre todo que no tiene esperanza de triunfar en la lucha con la Revolución. Ha hecho una resistencia magnífica y nadie podrá tachar de faltos de valor a los hombres que la han sostenido. Es tiempo de que comprendan que el patriotismo exige que cese el derramamiento de sangre hermana; algunos altos personajes del Consejo así lo comprenden ya; y es muy posible que éstos convenzan a los pocos que aún se resisten, y que se entregue el Poder a una Revolución que, además de ser ya dueña de todo el país, con excepción de Choluteca y Tegucigalpa, tiene el 90% de la opinión pública a su favor.

Estos son factores que ya empiezan a obrar en el ánimo de algunos miembros del actual orden de cosas.

Tiroteos ocurren a cada rato en El Estiquirín y también en las alturas del Guanacaste, pero no llegan a tomar forma de combate.

Marzo 29. El día pasa relativamente tranquilo, ocurriendo tiroteos sin importancia en las alturas de Guacerique contra el Sipile y Juana Laínez.

—Ayer llegó a Puerto Cortés el Dr. Fausto Dávila.

—Ayer renunció del Ministerio de Fomento y Obras Públicas el Dr. José María Sandoval, nombrándose en su lugar al Dr. Alberto A. Rodríguez.

—A las 6 p.m. las fuerzas revolucionarias atacan las posiciones del Consejo en Guacerique y las fortificaciones del Sipile y de Juana Laínez. Funcionan los cañones y las ametralladoras, y el combate durante cerca de cuatro horas que parece revestir carácter de un ataque general a la plaza con el objeto de apoderarse de Guacerique, Sipile y

Juana Laínez. A las 10 termina el fuego, sin ventaja aparente para nadie.

—Entre 5 y 6 de la noche ha habido en el centro de la ciudad un fuerte tiroteo que ha ido disminuyendo a medida que el combate en Guacerique se iba acentuando en intensidad.

EL GENERAL GUTIÉRREZ, EL DOCTOR CORLETO Y SUS FUERZAS SE SEPARARON DE LA REVOLUCIÓN Y EMPIEZAN LA CONTRARREVOLUCIÓN EN EL SUR

Marzo 30. El General Dionisio Gutiérrez, que en Amapala el 21 del corriente se había pronunciado en favor del General Ferrera, se ha separado hoy de la causa de la Revolución Constitucionalista y ha levantado el estandarte de la Contrarrevolución en el Sur de la República. Le acompañan el Dr. Salvador Corleto, los Generales Julio Peralta y Pío Pacheco, Comandante de Nacaome, Coronel Concepción Peralta y algunos otros militares.

El General Gutiérrez marcha con su ejército hacia Tegucigalpa, se supone que con el fin de batirse con las fuerzas del General Ferrera o entrar a Tegucigalpa por una brecha del cerco y unirse a las fuerzas de la Dictadura que defienden la plaza.

Marzo 30. Pasa el día tranquilo. A las 7 de la noche se abre un nutrido fuego de ametralladoras y fusilería en Sipile, Soledad y Guacerique. Dura el tiroteo hasta las 9 de la noche.

—No se ha vuelto a hablar de conferencia entre el Gobierno y la Revolución, aunque se cree que la conferencia tendrá lugar, pero que no obtendrá ningún resultado práctico.

—Marzo 31. El Gobierno comunicó hoy al Dr. R.M. Taylor, de la Fundación Rockefeller, que su cooperación para ayudar a la Cruz Roja y Hospital, sería muy bien recibida. El doctor Taylor procedió a formar un Comité para recaudar fondos entre la colonia anglo—americana; los fondos así recaudados fueron empleados en la compra de medicinas y artículos indispensables, y enviados mitad al Hospital de Tegucigalpa y mitad al ejército revolucionario. Las señoras de la colonia angloamericana se reunieron también a iniciativa de las señoras de Morales, de Lyall, de Keiser y de Abadie, y generosamente ayudadas éstas por las señoras de Hulse, de Douglas, de Walter y de Wilson, se constituyeron en comité de auxilios a los heridos.

Con sólo el día de hoy se han enviado al Hospital más de 50 docenas de vendas hechas por dichas señoras. Y continuarán su obra bienhechora mientras haya heridos necesitados. Digna de todo elogio es esta iniciativa de tan apreciables damas.

EL TIFUS EN TEGUCIGALPA

Marzo 31. Anuncia hoy el Doctor R.M. Taylor del Instituto Rockefeller, que en Tegucigalpa se ha declarado una epidemia de Tifus, habiendo muerto ya algunas personas. Esta noticia causa terror, pues en las circunstancias actuales una epidemia de esa naturaleza sería muy difícil de combatir.

—A las 7 de la noche hay un combate en las alturas del Estiquirín y La Granja. Dura hasta las 10.

LA REVOLUCIÓN TOMA EL BERRINCHE

Abril 1°. A las 4 de la madrugada ha empezado un reñido combate que se extiende desde el Parque de La Concordia hasta La Granja, incluyendo el Berrinche, Sipile y el Cuartel de Veteranos. Funcionan las ametralladoras y cañones, y parece que se trata de un ataque general con el objeto de apoderarse de la capital.

Desde ayer tarde la Revolución está concentrando fuerzas en el Estacado, a un lado del Berrinche. En la noche abandonan el Estancado, y, bajo el mando inmediato del General Tosta, se proyecta el ataque a las posiciones dictatoriales del Berrinche. A las 4 de la madrugada empieza el ataque, y a las 6 las fortificaciones del Berrinche están en poder del General Tosta.

Continúa el fuego, y parece que las fuerzas revolucionarias se quieren bajar hacia el río y llegar al centro de la ciudad, pero las ametralladoras de Sipile, Miramesí y Cuartel de San Francisco barren las faldas del Berrinche, con un fuego de cortina que obliga a las avanzadillas de la Revolución a retirarse a las posiciones que acaban de conquistar en el Berrinche.

A las 8 se ve flotar en el Berrinche la bandera de la Revolución, y al mismo tiempo el Picacho empieza a bombardear las posiciones y la falda del cerro, cayendo varios proyectiles en las orillas de la población. Las ametralladoras del Cuartel de San Francisco funcionan sin cesar, pasando el chorro de balas a tres o cuatro metros de los techos de las casas del centro de la capital, causando no poca alarma a los habitantes.

Viendo las fortificaciones del Berrinche en poder de la Revolución, el Consejo de Ministros envía una columna al mando del General Francisco Cardona para tratar de rescatar tan ·importante posición militar. El General Cardona se apodera del Estacado, y se prepara a atacar a las fuerzas revolucionarias por retaguardia, pero éstas comprenden la maniobra, y dejando un piquete de tropas en las trincheras del Berrinche, el General Tosta lanza sus columnas contra el General Cardona; éste lucha valerosamente, pero al fin cae herido mortalmente en el campo de batalla, de donde lo recogen muerto las tropas revolucionarias.

Entre 8 y 10 de la mañana la lucha ha sido reñidísima; los cañones y las ametralladoras del Gobierno lanzan lluvia de balas y proyectiles sobre las fuerzas atacantes; pero el Berrinche está ya perdido para el ejército dictatorial.

Se ha peleado desde las 4 de la madrugada hasta las 11.30, volviéndose a empezar a la 1 p.m. luchándose sin cesar hasta las 5 de la tarde.

Han tomado parte principalísima en esta importante acción de armas los Generales Andrés Leiva, Abel V. Villacorta, Pío S. Fálope y Eduardo Rosales, y los Coroneles José Inés Pérez, Abelardo H. Bobadilla, Juan Z. Pérez, Carlos Izaguirre V. y Moisés Nazar, del Ejército Revolucionario.

La pérdida del Berrinche es un golpe formidable para el Gobierno de la Dictadura, pues que desde las trincheras del Berrinche se domina la mitad de la capita1, incluso el Palacio Presidencial, el edificio de Telégrafos, Cuartel de Policía y otros importantes edificios públicos. Desde las posiciones del Berrinche las tropas revolucionarias pueden barrer con sus ametralladoras las principales calles de Tegucigalpa.

En la toma del Berrinche la Revolución ha capturado un cañón a las fuerzas dictatoriales, y una cantidad de parque para artillería y ametralladoras. Hay muchísimos heridos y muertos, entre estos últimos, el Coronel Ángel María Cisneros, herido mortalmente en la lucha.

Después de las 5 de la tarde el fuego ha calmado, aunque siguen pequeños tiroteos aislados un poco en todas partes.

CONTINUASE PELEANDO

Abril 2. A las 4 de la mañana empieza el tiroteo en Juana Laínez, La Granja, La Zopilotera y el Estiquirín. Se pelea duro. Las fuerzas revolucionarias atacan Juana Laínez desde La Granja, y la Zopilotera (en poder del Gobierno) desde el Estiquirín.

A las 7 aparece en el Berrinche la bandera nacional, puesta allí por las fuerzas revolucionarias; la saluda una lluvia de balas lanzadas por las ametralladoras de Sipile y Miramesí, y unos cañonazos del Picacho. La bandera es retirada.

—Se pelea todo el día entre Miramesí y el Berrinche, y entre el Berrinche y Sipile. Las ametralladoras no dejan de funcionar, tanto las del Consejo como las de la Revolución.

A las 7 p.m., calma general. A las 9 otro combate en La Granja, que dura poco más de una hora.

En el Berrinche donde están bien atrincherados, los rifleros de la Revolución tienen bajo su fuego toda la parte de la ciudad, entre el río y la calle del Comercio, y hacen disparos aislados contra los grupos de soldados que ven pasar por esas calles. Ayer y hoy han muerto algunas personas, entre ellas dos niñas.

EL CONSEJO DE MINISTROS QUIERE PARLAMENTAR CON EL GENERAL FERRERA

Abril 3. Fuertes tiroteos toda la noche en las márgenes del río y en los retenes del Parque de. La Concordia y Miramesí. Desde las 7 de la mañana las ametralladoras de Sipile, Picachito, Buenavista y Miramesí, funcionan con regularidad contra las fuerzas revolucionarias del Berrinche.

—El Ministro de Gobernación y Justicia, Dr. Bueso, convocó ayer al Consejo para tratar de enviar una propuesta de paz a la Revolución. Todos los Ministros parecen estar de acuerdo en que se debe pactar sin derramar más sangre; los elementos militares sin embargo, no están tan bien dispuestos.

El Consejo ha rogado hoy al señor Ministro Morales que pregunte al General Ferrera si éste recibiría una comisión del Gobierno con el fin de tratar de un arreglo. Se ha radiografiado al General Ferrera en este sentido, y se espera su respuesta.

—En la ciudad reina cierto desorden y hay en las calles tiroteos que vienen a aumentar la intranquilidad pública.

—A las 12 del día se ha calmado el tiroteo en las posiciones militares del río y las de Sipile y Miramesí. Pero a las 2 vuelven a funcionar las ametralladoras de Sipile y hay fuego de fusilería entre el Berrinche y Miramesí.

Abril 4. Se ha peleado toda la noche en Guacerique, haciéndose más intenso el fuego temprano de la mañana, cuando funcionan también las ametralladoras de Juana Laínez, y Sipile y una que se ha colocado sobre el edificio de Telégrafos.

Las calles cercanas al río y algunas casas particulares han sido ocupadas militarmente para trincheras; desde el Berrinche los soldados de la Revolución hacen fuego sobre las fuerzas del Consejo que bordean el río. Accidentalmente han muerto hoy 4 personas civiles que transitaban por esas calles.

—Avisa el Sr. Ministro Morales que el General Ferrera ha nombrado a los Srs. Doctores Salvador Aguirre y Francisco López Padilla para que, en su nombre reciban la comisión del Gobierno y traten con ella la cuestión de la Paz.

El Consejo nombra a los señores Dres. Alberto Rodríguez y Ángel Zúñiga Huete para que integren la comisión. A las 2 sale la comisión acompañada de los señores Morales, Ministro de Estados Unidos, y Lyall, Encargado de Negocios de Inglaterra. A su llegada al campamento revolucionario se hacen demostraciones de hostilidad al Sr. Zúñiga Huete por parte de algunos revolucionarios; pero el incidente pasa sin consecuencias.

Se celebra la conferencia, pero la propuesta del Consejo, que contiene unas nueve cláusulas, no es bien recibida por la Revolución, y los Delegados de ésta dicen que no puede ser aceptada; pero, sin embargo la discutirán en Consejo esta noche con los Jefes de la Revolución, avisando después. al Sr. Morales caso que tengan algo que decir.

—La Revolución ha recibido grandes refuerzos de la costa, según se asegura en los campamentos del Estiquirín; y si no se llega a un arreglo se anuncia un ataque general para dentro de tres o cuatro días. Se asegura también en el campamento revolucionario que de hoy a mañana llegará al Toncontín un aeroplano que vendrá a bombardear la capital.

Abril 5. La noche ha pasado completamente tranquila en todas las líneas. A las 7 de la mañana se oyen tiroteos en Guacerique, y los cañones del Picacho y Juana Laínez funcionan de vez en cuando.

—En la tarde vuela un aeroplano de la Revolución sobre Tegucigalpa, pasando a una gran altura.

BOMBARDEO AÉREO DE LA CAPITAL

Abril 6. Día domingo, generalmente día trágico desde que Tegucigalpa está sitiada. Y en efecto, a las 4 a.m. los moradores de esta capital hemos sido despertados por un ruido atronador de ametralladoras y riflería. A esa hora han sido atacados el Cuartel de Veteranos y las fortificaciones de Sipile.

El ataque ha sido de los más furibundos, extendiéndose la línea de fuego desde el Guijarro hasta Miramesí, pero la fuerza del ataque se dirige contra Sipile y el Cuartel de Veteranos. A las 8 se da por terminado el asalto y las fuerzas revolucionarias se van batiendo en retirada.

—A las 8.00 aparece un aeroplano volando a una gran altura sobre Sipile y con rumbo a Miramesí y el Picacho.

Todos los ojos se fijan en él, pues se cree que, como se ha venido anunciando, bombardeará las posiciones militares de la ciudad. Y en efecto, al pasar por Miramesí arroja unas cuantas bombas que hacen un ruido infernal al estallar como a medio kilómetro de los retenes; continúa su vuelo y bombardea las fortificaciones del Picacho, pero también caen lejos de los retenes y de las obras militares. Se aleja el aeroplano hacia el Toncontín, donde aterriza para emprender nuevamente el vuelo y arrojar un nuevo cargamento de bombas destinadas a las fortificaciones del Picacho; pero, como las anteriores, caen todas ellas sin causar ningún daño.

—Un cañón que las fuerzas revolucionarias tienen colocado en sus fortificaciones del Berrinche bombardea las posiciones del Sipile disparando varios cañonazos que causan algunos daños a las trincheras. La puntería ha sido muy buena, al contrario de la del aeroplano. En la tarde el mismo cañón dispara dos cañonazos sobre el

Palacio Presidencial, estallando el primer proyectil en la pared del edificio que hace frente al Berrinche.

Tanto las bombas arrojadas por el aeroplano como los proyectiles disparados por el cañón causan pánico entre la población civil de la capital; pero con excepción de un trozo de trinchera destruido por el cañón en las fortificaciones del Sipile, el bombardeo no ha causado ningún daño militar ni personal.

—Desde ayer se rumora en los círculos gubernamentales que está camino de la capital un fuerte ejército de 2.000 hombres que viene en auxilio de Tegucigalpa; dícese que viene al mando de los Generales Dionisio Gutiérrez, Julio Peralta y Pío Pacheco, Coronel Concepción Peralta y Doctor Salvador Corleto. Anúnciase también que el General Toribio Ramos está en Choluteca con 1,000 hombres, a las órdenes del Consejo, y que Nacaome y Amapala se han pronunciado nuevamente en favor del Consejo. Esas noticias son recibidas por el público con bastante escepticismo.

—Hoy renunció el Ministro de Relaciones Exteriores, Dr. Rómulo E. Durón, pero no le fue aceptada la renuncia.

También renunció el Gobernador Civil, Lic. Arturo Pineda Arias, nombrándose en su lugar al Coronel Jaime R. Turcios.

Abril 7. Toda la noche ha habido fuertes tiroteos entre el Berrinche y Sipile y en Guacerique, pero al amanecer todo está tranquilo. La mañana pasa sin novedad, pero a las 2 de la tarde se entabla un reñido combate en Sipile que dura hasta las 5, sin resultado decisivo. Toda la tarde han funcionado los cañones del Picacho y Juana Laínez y las ametralladoras de Miramesí y Sipile. También las fuerzas de la Revolución atrincheradas en el Berrinche han hecho funcionar sus ametralladoras contra los retenes de Miramesí. En este último lugar se pelea durante una hora a la caída del día.

—El Consejo anuncia que el ejército que viene en su auxilio, del sur de la República, se ha encontrado con las fuerzas del General Ferrera en el Cerro de Hule y que se ha entablado un fuerte combate que dura desde ayer. Anuncia también que hoy llegarán algunos contingentes de curarenes que vienen a alistarse en las filas del Gobierno.

—Corre el rumor de que en la mañana de hoy han sido capturados varios altos personajes del Partido Revolucionario.

—Hoy no ha funcionado el cañón de la Revolución emplazado en el Berrinche, ni ha volado el aeroplano. Se han recogido 6 bombas arrojadas ayer por él y que no estallaron.

Abril 8. Fuertes tiroteos toda la noche entre Sipile y el Berrinche. Todo el día se pelea fuerte en las afueras de Guacerique, Zopilotera y Estiquirín, sin resultados decisivos.

ASALTO AL SIPILE

Abril 9. A las 4 de la madrugada son atacadas las posiciones del Sipile y el Cuartel de Veteranos. La línea de fuego se extiende desde el Puente de Guacerique hasta Miramesí, pero el combate se libra contra el Cuartel de Veteranos y Sipile. Es la lucha más encarnizada que hemos presenciado hasta hoy en Tegucigalpa; tiene algo de parecido al asalto que se dio a las fortificaciones de Juana Laínez el domingo 16 de marzo pasado, pero la embestida de hoy es más fuerte; la vanguardia de las fuerzas asaltantes llega a unos 20 metros de las fortificaciones, pero el fuego de los defensores es tan nutrido que ya se ve que el avance de los asaltantes sólo puede efectuarse con un sacrificio de vidas. A las 7 el combate está en su apogeo. Llegan refuerzos a las tropas dictatoriales, y las fuerzas revolucionarias empiezan a batirse en retirada. A las 8 ha terminado el combate. A medio día se anuncia que del combate de esta madrugada se han recogido ya 125 muertos y muchos heridos.

PÁNICO EN LA CAPITAL POR EL BOMBARDEO AÉREO

Abril 9. El aeroplano bombardea la ciudad en la mañana y en la tarde. En la mañana ha arrojado 4 bombas en La Leona, una de ellas a 200 metros de la Legación inglesa. Otra ha caído a unos 25 metros de la Escuela Normal (edificio La Alhambra). Han caído otras en el centro de la ciudad, dos de ellas en la casa de la señorita Prisca Ugarte, a 7 metros de la Legación de México y 20 de la de Guatemala, matando a dos niñas y dejando a varias mujeres gravemente heridas. Se han recogido dos bombas, caídas, sin estallar, una a 5 metros de la casa de don Francisco Antúnez y otra en un patio cerca del Cuartel de San Francisco.

LOS DIPLOMÁTICOS SE DIRIGEN A LOS JEFES DE LA REVOLUCIÓN

Abril 9. Los representantes Diplomáticos de México, Guatemala, Costa Rica, El Salvador y Nicaragua, en vista de los terribles efectos del bombardeo aéreo en la población civil, han dirigido la siguiente comunicación a los Jefes de la Revolución.

Los infrascritos, miembros del Cuerpo Diplomático acreditado en Honduras, hacemos presente a los Jefes de la Revolución que operan en Toncontín, que habiendo estallado hoy una bomba arrojada de un aeroplano al servicio de la Revolución a pocos pasos de las Legaciones de México y Guatemala, matando a varias personase hiriendo a otras, excitamos a Uds. para que suspendan tan grave procedimiento que compromete de manera inminente la vida de los no combatientes. (firmado) José María Bonilla, Encargado de Negocios de Guatemala. Bernardino Larios, Encargado de Negocios de El Salvador. Diego Robles, Encargado de Negocios de Costa Rica. Pablo Campos Ortiz, Encargado de Negocios de México.

(Nota: —El señor Ministro de Nicaragua, don Anselmo Rivas G., autorizó por tarjeta que se pusiera su firma en el mensaje anterior).

ENCARCELAMIENTO DE VARIAS PERSONALIDADES POLÍTICAS

Abril 10. La noche ha pasado tranquila.

—Se asegura hoy que están presos en la Penitenciaría o en San Francisco varios importantes miembros del Partido Revolucionario, entre ellos el Dr. Paz Baraona, el Licdo. Rubén R. Barrientos, Licdo. Felipe Cálix, don Salomón Bueso V., Licdo. Serapio Hernández y Hernández, etc.

—A las 9 de la mañana se divisa el aeroplano volando rumbo a Juana Laínez; al pasar sobre las posiciones del Guanacaste arroja varias bombas, tirando también unas cuantas sobre Casamata. De allí pasa cerca del Picacho, siempre a una gran altura, y arroja varias bombas que vienen a caer a unas 300 yardas de la Legación Inglesa y de los Consulados de España y Costa Rica.

Hace otro viaje en la mañana y dos más en la tarde, arrojando gran cantidad de bombas dirigidas evidentemente a las posiciones de Miramesí, Picacho, Juana Laínez y Sipile, pero cayendo todas ellas lejos de su objetivo. Sólo dos han de haber causado algunos daños materiales. El pánico entre la población civil aumenta más cada día.

CONTESTACIÓN DE LOS JEFES DE LA REVOLUCIÓN A LOS DIPLOMÁTICOS HISPANOAMERICANOS

Contestando a los representantes diplomáticos de México, Guatemala, Costa Rica, Nicaragua y El Salvador, se ha recibido hoy de los Jefes de la Revolución el siguiente mensaje:

Del Berrinche, 10 de abril de 1924, a las 8.40 a.m. —Legaciones Guatemala, El Salvador, Costa Rica, México: —Tegucigalpa. Entendidos. Aviador tiene instrucciones arrojar bombas únicamente sobre campamentos enemigos y cuarteles; pero atendiendo insinuaciones de Uds., se limitará el bombardeo a las. posiciones afuera de la ciudad. Ponemos en conocimiento de Uds., que fuerzas dictatoriales cometen asesinatos inicuos en los heridos y avanzados nuestros que casualmente caen en sus manos. (Firmado). Tiburcio Carías A. —Vicente Tosta C.—F. Martínez Funes

—Algunos miembros del Cuerpo Diplomático y Consular han protestado por el arresto de los señores Barrientos y Hernández, Cónsules del Perú y Colombia, respectivamente. No se sabe si el Consejo ha tomado en consideración la protesta, pero se anuncia que, mediante el pago de una suma de dinero, será puesto en libertad de hoy a mañana el Licenciado Barrientos.

—El Picacho se ha incendiado y presenta de noche un espectáculo imponente; las llamas llegan hasta las fortificaciones.

—El General Ferrera, que salió con su ejército hace unos días hacia el sur, dejando el cerco de Tegucigalpa en manos de los ejércitos de los Generales Carías, Tosta y Martínez Funes, está peleando en Cerro de Hule con una fuerza que venía en auxilio de la capital, al mando del General Julio Peralta y Dr. Salvador Corleto.

—El Ministro de Estados Unidos y el Consejo de Ministros han estado tratando hoy la cuestión de un arreglo de paz. Parece que se discute un plan para presentarlo a la Revolución mañana o pasado, y ver si al fin se puede llegar a un arreglo definitivo.

—A las 8 y media se oye en el Parque Morazán un concierto dado por una de las Bandas capitalinas. Todo el día la ciudad ha estado bajo el imperio del pánico, y ahora, apenas repuestos de las horribles impresiones del día, se nos obsequia a los sitiados con unas cuantas piezas de las más alegres del repertorio español.

Sólo falta que se organicen bailes nocturnos para que los que estamos cuerdos no nos volvamos locos huyendo de las bombas del aeroplano durante el día, podamos durante la noche trastornarnos la cabeza dando vueltas al son de una alegre marimba.

EL CONSEJO DE MINISTROS HACE PROPUESTAS DE PAZ

Abril 11. Toda la noche fuertes tiroteos en Sipile, Miramesí y Guacerique, riflería y ametralladoras.

—El aeroplano ha bombardeado nuevamente, sin causar ningún daño a las fortificaciones.

—En la tarde, el Ministro de Estados Unidos, señor Morales y Encargado de Negocios de Inglaterra, señor Lyall, acompañados del Comandante Causey, segundo del Milwaukee, han ido al campamento revolucionario, en nombre del Gobierno, a hacer proposiciones de paz. Al llegar a su destino descubren que la propuesta que llevan a la Revolución es prácticamente la misma que llevaron los señores Doctores Zúñiga Huete y Rodríguez, en su reciente viaje. La Revolución desecha las propuestas del Gobierno y manda un nuevo plan de paz; este plan contiene 9 puntos, y es a nuestro modo de ver, muy aceptable para el Consejo de Ministros. Dice que lo va a estudiar y que dará su respuesta de mañana a pasado.

BATALLA DEL CERRO DE HULE

Abril 12. Bombardeo aéreo de Juana Laínez, Sipile, Guanacaste y Palacio Presidencial. Caen algunas bombas muy cerca de las fortificaciones pero no causan ningún daño personal ni material a las defensas militares. En cambio han caído bombas sobre algunas casas del Guanacaste y de Comayagüela: también cayó una sobre la Aserradera de Agurcia y otra sobre la Cervecería Werling, causando muchos daños materiales y algunas desgracias personales.

—El Consejo de Ministros sigue discutiendo el plan de paz propuesto por la Revolución; ya se han aceptado las cinco primeras cláusulas.

—Hoy se sabe que el General Ferrera, que había salido, rumbo al sur, en busca del ejército que venía en auxilio de Tegucigalpa, al mando del General Peralta y del Dr. Corleto, se encontró con el enemigo en Cerro de Hule, y se entabló un reñido combate, del cual resultó completamente deshecho el ejército Peralta Corleto.

—Continuando su avance hacia el sur, el General Ferrera ha tomado Nacaome ayer, después de un corto combate con las fuerzas del General Pío E. Pacheco.

—Se anuncia un próximo ataque por las fuerzas del General Ferrera a la plaza de Choluteca, donde se encuentra el General Toribio Ramos con unos 600 hombres bien armados.

CONTINÚA EL BOMBARDEO AÉREO. GRANDES DAÑOS A LA POBLACIÓN CIVIL. ESTALLA UNA BOMBA A UNOS 10 METROS DE LAS OFICINAS DE "RENACIMIENTO".

Abril 13. Hoy es domingo, día trágico, pues desde que empezó el cerco de Tegucigalpa, todos los domingos han sido días rojos para la capital. En efecto, desde las 7 de la mañana vuela el aeroplano arrojando 9 bombas sobre Sipile y 11 sobre Juana Laínez; caen cerca de las fortificaciones, pero no causan ningún daño, cayendo todas en las faldas de los cerros. En el segundo vuelo ha arrojado otras sobre Miramesí y Sipile, pero con el mismo resultado del vuelo anterior.

—Como a las 4 de la tarde hace su tercer vuelo y arroja una lluvia de bombas en el centro de la capital, causando pánico entre la población civil. Una bomba cae a 10 metros de nuestras oficinas, destruyendo la esquina del antiguo Palacio Arzobispal y causando daños en algunas residencias.

—Anunciase la próxima llegada del Sr. Sumner Welles, alto funcionario del Departamento de Estado.

—El Consejo de Ministros, en vista del bombardeo de la capital, ha desistido de considerar el plan de paz que estaba estudiando. El mando militar de la capital ha sido entregado desde hace algunos días al General José María Fonseca, y ahora el Consejo de Ministros no puede tomar ninguna determinación sin consultar primero con los Jefes militares; y éstos se oponen a la paz mientras continúe el bombardeo aéreo de la capital.

—Fuertes tiroteos a la entrada de la noche en Guacerique, Guijarro y Sipile.

UN MES DE SITIO

Abril 14. Hoy hace un mes que empezó el cerco de Tegucigalpa; el 14 de marzo a las 2.35 de la tarde se rompieron las hostilidades.

—El día ha pasado tranquilo. No ha volado hoy el aeroplano, ni ha habido otra novedad que pequeños tiroteos en Guacerique y fuego de artillería en Juana Laínez.

LA MEDIACIÓN DE ESTADOS UNIDOS

Abril 15. Toda la noche ha habido fuertes tiroteos en Guacerique y Sipile, y el cañón de Juana Laínez ha funcionado desde temprano de la mañana contra las posiciones del Toncontín y del Estiquirín.

—El día pasa con relativa calma.

—No ha volado hoy el aeroplano.

—El Dr. Durón se ha separado definitivamente del Ministerio de Relaciones Exteriores, de cuyo puesto renunció el 6 del corriente. Se ha hecho cargo de la Cartera el Sub—Secretario.

—Hoy ha llegado el Sr. Sumner Welles, después de conferenciar largamente en el campamento revolucionario con los Jefes de la Revolución. Desde su llegada a Tegucigalpa se ha puesto al habla con el Consejo de Ministros, conferenciando detenidamente con los miembros del Gabinete.

—A las 5 de la tarde se libra un corto combate en el Cementerio, entre fuerzas de Sipile y fuerzas revolucionarias que han avanzado del Berrinche.

—La artillería de Juana Laínez ha estado funcionando todo el día.

LA CONTRARREVOLUCIÓN EN EL OCCIDENTE DE LA REPUBLICA

Abril 15. Hoy se ha sabido en Tegucigalpa que en Occidente de la República el 4 del corriente se había organizado una contrarrevolución dirigida por las fuerzas dictatoriales derrotadas en la Costa Norte y otros grupos que se les juntaron en la frontera de Guatemala. La contrarrevolución contaba con unos 1.000 hombres, al mando de los Generales Manuel Antonio López, Arturo Matute,

Romualdo Figueroa, Ángel Matute y otros jefes. Las plazas de Ocotepeque y Santa Rosa de Copán fueron tomadas por las fuerzas contrarrevolucionarias, y ya se preparan a marchar hacia el centro del país, rumbo a Tegucigalpa, casi al mismo tiempo que otro ejército contrarrevolucionario, al mando del General Dionisio Gutiérrez y del Dr. Salvador Corleto, hacia una intentona en el Sur de la República.

En el Cuartel General de la Revolución, en los llanos del Toncontín, causó cierta intranquilidad la noticia de esas dos contrarrevoluciones que se le venía encima. Pero se tomaron inmediatamente las medidas que el caso demandaba. El General Ferrera se dirigió hacia el Sur, y en Cerro de Hule y después en Nacaome, libró dos combates que derrotaron por completo las fuerzas contrarrevolucionarias.

En Occidente hicieron frente a las fuerzas dictatoriales de la contrarrevolución, los Generales José León Castro, Faustino P. Cálix y Lino Zúñiga; y en poco más de una semana quedaron completamente deshechas o desbandadas las fuerzas contrarrevolucionarias, quedando nuevamente Ocotepeque, Santa Rosa de Copán y toda la región occidental en poder de la Revolución Constitucionalista.

EL CONSEJO DE MINISTROS HACE NUEVAS PROPUESTAS DE PAZ A LA REVOLUCIÓN

Abril 16. Durante toda la noche ha habido fuerte tiroteo en Sipile y en Miramesí, funcionando a ratos las ametralladoras del Palacio y las de Sipile.

—El Representante Personal del Presidente de Estados Unidos Calving C. Coolidge, señor Sumner Welles, acompañado del Ministro señor Morales y del Comandante Causey, ha ido a celebrar una conferencia en el Campamento Revolucionario, acompañando a dos Delegados del Gobierno.

El objeto de la conferencia ha sido presentar a la Revolución las condiciones en que el Consejo de Ministros puede firmar el arreglo de paz.

EL CONSEJO DE MINISTROS PROPONE LA CELEBRACIÓN DE UNA CONFERENCIA DE PAZ EN AMAPALA

Abril 16. Estas condiciones son casi idénticas a las anteriores, pero ya están en forma de convenio, y sólo falta la firma de las partes interesadas. La Revolución las acepta, con excepción de la primera cláusula, que se refiere al Presidente Provisional. El Consejo de Ministros ha presentado cinco nombres y cinco ha presentado la Revolución, para que se escoja entre los 10 un Presidente Provisional, debiendo después celebrar una conferencia en Amapala, con asistencia de representantes de cada República Centroamericana, de Estados Unidos, la Revolución y el Consejo de Ministros, para ratificar, y aumentar o corregir, si es necesario, el Convenio de Paz definitivo. Como el Consejo no acepta ninguno de los cinco candidatos de la Revolución, ni ésta acepta ninguno de los cinco del Consejo, propone un armisticio manteniendo el Statu Quo actual, y que el primer acto de la conferencia centroamericana de Amapala sea la designación de un Presidente Provisional. La Revolución insiste en que tal designación debe ser previa a todo otro arreglo.

—Mañana debe el Consejo resolver su respuesta y darla al señor Welles, para transmitirla a la Revolución.

—Tres días sin que haya volado el aeroplano.

—Tiroteos fuertes todo el día en Guacerique, Sipile, Miramesí, en las márgenes del río y en el Parque de La Concordia.

Abril 17. Amanece el día tranquilo, pero ha habido fuertes tiroteos toda la noche en Guacerique y Miramesí.

—Continúan las Conferencias entre el. Comisionado Welles y el Consejo de Ministros.

—A las 10 vuela el aeroplano y arroja varias bombas, cayendo muchas de ellas sobre las casas del Guanacaste y frente al Parque La Libertad. No se sabe si ha habido desgracias personales.

—Toda la tarde hay fuertes tiroteos en Sipile y Miramesí.

EL GENERAL FERRERA TOMA LA PLAZA DE CHOLUTECA

Abril 18. Durante la noche se ha peleado entre el Berrinche y Sipile, y ha habido fuertes tiroteos de riflería y de amnetralladoras en Miramesí y en las orillas del río. Una ametralladora, colocada en el tercer piso del edificio de Telégrafos, ha estado haciendo fuego contra las posiciones revolucionarias del Berrinche. También han funcionado los cañones del Picacho y Juana Laínez.

—El Delegado Welles y el Ministro Morales han pasado el día conferenciando en el Campamento Revolucionario. Se está esperando la respuesta del General Ferrera a la propuesta de la Conferencia en Amapala. Los demás Jefes de la Revolución han aceptado la Conferencia.

—Ayer a las 3 a.m. entró el Gral. Ferrera a Choluteca sin pelear, pues el Gral. Toribio Ramos y demás jefes militares habían desocupado la plaza desde el día anterior, llevándose todos los elementos de guerra y como 500 hombres de tropa.

—En la tarde ha habido fuertes tiroteos en el Cementerio, en Sipile y en las orillas del río, funcionando también las ametralladoras del Palacio Presidencial y de los edificios cercanos al río.

—Hoy ha volado el aeroplano a las 9 de la mañana, pero en vez de bombas ha arrojado hojas sueltas, haciendo un llamamiento a las fuerzas dictatoriales para que dejen de pelear.

—Hoy ha sido arrestado y llevado preso a la Penitenciaría el señor Gobernador Político de Tegucigalpa, Coronel Jaime R. Turcios. Lo sustituye en la Gobernación el Coronel Salomón Sorto Z.

Abril 19. Tiroteos nutridos todo el día. Fuego de riflería, ametralladoras y cañones contra las posiciones revolucionarias del Berrinche.

—Aún no ha avisado el Delegado Welles si ya aceptó el General Ferrera la Conferencia de Amapala.

A las 6 de la tarde se desata una terrible tempestad de rayos, truenos y agua, que seguramente mortificará a las tropas de ambos bandos esparcidos por los ceros a la intemperie. Como a las 9 de la noche amaina la tempestad y cesan las descargas eléctricas, pero llueve torrencialmente toda la noche.

LLEGA A TEGUCIGALPA LA COLUMNA DEL GRAL. RAMOS

Abril 20. Domingo de Resurrección. Día de Pascua, o sea gran fiesta religiosa en todo el mundo cristiano. En Tegucigalpa pasará este día como todos los demás: triste, trágico y lleno de peligros para los moradores de la capital.

—La noche ha pasado relativamente tranquila.

—Aún no ha dado el Delegado Welles ninguna respuesta definitiva al Consejo acerca de si el General Ferrera acepta o no la Conferencia de Amapala. Pero al tanto él como el Ministro Morales han demostrado mucho empeño en que se celebre, y han pedido al Consejo de Ministros que firme un memorándum, aceptando el Consejo la Conferencia a bordo del crucero norteamericano Milwaukee, y basándose en dicho memorándum la fecha de hoy, día 20, para la inauguración de la Conferencia; no se explica este hecho de fijar una fecha materialmente imposible para la reunión de la Conferencia, puesto que ni el General Ferrera ha dado aún su aceptación, ni los otros Gobiernos Centroamericanos han sido oficialmente convocados, no hay tiempo tampoco para que los Delegados se trasladen de las respectivas capitales a bordo del Milwaukee en el término de las pocas horas que faltan del día de hoy. En fin, alguna razón habrá tenido el Delegado Welles y el Ministro Morales para fijar en el memorándum la fecha de hoy.

—Hoy a las 11 de la mañana ha ingresado a Tegucigalpa una columna dictatorial de unos 400 hombres, al mando de los Generales Toribio Ramos, Julio Peralta y Concepción Peralta. Como 150 hombres venían montados.

Es la fuerza que estaba en Choluteca y que evacuó aquella plaza el 17, llevándose todos los elementos de guerra. La entrada en Tegucigalpa se ha efectuado por el Guanacaste, y ha causado sorpresa que las fuerzas revolucionarias no hayan atacado al General Ramos y tratado de impedirle la llegada a la capital.

—Una pequeña columna de las fuerzas dictatoriales estacionadas en Sipile, ha dado esta mañana una carga contra el Berrinche, llegando hasta muy cerca de las posiciones revolucionarias, pero han sido rechazados después de 2 horas de nutrido tiroteo. Se supone que el objeto de ese ataque ha sido distraer las fuerzas revolucionarias mientras la columna del General Ramos entraba en Tegucigalpa.

—Los Jefes de la Revolución, señores Generales Carías, Tosta y Martínez Funes, al aceptar la Conferencia de Amapala, han puesto como condición que no se suspenderán las hostilidades durante la Conferencia. El Gobierno insistió con el Delegado Welles para que se concertara un armisticio de 10 días para mientras dura la Conferencia; pero la Revolución no aceptó, y el Sr. Welles no cree tampoco necesario el armisticio.

EL GRAL. FERRERA ACEPTA LA CONFERENCIA DE AMAPALA

Abril 20. Después de la entrada en Tegucigalpa de las fuerzas del General Ramos, el Delegado Welles y el Ministro Morales han salido para el Campamento Revolucionario, regresando poco después de participar al Consejo de Ministros que ya ha contestado el General Ferrera aceptando la Conferencia.

La lista presentada por la Revolución para escoger un Presidente Provisional, es como sigue:

Doctor don Fausto Dávila
General don Vicente Tosta C.
Doctor don Miguel Paz Baraona
Doctor don Silverio Laínez
Doctor don José María Casco

La lista del Consejo de Ministros, es como sigue:

Doctor don Francisco Bueso
Doctor don Carlos Alberto Uclés
Doctor don Federico C. Canales
Doctor y General don Roque J. López
Doctor y General don José María Ochoa V.

—El Dr. López ha renunciado al Ministerio de Guerra y Marina para ir a la Conferencia, y el Dr. Ángel Zúñiga Huete, será nombrado Ministro en su lugar.

—Todos los presos políticos han sido ya puestos en libertad, siendo los últimos en salir el Dr. Paz Baraona y el Lic. Felipe Cálix.

—En la tarde ha hecho dos vuelos el aeroplano, arrojando durante el primero unas cuantas bombas sobre Juana Laínez, sin causar ningún daño; y en el segundo vuelo ha tirado una gran cantidad de hojas sueltas.

—En los círculos oficiales háblase de una salida de las fuerzas para atacar las posiciones revolucionarias del Estiquirín y Toncontín.

—A pesar del aumento en la guarnición de la plaza, no ha habido ningún desorden en la capital, habiendo entrado las tropas sin disparar un tiro; todo el día ha pasado tranquilo en las calles de la ciudad.

ENTRA EN ACTIVIDAD LA ARTILLERÍA DE LA REVOLUCIÓN

Abril 21. Tiroteos intermitentes toda la noche en Sipile, Guacerique, Berrinche, Miramesí y los retenes del río. Desde temprano funcionan los cañones de Juana Laínez y Picacho.

—Los Delegados a la Conferencia de Amapala son: el Dr. Alberto A. Rodríguez, Dr. y General Roque J. López y el Dr. Federico C. Canales de Secretario. La Comisión saldrá probablemente mañana. El Ministro de Estados Unidos no asistirá a la Conferencia, yendo solamente el Delegado Welles.

—A las 11 de la mañana dos cañones colocados en el Estiquirín abren sus fuegos contra las posiciones de Juana Laínez y Sipile, cayendo varios proyectiles en las trincheras de las fuerzas dictatoriales. Algunos proyectiles evidentemente destinados al Palacio Presidencial, caen en la ciudad, uno de ellos en el edifico del Banco de Honduras; pero no causan daños a la población. A las 12 cesa el cañoneo.

—A las 4 de la tarde vuelve a empezar el fuego de artillería de la Revolución pero esta vez ya los cañones no se ven en el Estiquirín, y es de suponerse que han sido emplazados en otros sitios más cercanos a las posiciones de las fuerzas dictatoriales. Desde el Berrinche caen varios proyectiles sobre Juana Laínez, Picacho y Sipile, y estas fortificaciones empiezan, a su turno, a disparar su artillería contra el Berrinche y el Estiquirín.

Los proyectiles se cruzan por el aire sobre Tegucigalpa, y el cañoneo se hace general, hasta el punto que ya no se puede distinguir de donde proceden los cañonazos ni adónde van a caer las granadas.

LA CONFERENCIA DE AMAPALA

Abril 21. Hoy se ha convenido en que mañana saldrán los Delegados de la Dictadura y los de la Revolución para la Conferencia de Amapala. El señor Welles, Delegado Personal del Presidente de Estados Unidos acompañará a los Delegados y dirigirá las labores de la Conferencia; ésta se celebrará a bordo del crucero Milwaukee, surto en la rada de Amapala.

—El señor Sumner Welles, Representante Personal del Presidente de Estados Unidos, ha tenido la fineza de invitar a nuestro Director, don Mario Ribas, para que asista a la Conferencia de Paz, a bordo del crucero Milwaukee.

—Toda la noche hay fuertes tiroteos en Sipile, Estiquirín y Miramesí.

A TRAVÉS DE LAS LÍNEAS DE FUEGO

Abril 22. De las 7 a las 8 hay fuego de artillería entre las fortificaciones de la Dictadura y las de la Revolución, pero a las 8 cesa el fuego en toda la línea.

—La hora fijada para la salida de la Comitiva que va a la Conferencia de Amapala es a las 8, y el lugar de reunión la Legación de Estados Unidos. La mañana pasa tranquila en las líneas de fuego, en espera a la salida de los Delegados, pero éstos están en calurosas discusiones en el Palacio, y a las 12 no hay todavía señales de viaje.

Por fin, a la 1.35 p.m. sale la Comitiva rumbo a Comayagüela a recoger a los Delegados López y Rodríguez, y diez minutos después se pone en marcha rumbo al Cuartel General de la Revolución.

—Ese viaje de Tegucigalpa a Toncontín, tan agradable en tiempos normales, se hace generalmente en 20 minutos; pero hoy tardamos una hora, a pesar de que es nuestro más vivo deseo atravesar con toda la rapidez posible los cinco kilómetros de campo de batalla que hemos de recorrer antes de hallarnos del otro lado de las líneas de fuego.

La Comitiva va en cuatro automóviles, tres de ellos con bandera norteamericana. El nuestro no lleva bandera alguna.

Llegamos a la plaza del Obelisco, y allí hacemos la primera parada, mientras nos damos a reconocer y las tropas dictatoriales apartan los alambres y abren una brecha a sus trincheras para dar paso a los automóviles. Mientras dura esta operación, algunas balas vienen a estrellarse alrededor de nuestro carro, pasando otras silbando muy cerca de nosotros. ¿Serán saludos de despedida que nos envían los sitiados de Tegucigalpa, o saludos de bienvenida que nos dirigen los sitiadores? No lo sabemos ni nos preocupamos mucho por averiguarlo.

Logramos al fin pasar esa primera línea de las defensas dictatoriales y al otro lado del puente de Guacerique, donde está la segunda y última línea, se repite la operación: parada, reconocimiento, brecha en las trincheras, tiritos de "cortesía", y... pasamos. Entramos ahora en la Tierra de Nadie o No Man's Land, como decían los partes oficiales en aquellos lejanos tiempos de la guerra europea.

Es una faja de terreno de unos 500 metros. Las casas en ambos lados de la calle están abandonadas; sus paredes, las que no han sido destruidas a cañonazos, están acribilladas de balas, algunas sin techo, otras sin paredes frontales y otras... ya son casi un recuerdo solamente.

Corren los carros a toda velocidad, pues se oye tiroteo y cruzan balas alrededor de nosotros. Sentimos pasar por encima de nuestro carro dos o tres proyectiles, evidentemente procedentes de la artillería, de Juana Laínez; caen a unos 50 metros del camino que llevamos; evidentemente no son para nosotros sino para las trincheras revolucionarias que se hallan más adelante.

Pasamos al fin la Tierra de Nadie y llegamos frente a la primera trinchera revolucionaria. Nos detenemos mientras nos damos a reconocer y nos toman los nombres para comunicarlos por teléfono al Cuartel General. Y mientras tanto, se abre una brecha a las trincheras para dar paso a los carros. Esta primera trinchera de la Revolución marca el principio de las posiciones de las fuerzas sitiadoras; llevan la insignia azul y blanco, y cada soldado muestra en su semblante valor y decisión. Emprendemos de nuevo la marcha y llegamos a la segunda línea de fuego del ejército revolucionario; también aquí llevan los soldados la divisa azul y blanco. Más trincheras, más paradas. Se ven tropas enfrente, a la derecha, a la izquierda y sobre todos los cerros cercanos

Continuamos hacia los llanos de la Estación inalámbrica y el Cuartel General de la Revolución. Ahora son tropas con la divisa azul y rojo las que bordean el camino y llenan cerros y casas. Son éstos los aguerridos soldados del valiente ejército del General Ferrera; más adelante, camino a San Lorenzo, encontramos otros muchos con la misma divisa; unos en camiones, otros a pie, marchando hacia Tegucigalpa, de regreso de su viaje al sur a la conquista del Cerro de Hule, Nacaome y Choluteca.

EN EL CUARTEL GENERAL DE LA REVOLUCIÓN

—A las 2.45. llegamos al Cuartel General de la Revolución Nos encontramos allí con numerosos amigos y conocidos que no hemos visto desde hace meses, entre ellos vemos a los Generales Medina Planas, Alvarado Mendieta; coronel Hipólito Retes, Dr. Manuel Valladares Núñez, que tanto se distinguió en la Batalla de Jacaleapa y en el Pedregalito; a los Coroneles Ricardo Lardizábal, Constantino. S. Ramos; Doctores Francisco López Padilla, Salvador Aguirre, Antonio C. Rivera, Carlos Laínez E., Magín Herrera A., Ángel Ugarte, señores Arturo Fortín, Alfonso Gallardo h., y cien otros buenos amigos que han acuerpado la causa de la Revolución.

Los abrazamos y contestamos como podemos a las mil preguntas que nos hacen respecto a sus familias en Tegucigalpa y de los amigos que, como nosotros mismos, han permanecido en la capital durante el sitio.

Saludamos a los Generales Tosta y Ferrera, héroes de esta cruzada reivindicadora, y, habiendo llegado la hora de partir, nos despedimos y emprendemos la marcha hacia San Lorenzo.

LA COMITIVA HACIA SAN LORENZO RUMBO A AMAPALA

La Comitiva ahora está completa. La forman: el Sr. Sumner Welles, Representante Personal del Presidente de Estados Unidos; Doctores Francisco López Padilla y Salvador Aguirre, Delegados de la Revolución; don Alfonso Gallardo h., Secretario de la Delegación; el Gral. Roque J. López y Dr. Alberto A. Rodríguez, Delegados del

Consejo de Ministros; Doctor Federico C. Canales, Secretario de la Delegación. El teniente comandante Alexander, del crucero Milwaukee, y don Mario Ribas, Director de Renacimiento. Van, además, varios oficiales del Ejército Revolucionario, tres oficiales del Ejército Dictatorial y cuatro marinos norteamericanos. Todos en cuatro automóviles.

Al pasar frente al Toncontín, dos columnas del ejército del General Ferrera forman valla en el camino. Las casas de campo de Loarque están atestadas de tropas con divisa azul y blanco. Cerca de Germania pasamos el último campamento de la Revolución, y desde el kilómetro 10 en adelante ya nos hallamos en campo pacífico. Pero no dejamos de ver en todo el trayecto de la carretera del Sur gente armada que va hacia Tegucigalpa. Entre Germania, a 10 kilómetros de Tegucigalpa, y San Lorenzo, punto terminal de la carretera (kilómetro 130), no hemos encontrado menos de 1.200 hombres, la mayor parte con divisa azul y rojo, todos armados y bien equipados, y sobre tode perfectamente bien disciplinados

A las 9 de la noche llegamos a San Lorenzo, y nos hallamos que la lancha del Milwaukee que venía a traernos, ha naufragado en el Golfo de Fonseca, por lo que nos habremos de quedar a pasar allí la noche, esperando que llegue otra embarcación enviada de Amapala.

Saldremos en la madrugada para llegar temprano a Amapala.

EN TEGUCIGALPA SE SIGUE PELEANDO ENCARNIZADAMENTE

Pero volvamos un momento los ojos hacia Tegucigalpa, que es donde se ha de desarrollar el último y más importante capítulo de esta sangrienta lucha entre el Poder Dictatorial y la Revolución Constitucionalista. Las Conferencias de Amapala formarán capítulo aparte en esta historia de sangre y destrucción. En Tegucigalpa se ha peleado desde las 3 de la tarde de hoy, día 22 de abril, hasta las 6.30, funcionando constantemente la artillería y las ametralladoras de ambos bandos combatientes.

—A las 7 p.m. se ha incendiado el Mercado San Isidro.

—A las 8 de la noche las fuerzas revolucionarias han abierto un nutrido fuego contra las posiciones de los dictatoriales, desde Miramesí hasta el Cuartel de Veteranos.

SE INAUGURA LA CONFERENCIA DE AMAPALA

Abril 23. Al amanecer, el Mercado de San Isidro ya no es más que un montón de escombros.

—A las 6 de la mañana empieza a funcionar la artillería del Picacho, Juana Laínez y Sipile contra las posiciones revolucionarias del Estiquirín y del Berrinche, cooperan en el tiroteo las ametralladoras. Los cañones de la Revolución contestan el fuego causando fuertes daños a las posiciones dictatoriales de Sipile y Juana Laínez.

—La Comitiva que fue a la Conferencia de Paz ha llegado a Amapala esta mañana a las 7 y media.

—A las 2.30 p.m. los Delegados han visitado al Almirante Dayton, a bordo del Denver, pasando de allí al Milwaukee, donde se ha inaugurado la Conferencia de Paz.

La sesión dura hasta las 6 de la tarde, y durante las discusiones han sido eliminados 6 candidatos de las dos listas propuestas. Quedan solamente en la lista los señores Dr. Fausto Dávila y el General Vicente Tosta C. por la Revolución, y Doctores Carlos Alberto Uclés y Federico C. Canales por el Consejo de Ministros.

Abril 24. A la 1 a.m. entáblase un fuerte combate en el Cuartel de Veteranos. Funcionan las ametralladoras de ambos bandos combatientes, y la lucha dura hasta las 5 de la mañana, hora en que las fuerzas revolucionarias quedan dueñas del terreno hasta 50 metros del Cuartel.

—A las 6 empieza el fuego de artillería y dura toda la mañana.

—A las 2 de la tarde vuela el aeroplano arrojando varias bombas sobre las defensas de Juana Laínez.

—Se ha estado peleando todo el día en las alturas de Miraflores y Guijarro. Son las fuerzas del General Martínez Funes que han atacado las posiciones dictatoriales.

—En Amapala sigue avante la Conferencia. Hoy ha habido dos sesiones a bordo del Milwaukee, una en la mañana y otra en la tarde. Estas se verifican en el mayor secreto, sabiéndose solamente que ha sido eliminado de la lista el Dr. Uclés, quedando ya sólo tres candidatos.

—Hoy han llegado a Amapala, procedentes de Nicaragua, los Doctores Paulino Valladares, Ramón Valladares, Rubén Andino Aguilar y don Ramón Landa.

—Desde Amapala se ha comunicado a los Gobiernos de Guatemala, Nicaragua, El Salvador y Costa Rica que la Conferencia se ha inaugurado y que se espera la llegada de sus respectivos Delegados para la celebración del Pacto definitivo.

Abril 25. Desde las 6 a.m. sé pelea en la Zopilotera. Fuego de artillería en toda la línea. Las fuerzas revolucionarias estrechan el cerco por la Soledad, Zopilotera, Guijarro y Miraflores. El General Martínez Funes es dueño de Miraflores, y desde allí estrecha el cerco entre el Guijarro y el Guanacaste, acercándose cada momento al centro de la ciudad.

—En la Conferencia de Amapala no ha habido sesión hoy.

EN AMAPALA SIGUE LA CONFERENCIA Y EN TEGUCIGALPA CONTINÚA LA LUCHA ARMADA

Abril 26. A las 6 a.m., empieza el fuego de artillería desde el Picacho, Juana Laínez y Sipile. La artillería de la Revolución contesta desde el Berrinche.

—Hoy ha llegado a Amapala el Delegado de Nicaragua, Ingeniero don José Andrés Urtecho, Ministro de Relaciones Exteriores de aquella república.

—La Conferencia ha celebrado hoy dos sesiones, discutiendo la elaboración de un Pacto Preliminar de Paz, y el nombramiento del Presidente Provisional de la República.

Abril 27. Desde las 5 a.m. empieza el fuego de artillería, ametralladoras y fusiles en toda la línea, y no cesa hasta las 4 de la tarde.

LA REVOLUCIÓN TOMA EL PICACHO

Abril 27. En la altiplanicie del Picacho se ha peleado todo el día y las fuerzas dictatoriales se han ido retirando hasta sus trincheras de última línea en el borde de la cúspide, las que son evacuadas a la entrada de la noche, retirándose definitivamente las fuerzas dictatoriales al centro de Tegucigalpa, dejando abandonadas las posiciones del Picacho. Queda la Revolución dueña del Picacho, con esta formidable fortaleza y el Berrinche dominan las fuerzas revolucionarias todo el radio de la población.

—El aeroplano hace un vuelo a las 5 de la tarde bombardeando las defensas de Sipile y Guanacaste.

—En Amapala continúa la Conferencia; se ha eliminado al Dr. Canales de la lista, quedando solamente los dos candidatos Dr. Dávila y General Tosta, propuestos por la Revolución. Según se puede entrever en las discusiones de la Conferencia, el General Tosta será proclamado Presidente Provisional. Si no se apresuran los Delegados a llegar a un acuerdo acerca de quién ha de ser Presidente Provisional, y sobre la entrega de la plaza de Tegucigalpa, es posible que la Revolución tome la capital antes de que la Conferencia haya logrado un acuerdo que ponga fin a la guerra.

—Hoy salió de Amapala el crucero Milwaukee, va a Puntarenas a traer al Delegado de Costa Rica.

LA TOMA DE TEGUCIGALPA

Abril 28. Ha sucedido lo que todos esperábamos; mientras en Amapala se discutía en la Conferencia el modo más práctico de hacer la paz sin necesidad de más derramamiento de sangre en Tegucigalpa, la Revolución se ha lanzado a un asalto decisivo y ha tomado la capital por la fuerza de las armas.

Ayer a las 8 de la noche las tropas de la Revolución, al mando del General Ferrera, habían avanzado hasta 50 yardas del Cuartel de Veteranos y 200 yardas del Sipile; las fuerzas del General Martínez Funes eran dueñas de las alturas de San Felipe, Miraflores y Guijarro y todo el terreno al Sudeste y al Nordeste de Juana Laínez; las fuerzas del General Tosta son dueñas del Picacho desde ayer tarde. La situación de los sitiados es casi insostenible. En vista de lo desesperado de la situación, el Consejo de Ministros ordena que se abra el fuego en toda la línea contra las fuerzas atacantes. Y a las 8.30 de la noche empieza el fuego general.

Las fuerzas de la Revolución que estaban listas para un asalto general y decisivo, responden a la ofensiva de las tropas dictatoriales con un furioso contraataque que, desde el primer momento, hace ceder terreno a los dictatoriales. Empieza una lucha encarnizada en toda la línea. A las 9 y media de la noche las tropas de la Revolución, al mando inmediato del General Tosta, han cruzado ya el río frente al Teatro, Parque La Concordia y Panteón, y siguen bajando del Berrinche en arrolladora avalancha hacia el centro de la ciudad. Llegan las primeras columnas del General Tosta y se apoderan del Mercado, edificio de Telégrafos y Cuartel de Policía. Otras columnas penetran en la ciudad por el Panteón, despreciando la lluvia de balas que lanzan las ametralladoras del Sipile. Las tropas del General Martínez Funes entran por el Guanacaste y por las faldas de Juana Laínez, llegando ya a la Isla por una parte y por otra al Cuartel de San Francisco. Mientras tanto, una columna al mando del Coronel Carlos B. González y otros jefes, atacan y toman el Cuartel de Veteranos, y marchan sobre el Palacio Presidencial.

Mientras se está efectuando el asalto a las posiciones de la ciudad, una batería de 6 ametralladoras colocadas en E1 Berrinche, mantiene un fuego de cortina contra el camino que conduce de la Isla a Juana Laínez y contra las posiciones de Sipile. Estas últimas son las más afectadas por el fuego destructor de las ametralladoras revolucionarias del Berrinche; el Sipile está en una situación precaria, pues además del fuego de las ametralladoras del Berrinche, tiene que hacer frente a un ataque furioso de una columna del General Ferrera que lucha heroicamente durante cinco horas asaltando al fin las trincheras y quedando dueñas de las fortificaciones a las 5 de la mañana.

LA LUCHA EN LAS CALLES DE TEGUCIGALPA

Abril 28. Continúa peleándose en las calles de la capital, en algunos lugares casi cuerpo a cuerpo.

A las 8 de la mañana de hoy la ciudad está ya en poder de la Revolución. Los últimos combates librados en las calles han tenido lugar principalmente frente a la Legación de Estados Unidos, en la calle del Hotel Agurcia, en el Parque Morazán y otras calles céntricas de la ciudad; esta lucha en las calles ha durado más de tres horas.

A las 9.10 a.m. cesa el fuego graneado y ya no se oye más que uno que otro tiroteo aislado. Los restos de las fuerzas dictatoriales que no han caído bajo las balas o salido de la población antes del amanecer, quedan prisioneros en poder de la Revolución.

Tegucigalpa ha sido tomada por asalto en doce horas, después de un sitio de 45 días durante los cuales no ha habido uno en que no se haya peleado, poco o mucho.

A las 10 a.m. ya no se oye un tiro. La Revolución ha triunfado definitivamente, pues Tegucigalpa era el último reducto del Gobierno dictatorial. La batalla ha sido ruda entre las 8 de la noche de ayer y las 8 de la mañana de hoy; han sido doce horas de lucha titánica. Todos por igual, atacantes y defensores, han dado muestras de un valor insuperable. La toma de la capital ha sido una acción de armas de las más heroicas y gloriosas de la historia militar de Honduras.

La victoria ha costado mucha sangre, y en las calles de Tegucigalpa hay muchos muertos y heridos a esta hora en que el pabellón de la Revolución flamea orgulloso en los edificios públicos de la capital.

¿Y LA CONFERENCIA DE AMAPALA?

Abril 28. Volvamos ahora los ojos hacia Amapala nuevamente. La noticia de la caída de Tegucigalpa ha sido debidamente comunicada a los Delegados a la Conferencia y el Honorable señor Welles, que está en constante comunicación radiográfica con Tegucigalpa, ha debido conocer en todos sus detalles este importante suceso, a medida que se iban desarrollando los acontecimientos. Además, la noticia de la caída de la capital le ha sido comunicada por los Delegados.

La Conferencia, desde luego, ya no tiene razón de ser. En realidad con la caída del Consejo de Ministros, los Delegados dictatoriales han dejado ipso facto de ser Delegados de entidad alguna.

Y como el objeto de la Conferencia era hacer la paz obteniendo de dicho Consejo la entrega de la capital, y puesto que la capital ha sido tomada ya por medio de las armas, y no queda Consejo de Ministros ni ejército dictatorial, ni entidad alguna que haga frente a la Revolución, qué objeto tiene ahora la Conferencia?

Pero es el caso que la Conferencia continúa.

Es una verdadera lástima que la mediación de Estados Unidos, ya que de todos modos había de venir, no haya llegado dos o tres meses antes de que se matasen unos cuantos miles de hondureños y se destruyese propiedad por valor de varios millones de pesos. En 1919 el Gobierno de Estados Unidos intervino cuando la Revolución tenía apenas un mes de haber empezado y mucho antes de que Tegucigalpa se viese amenazada por las fuerzas revolucionarias o se hubiese derramado una décima parte de la sangre que se ha derramado esta vez. Intervino, decimos, e hizo que el entonces Presidente de la República Dr. don Francisco Bertrand entregara el Poder a la Revolución. Y conste que el Dr. Bertrand era un Presidente Constitucional, legalmente constituido, reconocido por los Gobiernos extranjeros; presidía el Dr. Bertrand un Gobierno al que faltaban aún cerca de seis meses para completar su período constitucional. Y sin embargo, en aras de la paz y para evitar más derramamiento de sangre, el amistoso mediador hizo que el Dr. Bertrand entregara el Poder. En vista de ese precedente, muchos eran de opinión en Centro América que si Estados Unidos había de intervenir en Honduras en 1924, la mediación vendría antes de que la guerra hubiese terminado, máxime que la guerra se hacía contra un régimen muy distinto del régimen constitucional del Presidente Bertrand; se hacía contra una Dictadura con la que el mismo Gobierno norteamericano había roto sus relaciones diplomáticas desde el 5 de febrero.

Era, pues, lógico suponer que o vendría la mediación en tiempo oportuno o no vendría.

Pero a veces sucede lo que menos se espera.

Así, pues, hoy 28 de abril, a las 8 de la mañana la Revolución tiene en su poder Tegucigalpa y todo el territorio de la República; la guerra ha terminado. Ha terminado a las 8 de la mañana.

En Amapala se firma el Pacto Preliminar de Paz a las 12 y 30, cuatro horas y media después. Es firmado a bordo del Denver, por estar ausente del puerto el Milwaukee, a bordo del cual empezaron las conferencias. En dicho Pacto (cuyo texto se hallará en otro lugar) se nombra al General don Vicente Tosta C., Presidente Provisional de la República.

Abril 29. Para aclarar ciertos detalles de la Conferencia de Amapala, ésta suspende sus sesiones y el señor Welles, con los Delegados López Padilla y Aguirre, sale de Amapala hoy a las 4 de la tarde para venir a conferenciar a Tegucigalpa, donde llegan a medianoche. Con ellos ha llegado el Coronel Raúl Toledo López, Jefe Departamental de Amapala.

EL RETIRO DE LAS FUERZAS NORTEAMERICANAS

Abril 30. Habiendo conferenciado con los Jefes de la Revolución, el señor Welles y los Delegados Aguirre y López Padilla han salido esta mañana a las 6 para Amapala a continuar las Conferencias a bordo del Milwaukee.

—Ha regresado a Amapala procedente de Puntarenas el crucero Milwaukee llevando a bordo al Delegado por Costa Rica, Dr. don Pedro Pérez Zeledón, su hijo y Secretario, don Claudio Pérez.

—Ha llegado a Tegucigalpa procedente de Nicaragua, vía Amapala, el Dr. don Paulino Valladares.

—Habiendo terminado la guerra y existiendo ya en Honduras un Gobierno constituido que garantiza la paz y el orden público, el contingente de las fuerzas norteamericanas desembarcado el 18 de marzo último, ha abandonado hoy el territorio hondureño y se ha embarcado nuevamente a bordo del crucero Milwaukee.

Nosotros celebramos que hayan desaparecido los motivos que, en la mente del Gobierno de Estados Unidos, pudieron existir para justificar la presencia de esas tropas norteamericanas en la capital de Honduras, y abrigamos la esperanza que el Gobierno de Washington no volverá a encontrar ocasión para considerar necesario el desembarque de tropas suyas en tierras hondureñas. Durante su presencia en Tegucigalpa y más tarde en Amapala, tuvimos oportunidad de tratar de cerca a los oficiales de la Marina norteamericana que tenían a su mando los marinos desembarcados, y queremos hacer constar aquí que siempre les hallamos correctos y cumplidos caballeros. Esos oficiales son el Comandante Lewis D. Causey, el Teniente Comandante Benjamín Vaughan Mc. Candlish, Teniente Comandante Alexander y Teniente Mc. Veagh. Ellos sirvieron de intermediarios desinteresados entre las Autoridades de Tegucigalpa y el Cuartel General de la Revolución y cooperaron en la medida de sus posibilidades a preparar el camino hacia una pronta paz.

Si sus esfuerzos no tuvieron todo el éxito deseado, la culpa no fue de ellos sino de las circunstancias. Su buena voluntad quedó, en todo caso, bien comprobada. El tacto y la prudencia que demostraron en el manejo de las tropas a su mando y en sus relaciones con los beligerantes contribuyeron a evitar fricciones que podían haber traído graves consecuencias.

EL GENERAL TOSTA TOMA POSESION DE LA PRESIDENCIA PROVISIONAL

—Hoy día 30, a las 10 de la mañana, el General don Vicente Tosta C. prestó la promesa de ley ante el Alcalde de Tegucigalpa y tomó posesión de la Presidencia Provisional de la República.

—El Gabinete del Presidente Tosta ha quedado organizado como sigue:

GOBERNACIÓN Y JUSTICIA: General don Tiburcio Carías Andino.

RELACIONES EXTERIORES: Dr. Paulino Valladares

GUERRA Y MARINA: General don Gregorio Ferrera

HACIENDA Y CRÉDITO PÚBLICO: Dr. don Silverio Laínez

FOMENTO Y OBRAS PÚBLICAS: Dr. Don José María Casco, (sustituido después por el Dr. José Henríquez).

INSTRUCCIÓN PÚBLICA: Dr. Don Ramón Alcerro Castro, (sustituido después por el Dr. Federico A. Smith)

LOS ELEMENTOS EMPLEADOS EN LA GUERRA

En esta guerra han entrado en juego todos los elementos modernos en la guerra terrestre. Ha habido furiosas cargas de caballería, asaltos a machete, duelos de artillería, bombardeos aéreos; machetes, rifles, pistolas, ametralladoras, cañones, bombas, aeroplanos, automóviles, todo en fin lo que el genio humano ha inventado para la destrucción; y si la guerra dura quince días más se hubieran usado también los gases asfixiantes, que ya estaban listos.

LO QUE CUESTA LA GUERRA

Según cálculos muy conservativos, esta guerra civil, que ha durado cerca de tres meses, viene costando a Honduras unos $20.000.000; en esta suma sólo contamos el valor de la propiedad destruida, mantenimiento de los ejércitos beligerantes y pertrechos de guerra gastados en la lucha. Pero no hemos incluido lo que el Estado tendrá doble espacio que pagar en pensiones.

CAPÍTULO XI
EL CONVENIO DE TILOARQUE

He aquí el texto de aquel convenio histórico:

"En el campo de Tiloarque, frente a Tegucigalpa, a las 8 de la noche del 24 de marzo de 1924, reunidos los Generales don Tiburcio Carías A., don Gregorio Ferrera, don Francisco Martínez Funes y el Coronel Dr. don Camilo Girón con el patriótico objeto de uniformar todos los elementos que están contribuyendo a la Revolución libertadora, para derrocar la dictadura que hoy predomina en Tegucigalpa, de común acuerdo han convenido en las bases siguientes:

Primera: Designan como Presidente Provisional para que ejerza el mando supremo de la Nación, al señor Doctor don Fausto Dávila.

Segunda: El Dr. Dávila convocará a elecciones de Autoridades Supremas tan pronto como las circunstancias lo permitan, por estar el país en completa calma, debiendo convocarse también una Asamblea Nacional Constituyente, la cual se encargará de reformar nuestra Carta Fundamental, en el sentido que sea conveniente.

Tercera: Mientras el Dr. Dávila toma posesión de la Presidencia Provisional de la República, el mando supremo de la misma se ejercerá así: a) Se reconoce como Primer Jefe de la Revolución Libertadora y Jefe de la Zona del Centro, al señor General don Tiburcio Carías A., b) Se reconoce como Segundo Jefe de la Revolución y Jefe de las Zonas de Occidente y Sur de la República, al señor Gral. don Gregorio Ferrera; c) Se reconoce como Tercer Jefe de la Revolución y Jefe de la Zona del Norte, al señor General don Vicente Tosta C.; d) Se reconoce como Cuarto Jefe de la Revolución y Jefe de la Zona de Oriente, al señor General don Francisco Martínez Funes.

Cuarta: Las Zonas están determinadas de la manera como sigue: la Zona del Centro comprende los departamentos de Tegucigalpa, Comayagua, Olancho y Yoro; la Zona de Occidente comprende los departamentos de La Paz, Intibucá, Gracias, Copán y Ocotepeque; la

Zona del Sur, comprende el departamento de Valle; la Zona del Norte comprende los departamentos de Santa Bárbara, Cortés, Atlántida, Colón e Islas de la Bahía; y la Zona de Oriente, comprende los departamentos de El Paraíso y Choluteca.

Quinta: El Primer Jefe de la Revolución llevará la dirección de los asuntos públicos y, además, el mando de las fuerzas de su respectiva Zona; y los Jefes Segundo, Tercero y Cuarto de la Revolución tendrán el mando directo de sus respectivas Zonas.

Sexta: Es convenido que el nombramiento de los empleados en los diferentes ramos de la Administración Pública lo hará el Primer Jefe de la Revolución, de acuerdo con el Jefe de la Zona respectiva a que corresponde el empleo.

Séptima: Este convenio se pondrá en conocimiento del señor don Fausto Dávila y del Cuerpo Diplomático residente en la capital de la República.

Octava: El señor General don Vicente Tosta C., Tercer Jefe de la Revolución y Jefe de la Zona del Norte, firmará el presente Convenio.

En fe de lo cual firman el presente Convenio los suscritos en la misma fecha, hora y lugar arriba indicados, debiendo sacarse y firmarse una copia para cada uno de los Jefes de la Revolución. Tiburcio Carías A., Gregorio Ferrera, Francisco Martínez Funes, Camilo Girón".

CONFERENCIA DE AMAPALA Y EL TEXTO DE LOS PACTOS ALLI FIRMADOS

"Bajo la Presidencia del Sr. Sumner Welles, Representante Personal del Presidente de Estados Unidos, y a bordo del crucero norte—americano Milwaukee, se inauguró el 23 de abril la Conferencia de Amapala, entre los Delegados del Consejo de Ministros, señores Licenciado don Alberto A. Rodríguez y General don Roque J. López, y los Delegados de la Revolución, señores Licds. don Salvador Aguirre y don Francisco López Padilla.

Las deliberaciones de la Conferencia duraron hasta el 28 de abril, fecha en que, a las 12.30 del día se firmó el Pacto Preliminar, cuyo texto se hallará más adelante.

Consignemos aquí que el Pacto Preliminar se firmó a bordo del crucero Denver, por haber salido del puerto ese día el Milwaukee; y que dicho Pacto fue firmado cuatro horas y media después de haber tomado la Revolución la capital de la República y haber desaparecido el Consejo de Ministros que la defendía.

El 1º. de mayo se reúne nuevamente la Conferencia, esta vez con participación de todas las Repúblicas Centroamericanas. Las sesiones se celebran a bordo del Milwaukee, y duran hasta el 3 de mayo, día en que se firma el Pacto definitivo, cuyo texto también se hallara más adelante.

El Pacto definitivo ha sido firmado en tierra, en el salón de la casa Pablo Uhler & Cía, o sea en territorio hondureño, no obstante ser también dicha casa el Consulado de la Gran Bretaña.

Las Delegaciones que han participado en dicha Conferencia son como sigue: Por el Consejo de Ministros: Lic. don Alberto R. Rodríguez, Delegado; General y Licdo. don Roque J. López, Delegado; Licdo. Federico C. Canales, Secretario.

Por la Revolución: Lic. don Francisco López Padilla, Delegado; Licdo. don Salvador Aguirre, Delegado; Coronel don Alfonso Gallardo h., Secretario. Por la República de Guatemala: Licdo. don Mariano Cruz, Delegado; don Liberato Baca, Secretario; don José F. Pellezar, Agregado; Coronel don Horacio Aguirre Muñoz, Agregado.

Por la República de El Salvador: Doctor don Francisco Martínez Suárez, Delegado; Licdo. don Rafael B. Castillo, Secretario.

Por la República de Nicaragua: Ing. don J. Andrés Urtecho, Delegado.

Por la República de Costa Rica: Lic. don Pedro Pérez Zeledón, Delegado; don Claudio Pérez, Secretario.

Por el Presidente de Estados Unidos: Sr. don Sumner Welles, Delegado, iniciador y Director de la Conferencia.

Y damos a continuación el texto de los tres interesantes documentos producidos por la Conferencia: El Pacto Preliminar, el Pacto definitivo y un Anexo que es un punto del acta de la última sesión.

PACTO PRELIMINAR

"Tomando en consideración las proposiciones hechas por el Honorable Representante Sumner Welles, en representación del Presidente de los Estados Unidos, para terminar la situación anormal en que se encuentra la República, los infrascritos, con plenos poderes, y después de haber deliberado lo suficiente, se han puesto de acuerdo y han convenido en celebrar el siguiente Pacto los Delegados a la Conferencia.

1°. Se declara electo Presidente Provisional de la República al General don Vicente Tosta C. El Presidente Provisional tomará inmediata posesión de su cargo, y durará en ejercicio de sus funciones hasta la fecha que fije la Asamblea Nacional Constituyente para la toma de posesión del Presidente constitucionalmente electo. La persona que ejerza la Presidencia Provisional no podrá en ningún caso ser candidato a la Presidencia Constitucional de la República en el próximo período.

2°. El Presidente Provisional quedará obligado a convocar a elecciones para una Asamblea Nacional Constituyente, treinta días después de haber tomado posesión de la Presidencia. El decreto de convocatoria para elecciones de diputados a la Constituyente fijará un término que no exceda de treinta días para que éstas se practiquen, y la Asamblea Constituyente se instalará treinta días después de la elección.

3°. La distribución de los empleos públicos será equitativa en todos los ramos de la Administración Pública, tomando por base la honradez y aptitudes de la persona en quien deba recaer el nombramiento.

4°. El Presidente Provisional queda facultado para nombrar los Magistrados de la Corte Suprema de Justicia, y éstos, a su vez, los Magistrados de las Cortes de Apelaciones y los Jueces de Letras y Fiscales de los Tribunales de los departamentos de la República.

5°. El Presidente Provisional y el Poder Judicial ejercerán funciones de conformidad con las leyes vigentes en la República.

6°. El Presidente Provisional, inmediatamente que tome posesión de la Presidencia de la República, emitirá un decreto de amnistía para los delitos políticos, militares y comunes, conexos con los políticos.

225

7º. El Presidente Provisional acepta la responsabilidad de los actos de la Revolución y de la Dictadura, siempre que no sean lesivos a los intereses vitales del país, cuyo carácter lo declarará la Asamblea Legislativa correspondiente.

8º. El Presidente Provisional organizará las Juntas Departamentales de reconocimiento de pérdidas, a efecto de que los perjudicados durante la Revolución puedan hacer las debidas reclamaciones con arreglo a la ley correspondiente.

9º. El Presidente Provisional dará garantía eficaz de seguridad personal y de sus bienes para los jefes militares, oficialidad y tropa que hayan permanecido al servicio de la Dictadura y del Consejo de Ministros, lo mismo que para los de la Revolución.

10. Inmediatamente después de que el Presidente Provisional entre en el ejercicio de sus funciones asumirá el mando de los ejércitos de la Dictadura y de la Revolución. El mismo Presidente determinará la forma en que se debe liquidar el ejército, operación que se practicará dentro del menor término posible. Las fuerzas de la plaza de Tegucigalpa quedarán bajo el mando de sus respectivos Jefes, hasta que sean debidamente liquidadas.

11. Suspensión de hostilidades inmediatamente después de firmado el presente Pacto.

12. En el Pacto Definitivo que se celebrará después de que el Presidente Provisional de la República tome posesión de su cargo, entre los Delegados de ambas partes, con la mediación amistosa de los Representantes de los Estados Unidos y de Guatemala, El Salvador, Nicaragua y Costa Rica, se consignarán todos los detalles necesarios al estricto cumplimiento de todos los artículos convenidos en el Pacto Preliminar.

13. El presente convenio será firmado por el señor Representante Personal del Presidente de los Estados Unidos, cuya firma será considerada por ambas partes como garantía moral de su cumplimiento.

(f) Salvador Aguirre   (f)F. López Padilla

(f) R. J. López   (f) Alberto A. Rodríguez

28 de abril de 1924. AMAPALA

Witnessed by: (f) Sumner Welles, Personal Representative of the President of the United States.

PACTO DEFINITIVO

"En la ciudad de Amapala, república de Honduras, a las once horas del día tres de mayo de mil novecientos veinticuatro. Tomándose en consideración las insinuaciones de los Honorables señores Sumner Welles, Representante Personal del Excelentísimo Sr. Presidente de los Estados Unidos de América; Licenciado don Mariano Cruz, Delegado por la República de Guatemala; Doctor don Francisco Martínez Suárez, Delegado por la República de El Salvador; Ingeniero don J. Andrés Urtecho, Delegado por la República de Nicaragua; y Licenciado don Pedro Pérez Zeledón, Delegado por la República de Costa Rica, cuyos Poderes fueron examinados y encontrados en debida forma, con el fin de restablecer y consolidar permanentemente la paz en la República de Honduras, los infrascritos Delegados del Consejo de Ministros, señores Licenciados don Alberto Rodríguez y don Roque J. López, y de los jefes de la Revolución, señores Licenciados don Salvador Aguirre y don Francisco López Padilla, con plenos Poderes y previas deliberaciones del caso, han convenido en celebrar el siguiente Pacto Definitivo:

Artículo 1°. Se declara electo Presidente Provisional de la República al General don Vicente Tosta C. El Presidente Provisional tomará inmediatamente posesión de su cargo y durará en ejercicio de sus funciones hasta la fecha que fije la Asamblea Nacional Constituyente para la toma de posesión del Presidente constitucionalmente electo. La persona que ejerza la Presidencia Provisional no podrá, en ningún caso, ser candidato a la Presidencia Constitucional de la República en el próximo período.

Artículo 2°. En caso de falta absoluta o temporal del Presidente Provisional, ejercerá el Poder Ejecutivo el Consejo de Ministros hasta que se reúna la Asamblea Nacional Constituyente. Las decisiones del Consejo serán tomadas por mayoría de votos.

Artículo 3°. El Presidente Provisional quedará obligado a convocar a elecciones para una Asamblea Nacional Constituyente treinta días después de haber tomado posesión de la Presidencia. El decreto de convocatoria para elecciones de Diputados a la Constituyente fijará un término que no exceda de treinta días para que éstas se practiquen, y la Asamblea Constituyente se instalará treinta días después de la elección.

Artículo 4º. Los Ministros del Gabinete del Gobierno Provisional serán escogidos libremente por el Presidente Provisional. Cada Ministro tendrá bajo su control el nombramiento de los empleados del ramo correspondiente, sujeto solamente a la aprobación del Presidente Provisional. En la designación de los miembros del Gabinete y en los nombramientos que se hagan en cada ramo de la Administración Pública se concederá representación equitativa a todas las fracciones políticas de la República, tomando siempre como base esencial la honradez y aptitudes de las personas en quienes deben recaer los nombramientos. En caso de que falte un miembro del Gabinete del Gobierno Provisional, el Presidente Provisional, deberá llenar la vacante con una persona que pertenezca a la misma filiación política a la cual pertenecía el antecesor.

Artículo 5º. El Presidente Provisional queda facultado para nombrar los Magistrados de la Corte Suprema de Justicia; la duración de los Magistrados nombrados por el Presidente Provisional será por el tiempo que éste ejerza sus funciones, en el cual incluirán también los funcionarios de nombramiento de la Corte Provisional.

Artículo 6º. El Presidente Provisional y demás funcionarios de la Administración Pública, lo mismo que el Poder Judicial, ejercerán sus funciones de conformidad con las leyes vigentes en la República.

Artículo 7º. La elección del Presidente Constitucional se hará en todo caso por voto popular. El Presidente Provisional garantizará a todos los ciudadanos, sin distinción de colores políticos, la más absoluta libertad en las elecciones populares de Presidente Constitucional de la República para el próximo período, que se practicarán conforme a la nueva Constitución que se emita.

Artículo 8º. El Presidente Provisional, inmediatamente que tome posesión de la Presidencia de la República emitirá un decreto de amnistía para todos los delitos políticos, militares y comunes conexos con los políticos cometidos hasta esta fecha.

Artículo 9º. El Gobierno Provisional acepta la responsabilidad de los actos de la Revolución, de la Dictadura y del Consejo de Ministros, siempre que no sean lesivos a los intereses vitales del país, cuyo carácter lo declarará la Asamblea Legislativa correspondiente.

Artículo 10. El Presidente Provisional organizará las Juntas Departamentales de reconocimiento de pérdidas, a efecto de que los perjudicados por la Revolución puedan hacer las debidas reclamaciones con arreglo a la ley correspondiente.

Artículo 11. El Presidente Provisional dará garantía eficaz de seguridad personal y de sus bienes para los jefes militares, oficialidad y tropa que hayan permanecido al servicio de la Dictadura, y del Consejo de Ministros, lo mismo que para las de la Revolución.

Artículo 12. Inmediatamente después de que el Presidente Provisional entre en el ejercicio de sus funciones, asumirá el mando de los ejércitos de la Dictadura y de la Revolución. El mismo Presidente determinará la forma en que se deba liquidar el ejército, operación que se practicará dentro del menor término posible.

Las fuerzas militares de ambas partes que hubiesen quedado en Tegucigalpa o en otros lugares, permanecerán bajo el mando de sus respectivos jefes hasta que sean debidamente liquidadas.

Artículo 13. El presente Convenio Definitivo será firmado por el Honorable Sr. Representante Personal del Excmo. Sr. Presidente de los Estados Unidos y por todos los Honorables señores Delegados de las Repúblicas centroamericanas, cuyas firmas serán consideradas por ambas partes como garantía moral de su cumplimiento.

(f) Alberto A. Rodríguez	(f) Salvador Aguirre
(f) Roque J. López	(f) F. López Padilla
Witnessed by:	
(f) Sumner Welles.	
(f) Mariano Cruz	(f) F.Martínez Suárez
(f) J. A. Urtecho	(f) P. Pérez Zeledón.

ANEXO

"Antes de finalizar sus trabajos esta Conferencia, por votación unánime y el honroso medio de su digno Presidente, el Honorable señor Welles, acuerdan: dirigir al Excmo. señor Presidente de los Estados Unidos de América, las más sinceras gracias por la pronta y generosa colaboración prestada por él, desde que su valiosa mediación le fue aceptada por los bandos combatientes en la República de Honduras, para el completo restablecimiento de la paz y tranquilidad pública, y la fijación de bases para la reorganización de un gobierno constitucional. estable, nacido de la voluntad de la nación hondureña libremente manifestada.

Cumple al mismo tiempo la Conferencia con el grato deber de consignar en su acta final la expresión de su agradecimiento al Honorable Representante personal del Excmo. Señor Presidente de los Estados Unidos de América, digno Presidente de esta Conferencia, por la exquisita prudencia, perfecta rectitud e imparcialidad y alteza de miras, puestas por él a contribución, para el acertado desempeño de su delicado cargo.

Asimismo, no puede menos estas Conferencias que aplaudir la actitud levantada y patriótica de los bandos antes combatientes, quienes eficazmente han cooperado a la consecución de los altos fines que se perseguían.

Y como para el logro de éstos, no se ha contado con el instrumento de pactos internacionales que facilitaran la ardua labor, los cuales se hallan pendientes de la aprobación definitiva de algunos de los gobiernos signatarios, se acuerda: consignar un voto de recomendación para que dichos gobiernos, si lo tienen a bien, se dignen tomar en consideración los expresados pactos, a fin de que, si desgraciadamente ocurriese emergencia análoga a la de Honduras en la presente ocasión, sea más fácil, expedito y oportuno el camino que haya de seguirse para el instantáneo restablecimiento del orden legal. (f) Mariano Cruz (f) F. Martínez Suárez. (f) J. A. Urtecho, (f) P. Pérez Zeledón".

DESPUÉS DE LA GUERRA CIVIL DEL 24

La lucha política para la sucesión presidencial duró casi los cuatro años del gobierno presidido por el Gral. don Rafael López Gutiérrez, lucha que trajo como una irrenunciable consecuencia, la sangrienta guerra de tres meses durante los cuales, en las ciudades, en los cerros y en los villorrios, no se escuchó más que el crujir de los cañones y el lamento de los heridos.

Llegó el 31 de enero de 1924 sin resolverse el problema presidencial, y se desató la tremenda guerra civil que en síntesis ha quedado narrada gracias al espíritu observador del señor Ribas de Cantruy. Al historiador acucioso e inteligente, corresponde el trabajo de reseñar en forma más detallada, los móviles y pormenores que produjeron aquella hecatombe civil, como las razones y motivos que tuvieron los candidatos del liberalismo fraccionado para no tener un entendimiento honrado y patriótico que evitara la sangrienta lucha que destruyó en parte el bienestar de los hondureños.

—En vista de que la guerra civil se prolongaba amenazando con la anarquía, el Presidente de los Estados Unidos de Norte América ofreció su amistosa mediación y dispuso enviar a bordo del crucero Milwaukee, un Representante Personal: el Sr. Sumner Welles.

El 23 de abril, en el puerto de Amapala, se inauguró la Conferencia entre Delegados del Consejo de Ministros y Delegados de la Revolución. Las deliberaciones de la Conferencia duraron hasta el día 28 en que se firmó el Pacto Preliminar, acordando designar a uno de los Jefes de la Revolución, el General don Vicente Tosta Carrasco, como Presidente Provisional de la República en Ejercicio de sus funciones hasta el tiempo en que una Asamblea Nacional Constituyente fijara el nuevo período legal. Al mismo tiempo se inhabilitó al Encargado de la Presidencia Provisional para ser candidato en el próximo período.

El 1º. de mayo se reunió nuevamente la Conferencia. Esta vez con participación de los Representantes de las Repúblicas Centroamericanas; las sesiones se celebraron a bordo del Milwaukee, hasta el tres de mayo, día en que se firmó el Pacto Definitivo en los Salones de la casa de don Pablo Uhler en el puerto de Amapala, o sea ya en tierra hondureña.

El Gral. Tosta Carrasco, al asumir el Gobierno Provisional conforme al Artículo 9º. del Pacto Definitivo, aceptó la responsabilidad de los actos de la Revolución, de la Dictadura y del Consejo de Ministros, haciendo salvedad de que esta responsabilidad sería aceptada siempre que aquellos actos no fueran lesivos a los intereses del país.

Cuando el Gral. Tosta Carrasco asumió el Poder, declaró lo siguiente: "Todos somos hondureños, y la Patria, madre común, reclama la reconciliación nacional. Para que el país recupere el puesto que merece en el plano de las nacionalidades dignas, es preciso que el esfuerzo conjunto de sus hijos, en el honesto trabajo de la paz fecunda, restañe las heridas que ocasionó la contienda fratricida".

"Que se dediquen al trabajo reparador los hijos de Honduras en la seguridad de que su labor particular significa un contingente necesario en la gran obra de reparación común".

El Gral. Carías que había sido candidato de oposición al partido en el Poder y quien en los comicios de octubre de 1923 logró una mayoría lujosa, continuaba siendo el favorito en el corazón del pueblo. Cuando como Jefe del Partido Nacional se convenció de que en el seno del Congreso Nacional se preparaba la guerra civil, puso todos sus esfuerzos desinteresados al servicio de la Patria, y a su patriotismo y buena fe, se debió el plan Paz Baraona que prometía la sucesión Presidencial en forma pacífica. Pero como aquel plan a pesar de que con su aceptación el General Carías renunciaba a los derechos que había adquirido honradamente mediante el voto popular en las elecciones presidenciales referidas, fue desbaratado por la maniobra en juego del Dr. Bonilla fracasó, y de este fracaso surgió la guerra, y de la guerra las Conferencias de Amapala en las que se designó al General Tosta Carrasco, Presidente Provisional. El Jefe de la Revolución Reivindicadora aceptó la designación hecha en la persona del Gral. Tosta. Entonces el Gral. Carías fue nombrado para el desempeño de la Cartera de Gobernación y Justicia.

Inmediatamente después, lanzó al pueblo un manifiesto en el que decía... "Hemos de normalizar nuevamente la vida individual y colectiva, cooperando así a la difícil labor de organización que emprende hoy el Gobierno Provisional; hemos de olvidar los odios inherentes a la lucha armada, confundiéndose todos los hondureños honrados en el seno fraterno de la Patria redimida. La Revolución ha coronado el ideal que se propuso; y los Jefes, cuyo patriotismo no será desmentido jamás, desean colaborar con el pueblo hondureño para que el triunfo sangriento en las serranías termine con un triunfo más sonoro de paz, progreso y libertad en las ciudades..."

El General Tosta trató de cumplir con lo pactado en las Conferencias de Amapala, ya que al tomar posesión del Poder Supremo de la República organizó su Gabinete incluyendo a los Jefes de la Revolución Generales Carías y Ferrera para el desempeño de la Cartera de Gobernación y Justicia el primero, y la de Guerra y Marina, el segundo.

El General Tosta como Presidente Provisional convocó al pueblo para las elecciones de Diputados a la Asamblea Nacional Constituyente que debía de dar la nueva Constitución. Dedicados a tan trascendental labor se encontraban los Representantes del pueblo, cuando el 5 de agosto, el Ministro de la Guerra y uno de los Jefes de la pasada Revolución, General don Gregorio Ferrera, salió de la capital llevándose toda la gente armada bajo sus órdenes y gran cantidad de armamento, pronunciándose en armas contra el Gobierno. Ya antes había abandonado la capital y atacado la plaza de San Marcos de Colón, el General José María Fonseca, uno de los Generales de la Dictadura.

El Gobierno se vio obligado a dictar medidas militares movilizando fuerzas para perseguir al insurgente General Ferrera. Fresca aún la sangre derramada y viviendo todavía las tragedias que se registraron en la conmoción civil provocada por la Dictadura, aquel inesperado levantamiento conmovió profundamente el alma nacional.

La Asamblea Nacional Constituyente, investida de todos los Poderes de la Nación, en vista de lo que sucedía, emitió el siguiente Decreto:

"Considerando: que el General don Vicente Tosta ejerce el cargo de Presidente Provisional de la República por convenio de los Jefes de la, Revolución Reivindicadora recién pasada;

Considerando: que es de conveniencia pública ratificar esa designación para el necesario engranaje de la Administración y mantener el orden establecido.   DECRETA:

Art. 1°. Delégase el Poder Ejecutivo de la República en el General don Vicente Tosta, quien lo ejercerá hasta que tome posesión el Presidente Constitucional que se elija.

Art. 2°. El Presidente Provisional ejercerá sus funciones de conformidad con las prescripciones de la Constitución Política que regía el 31 de enero del año en curso, en cuanto no se opongan tales disposiciones a las que emita esta Asamblea.

Dado en Tegucigalpa, en el Salón de Sesiones, al seis de agosto de mil novecientos veinticuatro. R. Alcerro C. Presidente. Antonio Bermúdez M. Secretario. J.M. Albir, Secretario".

LOS PACTOS DE 1923

Estaba en vigencia el Tratado General de Paz y Amistad celebrado en Washington el 7 de febrero de 1923 cuyo artículo 2°. expresa que los Gobiernos de las partes contratantes no reconocerán a ninguno que surja en cualquiera de las cinco Repúblicas por un golpe de Estado o de una Revolución contra un Gobierno reconocido, obligándose a no otorgar el reconocimiento si alguna de las personas que resultaren electas Presidente, Vicepresidente o Designados estuviere comprendida en cualquiera de los casos siguientes:

Primero. Si fuere el Jefe o uno de los Jefes del golpe de Estado o de la Revolución; o fuere por consanguinidad o afinidad, ascendiente, descendiente o hermano de alguno de ellos.

Segundo. Si hubiese sido Secretario de Estado o hubiese tenido alto mando militar al verificarse el golpe de Estado o de revolución o al practicarse la elección, o hubiese ejercido ese cargo o mando dentro de los seis meses anteriores al golpe de Estado, revolución o elección.

Tampoco será reconocido, en ningún caso, el Gobierno que surja de elecciones recaídas en un ciudadano inhabilitado expresa e indubitablemente por la Constitución de su país para ser electo Presidente, Vicepresidente o Designado. De acuerdo con el Convenio de Tiloarque celebrado el 24 de marzo de 1924, los Jefes de la Revolución libertadora fueron los Generales don Tiburcio Carías Andino, don Gregorio Ferrera, don Vicente Tosta C. y don Francisco Martínez Funes.

Uno de ellos ocupó la primera magistratura, y los otros desempeñaron en el Gobierno Provisional una Cartera en el Gabinete, quedando, por consiguiente, descartados como posibles candidatos a la Presidencia en las elecciones próximas, según el artículo 2º. del Tratado General de Paz y Amistad celebrado en Washington en 1923.

El General Carías fue candidato en las elecciones populares de octubre de 1923 por ser el hombre de mayores prestigios, el militar más querido y el Caudillo más respetado. Era, pues el lógico candidato en las elecciones para que había sido convocado el pueblo por la Asamblea Nacional Constituyente de 1924.

Pero surgieron inconvenientes, creados por el Artículo 2º. del Tratado General de Paz y Amistad referido; y no queriendo el General Carías ser un obstáculo para el afianzamiento de la paz, hizo que sus amigos renunciaran al propósito de elevarlo a la primera magistratura de la Nación, proponiendo, en su lugar, al que fuera candidato a la Vicepresidencia en la fórmula nacionalista de 1923, Dr. don Miguel Paz Baraona, por el triunfo de cuya candidatura, el General Carías salió a los departamentos en una gira de propaganda política, demostrando de esta manera su gran desprendimiento, su gran patriotismo y su honradez ciudadana puesta a toda prueba.

El inconveniente establecido por el artículo 2o. del Tratado General de Paz y Amistad suscrito en Washington, y los rumores circulantes, obligaron al Presidente Provisional a hacer esta declaración: "La Asamblea Nacional Constituyente ha convocado al pueblo hondureño a elecciones de Autoridades Supremas. Con tal motivo, declaro: que, al quedar restablecido el orden público, alterado por el ex—Ministro de la Guerra, y en el deseo de garantizar de manera absoluta la libertad electoral, reorganizaré el Gabinete y nombraré el personal administrativo de acuerdo con el Pacto de Amapala, quedando excluidos los Generales Carías y Ferrera. Vicente Tosta".[7]

---

[7] "Presidencia de la República de Honduras. Casa Presidencial, 23 de agosto de 1924. Excmo. Señor:

En vista del telegrama dirigido a V.E. por el Departamento de Estado, y el cual se sirvió mostrarme, tengo el honor de dirigirme a V.E. en los términos siguientes:

Surgido el Gobierno Provisional que presido del Pacto celebrado en Amapala el 3 de mayo del año corriente, ha sido mi propósito observar en un todo las estipulaciones de dicho pacto; y al efecto las he cumplido una por una, y estoy en la idea de continuar cumpliéndolas de la manera más estricta. De acuerdo con las

El 30 de agosto, la Asamblea Nacional Constituyente emitió el Decreto Número 5, convocando a elecciones para Autoridades Supremas, elecciones que deberían verificarse el último domingo de octubre y en los días lunes y martes siguientes.

La revolución encabezada por el ex—Ministro de la Guerra continuaba. El 2 de septiembre, en la ciudad de La Esperanza, las fuerzas insurgentes proclamaron al Gral. Gregorio Ferrera Presidente Provisional de la República. El Gobierno Provisional del General Tosta hizo conocer a la Legación Norteamericana sus buenas intenciones para facilitar un arreglo que pusiera fin al nuevo derramamiento de sangre, y llegar a un definitivo entendimiento en favor de la pacificación del país. El Encargado de Negocios de los Estados Unidos se interesó, y gestionó por la efectividad de un arreglo, y en tal sentido, el diplomático norteamericano telegrafió al

---

estipulaciones y gozando de la más absoluta libertad, se practicaron las elecciones de Diputados a la Asamblea Nacional Constituyente, y funcionan, tanto en el Gabinete como en las demás dependencias del Gobierno, Ministros y empleados pertenecientes a todos los partidos, sin distinción de colores políticos; y conforme a ellas también se emitió el Decreto de Amnistía, se organizó el Poder Judicial y se establecieron las Juntas de Reconocimiento, dándose a todos los ciudadanos amplias garantías, cualquiera que sea la filiación a que pertenecen. La Asamblea Constituyente ejerce sus funciones de la manera más libre, sin que intervengan en ella influencias de ninguna clase por parte del Poder Público; y al emitirse la Constitución, se convocará al pueblo a elecciones presidenciales, que se practicarán con amplia y efectiva libertad, permitiendo a todos los partidos. que hagan uso sin ponerles estorbos de ninguna clase para su propaganda de la libertad de reunión, de la libertad de prensa y de todos los demás medios garantizados por las leyes patrias.

Por mi parte, para que esa libertad sea más positiva y acatando lo dispuesto en el artículo 2 del Tratado de Paz y Amistad suscrito en Washington, declaro: que no lanzaré ni permitiré que se lance mi nombre como Candidato a la Presidencia de la República, y procuraré por todos los medios que estén a mi alcance que la postulación que se haga no sea contraria al Tratado de referencia y al Pacto de Amapala, que son mis propósitos y deseos que la política hondureña marche en completo acuerdo con las ideas de vuestro Gobierno expresadas en distintas oportunidades.

(f) VICENTE TOSTA

Al Excelentísimo Señor Encargado de Negocios de los Estados Unidos de América, don Stokeley W. Morgan. Presente".

Gral. Ferrera diciéndole: "Yo espero que las proposiciones del Sr. Presidente Tosta serán aceptadas por Ud., y que podremos atender en el futuro cercano a una época de paz y prosperidad para el país y para el pueblo hondureño. Conforme los deseos de mi gobierno, estoy dispuesto a cooperar con todos los partidos a ese fin. Stokeley W. Morgan".

Los esfuerzos para celebrar una Conferencia y llegar a un avenimiento amistoso, fracasaron. Las comunicaciones cruzadas entre el Diplomático Norteamericano y el Jefe insurgente, son las siguientes: "Puesto que el Presidente Provisional ha aceptado de cumplir el Pacto de Amapala y convocar para octubre próximo a elecciones populares, en las que el Gral. Carías ha prometido no ser candidato a la Presidencia; y ya que el Gobierno Provisional ha propuesto un Armisticio en condiciones justas y razonables, el Gobierno Americano no.ve ninguna razón para que un arreglo amistoso entre las dos facciones no pueda efectuarse ahora, y se verá obligado a considerar a Ud. como el único responsable de la continuación de la guerra civil si la actitud de Ud. hace semejante arreglo imposible. Yo sinceramente espero, sin embargo, que Ud. aceptará el armisticio ofrecido por el Gobierno Provisional antes de que ocurra más derramamiento de sangre. Stokeley W. Morgan".

El 2 de septiembre, las fuerzas revolucionarias que acompañaban al ex—Ministro de la Guerra, Gral. Ferrera, le habían proclamado Presidente Provisional de la República en la Plaza Militar de La Esperanza.

El liberalismo que llevó al Poder al Gral. don Rafael López Gutiérrez en 1920, y que se fraccionó en dos grupos en la campaña cívica de 1923, intentó deslindar toda su responsabilidad histórica acusando al Partido Nacional de haber provocado la Dictadura así como los acontecimientos bélicos antes referidos. Quiso además el liberalismo lavar toda su culpa, pero los documentos que la historia se encargará de recoger cuidadosamente, vendrán, con el tiempo, a demostrar la inutilidad de tales cargos.

La rebelión encabezada por el Gral. Ferrera se ha querido atribuir al espíritu reaccionario y a la naturaleza contradictoria que privaba en el ánimo de aquel caudillo que nunca siguió una misma trayectoria ni alentó firmeza en sus proyectos, gravísimo inconveniente por cierto en todo político, ya que la firmeza de carácter, la seriedad en las determinaciones que se toman en la vida, marcan y perfilan la personalidad y a veces significan la llave del éxito. Si Napoleón, después de haber escuchado a Fulton, se decide, como en otras veces decidió con cálculo asombroso la gloria de sus victorias, habría dominado —como fue su dorado sueño— el imperio británico. Y sus días no habrían terminado tan tristemente en Santa Elena, ni Fulton habría negociado con la Gran Bretaña. A Napoleón esta vez la indecisión lo perdió. Y la indecisión, eterna aliada de aquellas ideas que no pueden definir concretamente lo que se busca, llevó siempre al Gral. Ferrera al fracaso en todas las luchas que emprendió. No queremos analizar ni definir el carácter de su persona ni la envergadura política que perfiló en vida, porque esa es labor y misión que se encargará de cumplir la historia cuando se hayan disipado del ambiente las pasioncillas y las pequeñeces de la política sectaria.

Pero como se ha querido cargar sobre los hombros del fallecido caudillo la responsabilidad de aquel levantamiento que conmovió hondamente y estuvo a punto de variar el curso de la historia como a punto de. dar como resultado, atentados lesivos a la integridad, léase la declaración espontánea del Gral. Ferrera, cuando al contestar a las fuerzas que le proclamaron Presidente Provisional, manifiesta, que el movimiento revolucionario no lo hizo él de por sí, sino que obedeciendo a los intereses de los liberales hondureños, y que no aceptaría, por consiguiente, más cargo, que el de Jefe Militar del liberalismo hondureño.

He aquí la respuesta en1 referencia: "Santa Bárbara, septiembre 2 de 1924. Señor Jaime R. Turcios. La Esperanza. Me he enterado atentamente de los conceptos de su mensaje de ayer relativos a la actitud asumida por los pueblos de ese departamento al cual pertenezco; dicha actitud se contrae a declararme Primer Jefe de la Nación, cargo y responsabilidad que no he buscado, y que yo creo es perfectamente factible que continúe en el cargo iniciado de Primer Jefe Militar del liberalismo hondureño. La Presidencia de la República jamás me ha preocupado, y varias veces he sentido vergüenza cuando me han achacado esos propósitos porque considero que ese alto puesto sólo deben ejercerlo las superioridades. Comprendo además que al país le falta todo, inclusive hombres, y si por un momento, por razones de política exterior, se hace necesario, o que la suerte de mi Patria esté en mis manos, sólo me veré obligado a aceptar las responsabilidades para salvar su soberanía. También les advierto, como ustedes lo saben, que este gran movimiento no lo hice yo, sino los liberales hondureños, y aunque Primer Jefe de ese movimiento, no soy más que subordinado de todos los elementos que lo componen y a los cuales pertenezco. Su servidor y amigo. G. Ferrera". Se sindicó al Doctor Bonilla ser el inspirador del levantamiento militar de Ferrera por haber sido éste su partidario, pero el Dr. Bonilla negó más tarde su injerencia.

VANOS ESFUERZOS

Hablando de las gestiones que llevaba a cabo el Encargado de Negocios de los Estados Unidos de Norte América de acuerdo con el Presidente Provisional General Tosta para poner término al movimiento revolucionario encabezado por el General Ferrera, véase el texto de los telegramas cruzados entre el Jefe insurgente y el Sr. Morgan.

"Villanueva, 7 de septiembre de 1924. Sr. Encargado de Negocios de Estados Unidos Mr. Stokeley W. Morgan. Tegucigalpa. Recibí hoy su mensaje fecha 5 en el cual se sirve exponerme que el Gral. Tosta no puede retirar sus fuerzas de Comayagua y San Pedro Sula, y que permaneciendo mis fuerzas en Statu quo acepta el armisticio de cuatro días más para conferenciar entre Siguatepeque y Comayagua.

"Me permito manifestar al señor Encargado de Negocios que estoy a media jornada de la Plaza de San Pedro Sula o sea 20 kilómetros y que varias columnas avanzan hacia San Pedro Sula; y que en estas condiciones no pueden hacer alto porque quedarían a la intemperie y sin comida, pero tampoco tengo inconveniente de aceptar Conferencias cuyos Delegados pueden reunirse entre San Pedro Sula y mis campamentos en esta zona, pues de aquí a Siguatepeque, el camino está obstruido y ningún expreso puede llegar en menos de tres o cuatro días sin contar con los inconvenientes de los ríos.

"Debo manifestar que un tostista de responsabilidad ha dicho hace tres días "Estamos derrotados y no podemos resistir, pero el Ministro Americano no dejará que nos ataquen y por lo menos obligará a

Ferrera a un armisticio para que el Gral. Tosta nos haga llegar hombres y elementos". Reitero a Ud. que los responsables de la guerra son los Generales Tosta y Carías: La totalidad de hondureños son testigos del sinnúmero de asesinatos cometidos por el Poder Público y bandas cariístas; por todas partes se encuentran numerosos grupos de hondureños huyendo de las persecuciones del caríismo, y sólo el temor del asesinato explica que la revolución cuente en tan breve tiempo con varios miles de hombres. No creo, señor, que constituya responsabilidad defender la vida con el fin de establecer un gobierno de orden y de responsabilidad en mi Patria. Afmo. G. Ferrera".

El Gral. Ferrera fue uno de los Jefes que levantó la bandera revolucionaria en 1919, cuando consideró ultrajados los derechos del pueblo por el gobierno del Dr. Francisco Bertrand, quien, en sus postrimerías, quiso imponer como candidato oficial a su concuño el Dr. don Nazario Soriano. Fue el Gral. Ferrera de los Jefes que dieron en tierra con aquel gobierno, y en la Administración liberal del Gral. don Rafael López Gutiérrez ocupó elevadas posiciones oficiales, habiendo después levantado la bandera revolucionaria contra aquel gobierno constitucional, porque juzgó que los derechos del pueblo se violaban.

Cuando el Gobierno del Gral. López Gutiérrez asumió la Dictadura, el Gral. Ferrera se lanzó a la guerra reivindicadora y, conforme al Convenio de Tiloarque, fue reconocido como Segundo Jefe de la Revolución; habiendo asistido a las Conferencias de Amapala por medio de su Representante personal Lic. don Francisco López Padilla, firmó aquel Pacto que declaró electo Presidente Provisional al Gral. Tosta.

Al formar su Gabinete el Gral. Tosta, Ferrera ocupó el Ministerio de Guerra, como Segundo Jefe de la Revolución. Desde ese puesto, como miembro del gobierno, y como factor decisivo que fue en la guerra libertadora, estaba en su deber velar y luchar porque el Gobierno establecido garantizara el orden en la República. Era la misión a cumplir por los miembros triunfantes de la Revolución. Sin embargo, el Gral. Ferrera nada hizo ni tampoco intentó hacer nada, y alentado por la ambición de un intransigente grupo de partidarios suyos, preparó una nueva Revolución, e izó, como bandera, el asesinato y la persecución ejercida por grupos del cariísmo, según propia acusación del Jefe insurgente.

Estaba en manos del Gral. Ferrera, evitar tales persecuciones y tales asesinatos, pero en manera alguna lanzarse a la guerra violando los Pactos que acababa de firmar solemnemente.

El Gral. Ferrera declaraba a las fuerzas que lo proclamaban Presidente Provisional, que el cargo era de responsabilidades y que no lo había buscado. Que la Presidencia de la República jamás le había preocupado; sin embargo, puso resistencia al ideal de paz y de conciliación nacional. Lo dice su respuesta a la excitativa del gobierno para una Conferencia de avenimiento, y lo interpretó así el Encargado de Negocios de los Estados Unidos al contestar el mensaje del 7 de septiembre. Mr. Morgan decía al Gral. Ferrera: "Tegucigalpa, septiembre 8 Sr. Gral. don Gregorio Ferrera. Donde esté. He recibido su telegrama fechado el 7 del corriente, por el cual usted me avisa que no quiere celebrar un armisticio sobre la base de: statu quo, sino que sus fuerzas continuarán avanzando a San Pedro Sula, lo que hace manifiestamente imposible tener la Conferencia sugerida por usted, en un lugar entre sus campamentos y San Pedro Sula. Por eso parece claro que usted no tiene verdadera intención de evitar más derramamiento de sangre ni está dispuesto a hacer inmediatamente un convenio basado sobre el leal y honorable cumplimiento del Pacto de Amapala, manifestado en su telegrama del 28 de agosto recién pasado, siendo una condición que el Gobierno Provisional aceptó inmediatamente. De consiguiente, yo tengo que cumplir con mi deber de avisar a mi Gobierno sobre su actitud actual. Yo he recibido instrucciones diciendo que en caso de que su proceder solamente haga imposible celebrar un convenio, el Gobierno de Estados Unidos no reconocerá ninguna Administración con usted como Jefe, ni extenderá simpatía ni apoyo moral a cualquier clase de Gobierno provisional por usted establecido. Por eso espero, para bien del país, que se celebre inmediatamente el armisticio y se hagan en seguida los trámites para la paz. Stokeley W. Morgan. Encargado de Negocios de Estados Unidos".

El Gral. Ferrera confesó que aquel movimiento revolucionario que capitaneó no era suyo, sino de los liberales. Demostrado ha quedado que el peor instigador para la Dictadura, a la que sobrevino la guerra civil, fue el candidato vencido Dr. don Policarpo Bonilla; sin embargo, en vista de los acontecimientos bélicos que se sucedían en el país y ante las frecuentes publicaciones que hacían los periódicos salvadoreños, el Dr. Bonilla, que se encontraba entonces en aquel país, hizo declaraciones con las que pretendió lavarse de toda culpa. No de otra manera podrá apreciarse, si se analiza, el contenido de este histórico documento:

"San Salvador, 15 de septiembre de 1924. Sr. Director de El Día. Presente. Muy Señor mío:

"Con mucha frecuencia algún periódico de esta capital y los comunicados oficiales enviados de Tegucigalpa, han pretendido hacerme aparecer como instigador o al menos como corresponsable del movimiento bélico que en estos momentos tiene lugar en Honduras.

"Una falsedad igual aseguraron los que estaban en el poder cuando el General Ferrera se levantó en armas el primero de febrero próximo pasado; y aun cuando los hechos posteriores vinieron a demostrar la falta de escrúpulos de los que no reparan en medios para atacarme, los que hoy gobiernan en Honduras repiten el mismo cargo, aunque están convencidos de la falsedad de sus afirmaciones.

"Creía yo al retirarme hace tres meses de mi país, que mi separación de los asuntos políticos de Honduras, que hice constar en una circular que dirigí a mis amigos al hacer mi viaje, obligaría a mis adversarios a no seguir atacándome; pero, desgraciadamente, no ha sucedido así, y esto me pone en la necesidad de hacer pública mi conducta hasta hoy.

"Desde a mediados de 1922 en que se inició la lucha electoral en Honduras, hice presente a todos los que apoyaban mi candidatura, que debían tener la seguridad de que en ningún caso y por ningún motivo promovería yo la guerra civil, ni contra el Presidente López Gutiérrez, ni contra un Presidente electo, ni contra un designado, ni contra un Gobierno de hecho, caso de hacerse ninguna elección.

"Este propósito firme que tenía hace muchos años, lo cumplí en absoluto, pues permanecí en Tegucigalpa sin tomar ninguna participación en la guerra, aun viendo amenazada mi vida.

"Pasada la lucha y temiendo que pronto sobrevendría una nueva por no haberse arreglado convenientemente nuestra situación política, preferí alejarme de mi país, para no ser responsable de lo que sucediera ni aun con mi presencia.

"Y los pocos días que permanecí en Tegucigalpa, los dediqué exclusivamente al arreglo de mis asuntos personales, sin tener relaciones de ninguna clase ni aun con el General Ferrera, con quien tan estrechas las tuve durante la campaña electoral y muchos años antes, y a quien sólo hablé una vez en la única visita que me hizo a los pocos días de haber triunfado la Revolución; y desde entonces no se ha cruzado entre él y yo ninguna carta ni telegrama, ni he recibido de él, ni él ha recibido de mí comunicación verbal directa ni indirecta que se refiera a la lucha presente, pues sólo le he enviado una carta para protestar de algunas frases contra mi honra que se le atribuían, carta que no ha sido contestada, porque probablemente no llegó a sus manos antes de salir de Tegucigalpa.

"El General Ferrera ha procedido, pues, exclusivamente conforme a sus propias aspiraciones; y por más que comprendo los poderosos móviles que han impulsado al pueblo hondureño a lanzarse nuevamente a la guerra, es mi deber hacer constar que no he participado en manera alguna en su iniciación.

"Y al haber procedido de esta manera, he tomado en cuenta, entre otras consideraciones, que todo movimiento revolucionario en Honduras es peligrosísimo para nuestra soberanía e integridad; y mi mayor deseo consistía en que las dificultades porque actualmente atraviesa Honduras hubieran sido arregladas pacíficamente.

"Por desgracia la guerra civil está desencadenada; y mi labor en estas circunstancias se ha reducido a dirigirme al Gral. Tosta pidiéndole que se empeñe en la pacificación del país, labor que, según lo demuestran los documentos adjuntos, no hizo más que aumentar el encono de mis adversarios y hacerle olvidar al contestarme, su elevada posición.

"En los momentos actuales el anhelo del patriotismo debe ser el pronto término de la guerra y el establecimiento de un régimen de ley y garantías, que asegure la paz dentro del derecho, que es la única verdadera y como lo he dicho al Presidente Tosta, prestaría todo mi contingente para ayudar a obtener ese resultado.

"Rogando a Ud. la publicidad de la presente y de los telegramas adjuntos, por lo cual me es grato anticiparle mi reconocimiento, me suscribo de Ud. atento y seguro servidor. P. Bonilla".

Quería el Dr. Bonilla elevar su personalidad en el concepto internacional como un pacifista convencido, que sacrificaba todas sus ambiciones personales en aras de tan bello ideal. Así se entrevé por los conceptos de la carta transcrita, como en un afán desesperado de hacer olvidar el contraste de su pasada actitud en las elecciones presidenciales de 1923.

No debe olvidarse que el Gral. Ferrera fue ardiente partidario del Dr. Bonilla en la campaña cívica de octubre, y enemigo del gobierno de López Gutiérrez, y que el primero de febrero de 1924 fue a la guerra contra la Dictadura en su condición de partidario del Dr. Bonilla. Qué causas y móviles indujeron al caudillo intibucano a tomar armas en defensa de los derechos conculcados del pueblo, al lado de los otros Jefes de la Revolución? Su filiación policarpista, o las razones antes expuestas, ¿de que sufría frecuentes cambios en su modo de ver y apreciar los problemas políticos de su país? Sean cuales fueran las causas, es el hecho que se fundaron en justificados motivos para creer que su levantamiento como Ministro de la Guerra obedecía a instancias del ex—candidato Dr. Bonilla. Así se colige por este párrafo tomado de la carta que con fecha 15 de agosto de 1924, dirigió desde San Salvador el Dr. Bonilla al Presidente Provisional don Vicente Tosta: "Ignoro lo que pase actualmente en Honduras, pero temo que ese ensañamiento haya aumentado con motivo de la presente guerra, aun contra aquellos que no hayan tomado parte en ella. Y si esta política de persecución y de venganza continúa, no sería posible permanecer indiferente, y todo hondureño honrado se vería obligado a buscar la manera de contribuir a que todos los ciudadanos tengan protección bajo un régimen de orden y de garantías. "Esto motivó para que el Jefe del Estado contestara al Dr. Bonilla, en mensaje telegráfico, lo siguiente: "He leído su telegrama. Las acciones de sus correligionarios desmienten sus palabras". Esta lacónica res puesta, da a entender que habiendo sido el General Ferrera un partidario del Dr. Bonilla, la acción por él asumida, desvirtuaba todo cargo para el Gobierno y para el cariísmo, como todo intento de disculpa pretendido por el Dr. Bonilla.

El movimiento revolucionario siguió su errado curso, en un loco afán de aniquilamiento y destrucción. Tanto el Gobierno Provisional como el Gobierno de los Estados Unidos, estaban vivamente interesados porque se llegara a un entendimiento amistoso y poner fin a aquella inútil contienda. Mr. Morgan, siguió gestionando a fin de que se restableciera la paz, y a este respecto, el diario "Reconciliación" registra en su edición del 22 de septiembre, el siguiente comunicado oficial:

"El Gobierno que preside el Sr. General Tosta, inspirado en los mejores deseos porque no se siga agotando estérilmente los recursos del país, ni sacrificando más vidas, ha deferido, sinceramente a las insinuaciones de aquel Honorable Diplomático y se prestó desde el principio a entrar en pláticas con el caudillo rebelde. Pero éste, tomando esa buena voluntad del General Tosta como signo de debilidad, extremó sus pretensiones hasta el punto de hacer imposibles e ilógicas las discusiones de opinión casi unánime del país, contraria a todo arreglo con el traidor, y el apoyo moral que el gobierno recibe de todos los que fueron garantes del Pacto de Amapala.

"A última hora, Ferrera que ha venido huyendo desde la Costa Norte hasta el interior, se dirigió de las inmediaciones de ´El Espino´ al Honorable Mr. Morgan, expresándole la disposición en que estaba de entrar en nuevas pláticas de paz, en virtud de haber variado, las circunstancias.

"Por tal razón, el Gobierno deseoso de terminar con la anómala situación del país, y accediendo a las amistosas excitativas del Representante Diplomático de Estados Unidos, nombró a los Doctores don Salvador Aguirre, don Venancio Callejas y don Nazario Pineda H., quienes llevaron como Secretario al Profesor y Coronel don J. Vicente Cáceres, para que fuesen, en compañía del Honorable Mr. Morgan, a discutir en su nombre, las proposiciones de paz del Jefe rebelde.

"Llegada la comisión ayer por la mañana a Comayagua, Mr. Morgan recibió una nota de Ferrera, en que le expresaba que tendría el gusto de recibirlo en la hacienda El Sitio de los señores Valenzuela, a una legua de aquella ciudad. Como la nota se refería únicamente a

Mr. Morgan, sólo él fue, pero regresó, luego, autorizado para llevar con él a la Delegación del Gobierno.

"Una vez en el lugar indicado, Mr. Morgan dio lectura a un breve discurso, excitando a los contingentes para que celebraran la paz en homenaje al bienestar de la república. Seguidamente, los señores Delegados exhibieron sus credenciales y preguntaron a Ferrera si tratarían con él o con representantes suyos. Ferrera contestó que, por de pronto, sería con él, pero que, de continuar las conferencias, nombraría sus Delegados.

"A continuación Ferrera, farsante siempre, expresó que estaba dispuesto a sacrificarse en beneficio de la paz, pero presentó para ésta, bases tan absurdas y ridículas, que causaron verdadera sorpresa en el ánimo de los señores Delegados y aun del mismo señor Diplomático Norteamericano.

"Entre las bases que propuso y que fueron rechazadas unánimemente y con toda energía por la Delegación Oficial, figuran las siguientes: 1ª, retiro inmediato de la Presidencia de la República del señor General Tosta, a quien calificó de enfermo e infiel cumplidor de sus deberes; 2ª, armisticio, y como garantía de éste la entrega inmediata a él de la plaza de Comayagua.

"La Delegación oficial le hizo presente lo absurdo de esas pretensiones y entonces Ferrera dijo que, en último caso, prefería que viniese la intervención extranjera, pues era mejor ser esclavo de los extraños, que de los mismos hijos del país.

"Tales palabras se comentan por sí solas y ponen de relieve la falta de honor y de patriotismo del Gral. Ferrera, y lo errado de su criterio al juzgar como despótico al actual régimen que preside el Gral. Tosta.

"No lográndose ningún entendimiento, la Delegación Oficial regresó para Comayagua con el Honorable Mr. Morgan y anoche mismo ingresaron a esta capital.

"El culto diplomático estadounidense, Mr. Morgan, cuyas gestiones amistosas le han granjeado verdadera simpatía en el pueblo hondureño, quedó convencido de que sólo Ferrera era obstáculo para la paz de Honduras y felicitó a los Delegados del Gobierno por el tino, energía y patriotismo con que procedieron.

"La Comisión del Gobierno cumplió con entereza y dignidad el delicado encargo que se le confió, poniendo muy en alto el decoro del

Gobierno e interpretando fielmente el pensamiento y los sentimientos de la generalidad del pueblo hondureño. Con tal motivo, ha recibido merecidas felicitaciones por su actuación patriótica".

La guerra ha ocasionado algunos miles de muertos y la propiedad ha sufrido considerablemente. No se encuentran datos para hacer una apreciación de lo que ha costado a la Nación la nueva montonera que obligó al propio Presidente General Tosta a salir en persona, el 24 de septiembre, para ponerse a la cabeza de las fuerzas y combatir al Jefe revolucionario que, habiéndose tomado la plaza de Comayagua, amenazaba con dirigirse a la capital.

Ferrera fue derrotado en la batalla que se libró en Ajuterique, donde combatieron más de cinco mil hombres. Esta batalla se libró el 11 de octubre y fueron teatro de ella, Ajuterique, Cerro Negro y Puringla, entre Comayagua, Siguatepeque y La Paz.

SE DIFIEREN LAS ELECCIONES

En vista del estado anormal en que se encontraba el país en virtud del movimiento revolucionario de Ferrera, las elecciones para Autoridades Supremas que debían practicarse el último domingo de octubre, fueron diferidas para el tercer domingo de noviembre, según el Decreto Número 20 que la Asamblea Nacional Constituyente emitió el 14 de octubre, y que dice:

"La Asamblea Nacional Constituyente, Considerando: que por la situación anormal del país no podrían practicarse el último domingo de octubre las elecciones de Autoridades Supremas, para las cuales fue convocado el pueblo hondureño en Decreto No. 5 emitido por esta Asamblea el 29 de agosto del presente año.

Decreta: Artículo Único: Diferir para el tercer domingo de noviembre próximo y los dos días subsiguientes, la práctica de las referidas elecciones. Debiendo cumplirse en todo lo demás con el decreto relacionado. Dado en Tegucigalpa, en el Salón de Sesiones de la Asamblea Nacional Constituyente, a los catorce días del mes de octubre de mil novecientos veinticuatro. R. Alcerro Castro, Presidente. Antonio Bermúdez M., Secretario, J.M. Albir. Secretario"

El 29 de octubre puede decirse que se puso término al movimiento de Ferrera, gracias a los encuentros librados el día 28, en las alturas de El Cerrón, Piedra Pintada y Hacienda Grande, en la frontera con

Guatemala. Las huestes revolucionarias fueron desbaratadas, y liquidado este movimiento, el Presidente Provisional General Vicente Tosta regresó a la capital para entregarse de lleno a los distintos asuntos de Estado que le esperaban.

LLEGAN LOS MARINOS YANQUIS A TEGUCIGALPA EN MARZO DE 1924

En el "Diario de Guerra" de Mario Ribas de Cantruy se lee:

"Marzo 9 (de 1924). El General Ferrera dirige una comunicación al Cuerpo Diplomático, por medio del señor Ministro de Estados Unidos, manifestando que si el Gobierno no le entregara la capital, él se verá obligado a tomarla por asalto. El Cuerpo Diplomático se reúne en la Legación Norteamericana y visita al Gobierno, ofreciendo nuevamente su amistosa mediación para ver si hay modo de llegar a un arreglo que traiga la paz y evite el ataque a la capital con su correspondiente derramamiento de sangre.

"El Gobierno se muestra poco dispuesto a entrar en arreglo alguno con la Revolución, pero dice al Cuerpo Diplomático que pida al General Ferrera las condiciones en que aceptaría la paz.

"Vuelve el Cuerpo Diplomático a la Legación de Estados Unidos, y allí se discute la cuestión de declarar una Zona Neutral en Tegucigalpa para que se refugien en ella los miembros de las colonias extranjeras y la población civil hondureña. Y para hacer respetar esa Zona, el señor Ministro de los Estados Unidos se propone HACER VENIR UN CONTINGENTE DE MARINOS DEL CRUCERO MILWAUKEE

Los diplomáticos allí presentes aceptan la idea, con excepción del señor Representante de México, Lic. don Pablo Campos Ortiz, quien dice que él no puede dar aprobación a semejante medida porque su Gobierno, en principio, es enemigo de toda intervención extranjera en asuntos internos de otro país, aunque el objeto sea simplemente mantener el orden, y de carácter provisional.

EL MINISTRO DE ESTADOS UNIDOS HA DADO ORDENES AL CRUCERO MILWAUKEE PARA QUE DESEMBARQUE 125 MARINOS Y LOS DESPACHE A TEGUCIGALPA

***

"Marzo 19. A las 11 de la mañana entran en la capital a paso marcial 200 marinos norteamericanos, del crucero Milwaukee; viene con ellos un camión lleno de armas y pertrechos de guerra; los marinos vienen armados hasta los dientes y entran con bandera desplegada.

El Poder Ejecutivo Provisional hace pública una protesta dirigida por el señor Ministro de Relaciones Exteriores al señor Ministro de Estados Unidos, por el desembarque de tropas norteamericanas en territorio hondureño".

La nota del Gobierno está en el "Diario de Guerra" de Ribas de Cantruy; la firma del Doctor Rómulo E. Durón, y el párrafo más significativo es el siguiente:

"La llegada de ese cuerpo de soldados al territorio de Honduras y su ingreso a la capital ha causado profundo disgusto en todos los ciudadanos, naturalmente celosos de que se mantenga ilesos los fueros de Honduras como pueblo libre y soberano, y un considerable grupo de respetables personas de esta capital han ocurrido ante el Gobierno a expresar igual sentimiento. En previsión de que ese disgusto pueda traducirse en actos de hostilidad, el Gobierno excita atentamente a Vuestra Excelencia, a dar orden de que el expresado cuerpo se retire inmediatamente de esta capital y vuelva, a la mayor brevedad posible, al barco de guerra de donde procede".

***

Marzo 21. Don Froylán Turcios ha publicado hoy el primer número del "BOLETIN DE LA DEFENSA NACIONAL", hoja de protesta contra el desembarque de marinos norteamericanos. Estos están acuartelados en el anexo del Hotel Agurcia, con un piquete en la Legación de Estados Unidos y otro en la estación inalámbrica".

BOLETÍN DE LA DEFENSA NACIONAL

Años más tarde decía el poeta Froylán Turcios que los días estelares de su1 vida habían sido del 20 de marzo al 25 de abril de 1924, tiempo en que publicó el Boletín de la Defensa Nacional; estuvo a punto de fundir los partidos en lucha armada para enfrentarlos en un solo bloque contra el invasor norteamericano,. y casi logró la unidad de todos los hondureños para repudiar la política monroísta de los Estados Unidos.

El Boletín era de cuatro páginas cubierto de artículos a doble columna. Tenía el tamaño de un periódico grande, como decir "El Cronista" de Paulino Valladares. Salía en la semana el lunes, el miércoles y el viernes. Lo dirigía Froylán Turcios y lo administraba la escritora Visitación Padilla, mujer valiente que con una serenidad increíble desempeñaba sus tareas, muchas veces bajo aguaceros de balas, además de publicar unas cuantas cuartillas en el vocero antiyanqui.

Colaboraron en el Boletín los escritores Alfonso Guillén Zelaya, Luis Andrés Zúniga, Céleo Dávila, Matías Oviedo, Porfirio Hernández, Vicente Mejía Colindres, Alberto Uclés, Esteban Guardiola, Miguel Oquelí Bustillo, Miguel A. Navarro, Manuel S. López, Samuel Laínez, Manuel G. Zúniga, Rómulo E. Durón, Eduardo Martínez López, Félix Salgado, Ricardo Alduvín, Salvador Zelaya, Luis Landa, Tito López Pineda; escritora Carlota Membreño, Manuel de Adalid y Gamero, Inés Navarro, Adán Canales, Octavio R. Ugarte, Angel R. Fortín, Gonzalo Sequeiros, más los miembros del Ateneo de Honduras y Acción Ibero—Americana.

***

En la casa de Froylán Turcios quedó abierto un libro para recoger firmas de protesta por la presencia de los marinos yanquis en Tegucigalpa.

***

El Consejo Supremo del Partido Liberal tuvo una reunión de emergencia el miércoles 19 de marzo en casa del ingeniero Manuel A. Reina, Presidente del Partido. Allí "el vocal señor Tejeda expuso que hoy a las once am. había ingresado a esta capital una columna de doscientos soldados norteamericanos con sus respectivas armas y pertrechos de guerra, sin haber obtenido previamente el permiso respectivo del Gobierno de la República: que tal hecho constituye un menosprecio a la soberanía de la nación, conforme a las prácticas del Derecho Internacional; que los hondureños, estamos en el deber de procurar el retiro de tales fuerzas norteamericanas del suelo patrio, y que en tal virtud, excita al Consejo Supremo para ejecutar una labor patriótica, por todos los medios que estén a su alcance para normalizar la vida político—internacional del país, alterada con tan inesperado arribo".

Sigue diciendo el documento:

Después de considerados ampliamente tan sensibles acontecimientos para el suelo patrio, el Consejo Supremo del Partido Liberal, encargado de la política del Partido, según sus Estatutos unánimemente ACORDO:

1°. Llevar la representación escrita, en nombre del Partido Liberal, al señor Ministro norteamericano residente en esta ciudad, pidiendo, en nombre del Pueblo Hondureño, el retiro de los soldados norteamericanos ingresados el día de hoy, haciendo presente la inconformidad manifiesta de la nación por el desembarco de fuerzas pertenecientes a un pueblo amigo con quien Honduras ha estado en cordiales relaciones.

2°. Designar al Vocal Castillo Vega para formular la representación a que se refiere el número que antecede.

3°. Dirigirse a todos los centros políticos de Centro América para que presten su patriótico concurso en el difícil momento para estos países, cuya unidad se aleja más con la intervención de factores extraños.

4°. Desarrollar, colectiva e individualmente, por todos los centros liberales del país, una labor continua para lograr el retiro de las fuerzas norteamericanas.

5°. Acreditar delegados a las cuatro secciones de Centro América para interesar a todos los gobiernos hermanos y asociaciones obreras en el sentido expresado.

Manuel A. Reina, Presidente. A. Gómez Romero, Srio".

(Tomado del BOLETIN DE LA DEFENSA NACIONAL, domingo, 23 de marzo de 1924).

***

Protesta del Partido Unionista Centroamericano. Zona 43. Tegucigalpa 27 de marzo de 1924.Señor Ministro:

El Partido Unionista Centroamericano que tengo la honra de presidir como Jefe Supremo, se propone fusionar en una sola

República los cinco Estados en que políticamente se divide hoy Centro—América; defender la integridad de su territorio; su independencia absoluta de cualquier nación extranjera; y trabajar en la oposición o en el poder para que se practique en todo sentido los principios de la verdadera República.

Consciente el Unionismo con esta doctrina, ha sido y será el defensor más decidido de la autonomía nacional cuando fuerzas extrañas han hollado o pretenden. hollar con su planta el suelo de la Patria; y sin desconocer que en muchos casos la intervención pacífica o armada de los Estados Unidos de Norteamérica en la política de los Estados de la América Central ha sido provocada, pedida y consentida por algunos centroamericanos, siempre queda en pie el hecho irrefutable que la Nación que su Excelencia representa, ha tomado por sí y ante sí la tutela política de los países del Mar Caribe, al grado que el Partido que represento considera ya la injerencia de Washington en los asuntos internos de estas naciones, como un obstáculo para la Unión de Centro América.

El hecho de haber desembarcado y ocupado la plaza de Tegucigalpa, el 19 del corriente mes, soldados del Ejército de los Estados Unidos, armados y equipados, es, en concepto del patriotismo, un ataque a la soberanía de Honduras, y en consecuencia, formulo, en nombre y representación del Partido Unionista Centroamericano, PROTESTA ante el señor Ministro de los Estados Unidos de Norte América por la violación del territorio hondureño, haciéndola extensiva a los centroamericanos que resulten responsables, porque no comprenden que el respeto a la vida y propiedad de nacionales y extranjeros, lo mismo que el orden y la libertad, en un plano elevado de igualdad y de justicia, deben ser los fundamentos de nuestra nacionalidad para alejar las intervenciones de los países extranjeros en nuestros asuntos.

Rafael Díaz Chávez, Jefe del Partido Unionista Centroamericano.

A su Excelencia el señor Ministro de los Estados Unidos de Norte América en Honduras, don Franklin E. Morales. Presente.

(Boletín de la Defensa Nacional, lunes 31 de marzo de 1924).

***

El pueblo de Tegucigalpa iba desatendiéndose de la guerra civil que se iba concentrando en Tegucigalpa para amotinarse agresivamente contra los marinos yanquis instalados en el Hotel Agurcia. Se corría el riesgo de las provocaciones, con el agravante que no había autoridad hondureña que tratara de impedir cualquier desaguisado.

Esto dio motivo para que Froylán Turcios publicara en el Boletín de la Defensa Nacional la siguiente:

"ADVERTENCIA OPORTUNA. Esta publicación excita a los verdaderos patriotas para que observen una actitud prudente en presencia de los marinos norteamericanos. Cualquier violencia podría ocasionar la ruina total del país, precipitándonos en un conflicto armado".

***

Como en el Libro de protestas abierto en la casa del poeta Froylán Turcios se contaban las firmas por millares y aumentaban de hora en hora, ante las habladurías solapadas de algunos agentes del Ministro norteamericano, el director del Boletín se vio precisado a hacer la siguiente advertencia:

"NO ES UN PARTIDO. SON TODOS LOS HONDUREÑOS. Verá el señor Ministro de los Estados Unidos de América, Mr. Franklin E. Morales, por las firmas que publicamos en nuestro Boletín, que son todos los hondureños, sin distinción de colores políticos, los que protestan por el ingreso de los marinos de su país a nuestro territorio.

Los odios partidaristas van desapareciendo en presencia del peligro que entraña un pabellón extranjero en nuestra patria".

***

Alejandro Armijo h. por medio del Boletín invita a la clase obrera a desatender las pequeñas divisiones nacionales que solo llevan a la ruina del país, y atender la urgencia de expulsar a los invasores norteamericanos. Expone la conveniencia de llenar el libro de firmas patrióticas abierto por Froylán Turcios en su casa o mandar la adhesión a la causa anti—yanqui. Finalmente pone de relieve los países invadidos por las tropas yanquis en América Latina.

***

La actitud de la patriota Visitación Padilla, quien también tuvo sus días estelares en la lucha antiimperialista del BOLETIN DE LA DEFENSA NACIONAL, movió a las demás mujeres de Tegucigalpa y Comayagüela a seguir su causa, a firmar el libro de protestas, a contribuir para la publicación del Boletín y a hacer propaganda en favor de la paz de los hondureños la cual debía ser firmada de inmediato para enfrentar la invasión del país por tropas extranjeras.

El señor Arzobispo Doctor Agustín Hombach expresó su honda pena por el arribo de los marinos yanquis a Tegucigalpa, y facultó que se publicara su declaración.

EDITORIALES DEL BOLETÍN DE LA DEFENSA NACIONAL

***

ESTADOS UNIDOS NO TIENEN NINGUN DERECHO PARA MEZCLARSE EN NUESTROS ASUNTOS INTERNOS

Ningún centroamericano en que vibre la más insignificante emoción de patriotismo podrá reconocer jamás el menor derecho al Gobierno de los Estados Unidos para inmiscuirse en nuestros asuntos internos. Si, desventuradamente, vivimos con el dicterio en los labios o con el rifle al hombro, destrozándonos como fieros enemigos, con la saña de los gallos de pelea, esto solo nos incumbe a nosotros y nada le importa de ello a ninguna nación extranjera. Que no se nos diga, cínicamente, que acuden en nuestro auxilio por piadosa humanidad, pues lo cierto es que tal ayuda es interesada, nacida de un instinto pirata, y aun cuando no fuera así, sería ignominiosa para nuestro civismo y atentatoria para nuestra soberanía. Somos nosotros, y solamente nosotros, los que debemos buscar el remedio a nuestros males de ambiente y de raza y no los extraños y los entrometidos.

FROYLÁN TURCIOS

(22 de marzo de 1924)

EL IMPERIALISMO YANKEE

El imperialismo del Norte es un pulpo formidable cuyos gigantescos tentáculos se alargan siniestramente sobre todos los países débiles. México lo ha detenido con su brazo heroico, acostumbrado a manejar con brío el rifle: y el machete en los combates sangrientos en que no se da cuartel al invasor, México, llamado gráficamente el Centinela de la Raza, tierra generosa del valor legendario, en donde se castiga con la muerte toda traición a la soberanía, es la muralla inconmovible que ha rechazado al pulpo con su voraz intento homicida.

El conquistador de pueblos, el destructor de libertades, tiene los ojos de Argos, y su famélica zarpa se posa hoy en un punto, y mañana

255

en un kilómetro cuadrado, y al otro día en toda la extensión de una comarca. Comienza por atrapar un dedo, sonriendo amistosamente; después la mano, luego el brazo; y en seguida, de improviso os echa la garra al cuello y os destroza sin piedad. Es multiforme, es un Proteo siniestro; y se aprovecha de todas las circunstancias, y de todos los errores de los pueblos que codicia. Juega con ellos, hipócritamente, como el gato con el ratón; les halaga, les da esperanzas de libertad, les deslumbra con sus montañas de oro, y de pronto, de un golpe certero y terrible, les arranca las entrañas.

FROYLÁN TURCIOS

(Boletín de la Defensa Nacional,
4 de marzo de 1924).

SOLICITUD

A Froylán Turcios para que, en nombre y representación de las suscritas, interponga sus buenos oficios ante el Consejo de Ministros y Directores de los movimientos revolucionarios, a efecto de que provoque un avenimiento honroso que ponga fin a la guerra civil que está causando la desolación y ruina de la Familia Hondureña y que ha traído, como consecuencia, el desembarque de marinos americanos.

Las suscritas, Madres de Familia y Damas de la Sociedad/de Comayagüela, a usted imploran sus valiosos oficios ante el Consejo de Ministros y Directores de los diferentes movimientos revolucionarios que asedian/la Capital de Estado, para que, en su nombre y representación, procure, por todos los medios posibles, una inteligencia honorable que ponga término a la angustiosa situación, porque atraviesa el pueblo hondureño y especialmente la capital de Honduras.

Fundan su petición en las razones siguientes:

PRIMERO: En el desembarque de los marinos americanos que amenazan con la pérdida de la soberanía e independencia de la Patria.

SEGUNDO: En razones de humanidad.

Basadas en las razones antes expuestas y con generales y amplios poderes para usted, le reiteran el ruego de interponer inmediatamente toda su influencia en el sentido indicado, haciéndoles considerar la enormidad de peligros que amenazan a nuestra querida Honduras.

Todo por la Autonomía Nacional

Comayagüela, 23 de marzo de 1924.

1. Dolores v. de Fiallos
2. Fidelia de Durón
3. Soledad de Durón
4. María Teresa N. de Sagastume
5. Carmen F. de Lara
6. Ramona F. de Ponce
7. María Cristina U. de Durón
8. Dolores v. de Reyes
9. Juana Ramírez v. de Estrada
10. Rosa de Mendoza
11. Isabel v. de Guillén
12. Abelina de Guillén
13. Josefa de Bustillo
14. María M. de Rodríguez
15. Jesús v. de Estada
16. María Reyes
17. Trinidad Osorio R.
18. Dolores Reyes
19. Florencia Fiallos V.
20. Adela Ilías Plata
21. Eva Judit Fiallos
22. Celina Durón
23. Mariana Medina
24. Elvira Rodríguez
25. Emilia Durón M.
26. Victoria Sánchez
27. Elena Reyes Durón
28. Sergia Olga Durón
29. Aída Julia Jirón
30. Concha Reyes Durón
31. María A. Cubas
32. Juana Reyes Durón
33. Susana Ramírez
34. María Reyes Durón
35. Elvia Galindo
36. Magdalena Valladares
37. Lubina Galindo
38. Vicente Díaz C.
39. Trinidad Pavón
40. Elena Valladares
41. Amalia Pavón
42. Juana Estrada
43. Ruperta Pavón Díaz
44. Carmen Matamoros
45. Arcadia Estrada
46. Abelina Cruz
47. Filomena Ordóñez
48. Mercedes Valladares
49. Adela Pavón
50. Mercedes Valladares
51. Cristina Valladares
52. Elena Valladares h.
53. Eva G. Gálvez
54. Carmen Alvarado
55. Guillermina Pavón
56. Adriana Reyes
57. Mónica Medina
58. Adela v. de Pineda Nájera

(Del Boletín de la Defensa Nacional, 24 de marzo de 1924).

MOMENTOS QUE PASAN COMO SIGLOS

Hay momentos que pasan como siglos en los corazones. Momentos colmados de cosas profundas y de ideas metálicas y eternas. Instantes de enorme intensidad en que parece que el espíritu se amplía, y se hace ligero y brillante y le nacen alas para ascender al infinito.

Es cuando la Patria se halla en peligro cuando sentimos esas manifestaciones inmortales que nos elevan sobre las miserias y prejuicios, haciéndonos conocer que hay en nosotros, recóndita y vibrante, una fuerza maravillosa creadora de altos hechos, madre del sacrificio y del heroísmo.

Vemos volar el enjambre de los días mediocres con ojos indiferentes, pausados los latidos de nuestras arterias, normal el golpear del corazón, frías las ideas en la complicada máquina del cerebro. Inertes se hallan nuestras energías, inmóviles nuestros impulsos, en la somnolencia habitual del ritmo del tiempo que corre.

Pero un día vese amenazada nuestra tierra por un poder extraño y la sangre circula por nuestras venas en hilos de fuego, y se encienden, como purpúreas, nuestros pensamientos, y surge de los más ignoto del espíritu ese estímulo sublime que ha llenado de legendarias acciones la historia del mundo.

FROYLÁN TURCIOS
(Boletín de la Defensa Nacional, 25 de marzo de 1924)

LEVANTEMONOS, EN UNANIME IMPETU, EN DEFENSA DE HONDURAS.

Levantémonos, en poderoso y unánime ímpetu, hoy, que aún es tiempo, en defensa de Honduras.

Sigamos, si así lo quiere el adverso destino, en nuestras abominables luchas fratricidas, antes que acogernos, mansamente, vilmente, al amparo de un pabellón extraño. Prefiramos un millón de veces nuestro atraso, nuestra abulia, todo lo obscuro de nuestro porvenir, a perder, por un fementido progreso, el don supremo, el mayor y más inestimable de los dones, el divino don de la libertad, gozado ampliamente en plena patria luminosa y bella.

Prefiramos un millón de veces —permitid esta hipérbole a mi patriotismo— prefiramos los más brutales déspotas en el Poder Público de Honduras; los gobernantes más ladrones, y más estúpidos, y más sanguinarios; los peores entre los peores de los hombres, siendo hondureños, es decir hermanos nuestros, al sedoso e hipócrita Gobernador norteamericano, de mano blanca y fina y enguantada, altanero y sonriente y despectivo en lo alto del palacio de hierro, imperando sobre manadas de esclavos, sin honor y sin bandera y ya sin esperanza, ni la más remota, de rehabilitación en el mañana.

Antes que esto sucediera sería mejor que un súbito terremoto borrara del mapa en un pavoroso segundo, la tierra de Centro—América.

Compatriotas: una grave responsabilidad pesa sobre nosotros: meditad bien lo que hacéis. O autonomistas o traidores: así quedaréis señalados para siempre. Escoged. Os lo demando por lo que hay de más sagrado en el corazón de los hombres: no dejéis sin patria a las generaciones del mañana. No expongáis, por falsos mirajes, a nuestra querida Honduras, a ser pasto de la rapacidad extranjera. Evitando así que caigan sobre vuestros nombres —como caen y caerán sobre los traidores nicaragüenses—las tremendas maldiciones de la Historia.

FROYLÁN TURCIOS

(Del Boletín de la Defensa Nacional
26 de marzo de 1924)

***

CENTROAMERICANO

Enderecemos hacia las máximas alturas nuestras más vibrantes energías de hombres libres; execrando a los pesimistas antipatriotas, que carecen de vergüenza cívica; y uniéndonos con los fuertes, con los constructores de voluntad, con los varones íntegros por el valor y por el carácter. No pongamos jamás el más pequeño grano de arena en la obra oprobiosa que intenta levantar en nuestra tierra el invasor. No cometamos la infamia de tender el cuello para que nos remache la cadena del esclavo.

Si la artera conquista avanza ciegamente sobre nosotros con su prepotencia arrolladora, que nos halle de pie, altivos sobre el pedestal de nuestro derecho; y que pase como un huracán de fuego, sembrando para siempre la muerte sobre nuestros campos y ciudades sin que nuestras manos se tiendan implorantes y sin que marque nuestra conciencia el sello de la ignominia por haber cedido, en ninguna forma, a las dádivas malditas del invasor y haber pactado sobre la eterna ruina moral de nuestra Patria.

FROYLÁN TURCIOS

(Del Boletín Nacional 27 de marzo de 1924)

***

El día viernes 28 de marzo, Froylán Turcios cedió la sección editorial del Boletín al eminente escritor Alfonso Guillén Zelaya, quien redactó:

HAGAMOS CONCIENCIA NACIONAL

Cuando los marinos norteamericanos desembarcaron en Santo Domingo, se hallaba aquella República bajo una sucesión de guerras civiles que cambiaban continuamente de caudillo. Comparado con aquello, lo que aquí ocurre toda la gratitud de una paz conventual. Pero así y todo, en el centro de un torbellino de pasiones y de metralla, los dominicanos supieron ser dominicanos, y ante la ofensa común les encontró el invasor asumiendo la actitud viril de los patriotas enteros.

En el momento del desembarco, un joven dominicano, una noble vida de veinte años, llegaba hasta los soldados extranjeros.

—¿Quién es el jefe de esta fuerza? —interrogó con tranquilidad insospechable.

—Es aquél, le respondieron.

Fue hacia él sin vacilar, y le saludó con dos balas en el cráneo.

Las descargas menudeaban sobre el joven héroe que se alejaba defendiéndose. Marchaba ileso bajo la lluvia de balas. De pronto, ya para perderse en una calleja vecina, hizo el último disparo a la vez que le gritó a la soldadesca que le seguía:

—Tiráis muy mal. No mataréis a la patria.

Aquel joven constituye un símbolo, y a su vez una síntesis de la conciencia nacional dominicana.

No quiero yo, no deseo, que mis compatriotas imiten este ejemplo para castigar la violación de nuestro derecho. De ninguna manera. El crimen no se corrige con el crimen. Y además, los soldados estadounidenses que se encuentran en esta capital, son absolutamente "irresponsables'" de la desgracia que nos avergüenza. Lo son también los ciudadanos norteamericanos que viven en esta ciudad. La responsabilidad corresponde a un acto de festinación del señor Morales, que su amor propio, nocivo amor propio, le impide rectificar.

Es indudable que no ha habido en esto dañada intención de su parte, sino festinación, pura festinación, y quizá…miedo, un poquillo de infundado miedo.

Lo que si reclamo es que esa ferocidad de que hacemos alarde para asesinarnos los unos a los otros, que ese despilfarro de valor con que glorificamos la serranía, se concrete en factor útil, en energía creadora para exaltar los ideales y provocar la fraternidad de los hondureños.

Pudor, rudimentario pudor siquiera, es lo que necesitamos nosotros para producir esa homogeneidad de aspiraciones, esa vinculación de intereses, esa necesidad de orden y elevación de miras que cambian los pueblos débiles en respetados y respetuosos

Es así como se construye la conciencia de una Nación. Así, a base de respeto a la propiedad y a la vida, a base, en síntesis, de fuerza moral; pero nunca en la montonera sangrienta de hermanos contra hermanos.

Promuévase, pues, entre nosotros mismos, sin mediaciones extrañas ni dilación alguna, la manera de poner término a esta mutua degollina. Que a falta de derecho no encuentre el señor Morales pretexto siquiera para excusar su agravio a la integridad de Honduras.

La patria está sobre todo. Y frente al peligro común, solo cabe la unidad de los hondureños.

A. GUILLÉN ZELAYA

(Del Boletín de Defensa Nacional, 28 de marzo de 1978)

NOTA: No pocos han objetado el pensamiento unitario de Guillén Zelaya para "olvidar el pasado" por no conocer el origen que tuvo. Es oportuno decir que nació cuando las tropas yanquis ocupaban la capital de Honduras, mientras los liberales defendían la dictadura de López Gutiérrez y los nacionalistas trataban de tomarla por asalto.

DOLOROSA EXTRAÑEZA

Hablando ayer con un amigo, entusiasta por nuestra acción autonomista, nos decía:

—Veo con la más dolorosa extrañeza que los jefes de los movimientos revolucionarios y otras personas que actúan como caudillos no hayan protestado por la intervención extranjera en nuestro país.

El director de este Boletín no sirve los intereses de ninguna agrupación política. Sirve a Honduras; defiende con todas las fuerzas de su alma y de su pensamiento, la soberanía de su patria, pese a los villanos y traidores; y con el mismo gusto con que publicó la protesta del Consejo de Ministros hubiera publicado o publicaría la que hicieran los directores de los movimientos revolucionarios. Todos somos hondureños y todos tenemos el imperioso deber de velar por la autonomía de la República. Esto es lo esencial, lo básico, lo eterno; todo lo demás es secundario.

FROYLÁN TURCIOS

(Del 29 de marzo de 1924)

NOTA: El Consejo de Ministros, vale decir el Gobierno de la República, protestó por el arribo de los marinos yanquis a Tegucigalpa. Pero los caudillos atacantes, digamos sus nombres, Carías, Tosta, Ferrera, los principales, qué diablos iban a protestar si los interesaba más el control del Poder que retenían los colorados que deponer su actitud belicosa para unirse a sus adversarios y echar a los marinos yanquis de Tegucigalpa.

Los cachurecos (usando los términos de la jerga de los partidos tradicionales) por el contrario estaban contentos porque reconocían que los marinos norteamericanos acantonados en Tegucigalpa garantizaban sus intereses y apoyaban su causa, como en efecto así sucedió.

Un barco de guerra situado en el Golfo de Fonseca, más las gestiones del funcionario del Departamento de Estado Sumner

Welles, hicieron el nuevo gobierno presidido por el General Vicente Tosta.

LA CORPORACION MUNICIPAL DE LA REPUBLICA DE HONDURAS, FRACCION DE CENTRO AMERICA.

Considerando: que desde el día miércoles 19 de marzo del año en curso, penetró en el seno de la ciudad, un cuerpo armado procedente de los Estados Unidos de Norte América, en número de doscientos marinos, sin la autorización que debió proceder por parte del Gobierno de Honduras y sin que exista para ello motivo alguno que pudiera justificar la determinación de violar el suelo hondureño con la introducción de dichos marinos.

Considerando: que el establecimiento de un cuartel de soldados procedentes de los Estados Unidos del Norte, en esta ciudad, es una amenaza formidable contra la soberanía e independencia de Honduras, carísimos intereses estos por los cuales deben preocuparse las Municipalidades de la Patria.

Considerando: que la Corporación Municipal antecesora no tomó ninguna actitud acerca del grave asunto de que se ha hecho relación; y que, según ha manifestado el Encargado de Negocios de los Estados Unidos, don Franklin E. Morales, varios elementos hondureños y extranjeros solicitaron ante sus oficios el llamamiento de los marinos prenotados; por tanto,

ACUERDA

Primero: Presentar su más enérgica protesta ante el Encargado de Negocios de los Estados Unidos, por el atropello cometido contra la Autonomía de la República de Honduras, consistente en el desembarco de marinos de su misma nacionalidad y de su acuartelamiento en el corazón de la capital.

Segundo: Protestar, asimismo, contra todos los hondureños que, obcecados por mezquinos intereses, se hayan echado, para hundir la patria, en brazos de la intervención extranjera.

Tercera: Excitar al Supremo Poder Ejecutivo en el sentido que, para el castigo que corresponde a los traidores de la Patria, se sirva proceder a la organización de los Tribunales para el enjuiciamiento respectivo, de conformidad con las leyes del país.

Cuarto: Pedir al Ministro de los Estados Unidos el inmediato reembarque de los doscientos marinos, en nombre del derecho que tienen todas las naciones a vivir en un medio de libertad e independencia.

Quinto: Excitar a todas las Municipalidades de la República para que hagan suya la presente resolución.

Sexto: Remitir una copia del presente acuerdo al Supremo Poder Ejecutivo y al Ministro de los Estados Unidos; que se publique para conocimiento del pueblo, y participarlo a las Honorables Corporaciones Municipales de las capitales de Centro América, rogándoles que a su vez se sirvan hacer a las demás de sus respectivos países.

Dado en Tegucigalpa, en el Salón de Actos del Palacio Municipal, a viernes once de abril del año de mil novecientos veinticuatro y CIII de nuestra Independencia.

Matías Valladares, Luis Ferrari, C.F. Díaz Zelaya, Juan M. Jirón, Miguel Zelaya, J.V. Duarte h., Martin Zúñiga, J. Esteban Banegas, S.H. Hernández, Pedro Rovelo Landa, Secretario.

NOTA: Si el señor Franklin E. Morales era hombre de lecturas, debe haberse dado cuenta que el movimiento autonomista de Honduras que empezó con un Boletín y un libro que recogía firmas de patriotas decididos a luchar por la expulsión de los marinos, ya tenía poder político en la Corporación Municipal de Tegucigalpa.

Y debe haber sabido que históricamente el Ayuntamiento latinoamericano ha promovido la liberación nacional. No hay necesidad de hacer citas. Solo hay que recordar que el Ayuntamiento de Tegucigalpa fue decisivo en el sacudimiento del yugo español. Y que posteriormente, en tiempos de Cabañas y de Soto, impulsó la unión de Centro América y el progreso de Honduras.

Además, ya en Tegucigalpa se conocía ampliamente la actitud en 1871 de la Comuna de París. Para que más.

***

Los marinos norteamericanos abandonaron Tegucigalpa el 25 de abril. Los ánimos de los patriotas se habían enardecido de tal manera, que se temía la violencia, mientras los vulgares montoneros se despedazaban como perros.

Froylán Turcios terminó sus días estelares el 25 de abril, como decía él. Hasta ese día publicó e BOLETIN DE LA DEFENSA NACIONAL.

Nadie ha querido publicar en sus historias oficiales esta página. Nosotros la publicamos para que se vea que hubo tesis y antítesis en el sitio de Tegucigalpa.

NACE EN HONDURAS UNA NUEVA CLASE
SOCIAL: EL PROLETARIADO

El mismo fantasma que recorrió a Europa en 1848 —según lo afirmado por Carlos Marx y Federico Engels— el fantasma del comunismo, empezó a recorrer a Centro América, y en particular a Honduras en 1865, sin cambiar de nombre. Una broma dirán ustedes para empezar la disertación, si no existiera en el Archivo Nacional de este país el "Boletín de Noticias, número 11, publicado por el Gobierno el 26 de abril de 1865", en que se informa de las acciones guerrilleras de Bernabé Antúnez y Francisco Zavala en la zona nororiental de la República.

En el citado boletín se dice que "el comunismo de hecho, es en ellos la doctrina corriente, sostenida por el puñal, el fusil y la alevosía. Odian profundamente al Gobierno, sus empleados y a todas las gentes de orden. Si alguna vez invocan el nombre o la bandería de un caudillo extraño, se fijan en aquel que suponen dispuesto a levantar armas contra la suprema autoridad".

¿Qué andaban haciendo los "comunistas" Antúnez y Zavala en los montarrales de Honduras diecisiete años después de haberse publicado el Manifiesto? Andaban echando los gérmenes de la Reforma liberal de 1871 y 1876.

Lo expuesto indica que los primeros manufactureros y los hacendados feudales de aquel tiempo ya tenían noticias de la peligrosidad de la doctrina comunista para la propiedad privada, y que sin haber nacido la criatura, el proletariado, ya estaban temblando. ¡Qué presentimientos tan admirables!

La Clase Obrera y las Compañías Extranjeras en Honduras

Surge la clase obrera hondureña con la penetración del capital monopolista—norteamericano, representado por la Rosario Mining Company, la Vaccaro Brothers Co., la Cuyamel Fruit Co., la United Fruit Co, etc., que provocaron con su llegada una desintegración parcial de la estructura económica feudal hondureña. Campesinos, jornaleros y artesanos, emigran en masa de todos los rumbos del país y aun de la República de El Salvador (y Nicaragua), hacia la Costa Norte de Honduras, constituida en "El Dorado" centroamericano, en búsqueda de los dólares que, supuestamente, les permitían salir de la miseria. Así, pues, de las entrañas mismas del capital extranjero, surge a la historia, la clase obrera hondureña.

La New York and Honduras Rosario Mining Company

La Reforma Liberal, que permite llegar a la Presidencia de la República al doctor Marco Aurelio Soto en 1876, realiza una serie de transformaciones sociales con las que se pretende sacar al país de su estancamiento feudal y sentar las bases para su desarrollo económico (capitalista). Mas no existiendo la acumulación de capital necesaria para este fin, los ideólogos de la Reforma, encabezados por el doctor Soto y su Ministro General, doctor Ramón Rosa, consideraban el capital extranjero como el factor indispensable para impulsar el desarrollo económico del país.

Al amparo de esta política, fue fundada en Nueva York, el 2 de diciembre de 1879, la New York and Honduras Rosario Mining Co., con un capital de millón y medio de dólares, dividido en 150 mil acciones de 10 dólares cada una, siendo dueño de buen número de ellas, el propio Presidente de Honduras, doctor Marco Aurelio Soto.

La primera concesión para la explotación minera en Honduras, y principalmente en la Mina El Rosario, le fue otorgada a esta Compañía en 1881, con veinte años de duración, eximiéndosele más tarde, por Acuerdo de 18 de noviembre de 1882 del pago de derechos para la explotación de oro, plata, cobre y otros minerales; del pago de derechos y otros impuestos por la importación de maquinaria y equipo y otorgándosele además derecho para hacer uso de todas las maderas y aguas existentes en terrenos nacionales y ejidales.

Los gobernantes que sucedieron al doctor Soto continuaron su política de puertas abiertas para con la Rosario Mining Co, y así fueron otorgándosele nuevas concesiones, después de vencer la primera en el año de 1900. Al otorgársele una cuarta concesión en 1940, el Gobierno hondureño exigió el pago del 7 por ciento sobre las utilidades de la Compañía; utilidades que en el período de 1920— 1937, ascendieron a 9.599.429.85 dólares, cantidad que representaba un 56 por ciento de los costos de producción en ese mismo período, que fueron de $ 16,926.428.12.

Al año de 1937, la Rosario Mining Co, empleaba 1.051 trabajadores nacionales y 39 extranjeros, pagando un salario de $ 1.47 a los nacionales y $9.22 a los extranjeros. Como se ve, la discriminación del trabajador hondureño no podía ser más ostensible. Las miserables condiciones de trabajo a que estaba sujeto el minero hondureño, son descritas con patético realismo por el Doctor José Jorge Callejas, en su libro "Miseria y Despojo de Centro América", del cual extractamos los siguientes párrafos.

"La vida antihigiénica del minero es peor que la del campesino u obrero urbano, porque los dos últimos disfrutan de aire y sol durante sus horas de actividad, en tanto que al primero solo le rodean tinieblas y aire enrarecido y viciado. A pesar de que su labor constante se desarrolla en la humedad, o sumergido en el lodo pútrido de las galerías, sus pies están al desnudo, o protegidos por el calzado malo. Carece también de protección adecuada para su cuerpo, cubierto apenas por un pantalón y una camiseta de tela burda permeable a la humedad y al frío constante.

La inadecuada y escasa alimentación que le llega de lejos es ingerida sirviéndose de las manos impregnadas de lodo y contaminadas de todas las infecciones que han tocado durante la jornada.

Bien considerada, la vida del minero resulta única, porque se asocian para combatirlo, minarlo y destruirlo, todos los factores adversos; aislamiento, obscuridad, constante sensación de peligro, carencia de aire puro y de sol vivificante y el inevitable contacto con los elementos contaminados de múltiples y peligrosas infecciones."

Después de algunos años de trabajo, el desventurado minero, regresaba embrutecido a morir en su pueblo, víctima de la silicosis.

Sólo le faltó decir al Doctor Callejas, y luego a su glosador Ochoa, que la Rosario Mining Co. sabía hacer algo más prodigioso que los viejos alquimistas, pues aquella piltrafa humana que era el minero lo convertía en barras de oro y plata que salían por el Puerto de Amapala hacia los Estados Unidos.

No podía hablar el Doctor Callejas de algo que desconocía, pero sí Ochoa. No dijo que allí por primera vez en la Rosario se despertó en el minero la conciencia de la explotación humana y el odio de clase que siempre acompaña al proletariado.

Las Bananeras

A mediados del siglo pasado, el banano era cultivado por los hondureños principalmente en las Islas de la Bahía. En 1860 llegaron à Estados Unidos los primeros bananos procedentes de estas islas. La gran aceptación que paulatinamente fue adquiriendo el banano hondureño entre los consumidores norteamericanos, favoreció la propagación de su cultivo, y en un número cada vez mayor de productores hondureños vendían bananos a los comerciantes norteamericanos encargados de su comercialización en los Estados Unidos.

En 1898 se exportaron 1.701.693 racimos y más de 100 (pequeñas) empresas se dedicaron a este negocio. El auge alcanzado y las substanciosas ganancias obtenidas, tenían que impulsar a los negociantes norteamericanos a buscar el control directo del negocio bananero, pasando de la simple comercialización de los Estados Unidos, al control de la producción en nuestro país.

En el año de 1899, tres hermanos italianos nacionalizados en los Estados Unidos, Félix, José y Lucas Vaccaro, obtuvieron del Gobierno de Honduras una concesión para dedicarse al cultivo del banano en el Valle del Aguán. Surgió así la Vaccaro Brothers Co., a la que, en 1913 se le concedieron derechos para la libre importación de maquinaria, equipo y materias primas para el establecimiento de una fábrica de cerveza y en 1914, iguales derechos para la instalación de fábricas de manteca, jabón y abonos. Todas estas industrias forman parte de lo que actualmente constituye parte de los negocios de la Standar Fruit Company.

En 1902, el norteamericano William Frederick Streich obtuvo del Gobierno hondureño una concesión por medio de la cual recibía en arrendamiento por un período de 25 años, 5.000 hectáreas de tierras nacionales en la Costa de Omoa, a ambos lados del río Cuyamel, teniendo como única obligación el pago de 10 centavos por cada hectárea cultivada y de 25 centavos por cada hectárea que no lo estuviera. Se autorizaba también al concesionario para la construcción de los medios de transporte necesarios en sus actividades. Streich construyó una línea de ferrocarril de Cuyamel al lugar llamado Veracruz. Posteriormente Streich traspasó la concesión al famoso Samuel Zemurray. Se puede decir de este personaje que al principio se dedicaba en Nueva Orleans a comprar y vender los bananos que por su maduración amenazaban con perderse y que la United Fruit Co., vendía a precios inferiores. Su negocio prosperó y financiado por la United, compró la concesión de Streich en Cuyamel.

Ambicioso, audaz, astuto y sin escrúpulos, Zemurray consolidó su imperio bananero interviniendo en la política hondureña al apoyar las ambiciones presidenciales del General Manuel Bonilla. En diciembre de 1910, financió la acción bélica de Bonilla para derribar el Gobierno que presidía el General Miguel R. Dávila. En el pequeño barco "Hornet" de propiedad de Zemurray, Bonilla invadió a Honduras y en octubre de 1911 se estableció en la Presidencia de la República. Cinco meses después, en marzo de 1912, mediante Decreto No.78, Zemurray recibió 10.000 hectáreas de las mejores tierras en las mismas condiciones que favorecieron la concesión de Streich.

El 8 de abril de 1912 se otorgaba concesión para construir un ferrocarril y dedicarse al cultivo del banano en las inmediaciones de Tela, a H.V. Rolston hombre de confianza de Zemurray, a quien traspasó dicha concesión en junio del mismo año.

El 14 de marzo de 1913, Zemurray vendió esta concesión a la United Fruit Company, la que en esta forma inició sus operaciones en Honduras.

En 1918, Zemurray obtuvo una concesión para construir un ferrocarril de Puerto Cortés a Mata de Guineo. (Decreto No.93)

En 1920, el Gobierno de Honduras entregó mediante contrato el Ferrocarril Nacional en manos de la Compañía Agrícola de Sula, subsidiaria de la Cuyamel Fruit Co. En esta forma el Ferrocarril Nacional pasó al servicio exclusivo de los intereses de Samuel Zemurray.

En 1929, Zemurray vendió la Cuyamel Fruit Co. a la United Fruit Co., recibiendo a cambio 300.000 acciones con un valor de 32 millones de dólares. Así el imperio del banano en Honduras queda bajo el control de la United Fruit Co. a través de su subsidiaria la Tela Rail Road Company y de la Standard Fruit Co. que surgiera de la Vaccaro Brothers Co.

No se descarte de esta información —que se le escapó a Ochoa— la poderosa presencia de la Truxillo Rail Road Company, unidad del mismo imperio bananero que extendía un ramal Aguán arriba hasta la ciudad de Olanchito y otro ramal por la costa oriental buscando la Mosquitia, pero con el proyecto de utilizar las márgenes del río Patuca pensando llegar a la ciudad de Juticalpa. Esta sección del imperio, con base en Puerto Castilla, suspendió sus actividades en el Gobierno de Tiburcio Carías, mandando una parte de su material técnico a Tiquizate, Guatemala, y la otra parte a Parrita, Costa Rica.

Relaciones Laborales en la Rosario y las Bananeras.

Empresas como la Rosario Mining Co., y las bananeras con un poderío económico tal, que les daba incluso acción decisoria en la política del país, al grado de quitar y poner Gobiernos, necesariamente tengan que ejercer una brutal explotación sobre los trabajadores hondureños. Hemos señalado antes el trato salarial discriminatorio ejercido por la Rosario Mining Co., empresa en la que el obrero hondureño devengaba un salario de $1.47 en tanto que la minoría extranjera devengaba salarios de $ 9.22 al día.

La prepotente arbitrariedad ejercida por las bananeras en sus relaciones laborales, quedó demostrada en la cláusula 2 de los contratos individuales de trabajo que la Cuyamel Fruit Co. obligaba a firmar a sus trabajadores.

Dicha cláusula decía:

"2°. Todo operario, artesano, jornalero o empleado de la Cuyamel Fruit Co., es aceptado en los trabajos de la Compañía con la condición precisa de que renuncia al derecho que por cualquier ley emitida o que después se emita tenga o adquiera en lo sucesivo, a que se le pague su salario o sueldo en otra fecha que no sea la designada anteriormente."

Las compañías pagaban a sus trabajadores con fichas y cupones de uno hasta cincuenta pesos; con estas fichas o cupones los trabajadores podían adquirir los artículos que necesitaban en los comisariatos de las compañías al precio fijado por éstas, y si se quería cambiar las fichas por dinero, era preciso ceder hasta un 50 por ciento del valor de la ficha como descuento.

La Lucha de la Clase Obrera

La explotación de las compañías en los obreros que contaba con la complacencia servil de los Gobiernos, tenía necesariamente que generar la indignación y la rebeldía en el incipiente y a la vez resuelto proletariado hondureño.

El 10 de marzo de 1909 los mineros de la Rosario Mining Co. dirigidos por Rufino Ardón, Camilo Lozano, Marcos Montoya, Julián García, Regino Andino, Daniel Gutiérrez y Marco Andino, se declararon en huelga exigiendo aumentos salariales al Gerente de la Compañía Williams Gierlings. Autoridades militares de Tegucigalpa, al mando del General Saturnino Medal, pusieron fin al movimiento reivindicatorio de los mineros y cuatro días después eran remitidos presos a la Capital los dirigentes ya citados.

En agosto de 1920 y bajo la dirección de Jacobo P. Munguía, se declararon en huelga los trabajadores de la Vaccaro Brothers exigiendo aumento de salario.

El Gobierno del General Rafael López Gutiérrez (a) Pacán decretó el estado de sitio en el departamento de Atlántida y preparó las fuerzas necesarias para la represión.

Los huelguistas se apoderaron de una locomotora intentando de esa manera llegar hasta La Ceiba. Las fuerzas del Gobierno prepararon un tren militar, con ametralladoras emplazadas en una plataforma para salir al encuentro de la locomotora que conducía a los obreros en huelga. El encuentro se produjo en un lugar llamado La Curva a pocos kilómetros de La Masica, procediendo las fuerzas militares a ametrallar a los huelguistas, sofocando así con la insensibilidad social característica de los gobernantes hondureños este nuevo intento de reivindicación proletaria.

Jacobo P. Munguía fue, años después, diputado al Congreso Nacional, donde presentó el primer proyecto de Código de Trabajo, que lógicamente tenía que ser engavetado.

Años después, Munguía fue asesinado en uno de los campos de la frutera.

En septiembre de 1920 nuevamente se declararon en huelga los mineros de la Rosario Mining Co. El Gobierno comisionó, al General Juan C. Paredes para sofocar la huelga.

En los primeros días de marzo de 1925 los trabajadores del Ingenio Azucarero de La Lima, propiedad de la Cuyamel Fruit Co., se declararon en huelga. El Presidente de la República, Doctor Miguel Paz Baraona comisionó a General Francisco Martínez Fúnez para mediar entre la Cuyamel y los huelguistas. El 6 de marzo los trabajadores comisionaron a Macario Irías, Miguel Nájera, José Oquelí González y Trinidad Alcerro para presentar a la Compañía un pliego de peticiones contentivo de los siguientes puntos:

"General Martínez Fúnez:

Nosotros los trabajadores, deseamos de la Compañía que se supriman las órdenes (fichas o cupones), que se dé el efectivo y que dichos pagos deberán ser semanales. Que deben ser ocho horas de trabajo. Que dicha Compañía acepte familias de los trabajadores en el Hospital. Queremos que se nos paguen dos dólares por día.

En vista que en los comisariatos están muy caros los comestibles, deseamos que se les rebaje en un veinticinco por ciento en cada artículo. Firman: Macario Irías, Miguel Nájera, José Oquelí Guifarro, Trinidad Alcerro."

Mientras se negociaba el pliego de peticiones presentado a la Cuyamel, el movimiento huelguístico se extendía a los trabajadores de la Tela Rail Road Company, Standard Fruit Company y Truxillo Rail Road Company. Alarmado el Gobierno de Paz Baraona, ordenó al Ministro de la Guerra, General Vicente Tosta, que girara a Martínez Fúnez el siguiente telegrama:

"He tomado nota de su telegrama. Aquí tratamos con Zemurray para ver qué es lo que puede ofrecer a los huelguistas, que supongo quieren aumento de pago por tonelada de caña; pero si no se consigue, ustedes deben procurar con buenas maneras que todos vuelvan al trabajo; y los que no acepten, que 'se retiren de los campos, apretándoles poco a poco hasta poner presos a los cabecillas, pues hay que proteger a los que quieren trabajar, metiendo a la cárcel a los instigadores. Igual procedimiento debe adoptarse en La Ceiba. El General Martínez Fúnez destacó fuerzas militares a las distintas fincas bananeras con órdenes expresas de sofocar a los huelguistas, los que finalmente fueron sometidos por la fuerza, logrando sin embargo que se les concediera la jornada de ocho horas, así como la supresión de las fichas y cupones.

Los movimientos huelguísticos relatados fueron producidos por la inicua explotación de los trabajadores por las compañías del imperio bananero. Aunque los trabajadores carecían entonces de una conciencia clara de su legítimo derecho a una participación más justa en las riquezas por ellos producidas. Menos tenían una ideología que unificara y cohesionara a todos los trabajadores para enfrentarse y hacer, que el imperio echara pie atrás.

Aparte de la actitud parcializada de los Gobiernos a favor de las Compañías, fue debido a esa falta de conciencia clara de sus intereses, a esa falta de una ideología que unifique y cohesione a los trabajadores, que fracasaron sus movimientos huelguísticos señalados. El mismo jefe de la 5a. Zona Militar del Norte, General Francisco Martínez Fúnez, dijo más o menos esto en un folleto que publicó en julio de 1925, en el que dice:

"Su fracaso fue motivado, me parece a mí, por la falta de organización de los trabajadores, de donde resulta que sus huelgas no son absolutas ni disponen de un fondo de huelga para la época en, que se producen, ni tienen un personal directivo capacitado que las acuerde cuando fuere oportuno, cual sucede en otros países".

Si bien es cierto que ya para esa época existían en diversas regiones del país algunas organizaciones, las mismas eran de ayuda mutua, animadas por el espíritu artesanal de los trabajadores de ese tiempo y no organizaciones obreras propiamente dichas, con conciencia de clase.

Primeras Organizaciones Revolucionarias de Honduras

Ya existía la clase obrera hondureña, aunque muy joven, cuando los bolcheviques hicieron la revolución y tomaron el poder en Rusia el 7 de octubre de 1917. Este hecho que para John Reed fueron "diez días que estremecieron al mundo", llegó en efecto con sus sacudidas a nuestro país, hiriendo la sensibilidad de los hondureños progresistas de todas las clases, y en particular hiriendo la sensibilidad de dos trabajadores de clara inteligencia y voluntad de acero.

Manuel Cálix Herrera (1903—1939) nació en Juticalpa, Olancho. Sus padres fueron muy pobres. Tuvo buena preparación escolar pero el estudio de su predilección fue el marxismo que no pudo emprender sino en su casa en aquel tiempo. Cuando lo consideró oportuno se trasladó a la Costa Norte, donde tiene la suerte de asistir a una reunión centroamericana en el puerto de Tela provocada por un delegado especial de la Tercera Internacional Comunista que llegó con la misión de organizar el cuadro fundamental del Partido Comunista Centroamericano con cinco secciones.

A la reunión asistieron Manuel Cálix Herrera, Juan Pablo W Wainwright y Armando Amaya, por Honduras; Agustín Faramundo Martí, por El Salvador; Obando Sánchez y Chihuichón, con seudónimos, por Guatemala; y Arturo Vega, por Nicaragua. No asistió ningún costarricense.

Desde ese momento empezó la organización técnica de los sindicatos y del partido de la clase obrera. Cálix Herrera y Wainright se pusieron al frente de la organización sindical y política, mientras Armando Amaya fue como delegado hondureño a la Internacional Sindical Roja en Moscú.

La persecución se desató feroz en la Costa Norte. Ya se sabe que los funcionarios de Gobierno, lo son de éste y lo son del imperio, recibiendo doble paga, como lo probó recientemente el desenmascaramiento que hizo el doctor Ramón Villeda Bermúdez del militar Gustavo Álvarez, bien pagado por la Standard por apresar a los obreros revolucionarios de Isletas.

Con mil dificultades los líderes del movimiento obrero hondureño organizaron la Federación Sindical del Norte, el Primer Congreso Nacional de Trabajadores aquí en Tegucigalpa, del que surgió el Consejo Obrero Hondureño con sede en la capital, como órgano de dirección del movimiento obrero nacional, contando con un periódico llamado "Voz Obrera", que tuvo un denodado publicista en el zapatero Carlos Bernard.

A petición del Consejo Obrero Hondureño el Congreso Nacional en Decreto Legislativo No. 79 del 14 de febrero de 1929 autorizó la celebración del Primero de Mayo como Día Internacional del Trabajo.

Y llegan los días decisivos de aquella etapa. La crisis económica mundial de 1929—1932 tuvo también repercusiones en la economía hondureña. Al pretender las Compañías bananeras implantar una rebaja de salarios, 12.000 trabajadores bananeros se declararon en huelga en 1930.

El Gobierno adujo que se trataba de un movimiento comunista e implantó el estado de sitio en Atlántida para sofocar la huelga. Manuel Cálix Herrera y Juan Pablo Wainwright fueron condenados a prisión en el Castillo de Omoa. Wainwright se arrojó del tren que los llevaba y pasó a Guatemala dónde se sumó a la lucha obrera contra el imperialismo y la dictadura de Jorge Ubico. Acusado de conspiración, fue capturado, procesado y condenado a muerte. Pidió como gracia ver en persona a Jorge Ubico, quien atendió el deseo y. al estar cerca de Wainright recibió de éste en la cara un escupitajo con estas palabras: "Recibe lo que mereces, perro del imperialismo".

Manuel Cálix Herrera salió aniquilado del Castillo de Omoa, con una tuberculosis de último grado, en marzo de 1936. Murió en su pueblo en 1939.

En el transcurso de la segunda guerra mundial en Honduras reinó la "bendita paz" impuesta por el Gobierno de Carías. El imperio del banano se sintió a sus anchas. No hubo mosca que le intranquilizara las orejas. Pero la guerra mundial la iba perdiendo el fascismo y la iba ganando la Unión Soviética con sus aliados matreros. Y el pueblo hondureño, lo que se llama el pueblo hondureño, calladamente prestaba su cooperación para ganar aquella guerra. Mil marinos —hecho que las autoridades ignoran— perecieron en el Atlántico, en el Pacífico, en el Mediterráneo, en el Indico. Como se oye, mil marinos hondureños perecieron por la Humanidad y por la Patria Pero nadie los recuerda. Desfilan los Primeros de Mayo y nadie hace mención de los mejores antifascistas de la República.

1954. Año decisivo. De una parte el imperialismo empieza a introducir su política de postguerra, su política neocolonialista. De otra parte, el ascenso revolucionario de la Humanidad golpea aquí y allá las viejas estructuras con acciones violentas y procesos evolutivos. Aquí en Honduras, la Huelga General de 1954 es una consecuencia de la victoria mundial de la democracia sobre el fascismo. Y es un proceso evolutivo que pone en evidencia el poder de la clase obrera hondureña. Estas son las razones fundamentales que hacen a un lado definitivamente las razones menudas.

ORGANIZACION DE ESTADOS CENTROAMERICANOS
(CARTA DE SAN SALVADOR)

Desde que fueron firmados los Pactos de Washington en febrero de 1923 a la fecha en que fue firmada la Carta de la Organización de Estados Centroamericanos, también llamada Carta de San Salvador, el 14 de octubre de 1951, pasaron 28 años exactos.

En ese tiempo de dominación norteamericana sin lugar a dudas, no se manifestó ningún anhelo de reconstruir la Federación de Centro América de acuerdo con las aspiraciones populares. Muerto el jefe del Partido Unionista, doctor Salvador Mendieta, la dirección suprema y de las secciones, quedaron en manos de personas inhábiles y muchas veces, van a perdonar, hasta sospechosas.

En ese tiempo el inversionismo norteamericano tuvo las puertas abiertas, y obtuvo el máximo de concesiones de toda índole, especialmente agrícolas y mineras. Hubo renuncia tácita al desarrollo económico nacional, y la mayor preocupación de los gobiernos centroamericanos por favorecer la producción y el comercio de los monocultivos.

Fue desde entonces que se habló con gran acento y con base en libros escritos por investigadores norteamericanos del IMPERIO DEL BANANO, cuyo centro se hallaba en Honduras y sus dependencias en Guatemala y en Costa Rica.

Pero en las plantas del Imperio del, Banano hervía la clase nueva del proletariado que se manifestaba con grandes huelgas, pero que como carecía de la dirección política correspondiente, se quedaba en simples explosiones, que eran aplastadas a sangre y fuego.

En la ZONA CAFETALERA de El Salvador, los terratenientes que seguían los hábitos de los antiguos "encomenderos" coloniales españoles, casi pagaban el jornal con la comida que le daban al peón, eternamente atado a sus propias deudas y a las deudas aun no acabadas de pagar de sus padres y de sus abuelos. Pero la comida que le daban al peón, era una "chénga", así la llamaban, es decir una tortilla de maíz grande, con un puño de frijoles en el centro más un poco de sal. El peón de la finca cafetalera nacía y moría en ella, como esclavo.

No eran mejores las condiciones en que vivían los trabajadores de la ZONA MINERA de Nicaragua, en cuyos taladros privaba el despotismo de los capataces norteamericanos y nativos, creando así un malestar permanente en la masa trabajadora que vivía en espera de una oportunidad propicia, no para liberarse, no pensaba en eso todavía, le faltaba doctrina, sino para vengarse.

Empezaron a aparecer los conatos revolucionarios desde 1925, que cobraron más fuerza en 1927, y se acentuaron con la crisis de 1929 a 1933. En esos años hubo huelgas de trabajadores bananeros en Honduras, Guatemala y Costa Rica. A raíz de una guerra civil, como tantas otras, en Nicaragua, aparecieron en las Segovias las guerras del General Augusto César Sandino que obligaron a las tropas de ocupación norteamericanas a dejar el país. Y en El Salvador, un levantamiento de 30.000 campesinos que pedían tierras, fue física mente aplastado y exterminado.

Esta situación indicó al imperialismo que debía cambiar los gobiernos liberales del período anterior por dictaduras manejadas por militares y caudillos serranos. Así se explican la dictadura de Jorge Ubico en Guatemala; de Maximiliano Hernández Martínez en El Salvador; de Tiburcio Carías Andino en Honduras; y de Anastasio Somoza García en Nicaragua, cuatro personajes que habían convertido a esta parte de Centro América en una cárcel con cuatro celdas.

Costa Rica en aquella época hacía las veces de Alejandría adonde iban a dar los perseguidos de Centro América, pero a estarse con la boca cerrada, porque así lo mandaba la "dictablanda".

En la época de mayor esplendor de Hitler se vivió como en una pesadilla en Centro América. Empezaron a caer las dictaduras en 1944. Carías Andino fue obligado a dejar el poder en 1948. Ya Somoza García se vieron en la necesidad de troncharlo años después.

El fermento revolucionario está latente y el imperialismo no lo descuida. Por eso, a raíz de la victoria en la segunda guerra mundial trajo a Centro América como derivado de las Naciones Unidas y de la Organización de Estados Americanos una organización similar con templada en la "Carta de San Salvador", no para crear un Estado nuevo, como es la aspiración de los centroamericanos, la Federación de Centro América, sino para establecer la base correspondiente a la política del neocolonialismo.

Es lo que van a ver los lectores en el documento que se les ofrece.

CARTA DE LA ORGANIZACIÓN DE ESTADOS CENTROAMERICANOS (CARTA DE SAN SALVADOR)

Los Gobiernos de Costa Rica, El Salvador, Guatemala, Honduras y Nicaragua, inspirados en los más altos ideales centroamericanistas, deseosos de alcanzar el más provechoso y fraternal acercamiento entre las repúblicas de la América Central, y seguros de interpretar fielmente el sentimiento de sus respectivos pueblos; y

CONSIDERANDO:

Que las Repúblicas Centroamericanas, partes disgregadas de una misma nación, permanecen unidas por vínculos indestructibles que conviene utilizar y consolidar en provecho colectivo;

Que para el desarrollo progresivo de sus instituciones y la solución común de sus problemas es indispensable la cooperación fraternal y organizada de todos;

Que es necesario eliminar las barreras artificiales que separan a los pueblos centroamericanos y lograr la voluntad conjunta de resolver sus problemas y defender sus intereses, mediante la acción colectiva y sistematizada;

Que los procedimientos ensayados, en el curso de la vida independiente de las Repúblicas Centroamericanas para la reintegración a su antigua unidad, han resultado ineficaces; y

Que el Derecho Internacional moderno ofrece fórmulas adecuadas para esta finalidad, mediante la institución de Organismos Regionales;

POR TANTO:

Los Gobiernos arriba mencionados deciden establecer una Organización de Estados Centroamericanos para la coordinación de sus esfuerzos comunes. Al efecto, sus Ministros de Relaciones Exteriores, debidamente autorizados, convienen en lo siguiente:

PROPÓSITOS

Artículo 1o. Costa Rica, El Salvador, Guatemala, Honduras, y Nicaragua constituyen la Organización de Estados Centroamericanos (ODECA), con el objeto de fortalecer los vínculos que los unen: consultarse mutuamente para afianzar y mantener la convivencia fraterna en esta región del Continente; prevenir y conjurar toda desavenencia y asegurar la solución pacífica de cualquier conflicto que pudiere surgir entre ellos; auxiliarse entre sí; buscar solución conjunta a sus problemas comunes y promover su desarrollo económico, social y cultural, mediante la acción cooperativa y solidaria.

PRINCIPIOS

Artículo 2°. Las Repúblicas Centroamericanas, como Miembros de las Naciones Unidas y de la Organización de los Estados Americanos, al constituir la Organización de Estados Centroamericanos, ratifican su fe en los principios de la Carta de las Naciones Unidas y de la Carta de la Organización de los Estados Americanos, y su adhesión a ellos.

Artículo 3°. La Organización de Estados Centroamericanos se funda en los principios consagrados en la Carta de las Naciones Unidas y en la Carta de la Organización de los Estados Americanos y, de manera especial, en la igualdad jurídica de los Estados, en el respeto mutuo y en el principio de no intervención.

ÓRGANOS

Artículo 4°. Son Órganos de la Organización de los Estados Centroamericanos:

La Reunión eventual de Presidentes:
La Reunión de Ministros de Relaciones
Exteriores;
La Reunión eventual de Ministros de otro Ramos;
La Oficina Centroamericana, y
El Consejo Económico.

Artículo 5°. Cuando se reúnan en conferencia los cinco Presidentes de las Repúblicas de Centro América, tal Reunión será el Órgano Supremo de la Organización.

Artículo 6°. El Órgano Principal de la Organización de Estados Centroamericanos es la Reunión de Ministros de Relaciones Exteriores.

Los Ministros de Relaciones Exteriores podrán hacerse acompañar de Consejeros y Asesores, los que, cuando no sean nacionales de origen de las Repúblicas Centroamericanas, no podrán substituir en las sesiones al Ministro respectivo.

En caso de impedimento, un Ministro de Relaciones Exteriores podrá hacerse representar por un Delegado especial.

Artículo 7°. La Reunión de Ministros de Relaciones Exteriores tendrá lugar ordinariamente una vez cada dos años y extraordinariamente cada vez que, al menos tres de ellos, lo estimen necesario.

Artículo 8°. La Reunión de Ministros de Relaciones Exteriores tendrá sede rotativa, de conformidad con el siguiente orden: Guatemala, Nicaragua, El Salvador, Honduras y Costa Rica; y se celebrará en la ciudad que el Gobierno respectivo designe.

Artículo 9°. En la Reunión de Ministros de Relaciones Exteriores cada república tendrá sólo un voto.

Las decisiones sobre cuestiones de fondo deberán ser adoptadas por unanimidad. Cuando haya duda sobre si una decisión es de fondo o de procedimiento, se resolverá por votación unánime.

Artículo 10. Las reuniones de Ministros de otros ramos podrán convocarse por cualquiera de los gobiernos cuando afronten en cualquier ramo de la Administración Pública, un problema cuya solución amerite el estudio colectivo y un plan conjunto centroamericano.

Artículo 11. La Oficina Centroamericana es la Secretaría General de la Organización.

Tendrá entre sus funciones:

a) Servir de Secretaría General de la Reunión de Ministros de Relaciones Exteriores y de las Reuniones eventuales de Ministros de otros ramos;

b) Coordinar la labor de los distintos Órganos y asistirlos en su trabajo; y

c) Preparar y distribuir toda la documentación correspondiente.

La Oficina Centroamericana tendrá su sede en la capital de la República de El Salvador.

Artículo 12. Al frente de la Oficina Centroamericana habrá un Secretario General elegido por la Reunión de Ministros de Relaciones Exteriores por un período improrrogable de cuatro años. Este funcionario no podrá ser reelecto.

El Secretario General designará el personal auxiliar que sea necesario, tomando en cuenta en su selección una equitativa distribución geográfica centroamericana.

Artículo 13. Para el mantenimiento de la Oficina, se fijará una cuota a cada uno de los miembros de la Organización, de conformidad con el presupuesto y la escala que presente una comisión ad hoc y que sean aprobados por la Reunión de Ministros de Relaciones Exteriores.

Artículo 14. El Consejo Económico tendrá las funciones que le señale la Reunión de Ministros de Relaciones Exteriores a la cual informará sobre sus actividades y trabajos, y le someterá las proposiciones y recomendaciones que acuerde.

Dicho Consejo estará integrado por los Delegados que designen los Gobiernos y se reunirá, cuando menos, una vez al año, en el tiempo y lugar que el propio Órgano determine.

ORGANOS SUBSIDIARIOS

Artículo 15. La Reunión de Ministros de Relaciones Exteriores podrá crear, como Órganos subsidiarios, Consejos, Institutos y Comisiones que, para el estudio de los diferentes problemas, considere conveniente.

La sede de los distintos Órganos subsidiarios se designará de conformidad con una distribución geográfica equitativa y de acuerdo con las necesidades que hayan determinado su creación.

Artículo 16. Cada uno de los distintos Órganos subsidiarios rendirá informes detallados de sus trabajos a la Reunión de Ministros de Relaciones Exteriores y podrá sugerirle las resoluciones o medidas que estime pertinentes. Deberán también dar cuenta a la Reunión, en cada sesión ordinaria, del progreso de sus respectivos trabajos; y asesorarán a las Reuniones de Ministros de los diversos ramos respecto a los trabajos que tengan encomendados.

CONSEJO ESPECIAL

Artículo 17. Habrá un Consejo integrado por los 'representantes diplomáticos de las Repúblicas de Centro América ante el país sede de cada próxima reunión de Ministros de Relaciones Exteriores, y por un Delegado de la respectiva Cancillería.

Este Consejo asesorará, en la preparación de la Reunión, al Gobierno del país sede.

DISPOSICIONES GENERALES

Artículo 18. Ninguna de las disposiciones de la presente Carta afectará el respeto y cumplimiento de las normas constitucionales de cada República, ni podrá interpretarse en el sentido de menoscabar los derechos y obligaciones de las Repúblicas Centroamericanas como miembros de las Naciones Unidas y de la Organización de los Estados Americanos, ni las posiciones particulares que cualquiera de ellas hubiere asumido por medio de reservas específicas en tratados o convenios vigentes.

Artículo 19. La presente Carta será ratificada por las Repúblicas Centroamericanas en el menor tiempo posible, de conformidad con sus respectivos procedimientos constitucionales.

Se registrará en la Secretaría General de las Naciones Unidas en cumplimiento del artículo 102 de su Carta.

Artículo 20. El original de la presente Carta quedará depositado en la Cancillería salvadoreña, la cual remitirá copia fiel certificada a los Ministros de Relaciones Exteriores de las restantes Repúblicas Centroamericanas.

Los instrumentos de ratificación serán también depositados en la Cancillería salvadoreña, debiendo ésta notificar el depósito de cada uno de dichos instrumentos a las Cancillerías de las otras Repúblicas.

Artículo 21. La presente Carta entrará en vigor el día en que queden depositados los instrumentos de ratificación de las Repúblicas de Costa Rica, El Salvador, Guatemala, Honduras y Nicaragua.

Artículo 22. Este convenio sobre la Organización de los Estados Centroamericanos se llamará "Carta de San Salvador".

DISPOSICIONES TRANSITORIAS

1º. El presente convenio queda abierto a la República de Panamá para que, en cualquier tiempo, pueda adherir a esta Carta y formar parte de la Organización de Estados Centroamericanos.

2º. La primera Reunión ordinaria de Ministros de Relaciones Exteriores será convocada por el Gobierno de la República de Guatemala, dentro del año siguiente a la fecha en que la presente Carta entre en vigor.

EN FE DE LO CUAL, los Ministros de la Relaciones Exteriores de las Repúblicas Centroamericanas firman este documento en la ciudad de San Salvador, a los catorce días del mes de octubre de mil novecientos cincuenta y uno.

Por Costa Rica, Mario Echandi. Por El Salvador, Roberto E. Canessa. Por Guatemala, Manuel Galich. Por Honduras, Edgardo Valenzuela. Por Nicaragua, Óscar Sevilla Sacasa.

HUELGA GENERAL DE 1954

Aclaración

Nunca en la historia de Honduras se había dado un acontecimiento tan importante como la Huelga General de mayo de 1954. La expresada Huelga General es un hecho, y como tal debe ser incorporada en las páginas de este libro. Omitirla, sería dejar sin sentido el acontecer económico, social y político hondureño de aquel año en adelante.

Muchas interpretaciones se le han dado a la Huelga del 54. Una que se distingue por su excesivo optimismo al decir que dicha Huelga fue una revolución, olvidándose que una huelga económica, debe transformarse en huelga política; y una huelga política en insurrección armada para tomar el poder del Estado; siendo todo este proceso, desde el principio hasta el fin una revolución. Otra interpretación es pesimista, por cuanto hace valer que la Huelga del 54 fue una operación del Gobierno de Gálvez por medio de agentes provocadores para poner fin a la efervescencia obrera de los campos fruteros de la Costa Norte con una matanza general sin precedentes, matanza que no se llevó a cabo porque la "alta dirección" del imperio bananero en USA, la pospuso porque tenía antes que acabar con el Gobierno patriota de Árbenz en Guatemala. Hay otras interpretaciones de menor significado, a las que posiblemente nos refiramos a lo largo del presente estudio.

Para realizar un análisis aproximado a la realidad de la Huelga General de mayo de 1954, precisa contar con los siguientes elementos de juicio.

Situación Nacional

La crisis económica mundial de 1929 a 1932 afectó en gran medida a la economía hondureña, al grado que las compañías bananeras dejaron en cesantía a 12,000 trabajadores. Ante aquel paro patronal, los trabajadores hicieron lo que les pareció conveniente: poner en movimiento las empresas, con sus ferrocarriles, servicios de toda índole, puertos, etc. Hubo un inconveniente: los barcos de las Compañías no llegaban a las costas hondureñas por orden de la "alta dirección".

Por su parte, el Gobierno del Doctor Vicente Mejía Colindres, estimó que la actitud de los trabajadores fruteros tenía en mira establecer un GOBIERNO COMUNISTA en la Costa Norte, y para impedirlo decretó el estado de sitio en el departamento de Atlántida y mandó tropas para reprimir a los obreros, en cuya represión se distinguió el General Luis Alonso López, quien produjo una verdadera masacre de gentes indefensas en los campos bananeros.

En esa ocasión fueron apresados los líderes obreros Manuel Cálix Herrera, Juan Pablo Wainwright, enviados al Castillo de Omoa, Benjamín Cardona, quien dirigía los campos de la Truxillo Rail Road Company y fue traído a Tegucigalpa donde permaneció con la ciudad por cárcel todos los años de la dictadura cariísta, muriendo en 1956. Jacobo P. Munguía fue asesinado en un campo de la Tela en aquellos años.

En 1933, fue inaugurado el Gobierno de Tiburcio Carías, del que se puede decir fue un GOBIERNO DE LAS COMPAÑIAS, POR LAS COMPAÑIAS Y PARA LAS COMPAÑIAS. En tal Gobierno el poder de los explotadores fue absoluto. Esbirros calificados que se acompañaban de escoltas de asesinos, recorrían los campos, haciendo requisas minuciosas y matando a los sospechosos.

En ese tiempo apareció en Puerto Cortés una directiva de malvados que llevaba el nombre de Sindicato de Marineros. Tenía por objeto contratar trabajadores de mar, cobrándoles por el enganche, y pagándoles salarios muy inferiores a los que ganaban los marineros yanquis.

Estos marineros prestaban sus servicios en los barcos de la Flota Blanca.

Como transcurría la. segunda guerra mundial, eran destinados al abastecimiento de los frentes de guerra, y en aquellas operaciones murieron más de mil marineros hondureños. Los malvados del sindicato se apropiaban los salarios de los muertos.

Aquella dictadura, llamada por el Doctor Miguel A. Navarro de EL FIERRO, EL ENTIERRO, EL ENCIERRO Y EL DESTIERRO, tuvo de pretexto constante la persecución de sus opositores liberales, pero en realidad estaba destinada a perseguir comunistas, sin importar que la Unión Soviética fuera la más firme aliada de las potencias antifascistas y la que en definitiva derrotara al Eje Berlín—Tokio.

El líder comunista Manuel Cálix Herrera fue encerrado en el Castillo de Omoa en 1930 y allí estuvo hasta que lo minó la tuberculosis y habiendo salido de aquel antro a principios de 1936. A pesar de su mala situación, permaneció en San Pedro Sula el tiempo suficiente para establecer contacto con los dirigentes del movimiento obrero que habían sobrevivido, y puestos de acuerdo mandaron correos a los campos y los puertos de las compañías fruteras, donde aún existían militantes para decirles. que la lucha revolucionaria seguía adelante sin detenerse en ningún lugar ni tiempo, y solo había cambiado el método que consistía en el clandestinaje por el cual las organizaciones estarían ocultas para evitar los golpes de los cuerpos represivos de las Compañías y el Gobierno, procurando extender las organizaciones lo más posible a modo de formar un ejército que estaría listo para actuar ventajosamente en cualquier momento futuro. Una vez hecho ese trabajo, Cálix se dirigió a la Capital, donde hizo poco en el medio artesanal de Tegucigalpa, pero tomó nota de las resoluciones del VII Congreso de la Internacional Comunista que planteaban la formación del frente popular contra el fascismo; le llenó de entusiasmo el informe de Georgi Dimitrov, pero varios médicos amigos le recomendaron que suspendiera la actividad revolucionaria y se ajustara a la disciplina de un tratamiento riguroso para recuperar la salud. Cálix murió en 1939, cuando ya había empezado la segunda guerra mundial.

El movimiento obrero revolucionario se borró en la sombra del clandestinaje para salvar los, cuadros que habían quedado de la represión de 1930 y para crear otros cuadros. No obstante aquella nueva situación, la actividad revolucionaria se vigorizaba en las condiciones de la gran guerra, alentada al principio con las "cuatro libertades de Roosevelt y la "Carta del Atlántico" y después con la Coalición Anglo—Soviético—Norteamericana destinada a proporcionar una tremenda derrota al Eje Roma—Berlín—Tokio. Se entra en estos detalles para destruir la teoría de la generación espontánea, la cual pretende sostener que las acciones del movimiento obrero después de la segunda guerra mundial no tuvieron ningún germen histórico en las entrañas del país, lo que es perfectamente absurdo. La huelga general de mayo de 1954 tuvo su germen en el largo, paciente y peligroso movimiento obrero clandestino de los años de la dictadura cariísta. Y no se le busque ni se le dé otra explicación racional e histórica que no sea ésta.

¿Dónde estaba la dirección del movimiento clandestino revolucionario? Es algo que no se ha podido averiguar. La disciplina era tan férrea y el silencio de las personas informadas tan completo, que siempre los pesquizadores dieron con la frente en un muro. Un experto del periodismo obrero logró una vez adquirir la información que un trabajador domiciliado en Tela podía darle algunas noticias de lo que en realidad había en el subterráneo. Fue y al llegar al famoso puerto, la persona solicitada se había trasladado a lugar ignorado. Pero existe la sospecha que la dirección clandestina opera desde Tela en dirección de toda la Costa Norte. Y acerca de las dudas que pudiera haber acerca de la existencia del movimiento clandestino, baste recordar el principio que "en cualquier parte del mundo donde haya explotadores en acción, también existen explotados en rebelión". Ahora, la única crítica que se le puede hacer a aquel movimiento consiste en que las dificultades que generaba la dictadura hacían que perdiera cohesión y por consiguiente unidad, pero no desapareció, como sostienen algunos, la conciencia de clase.

Situación Internacional

Completaba la actividad clandestina contra la explotación y la opresión en el país, el acontecimiento mundial de la guerra de la humanidad contra el fascismo. Este es un hecho enorme, de proporciones gigantescas, que aunque parezca mentira no aparece en los exámenes que suelen hacerse de la huelga general de 1954. Lo que hacen los analistas es llenar con palabras rebuscadas o rimbombantes y con citas exóticas que no vienen al caso el vacío, la omisión que hacen de los efectos que produjo la segunda guerra mundial contra el fascismo en nuestra pequeña sociedad dividida en clases de explotadores y explotados.

Como se sabe, el origen de la segunda guerra mundial se encuentra en un segundo estallido de la crisis general del capitalismo. La principal potencia, Alemania, que había sido derrotada en la primera guerra mundial y había sufrido las sanciones del Tratado de Versalles, tan luego pudo levantar la cabeza adoptó la política del revanchismo contra las potencias vencedoras (Francia e Inglaterra) y luego, para quedar bien con el capitalismo mundial, invitó a una acción parecida con una cruzada internacional contra el bolchevismo ruso.

El 30 de enero de 1933, Adolfo Hitler es elegido Canciller de Alemania. Desde el comienzo, los gritos del nuevo Jefe del Gobierno alemán intranquilizan a Europa y al mundo entero. El 27 de febrero del mismo año, el Reichstag alemán es incendiado por los nazis. Hitler denuncia el acto como un atentado comunista y suspende la libertad de expresión y de prensa. 27 de marzo de 1933 renuncia el Japón a la Liga de las Naciones. El 14 de octubre del mismo año, Alemania también se retira de la Liga y de la conferencia del desarme. De 1933 a 1945 domina el Tercer Reich en Alemania.

Aunque el partido nazi no recibe la mayoría de votos en una elección (1933) convocada por el mismo, Hitler recibe el poder dictatorial por un término de cuatro años. Sin embargo, lo conserva hasta 1945. El 2 de agosto de 1934, muere el Presidente Von Hindenburg de Alemania. Le sucede Adolfo Hitler como Reinchsfuhrer, oficio que combina los deberes de Presidente y de Canciller. El 16 de marzo de 1935, Hitler denuncia el Tratado de Versalles.

El 6 de noviembre de 1936, es suscrito el pacto anti—Comintern por Alemania y el Japón y al que más tarde se une Italia. El 23 de agosto de 1939, Alemania y la Unión Soviética firman un pacto de no agresión ruso alemán, válido por diez años. Y por fin el 1 de septiembre de 1939 estalla la segunda guerra mundial. Los aliados son: Estados Unidos de Norte América, Inglaterra, Francia, Bélgica, Holanda, Checoslovaquia, Dinamarca, Grecia, Noruega, Polonia, Rusia y Yugoslavia; y las potencias del Eje: Alemania, Austria, Italia, Japón, Hungría, Rumania, Bulgaria y Finlandia. El 1 de septiembre de 1939, las tropas alemanas invaden Polonia, desencadenando con ello la Segunda Guerra Mundial.

El 3 de septiembre de 1939, Inglaterra y Francia declaran la guerra a Alemania. El 5 de septiembre del mismo año, los Estados Unidos de Norteamérica declaran su neutralidad en el conflicto europeo. El 9 de abril de 1940, Dinamarca y Noruega son invadidas por Alemania. El 10 de mayo del mismo año, Bélgica, Holanda y Luxemburgo son invadidas por Alemania. El mismo 10 de mayo, Neville Chamberlain renuncia como Primer Ministro de la Gran Bretaña. En ese mismo día, Winston Churchill como Primer Ministro de Inglaterra encabeza un gabinete de coalición compuesto de conservadores y laboristas. El 4 de junio de 1940, las fuerzas inglesas se retiran de Francia; 215 mil británicos y 120 franceses cruzan el canal desde Dunquerque en pequeñas embarcaciones, abandonando equipo y padeciendo grandes pérdidas. El 10 de junio de 1940, Italia declara la guerra a Gran Bretaña y Francia. El 14 de junio de 1940, las tropas alemanas ocupan París. El Mariscal Philippe Petain se convierte en cabeza del gobierno francés y pide la paz. El 22 de junio de 1940, Francia se rinde a Alemania. El 3 de julio de 1940, las fuerzas inglesas destruyen la flota francesa de Orán para evitar que la utilicen los alemanes.

El 10 de julio, señalaba la "batalla de Inglaterra" que principia con el primer ataque aéreo alemán en gran escala. El 20 de enero de 1941, el Presidente de los Estados Unidos de Norteamérica, Franklin D. Roosevelt, toma posesión inaugurando su tercer período, siendo esta la primera vez que un presidente norteamericano es elegido para más de dos períodos. El 11 de mayo del mismo año, se aprueba en el Congreso de los Estados Unidos el Acta de Préstamos y Arrendamientos. En ella se autoriza al Presidente a enviar ayuda a las naciones cuya defensa considere esencial para la protección de los Estados Unidos. El 27 de mayo, se declara la emergencia nacional por el Presidente Roosevelt.

El 22 de junio de 1941, las tropas alemanas invaden la Unión Soviética, violando el pacto de no agresión germano—ruso de no agresión de 1939. El 14 de agosto de 1941, se firma la Carta del Atlántico. Se trata de una declaración conjunta de los objetivos de la paz y es anunciada por el Presidente Roosevelt y el Primer Ministro Churchill. El 7 de julio, los Estados Unidos desembarcan tropas en Islandia, El 4 de septiembre, sitio de Leningrado. El 17 de octubre, el señor Hideki Tojo asume el premierato y el Ministerio de la guerra del Japón. El 7 de diciembre de 1941, bombarderos japoneses atacan Pearl Harbor, Hawai: las Filipinas; la Colonia Internacional en Shangai; Tailandia y Hong Kong. El 8 de diciembre los Estados Unidos declaran la guerra al Japón. El 11 de diciembre los Estados Unidos declaran la guerra a Alemania e Italia. En el mismo día Alemania e Italia declaran la guerra a los Estados Unidos.

Intensificación de la guerra en el Pacífico y en Europa, donde los países dominados por gobiernos fascistas le declaran la guerra a los aliados. Todo 1942 es de batallas enconadas, terrestres y navales y aéreas. Del 14 al 24 de enero de 1943, conferencia en Casablanca. El Presidente Roosevelt y el Primer Ministro Churchill, discuten la ofensiva aliada y acuerdan poner como condición la RENDICIÓN INCONDICIONAL.

El 2 de febrero de 1943, en la gran batalla de Stalingrado, los ejércitos soviéticos cercan, destruyen y rinde a los ejércitos nazis. 8de febrero de 1943, fin de la resistencia en Guadalcanal. Mayo 12, fin de la resistencia alemana en Noráfrica. Del 9 al 10 de julio, invasión de Sicilia de las tropas británicas y estadounidenses. Julio 26. El régimen de Mussolini se desploma. El mariscal Pedro Badoglio es el nuevo Primer Ministro italiano. Septiembre 9, Italia se rinde incondicionalmente. Septiembre 13, el Mariscal Chiang Kai—Shek, comandante en jefe del ejército chino, es nombrado presidente de la República China. Octubre 1, fuerzas de los Estados Unidos capturan Nápoles, después de su desembarque en Salerno. Octubre 13 Italia le declara la guerra a Alemania. Del 22 al 26, Conferencia del Cairo. El Presidente Roosevelt, el Primer Ministro Churchill y el Generalísimo Chiang Kai—Shek anuncian su decisión de obligar al Japón a la consigna de rendición incondicional. Noviembre 28 de 1943, Conferencia de Teherán. El Presidente Roosevelt, el Primer Ministro Churchill y el Mariscal Stalin llegan a un acuerdo sobre los planes de guerra. En el Pacífico las tropas japonesas sufren derrotas en mar y tierra; les son tomadas posiciones importantes. En junio 6, Día D. Las Tropas aliadas desembarcan en la península de Cherburgo, comandadas por el General norteamericano Dwight D. Eisenhower. Julio 20, unos generales alemanes intentan asesinar a Hitler. Agosto 25, liberación de París. Enero 20 de 1945, Franklin D. Roosevelt toma posesión como Presidente de los Estados Unidos por un cuarto período sin precedente.

Febrero 4—11 de 1945. Conferencia de Yalta (Crimea). El Presidente Roosevelt, el Primer Ministro Churchill y el Mariscal Stalin planean la derrota y ocupación de Alemania. Aprueban la propuesta de una conferencia de las Naciones Unidas en San

Francisco. La Unión Soviética conviene en entrar en la guerra contra el Japón cuando terminen las hostilidades en Europa.

Abril 12. Muere Franklin. D. Roosevelt en Warm Spring Ga. El mismo 12 Harry S. Truman se convierte en el 33 presidente de los Estados Unidos y permanece en el cargo hasta 1953. Abril 28, es capturado y muerto Mussolini por los partisanos. Abril 29, se rinden incondicionalmente las tropas alemanas a los aliados en Italia. Abril 30, muere Hitler en el refugio subterráneo de la cancillería del Reich en Berlín. Mayo 8, termina la guerra en Europa. Agosto 6, los Estados Unidos lanzan sobre Hiroshima, Japón, una bomba atómica desde un avión de la Fuerza Aérea. En agosto 8, la URSS declara la guerra al Japón, y barre los ejércitos japoneses de Manchuria y el Norte de China. Esta velocidad produce alarma en el campo aliado, pues no se había considerado un poderío igual, capaz de tomar por asalto las islas japonesas. El 9 de agosto, una segunda bomba atómica es lanzada sobre Nagasaki, Japón, y el alto mando japonés para no verse envueltos por el exterminio de los rusos, resuelven rendirse ante los norteamericanos. Por fin, en AGOSTO, 14, EL JAPON NOTIFICA SU RENDICION INCONDICIONAL. En septiembre 2, Día V—J, el Japón firma su rendición incondicional a bordo del acorazado norte—americano Misuri, en la Bahía de Tokio, CON LA FIRMA DE LA RENDICION INCONDICIONAL EL 2 DE SEPTIEMBRE DE 1945, TERMINA LA SEGUNDA GUERRA MUNDIAL.

Honduras en la Guerra de la Humanidad contra el Fascismo

El Presidente Roosevelt había adquirido por medio de sus servicios de información un conocimiento cabal de los gobernantes latino—americanos, y más todavía de los gobernantes de Centro América. En reunión amistosa en Washington con Fiorello Laguardia, Alcalde de Nueva York, y un comerciante del sur del río Grande, decía, refiriéndose a Anastasio Somoza García y a los demás dictadorzuelos del Trópico: "—Todos ellos son unos hijos de perra, más inclinados al fascismo que a la democracia, amigos de Hitler y enemigos nuestros; pero como están en la trampa democrática, son serviles con nosotros y hacen lo que les ordenamos. Si sucediera desgraciadamente que el Eje remotamente llegara a ganar la guerra, ya les verían ustedes la ferocidad con que se lanzarían contra nosotros..."

En torno al 8 de diciembre de 1941, Honduras satélite norte—americano, les declaró la guerra al Japón, Alemania e Italia. Reunió en Tegucigalpa a los súbditos del Eje y los mandó a un campo de concentración de los Estados Unidos, a la vez que confiscó los bienes alemanes, que en vez de haber sido cuidados para pagarse con ellos indemnizaciones de guerra, fueron a parar a manos de particulares para constituirse en propiedad privada. Es notorio que algunos empleados de confianza, instalados en puestos claves, estuvieron en condiciones de vender combustible a los submarinos nazis que se acercaban a lugares discretos de la costa hondureña. Altos funcionarios del Gobierno declaraban sin rodeos su simpatía por el bando hitleriano. Y después de las grandes batallas decisivas de Moscú y Stalingrado en el frente oriental que cambiaron la dirección de la guerra, los pronazis hondureños empezaron a sentirse anticomunistas. Por esos años el Congreso Nacional dictó la Ley de conservación del orden democrático, más conocida con el nombre de Ley Fernanda, por haberla introducido en la Cámara el diputado Fernando Zepeda Durón, que es una ley anticomunista en el fondo, y no antifascista como debía haber sido. En términos generales se hablaba de democracia del diente al labio, pero se actuaba con la arbitrariedad de las dictaduras totalitarias.

Anteriormente hemos dicho que más de mil trabajadores de mar hondureños, acosados por el hambre y por la vida insufrible de su país fueron a los barcos de la Gran Flota Blanca a ganarse la vida como asalariados y a exponerla en los mares. Tales barcos se les destinaba a llevar provisiones a determinadas bases, y en el trayecto, frecuentemente, se veían envueltos, en combates navales, donde corrientemente perdían la vida. Otros hondureños y hondureñas fueron a los Estados Unidos a buscar trabajo, y en realidad lo hallaron en lo que entonces llevaba el nombre de "esfuerzo para ganar la guerra". Trabajaron en las fábricas, en los transportes terrestres, en los muelles, etc. Y no faltaron hondureños que se presentaran voluntariamente para ser enganchados en el ejército norteamericano con el fin de pelear en el Pacífico contra el frente japonés y en el segundo frente de Europa contra los nazis. Esto frecuentemente se ignora o se oculta para no levantar el monumento del soldado hondureño desconocido en la Segunda Guerra Mundial.

Al terminar la guerra, Honduras como aliada firmó por medio de delegados todos los documentos de la victoria. La Carta de la Organización de las Naciones Unidas. El Fondo Monetario Internacional. El Banco Mundial de Reconstrucción y Fomento. Y algunos; documentos más que tenían relación con un mundo democrático, pacífico y libre. Desde ese momento, la dictadura de Tiburcio Carías Andino empezó a ser impropia para el Gobierno de la postguerra, que requería flexibilidad en sus operaciones. Empezó a hablarse de un cambio de gobierno para la próxima década (para la década del 50). Los trabajadores veían nuevas posibilidades de vida, y más con los ejemplos que les habían dado en 1954 sus camaradas de El Salvador y Guatemala, donde contando con la cooperación de todo el pueblo, habían derribado las dictaduras profascistas de Maximiliano Hernández Martínez y Jorge Ubico, y habían establecido regímenes progresistas o, si se quiere, más acordes con los tiempos. Y en efecto, en Honduras hubo elecciones impuestas en favor de Juan Manuel Gálvez. El viejo contrincante de Carías, el liberal Ángel Zúñiga Huete, vino de México a proponer su candidatura. Desgraciadamente para él la agitación electoral tuvo tintes conspirativos y se vio en el caso de abandonar el país.

El uno de enero de 1949, Carías le entregó la Presidencia a Juan Manuel Gálvez. Se saca de aquí una lección; el poder político no es de los hondureños; es de las transnacionales.

Nueva Política del Imperialismo Norteamericano en el Mundo: la "Guerra Fría".

Los primeros rayos de la Tercera Guerra Mundial cayeron en Hiroshima y Nagasaki, Japón en 1945, según algunos expertos. Según otros, allí empezó la llamada Guerra Fría, una política imperialista de intimidación mundial con el supuesto que los Estados Unidos eran los únicos dueños del poderío atómico. El más calificado imperialista de Occidente, Winston Churchill, fue traído de Londres a Norte América para que pronunciara en Fulton con velos retóricos el discurso oficial que declarara la omnipotencia de los Estados Unidos con el monopolio atómico, expresara que había llegado la hora del "siglo americano", y hablara de la Cortina de Hierro que dividiera la unión de las democracias vencedoras del fascismo, en Oriente y Occidente, el primero esclavizado por el comunismo y el segundo gozando de libertad por lo que se le llamaría "mundo libre". El discurso de Churchill fue pronunciado en abril de 1946, al año siguiente de la victoria sobre el fascismo. Con estos antecedentes, los Estados Unidos prueban bombas atómicas en el atolón de Bikini, el Pacífico, del 1 al 25 de julio de 1946. El Presidente Truman propone la ayuda económica y militar a las naciones amenazadas por el comunismo (marzo 12, 1947).

Modernamente, la vieja Doctrina de Monroe se vuelve una verdad indiscutible. Los Estados Unidos y las demás naciones de América se reúnen en Río de Janeiro, con presencia del Presidente Truman, para firmar el TRATADO DE ASISTENCIA MUTUA INTERAMERICANA (2 de septiembre de 1947). Posteriormente, se forma la ORGANIZACION DE ESTADOS AMERICANOS (OEA), BAJO LA EGIDA DE LAS NACIONES UNIDAS (lo que solo es una ficción) (abril 30 de 1948).

De otra parte se firma el Pacto del Atlántico del Norte por los Estados Unidos de Norte América, la Gran Bretaña, Francia, Bélgica, Holanda, Luxemburgo, Italia, Portugal, Dinamarca, Islandia, Noruega y Canadá. Estipula la asistencia mutua en caso de agresión y una estrecha cooperación militar. (Abril 4, 1949).

Al mismo tiempo, el Presidente Truman anuncia que la Unión Soviética ha hecho explotar bombas atómicas terminando así con el monopolio atómico de los Estados Unidos. Esto en vez de disminuir el conflicto aumenta el furor de Occidente y Oriente estimula la carrera del armamentismo tanto de armas convencionales como nucleares. La "guerra fría" arrecia en los primeros años de la década 50 y tiende a convertirse en "guerra caliente" con el estallido de la guerra de Corea, patrocinada por los Estados Unidos, estimulada por las Naciones Unidas, contrabalanceada por las tropas de China Popular y finalizada por la destitución que hace Truman del Jefe del Ejército Occidental, General de cinco estrellas Douglas Mac Arthur, considerado como provocador. El 5 de marzo de 1953, muere José Stalin, y su sustituto en el Gobierno soviético anuncia en su primer informe leído ante la nación que el Kremlin posee la poderosa bomba de hidrógeno, que pone fin al monopolio atómico de los Estados Unidos, pero no detiene sino. que incrementa el armamentismo nuclear. El 13 de septiembre de 1953, Nikita S. Kruschef es elegido primer secretario del Comité Central del Partido Comunista de la URSS, y en los mismos meses el electorado norteamericano hace Presidente de los Estados Unidos al General Dwight D. Eisenhower. Como se sabe, los Estados Unidos son la fortaleza principal del imperialismo mundial, y sopla en él con fuerza desmedida el viento anticomunista del macartysmo que tiende a propagarse a los demás países capitalistas de la tierra. Se piensa seriamente en la Tercera Guerra Mundial, y sin valor para iniciarla "se opera al borde de ella", como dice el bandido John Foster Dulles, Jefe del Departamento de Estado, en su libro "Guerra y Paz".

La Décima Conferencia Interamericana de Caracas Condena el Comunismo Internacional.

La Décima Conferencia Interamericana constituida por delegaciones de los Gobiernos de Argentina, Bolivia, Brasil, Chile, Colombia, Cuba, Ecuador, El Salvador, Estados Unidos de América, Guatemala, Haití, Honduras, México, Nicaragua, Panamá, Paraguay, Perú, República Dominicana, Uruguay y Venezuela, se reunió en la ciudad de Caracas, el 1o. de marzo de 1954, para tomar las resoluciones siguientes...

DECLARACIÓN DE SOLIDARIDAD PARA LA PRESERVACIÓN DE LA INTEGRIDAD POLÍTICA DE LOS ESTADOS AMERICANOS CONTRA LA INTERVENCIÓN DEL COMUNISMO INTERNACIONAL

La Décima Conferencia Interamericana, CONSIDERANDO:

Que las Repúblicas Americanas, en la Novena Conferencia Internacional Americana, declaran que el comunismo internacional, por su naturaleza antidemocrática y por su tendencia intervencionista, es incompatible de la concepción de la libertad americana, y resolvieron adoptar, dentro de sus territorios respectivos, las medidas necesarias para desarraigar e impedir actividades subversivas;

Que la Cuarta Reunión de Consulta de Ministros de Relaciones Exteriores reconoció que, además de las medidas internas adecuadas en cada Estado, se requiere un alto grado de cooperación internacional para desarraigar el peligro que las actividades subversivas del comunismo internacional plantean en los Estados americanos; y

Que el carácter del movimiento comunista internacional sigue constituyendo, dentro del complejo de las circunstancias mundiales, una amenaza especial e inmediata para las instituciones nacionales, para la paz y seguridad de los Estados americanos y para el derecho de cada uno de ellos a desenvolver libre y espontáneamente la vida cultural, política y económica, sin la intervención de otros Estados en sus asuntos internos y externos.

I

CONDENA: las actividades del movimiento comunista internacional, por constituir una intervención en los asuntos americanos;

EXPRESA: la determinación de los Estados de América de tomar las medidas necesarias para proteger su independencia política contra la intervención del comunismo internacional, que actúa en interés de un despotismo extranjero;

REITERA: la fe de los pueblos de América en el ejercicio efectivo de la democracia representativa como el mejor medio de promover su progreso social y político.

DECLARA: que el dominio o control de las instituciones políticas de cualquier Estado americano por parte del movimiento internacional comunista, que tenga por resultado la existencia hasta el Continente americano del sistema político de una potencia extracontinental, constituiría una amenaza a la soberanía e independencia política de los Estados Americanos, que pondría en peligro la paz de América y exigiría una Reunión de Consulta para considerar la adopción de las medidas procedentes de acuerdo con los tratados existentes; y

II

RECOMIENDA: que sin perjuicio de cualesquiera otras disposiciones que cada Estado estime conveniente dictar, los gobiernos americanos presten atención especial a las siguientes medidas encaminadas a contrarrestar las actividades subversivas del movimiento internacional comunista dentro de sus jurisdicciones respectivas:

1. Medidas que requieran la declaración de la identidad, actividades y procedencias de los fondos de que dispongan las personas que hagan propaganda del movimiento comunista internacional o que viajen en interés de dicho movimiento, y asimismo, de las personas que actúen como agentes o en beneficio del mismo movimiento.

2. El intercambio de información entre los gobiernos para facilitar el cumplimiento de los propósitos de las resoluciones adoptadas por las Conferencias Interamericanas y las Reuniones de Consulta de Ministros de Relaciones Exteriores en relación con el comunismo internacional.

III

Esta declaración de política exterior hecha por las Repúblicas Americanas en relación con los peligros de origen extracontinental, está destinada a proteger y no a menoscabar el derecho inalienable, de cada Estado americano, de elegir libremente su propia forma de gobierno: y sistema económico y de vivir su propia vida social y cultural.

Declaración de Guatemala Relacionada con la Resolución XCIX

La Delegación de Guatemala, al suscribir el Acta Final de la Décima Conferencia Interamericana, formula una reserva expresa a la resolución XCIX denominada "Declaración de Solidaridad para la Preservación de la Integridad Política de los Estados Americanos contra la intervención del comunismo internacional", y rechaza todas sus implicaciones, por considerarlas que sigue la tendencia de intervenir, a corto o largo plazo, en los asuntos internos de los Estados Americanos, con el pretexto de combatir el comunismo, y con el propósito de impedir el desarrollo económico y social de los pueblos que luchan por la liberación integral.

La Delegación de Guatemala, con base en el artículo 15 de la Carta de Organización de Estados Americanos, reitera su condenación a toda forma de intervención, y declara que cualquier intento de intervención en sus asuntos internos, de carácter político o económico, unilateral o colectivo, ya sea de parte de los Estados Americanos o extracontinentales, o de parte de cualquier organismo internacional, cualquiera que sea el motivo que se invoque, será denunciado inmediatamente ante el Consejo de Seguridad de las Naciones Unidas, como amenaza inminente a la paz y la seguridad de los Estados y a su independencia política.

(Firmaron esta declaración, que roster Dulles, gritando como un loco llamó "abusiva", Guillermo Toriello Garrido, Ministro de Relaciones Exteriores, y como Delegados Plenipotenciarios, Miguel Ángel Asturias, Carlos Leonidas Acevedo, Julio Gómez Padilla, José Luis Mendoza, Guillermo Noriega Morales, Julio Estrada de la Hoz y Carlos González Orellana).

***

La Delegación hondureña compuesta por J. Edgardo Valenzuela, Ministro de Relaciones Exteriores y como Delegados Plenipotenciarios Marco Antonio Batres, Antonio Ochoa Alcántara, Jorge Fidel Durón, Gabriel Mejía y Carlos H. Matute, no dijo una palabra ni en favor ni en contra.

***

El Congreso siguiente, de 1955, aprobó los actos del Poder Ejecutivo, en cuenta lo resuelto en la Décima Conferencia Interamericana de Caracas.

***

El Gobierno de facto de Julio Lozano emitió el decreto número 206, del 3 de febrero de 1956, publicado en el diario oficial La Gaceta número 15,812 del 8 del mismo febrero prohibiendo el comunismo internacional.

Y ahora ya podemos entrar en el tema concreto de la huelga general de Honduras acaecida en el mes de mayo de 1954.

UN SIMPLE DISPARO SIN OBJETO HACE ESTALLAR UNA REVOLUCIÓN.

Dice Aristóteles en su "Política", que las revoluciones no son naderías, pero empiezan por naderías. No estamos frente al caso de una revolución sino de una huelga general, que no pasó a más porque no tuvo las posibilidades de pasar.

El teórico Lomonosov en su libro "De la huelga general política a la insurrección para la toma del Poder" establece instancias perfectamente definidas.

1º. Debe haber un partido de la clase obrera con suficiente influencia en los trabajadores, capaz de reunir y acumular fuerzas y conducir la operación hacia el objetivo.

2º. La etapa de las demandas y las huelgas económicas es previa y tiene un límite. Son huelgas parciales retenidas en esa situación por la poca educación revolucionaria de las masas laborales y por el trabajo divisionista en que se empeña la aristocracia obrera que dirige las organizaciones en servicio de los patronos.

3º. Llega un día, sin embargo, en que las organizaciones aconsejadas por la experiencia saltan de la huelga económica disgregada a la huelga general siempre económica.

Por cierto que la huelga general económica de la Costa Norte llegó hasta este punto, y no pasó a más porque no estaba en condiciones de avanzar.

4º. Con trabajo intenso de partido y demás organizaciones revolucionarias, la huelga general económica se transforma en huelga general política.

5º. La huelga general política es el clima en que se prepara y se inicia la insurrección.

6º. Una mala insurrección echa a perder el movimiento revolucionario y lo retrasa por mucho tiempo. Pero una buena insurrección da como resultado indefectible la toma del Poder.

Más o menos son las enseñanzas de un teórico y práctico revolucionario. No está claro donde empezó a germinar la huelga de la Costa Norte. Lo que sí está claro es que ella empezó en alguna parte bajo la decisión de obreros resueltos. Estos obreros regaron la voz en los talleres y las fincas. Y la noticia se fue extendiendo hasta cubrir toda la zona norteña.

Empezaron a formarse comités de huelga locales, y estos a su vez orientaron sus actividades en dirección de un comité nacional que fue establecido en la ciudad de El Progreso. Es notorio que este organismo en su primer momento estuvo compuesto por hombres de probada honradez, pero sin la experiencia necesaria para impedir las maniobras del enemigo.

Los agentes de las Compañías fruteras, el Gobierno y el imperialismo prepararon su contra—ofensiva para frustrar la huelga. La táctica consistía en adueñarse de los comités locales y por lo tanto del comité nacional para entrar en arreglos negativos a la propia clase obrera. Los directivos iniciales de la huelga fueron retirados, encarcelados o matados. Y los encargados de la contra—ofensiva contaron con el apoyo de sus amos, y así es que los vemos todavía manejando el movimiento obrero con consignas patronales.

El heroísmo de la clase obrera hondureña fue extraordinario. Con aquella falta de experiencia y con aquella improvisación se mantuvo en pie, imperturbable, decidida hasta donde le pudieron alcanzar sus fuerzas. La prensa continental y mundial se sorprendió de que en Honduras hubiera sucedido un hecho igual y elogió aquel heroísmo con las mejores razones.

Por supuesto, no nos llamemos a engaño. El Gobierno de Honduras, manejado por Juan Manuel Gálvez, parecía que en la huelga de la Costa Norte había adoptado la táctica de "dejar hacer y dejar pasar", porque el imperialismo tenía una urgencia mayor en Centro América: derribar el Gobierno de Guatemala, presidido por el agrarista Jacobo Árbenz Guzmán, que le había arrebatado a la United Fruit Company 500 caballerías de tierra para darlas parceladas a los campesinos.

La propia United Company había sacado de la Penitenciaría de Guatemala, donde estaba preso por una tentativa de golpe militar, al Coronel Carlos Castillo Armas. Para sacarlo mandó abrir un subterráneo que daba de la Penitenciaría a la calle, y en hora oportuna que no había centinela en el torreón un automóvil se acercó al lugar de la abertura callejera; lo recogió y lo trasladó a la Embajada de Colombia en calidad de asilado. De la Embajada partió para Bogotá, y al poco tiempo regresaba a Tegucigalpa, donde lo necesitaba la Compañía frutera para organizar una expedición sobre Guatemala

Los emigrados fruteros de Guatemala se congregaron en la capital de Honduras para luego salir organizados y armados hacia la frontera de su país.

Se vio claro que los Gobiernos de Honduras están sujetos a montura, espuelas y freno de las Compañías. Era verdaderamente escandaloso que un aventurero como Carlos Castillo Armas se instalara en Tegucigalpa para organizar una legión agresiva contra Guatemala, y el Gobierno de Gálvez se quedara sin decir palabra ante aquel atropello a la soberanía. Ni hubo quien dijera que aquella expedición sobre Guatemala era la verdadera contra—ofensiva del imperialismo, las Compañías y el Gobierno hondureño sobre la huelga general de la Costa Norte.

El tal Castillo Armas resultó una vejiga como militar en el campo de operaciones. El jefe de la Confederación de Campesinos, Bernardo Castillo Flores con una tropa campesina y unas armas que guardó desde cuando el golpe del Coronel Arana, lo derrotó en Esquipulas del Santuario y lo persiguió hasta perderlo de vista en la montaña de Gualán.

Ante aquel fracaso, el Embajador yanqui John Peurifoy tuvo que sobornar la alta oficialidad del ejército para que abandonaran al Coronel Árbenz, quien viéndose solo presentó por radio su renuncia de Presidente de la República el 30 de junio de 1954.

Caído Árbenz, ya podía el Gobierno de Honduras volver sus armas contra la huelga general de la Costa Norte. Por su parte, la huelga había perdido su fuerza. Lo que quedaba de ella estaba manejado por los esquiroles. Pero dejaba como demandas en firme:

1º. La exigencia de un Código de Trabajo;

2º. La institución de los seguros sociales;

3º. Una Constitución política a tono con los tiempos nuevos.

4º. Un Gobierno que aunque fuera de los partidos tradicionales adoptara los avances sociales y políticos de la época.

5º. Adopción de los mandatos de la Carta Universal de los Derechos Humanos.

6º. En materia internacional, acatar lo establecido en la Carta Mundial y ajustarse a la política de la Organización de las Naciones Unidas.

Con las indicaciones señaladas, la huelga general de la Costa Norte de 1954, operó un cambio en la vida social de Honduras y operó un cambio a medias en la conducta pública del Gobierno y los gobernantes.

Lo anterior no quiere decir que la huelga general fuera una panacea, porque desde que ella se desenvolvía se estaban echando las bases para una mayor dependencia imperialista del país.

Más tarde cayeron sobre el país y sus habitantes las más claras expresiones del neocolonialismo norteamericano con la Alianza para el Progreso (ALPRO) y el Mercado Común Centroamericano (MCC).

GOBIERNOS HONDUREÑOS DURANTE EL PRESENTE SIGLO ACLARACIÓN

El libro que se debe al ingenio de un solo autor se vuelve tedioso. Por eso se usa hoy incorporar estudios de otros en el mismo texto. El objeto es permitir que les entre aire fresco en una temperatura ardorosamente tropical.

El licenciado Ramón Oquelí con estudios en España sin que llegara a ensombrecerlo el ala negra de Franco, es un caballero por cien títulos apreciable. Catedrático de la Universidad Nacional Autónoma, responsable del Departamento de Historia de la misma, investigador, divulgador, escritor, más otras prendas que lo adornan, fue para no ir lejos Presidente del Tercer Congreso Centroamericano de Sociología, celebrado en Tegucigalpa en la segunda quincena de mayo del presente año (1978).

El licenciado Oquelí publica sus investigaciones en las revistas y periódicos de la Universidad. En uno de esos órganos publicitarios apareció el estudio que hemos creído conveniente incorporar en las páginas de este libro para darle lucimiento.

GOBIERNOS HONDUREÑOS DURANTE EL PRESENTE SIGLO es un breve estudio completo que satisface plenamente el deseo de conocer, a vuelo de pájaro, los gobernantes de esta República.

El estudio es descriptivo. No se va al fondo con el análisis. Pero satisface porque así se conoce por fuera la situación en aquellos tiempos con aquellos gobernantes.

La novedad del estudio consiste en que hace historia narrativa, y al lado de ella hace crónica. Es decir, sin abandonar el hilo del relato, siempre que puede se refiere a las menudencias que va encontrando a su paso con algún interés.

Al final de GOBIERNOS HONDUREÑOS DURANTE EL PRESENTE SIGLO hay algunas anotaciones nuestras, que el licenciado Oquelí no pudo leer en ninguna Gaceta por no haberse publicado, pero que nosotros sí conocemos porque las llevamos en nuestra CARTERA NEGRA.

1. TERENCIO SIERRA. Presidente constitucional desde el 1º. de febrero de 1899. Su candidatura fue lanzada por el partido liberal, después de una reunión de amigos, verificada el 14 de enero de 1898y convocada por el presidente Policarpo Bonilla. Durante la campaña bélica de 1893—1894, Sierra fue fiel a Bonilla, jefe de la insurrección contra Domingo Vásquez, a pesar de las incitaciones que se le hicieron para entenderse directamente con los sectores oficialistas. Durante el gobierno de Soto, Sierra fue administrador de rentas de Nacaome.

Sierra dirigió personalmente la construcción de parte de la carretera del sur, hasta Moramulca. Durante su último año de gobierno, el país tenía unos 800 mil habitantes, 242 municipios y 851 escuelas y rentas cuyo producto bruto ascendió a tres y medio millón de pesos. En noviembre de 1902 se creó la Tesorería General. La Biblioteca Nacional tenía 6,854 volúmenes.

Protegió la masonería. Víctor Cáceres Lara afirma que Sierra obligó a realizar trabajos forzados al literato Juan Ramón Molina por haber reproducido en el Diario de Honduras, un apólogo de Benjamín Franklin.

Paulino Valladares atribuye a Molina la siguiente frase: "Sierra infame Sierra ahorcado, bien ahorcado, la lengua de fuera, balanceándote a tres varas del suelo, aun no pagarías tus culpas todos tus delitos comunes, todos tus crímenes de lesa patria".

El Congreso Nacional convocó el 22 de febrero de 1902 a elecciones de autoridades supremas (presidente, vice—presidente, diputados y magistrados de la Corte Suprema de Justicia). El 6 de marzo, Manuel Bonilla, ex—vicejefe del partido liberal, lanzó su candidatura. Se atribuye a Saturnino Medal haber unificado a los antiguos conservadores y a los liberales descontentos con la jefatura de Policarpo Bonilla, en torno a la persona de Manuel Bonilla, dirigiendo la propaganda de éste desde el "Club Electoral", y su órgano periodístico "El Elector", que empezó a circular el 11 de marzo. En 1898, Manuel Bonilla, no se atrevió a postularse como candidato adversario a Sierra partiendo de la experiencia de que en Honduras, no se podía triunfar frente a un candidato oficial.

El 15 de marzo empezó a circular "El Heraldo", órgano del Club Central "Céleo Arias", bajo la dirección de Juan María Cuéllar, discípulo de Ramón Rosa. En "párrafo Editoriales" del día 29, afirmaba que el círculo político que rodeaba a Manuel Bonilla era el partido Conservador, a pesar que éste rehusaba definirse como "lo han hecho todos los gobiernos conservadores que se han elevado al poder". Postulaba la candidatura de Juan Ángel Arias.

"La Paz", órgano de la "Unión Patriótica", bajo la dirección de Rómulo E. Durón, empezó a circular el 12 de junio, haciendo propaganda al expresidente Marco Aurelio Soto. Ninguno de los tres candi datos obtuvo mayoría de votos en las elecciones, celebrada a fines de septiembre pero era indiscutible que la voluntad popular favorecía a Bonilla. Alguien, burlándose de su origen popular decía que representaba el ocote, que Arias era el gas y Soto la electricidad.

Durante la propaganda electoral fue torturado en Juticalpa por el nicaragüense Rodolfo Portocarrero, Plutarco Muñoz, manuelista, famoso tres decenios después por haber afirmado (siendo presidente del Congreso Nacional) que en Honduras, la constitución "es pura babosada". En el Diario de Enrique Guzmán, aparecen las siguientes anotaciones: Agosto 3: "Almuerzo en casa de Dn. Santos Soto: soberbia mesa; después, a las 4 p.m. vuelvo por la doble fiesta del bautizo de su hija Camila y la bendición de la casa; todo el cachurequismo de Tegucigalpa estaba allí". Septiembre 16: Marco Aurelio Soto "me dice que tiene curiosidad de presenciar una elección presidencial en Honduras: como si no hubiera visto la de él en 1881". Octubre 8: "Siguen las flagelaciones y otras crueldades en varios Departamentos de la República".

Continúa Guzmán: Octubre 18: "Dn. Policarpo Bonilla no creía que Sierra entregase el poder a Juan Ángel Arias, porque doña Carmen no olvidaba que éste se opuso a su matrimonio, diciéndole a don Terencio: "Hombre, no seas animal cómo te vas a casar con esa negra vieja tan fea". Día 27: "Desde el domingo empezó a representarse aquí la vieja, pesada y grotesca farsa que los centroamericanos llaman elección presidencial. El resultado ya lo sabíamos todos hace tiempo. Me admira el ver cómo hay todavía personas serias que toman participación en semejantes comedias...". El día 30: "Ya es de pública notoriedad que el general Bonilla obtuvo 36 mil votos y está ya elegido presidente. Aseguran que Arias está borracho diciendo que Sierra le hizo traición". El 5 de noviembre: "Me cuenta Dn. Chico Cáceres que Da. Carmen dice que sólo un pueblo tan estúpido como el hondureño, pudo preferir Manuel Bonilla a Juan Ángel Arias". Día 12: "Los amigos del General Bonilla tratan de hacerle salir de aquí para Amapala donde estará seguro pues el Comandante de aquel puerto, el Gral. Salomón Ordóñez, es uno de sus más fieles seguidores". Día 15: "Sigue la conspiración contra la voluntad popular. Según me dice Mejía Bárcenas todo está listo y preparado para anular la elección".

Paulino Valladares afirma que en la campaña eleccionaria, todos los periódicos, todos los escritores, rendían a Sierra el aplauso más sonoro. Y todos sabían "que el verdadero responsable de la tempestad que se cernía era el mismo General Sierra, tan adulado y enaltecido". Durante su gobierno (el 26 de marzo de 1901), falleció en Cane, Manuel Vélez, obispo de Comayagua que permaneció en El Salvador, durante el período de Policarpo Bonilla.

2. CONSEJO DE MINISTROS. Presidido por Rafael Alvarado Guerrero, Ministro de Gobernación, en quien Sierra depositó el ejecutivo el 30 de enero de 1903, declarando apoyarse en el artículo 107 de la constitución vigente (la de 1894): "Mientras recibe la presidencia el llamado por la ley, ejercerá el poder ejecutivo el Consejo de Ministros; y éste llamará inmediatamente al nuevo funcionario para darle posesión, si no estuviese reunido el Congreso".

Al día siguiente, el Consejo de Ministros nombró al general Terencio Sierra, Comandante General de la República: el 2 de febrero declaró cerrado el puerto de Amapala para toda clase de embarcaciones en virtud de que "el general don Manuel Bonilla, ayudado por el Comandante de Armas de aquel puerto General don Salomón Ordóñez, se ha levantado en armas contra el Gobierno legalmente constituido".

3. JUAN ÁNGEL ARIAS. Presidente Constitucional desde el 18 de febrero de 1903, por elección que en él hizo, parte del Congreso Nacional (los resultados electorales de octubre de 1902 se reflejaron asf: 17 diputados bonillistas, 13 aristas y 10 sotistas. Según Angel Ugarte Sierra logró unir a sotistas y aristas para impedir el triunfo de Bonilla). El mismo día nombró General en Jefe de "Los ejércitos de mar y tierra de la República" a Terencio Sierra, en vista de que "la paz pública ha sido alterada con motivo de haberse levantado en armas el General Manuel Bonilla en el puerto de Amapala".

El seis de marzo, considerando que "la tranquilidad pública se encuentra alterada a consecuencia de la guerra civil promovida por el General Manuel Bonilla", Arias declaró la república en Estado de sitio. Manuel Bonilla había declarado el mismo en Amapala, desde el diez de febrero.

El breve gobierno de Arias se desenvolvió en medio de la guerra civil, que duró desde el 7 de febrero hasta el 13 de abril de 1903, en que Arias, sirviendo de mediador el cuerpo consular, capituló ante el General Carlos F. Alvarado, guerrero e historiador. Posteriormente Arias fue capturado en la hacienda San Francisco, cerca de la aldea Galeras, jurisdicción del municipio de Güinope, hacienda que perteneció a Dionisio de Herrera, primer jefe de Estado de Honduras.

Fue procesado por achacársele responsabilidad en el asesinato del español Nicolás Arnero, hecho ocurrido en el llamado Palacio Viejo, permaneciendo preso hasta 1905. Ángel Zúñiga Huete, en su carta a Visitación Padilla, publicada con el nombre de Autobiografía se refiere brevemente a este crimen —utilizado 20 años después como propaganda antiarista— en el que resultó implicado directamente el sub—jefe del Estado Mayor, Coronel Encarnación Gambeta Cruz, Arias volvió a figurar como candidato presidencial en las elecciones de 1923. Falleció en Quiriguá, Guatemala el 29 de abril de 1929. Fue hijo de Céleo Arias, que siendo Presidente resistió heroicamente el sitio a Comayagua por tropas guatemaltecas y salvadoreñas, hasta que tuvo que capitular por la superioridad numérica de los invasores, el 13 de enero de 1874; nieto de Juan Ángel Arias 'teniente de milicias en Goascorán, al final de la colonia, jefe de Estado (diciembre 1829—abril 1830), fusilado siendo ya anciano (marzo 1842) amarrado a un árbol de Tempisqué en Quelapa, El Salvador, por el jefe de escolta Nicolás Tórtola, subalterno del General Santos Guardiola.

4. MANUEL BONILLA CHIRINOS. Se juramentó como presidente ante el alcalde de Amapala, el 10. de febrero de 1903, nombrando interinamente Ministro General a Salomón Ordóñez. Después de acciones de armas que tuvieron lugar en el sur y occidente de la república, Bonilla dominó Tegucigalpa el 13 de abril.

El Congreso Nacional declaro el 5 de mayo inconstitucional la reunión de diputados que se realizó desde el 13 de febrero al 2 de marzo y en consecuencia, nulos todos sus actos, decretos y resoluciones. Declarado electo constitucionalmente, Bonilla ratificó el 17 de mayo ante el Congreso, la promesa que había prestado en Amapala.

El "Diario de Honduras", que había surgido el 17 de julio de 1899, al fundirse "El Diario" y "El Cronista", fue suspendido el 28 de enero de 1903, reapareciendo el 10 de mayo ya bajo el gobierno de Bonilla. Pero éste también lo suspendió en el mes de diciembre, por cuyo motivo el vicepresidente Miguel R. Dávila, ministro de Justicia e Instrucción Pública y Dionisio Gutiérrez, de Gobernación, renunciaron a sus carteras. En su tercera etapa, Diario de Honduras, reapareció el 18 de abril de 1904, bajo la dirección de Alberto Zúñiga, con tendencia oficialista, justificando el golpe de Estado manuelista.

El 8 de febrero de 1904, fueron capturados en el recinto del Congreso Nacional, por el norteamericano Lee Christmas, Director General de Policía, los Diputados liberales Policarpo Bonilla, Marcos Carías Andino, Miguel Ángel Navarro, Miguel O. Bustillo, Jesús M. Alvarado, Salvador Zelaya, Manuel F. Barahona, Ricardo Pineda y Jacinto Rivas Colindres. Manuel Bonilla decretó el estado de sitio, pretextando que los diputados mencionados habían participado en el incendio de la Escuela de Artes y Oficios, ocurrido en la madrugada del día 6, con el propósito ulterior de asesinar al Presidente.

El 12 de febrero, Manuel Bonilla decidió "asumir todos los Poderes del Estado, los cuales ejercerá discrecionalmente, quedando suspenso el imperio de la Constitución". Firmaron este decreto el Presidente y los Secretarios de Estado Salomón Ordóñez, Mariano Vásquez, Sotero Barahona, Saturnino Medal y Alberto Membreño. Convocó a una asamblea constituyente que decretó la Constitución de 1904, puesta en vigencia dos años después. Fue la Constitución número ocho que tuvo el país.

Las rentas públicas produjeron en el año económico de 1903— 1904, 3 millones 380 mil pesos y en 1904—1905, 3 millones 304 mil. La disminución en este último período se debió a la falta de lluvia que arruinó las cosechas. Se gastaron más de 75 mil pesos en importar granos de los Estados Unidos de América. En mayo de 1905se celebraron en Tegucigalpa una serie de actos en honor de Miguel de Cervantes y Saavedra, no asistiendo a ellos el Presidente, debido al viaje que realizó a la Costa Norte, la región "más floreciente de la república", según él mismo. En esa temporada, la fiebre amarilla castigaba el departamento de Cortés.

En su mensaje al Congreso Nacional al iniciarse el año de 1906, Manuel Bonilla informó que los diputados presos habían sido absueltos o excarcelados bajo fianza. El penúltimo en ser liberado, Marcos Cartas Andino fue indultado en mayo de 1905; "sólo permanece privado de libertad el Licenciado Bonilla, cumpliendo su condena" "Logró pues, Manuel Bonilla mantener encarcelados a la vez, a dos expresidentes: Juan Ángel Arias y Policarpo Bonilla. Este condenado a diez años de reclusión, fue puesto en libertad el 28 de febrero de 1906, dirigiéndose a El Salvador y Nicaragua, a preparar la caída de su rival político.

A mediados de 1906 se produjeron dificultades entre los gobernantes de Guatemala, Honduras y El Salvador, llegando al choque armado. Los Presidentes norteamericano. y mexicano, Teodoro Roosevelt y Porfirio Díaz, respectivamente, lograron que los beligerantes celebraran un tratado de paz, en el barco de guerra Marblehead, anclado frente al puerto de San José de Guatemala, el 20 de julio de 1906. De ahí, data, según el decir de Paulino, Valladares, la intervención norteamericana en Centroamérica, "de un modo sistemático y definitivo".

El 23 de diciembre del mismo año, Dionisio Gutiérrez encabezó una revuelta armada que no tuvo efecto inmediato para derrocar al gobierno. Contando con el apoyo del Presidente nicaragüense José Santos Zelaya, que también lo había dado en 1893 para derrocar a Domingo Vásquez, los principales dirigentes, liberales se reunieron en Managua el 9 de febrero de 1907. "Y con el propósito de hacer concurrir a todos los emigrados y para evitar rivalidades, organizaron una Junta de Gobierno, compuesta por los Generales Miguel O. Bustillo, Máximo B. Rosales y Dn. Ignacio Castro, quienes representaban las diferentes facciones del Partido". (Paulino Valladares).

El 25 de febrero de 1907 la Junta desconoció en San Marcos de Colón, el gobierno de Bonilla. Se libraron combates en esta población y otras del sur y oriente de la república: Namasigüe, Maraita, Lizapa, Galeras, Manuel Bonilla, en vista de las derrotas sufridas por sus tropas, se retiró a Amapala. El 25 de marzo los rebeldes ocuparon

Tegucigalpa. En Lizapa murió Sotero Barahona y Tiburcio Carías Andino fue nombrado general. Las tropas nicaragüenses que acompañaron a aquéllos, venían equipadas con ametralladoras de trípode, que por primera vez se emplearon en Centro América.

Manuel Bonilla promovió la educación pública, emitió la codificación vigente en materia civil penal y procesal, decidiendo la delimitación fronteriza con Nicaragua por medio del laudo de Alfonso XIII de España. A Alberto Membreño, apoyado en la documentación preparada por Antonio R. Vallejo, cupo el honor de haber logrado el triunfo de la posición hondureña.

5. JUNTA DE GOBIERNO. El 26 de marzo de 1907, la junta integrada por Miguel O. Bustillo, Máximo B. Rosales e Ignacio Castro, se hace cargo del ejecutivo. Comisionó al Dr. Julián Irías, nicaragüense, para que pactara con Manuel Bonilla la entrega del Puerto de Amapala. Verificada ésta fue nombrado comandante de armas del puerto, el expresidente Terencio Sierra y de Choluteca su hermano Manuel Sierra.

En su diario desde San Salvador, anotaba Enrique Guzmán:13de abril: "IV aniversario de la entrada triunfal de Dn. Manuel Bonilla

a Tegucigalpa y, ¡curiosa coincidencia! hoy sabemos que ayer capituló en Amapala. Sólo conocemos de los términos de la capitulación de cláusula por la cual se compromete Dn. Manuel a salir de Centro América". "Escribí esta mañana una proclama que firmará el General Saturnino Medal que en su calidad de Mayor General del Ejército de Dn. Manuel, se dirige al pueblo de Honduras explicando la situación". 16: "Me contó anoche el Dr. Lara, hondureño que viene huyendo, que 3.500 salvadoreños y 1.500 hondureños atacaron las posiciones de Namasigüe, y que los primeros tuvieron 40 muertos y 180 y tantos heridos". "El General Manuel Bonilla va para Méjico en el crucero americano "Princetown".

Los gobiernos salvadoreño y nicaragüense consideraron "insuficiente" a la junta establecida en Tegucigalpa. Ramón García González, Ministro de Relaciones Exteriores salvadoreño (el presidente Fernando Figueroa, "elegido a palos", según Guzmán, había tomado posesión el 1º. de marzo) y José D. Gámez, representante nicaragüense, habían convenido con Sierra en Amapala en derribar a la junta, cuando tuvieron conocimiento que aquélla había entregado el mando a Dávila.

"Los liberales —dice Paulino Valladares— venían divididos desde Managua. En esta capital se lanzaron unos contra otros, a pura bala. Quedaron en las calles los cadáveres. Dávila fue el medio de unión impuesto por la necesidad interior y exterior, y desde el primer día se vio dedicado a la imposible tarea de conciliar los intereses y las ambiciones encontrados".

Conscientes de la necesidad de mando unipersonal, un grupo de liberales eligió en el cabildo municipal, Presidente Provisional, al de la Junta, Miguel O. Bustillo, pero los otros dos miembros de la misma, decidieron apoyar a Miguel R. Dávila, a quien se consideraba alejado de las rivalidades personales dentro del partido.

6. MIGUEL R. DÁVILA. Tomó posesión de la presidencia en forma provisional, el 18 de abril de 1907. El Presidente de la Junta, le entregó un ejemplar de la. Constitución de 1894, "recogida del pasado con la fuerza de las bayonetas para restaurarla". El 15 de abril, anotaba Guzmán: "Han proclamado Presidente al General Miguel R. Dávila, y parecen gustar de este sujeto —que no puede ser persona más dunda— según se desprende de los editoriales de El Diario Salvadoreño y de PATRIA". 20: Se ha sabido que el Coronel Arita reconoció a Dávila como Presidente de Honduras y que Cárcamo licenció sus tropas". 23: "Los emigrados hondureños (en El Salvador), que todavía tienen esperanzas en Estrada Cabrera, están resueltos a irse a Guatemala". 26: "Se publica el tratado de paz firmado en Amapala el 23 del corriente. Desde que tengo uso de razón no he visto un documento público peor redactado. Presumo que salió de la pluma de Gámez, por lo atropellado del lenguaje e impropiedad de términos".

Según la reproducción que de dicho tratado hizo la revista Ariel (octubre 1966), los; gobiernos nicaragüense y salvadoreño, se comprometieron a apoyar a Sierra, cuya anterior administración presidencial, consideraban "completamente satisfactoria" para ambos. Se convino también que los emigrados políticos serían reconcentrados: salvadoreños y nicaragüenses, desde Comayagua hasta Trujillo; y los hondureños en El Salvador y Nicaragua, desde

Santa Ana y Masaya hasta la frontera de Guatemala y playas del mar Caribe, respectivamente.

Sierra se declaró presidente en Amapala el 23 de abril. Dávila envío tropas al mando de Tiburcio Carías Andino y José María Valladares, que lograron hacer huir a los hermanos Sierra, abandonados de la protección prometida por El Salvador y Nicaragua. Dice Guzmán: Mayo 1°.: "—Figueroa está en perfecta inteligencia con Zelaya para sentar a Sierra en el trono de Honduras. A la orden de Zelaya se han puesto los infelices que aquí mandan; de ello va persuadiéndose Estrada Cabrera, y no se le sienta bien tan brusco cambio en la política a seguir por sus vecinos los salvadoreños". 5: "Saturnino Medal, Froylán Turcios, el Dr. Lara, etc., se van a Guatemala". 11: "Aseguran personas que tienen por qué saberlo, que acaba de recibir el gobierno un cablegrama de Zelaya en el que recuerda el compromiso, contraído por García González en Amapala, de sostener a Sierra. En lo que menos piensan estos señores es en sostener a don Terencio. Ya están haciéndole carantoñas a Ángel Ugarte, agente confidencial de Dávila". "Se dice que el General Cárcamo anda otra vez disparando fusilazos por el departamento de Intibucá, y no falta quien crea que el gobierno de El Salvador le suministra fondos para estas correrías". Mayo 18: "Ahora sí parece que ya se acabó lo de Honduras. Sierra desocupó Amapala llevándose para Nicaragua cuantos elementos de guerra había en aquel puerto. Dicen que como no pudo cargar con el enorme cañón que había llamado "El Vigía", le inutilizó". Basilio Corrales muestra a Guzmán un telegrama de Dávila en que le dice "que él y todos los emigrados hondureños pueden volver a sus respectivos hogares sin temor alguno". 25: "Augusto C. Coello dice "que Zelaya está en perfecta inteligencia con Dávila, y que lo de la sublevación de Sierra fue una farsa para engañar al gobierno obtuso de El Salvador, el cual cae en todas las trampas que le arman". 29: "El Diario que dirige Coello trae un artículo de fondo furibundo contra la tiranía de Zelaya; dicho artículo es de la pluma de Juan Ramón Molina".

Junio 2: "En el hotel Nuevo Mundo me encontré con el Doctor Juan Ángel Arias, quien me saludó con mucho afecto, no obstante la orden de captura que dio contra mí en los días de la revolución hondureña que pasé en Tegucigalpa; según después que supe había dado orden de que me fusilasen sin más trámites que la pronta ejecución". 13: "'Esta tarde reconoció el gobierno de El Salvador al de Miguel R. Dávila, después de muchas vacilaciones, no les queda otro remedio." Dávila acreditó como su Ministro en El Salvador a José Antonio López Gutiérrez, que había sido Ministro de Relaciones Exteriores durante el gobierno de Domingo Vásquez y hermano de Rafael López Gutiérrez. Don José Antonio ha sido el único hondureño que ejerció como Ministro de Honduras en las otras cuatro porciones de Centro América y Ministro de El Salvador en Honduras.

Junio 20: "Publica "El Diario de El Salvador" una nota del Ministro norteamericano Mr. Merry, al de RR.EE. de El Salvador que sería afrentosa si los reinecitos centroamericanos pudieran avergonzarse de algo". "El candidato de Dn. Chico (Cáceres) para la Presidencia de Honduras es Dn. Francisco Núñez, de Santa Tecla...Parece que Estrada Cabrera le quiere mucho y en esta corte no puede estar mejor". Julio 23: "Según refiere Dn. Francisco Cáceres, y esto lo confirma Eulogio, era bastante malo el gobierno de Dn. Manuel Bonilla. Hombre honrado es sin duda, Dn. Manuel; pero dejaba que robasen varios de sus subalternos".

Julio 26: "Llamado por Figueroa viene de Armenia Dn. Francisco Cáceres. Ya presentó éste la candidatura de don Francisco Núñez y fue muy bien recibida por el Presidente Figueroa". "Se va Dn. Francisco Cáceres para Guatemala, enviado por este gobierno como agente confidencial ante Estrada Cabrera; antes de salir, a las seis de la mañana, tiene una entrevista con Figueroa, quien le dio 600 pesos en oro para su viaje". Agosto 1°. "Por la tarde entrada del barrio San José (de San Salvador). La carroza representa a Zelaya montado en un enorme pavo que representa a Honduras".

El 6 de noviembre de 1907, los presidentes Fernando Figueroa, de El Salvador; Zelaya, de Nicaragua y Dávila, firmaron en Amapala, un convenio en el que acordaban un olvido de todas las diferencias pasadas. La asamblea nacional constituyente convocada por Dávila, se reunió el 10. de enero de 1908, convocando a su vez a elecciones de autoridades supremas, que se realizaron a fines del mismo mes, resultando electos presidentes y vicepresidentes respectivamente, Miguel R. Dávila y Dionisio Gutiérrez, quienes se juramentaron el 10 de marzo. El 6 de febrero, la Asamblea había ratificado íntegramente la constitución de 1894, contra la opinión de 19 diputados que pedían su reforma. La posición triunfante obtuvo 22 votos.

En el diario de Guzmán, se consigna el 24 de marzo de 1908: "De buena fuente supe anoche que Zelaya refiere lo siguiente: "Domingo Vásquez y don Manuel Bonilla llegaron a ponerse de acuerdo y Estrada Cabrera que apoyaba esta unión, comunicó a Figueroa el plan de invadir a Honduras y le sugirió apoyar eficazmente este movimiento revolucionario contra el Presidente Dávila, mostrose Figueroa dispuesto a secundar lo acordado, y aun hizo algunos preparativos bélicos; pero al mismo tiempo comunicó a Zelaya y a Dávila cuanto estaba pasando. A este último le sugirió que acreditase un Ministro en El Salvador (por eso fue allá Oquelí Bustillo). Tan luego como éste llegó a San Salvador Figueroa, le habló así: "Vaya usted a quejarse de lo que se está tramando contra su gobierno al Encargado de Negocios de Méjico y al Ministro americano". Así lo hizo Oquelí Bustillo y todo terminó". "Lo anterior retrata el carácter de Figueroa, vacilante, traicionero y cobarde". Estrada Cabrera, acusó al agente confidencial de Dávila (Miguel O. Bustillo) de aprovechar su viaje a El Salvador y Guatemala, para propiciar su asesinato mediante el frustrado intento de los cadetes de la politécnica de Guatemala.

En julio los emigrados hondureños cruzaron la frontera de El Salvador, apoderándose de Choluteca y Gracias. Dávila envió a Rafael López Gutiérrez a Nacaome, para defender esta plaza; derrotados los rebeldes abandonaron el país. Dávila protestó ante la Corte de Cartago contra los gobiernos de Guatemala y El Salvador, por haber apoyado esta rebelión, pero el tribunal desestimó la demanda.

Durante este período figuró Tiburcio Carías Andino, como comandante de armas y gobernador político en Copán y Cortés. También su hermano Marcos actuó como Ministro de Gobernación. Llegó a decirse que "en tiempos de Miguel, todos mandan menos él"; los amigos de Dávila respondían que en tiempos de Miguel "nadie manda sino él". Suprimió la organización unionista "La Regeneración". Se le considera, junto a Paz Baraona, y Mejía Colindres, como gobernante que no se lucró en el ejercicio del mando. "Fue probo, no emigró y murió pobre", dice Luis Mejía Moreno.

Fallecieron durante su gobierno los expresidentes Sierra (en Dioromo, Nicaragua, el 25 de octubre de 1907), Soto (en París; el 25 de febrero de 1908) y Vásquez (el 11 de diciembre de 1909, en Tegucigalpa). Al primero no se le rindió ningún homenaje público, con motivo de su fallecimiento; en honor del segundo, se verificó una velada fúnebre en la que M.O. Bustillo, llevó la palabra en nombre del ejecutivo; en el sepelio del tercero, habló en nombre del ejecutivo, Vicente Mejía Colindres. Terencio Sierra, había nacido en Nacaome, el 26 de diciembre de 1849; Domingo Vásquez Toruño, en Tegucigalpa, el 3 de agosto de 1846 y Marco Aurelio Soto Martínez, también en Tegucigalpa, el 13 de noviembre de 1846.

El 5 de junio de 1909, Dávila modificó su gabinete. El 6 de diciembre declaró el estado de sitio; el 21 Zelaya entregó el poder en Nicaragua. En julio de 1910, aparecieron brotes rebeldes en la Costa Norte, a favor de Manuel Bonilla; el 31 de octubre se sublevó el comandante de armas y administrador de aduanas de Amapala, José María Valladares quien al verse fracasado tuvo que abandonar el país.

En Nicaragua Enrique Guzmán, escribió las siguientes anotaciones correspondientes a los años 1909 y 1910; 20 de junio de 1909: "Según me cuenta el General Toledo cambió Dávila de ministerio por exigencia de Estrada Cabrera. Es cierto, pues, lo que se había venido diciendo de que el nuevo gabinete hondureño es favorable al dictador guatemalteco". Julio 3: "La llegada del General Domingo Vásquez a Honduras es asunto de las conversaciones; los periódicos liberales dicen qué Vásquez va a morir a su casa, pues tiene un cáncer en el estómago, lo cual no impide que esos mismos periódicos le insulten atrozmente". 17 de noviembre de 1909: "Se ve que a Zelaya le inquieta lo que pasa en Honduras, pues envía a la frontera norte 1.500 hombres". 18: "No se ha podido saber de cierto lo que pasa en Honduras; corren mil rumores, algunos de los cuales me parecen disparatados". 19: "Día muy tranquilo, ni bolas corren". Diciembre 13: "El 11 de este mes, a las 9:30 de la noche, dejó de existir en Tegucigalpa el General Domingo Vázquez; fue amigo mío y un valiente militar; pertenecía al partido conservador de Honduras, y su nombre a fines del año 1907, figuró mucho y andaba de boca en boca en Nicaragua, con motivo del conflicto entre ambas repúblicas, provocado por Zelaya".

21 de diciembre de 1909: "Día por siempre memorable será el de hoy. A las 10 y 20 de la mañana anuncia el cañón que Zelaya entregó el tron1o al doctor José Madriz. Parece esto un sueño. Reinó Santos Zelaya, 16 años 4 meses. y 25 días." 11 de octubre de 1910:

"Se sabe que el Presidente Miguel R. Dávila de Honduras, internó a los emigrados nicaragüenses, expulsados últimamente... Ahora se ha volteado la tortilla y son los liberales los que están sintiendo en carne propia las persecuciones de los gobiernos de Centro América, que no se quieren poner en mal con el de Nicaragua".

A principios de 1911, intentó el gobierno de Dávila contraer un empréstito por diez millones de dólares con la casa Pierpont Morgan y Coo, de Estados Unidos de América, pero el Congreso Nacional por votación de 32 votos contra 4, desaprobó el contrato, por estimar que las cláusulas del mismo eran demasiado onerosas para Honduras. Aprovechando esta coyuntura, Manuel Bonilla, con el apoyo financiero del norteamericano Samuel Zemurray, se apoderó de Islas de la Bahía y Trujillo.

El gobierno de E.U.A., reunió a representantes de los contendientes en el crucero "El Tacoma", anclado en Puerto Cortés, durante las conferencias desde el 21 de febrero al 15 de marzo: como consecuencia de las mismas, el Congreso Nacional, nombró primer designado a la presidencia, al doctor Francisco Bertrand renunciando a sus cargos el presidente y vicepresidente. El representante norteamericano fue Thomas C. Dawson.

El 19 de marzo se produjo en Comayagüela un choque entre dos escoltas del gobierno que estuvieron disparándose durante varias horas entre sí. Los muertos fueron llevados "a carretadas" al cementerio, según Mejía Moreno. Félix Salgado, estimó las pérdidas de vida en sesenta. Los jefes de las escoltas José de la Paz Palma y Antonio Lara, fallecieron también en el trágico y estúpido incidente.

Guzmán relata el 13 de enero de 1911: "Se sabe de cierto que estalló la revolución en Honduras; aseguran que don Manuel Bonilla, es dueño de toda la Costa Norte de aquel país y que su ejército es numeroso. Que cierto es que en Centro América no hay caudillos al agua. Hace cuatro años nadie hubiera dado un comino por los prestigios del General Bonilla, quien fue echado del poder por una revolución apoyada por Zelaya". Los representantes de Manuel

Bonilla en "El Tacoma", fueron Alberto Membreño y Fausto Dávila; por el gobierno Francisco Matute, Máximo B. Rosales y Manuel F. Barahona.

Dávila falleció en Tegucigalpa, el 12 de octubre de 1927.

7. FRANCISCO BERTRAND BARAHONA. Se juramentó el 28 de marzo de 1911. Al entregar el poder, Dávila dijo que las conferencias del Tacoma, preparaban para Honduras una era de paz, "y es por eso que depositó el poder, no al enemigo armado, no al vencedor, sino al amigo". Bertrand contestó que desde aquel momento no había ni vencedores ni vencidos y que concluida la guerra civil, de sus labios se alzaba un solo grito: "Viva la República". "Los pactos del "Tacoma" —dice Lucas Paredes— restauraron en el poder al antiguo "manuelismo", —depuesto por la revolución llamada "restauradora" de 1907...— Bertrand organizó su gabinete en la siguiente forma: Alberto Membreño (Gobernación y Justicia), Máximo B₀ Rosales (Fomento, Obras Públicas y Agricultura), José María Ochoa Velásquez (Instrucción Pública) y Fausto Dávila (Relaciones Exteriores). E116 de octubre, emigrados residentes en El Salvador, penetraron al departamento de Intibucá, pero fueron repelidos. Los días 29, 30 y 31 de octubre se verificaron elecciones en las que resultaron triunfantes Manuel Bonilla y Francisco Bográn. Este renunció a la vice—presidencia y el Congreso Nacional convocó a nueva elección para vicepresidente de la República. El Club Central Democrático, utilizando la Imprenta Azul y Blanco, dirigió la propaganda de Manuel Bonilla, a quien se presentaba como "candidato popular". Al Doctor Francisco Bográn, hermano del ex— presidente Luis Bográn, se le consideraba hombre nuevo en la política.

8. MANUEL BONILLA CHIRINOS. Presidente Constitucional desde el 1º. de febrero de 1912. Durante el mismo mes, emigrados residentes en El Salvador al mando de José María Valladares penetraron hasta el departamento de Comayagua, dirigiéndose a la montaña El Horno, fronterizo con Tegucigalpa. El 4 de marzo José Manuel Durón y Pío S. Fálope lo derrotaron.

El 8 de abril llegó al Puerto de Amapala en el buque de guerra Maryland, el Secretario de Estado norteamericano Philander C. Knox, quien en el año 1909, había intervenido en el derrocamiento del Presidente Zelaya, de Nicaragua. Cuatro Secretarios de Estado fueron a recibirlo (Mariano. Vásquez, Francisco Bertrand, Francisco J. Mejía y Máximo Betancourt Rosales), excusándose el Presidente de la República, por motivo de enfermedad.

En noviembre, tropas del gobierno dieron muerte a José María Valladares, a quien se acusaba de haber intentado rebelarse a inmediaciones de Ojojona, su población natal. El 9 de enero de 1913, el Congreso Nacional declaró electo Vicepresidente de la República a Francisco Bertrand, en quien Bonilla depositó la presidencia el 20 de marzo. Manuel Bonilla, falleció víctima de uremia, en la madrugada del día siguiente, a los 64 años de edad. El Congreso Nacional decretó 30 días de duelo: El Salvador y Nicaragua 9 y Guatemala 5.

El obispo de Comayagua, José María Martínez Cabañas, olanchano, como Bonilla y Bertrand, permitió que su cadáver fuese inhumado en el centro del comulgatorio de la parroquia de Tegucigalpa, pronunciando el discurso fúnebre, en nombre del ejecutivo, el también olanchano Froylán Turcios. Manuel Bonilla, figuró en la vida pública desde el gobierno de Soto, en que fue soldado en la insurrección de la Ahorcancina en 1865 y participó en el juzgamiento y ejecución del expresidente Medina, siendo también comandante de armas y administrador de rentas en Trujillo y Amapala.

9. FRANCISCO BERTRAND. BARAHONA. Se hizo nuevamente cargo del poder el 20 de marzo hasta el 28 de julio de 1915, en que lo depositó en el designado Alberto Membreño, por haber aceptado la candidatura a la Presidencia de la República, para el período 1916—20.

10. ALBERTO MEMBREÑO MÁRQUEZ. Se juramentó el 28 de julio de 1915. Se había creado la expectativa de que Membreño, durante sus seis meses de gobierno constitucional, podría maniobrar para impedir el retorno de Bertrand al poder, pero no lo hizo. Las elecciones del 31 de octubre, 1 y 2 de noviembre de 1955, dieron el triunfo presidencial a Bertrand y la Vicepresidencia a Membreño. A finales de diciembre, resultó destruida la ciudad de Gracias, a consecuencia de varios temblores.

Membreño volvió a tener destacada participación política en 1919, oponiéndose a la imposición que pretendía ejercer Bertrand. Fue jurista y filólogo. El 27 de febrero de 1902, escribe Guzmán: "Me visita don. Alberto Membreño, uno de los hombres más ilustrados con que cuenta Honduras, quien se cuenta entre otras curiosas historias, que siendo todavía joven Morazán, se presentó ante los tribunales reclamando los bienes de un individuo del que pretendía ser hijo adulterino; que ganó el pleito y le dieron dos mil pesos que era la suma reclamada. Pretende don Alberto que los expedientes deben encontrarse en los archivos nacionales". Y el 12 de junio: "Visitó a don Alberto Membreño. Parece disgustadísimo de la situación política. Dice que Soto, puede ser presidente si uno de sus hijos ofrece casarse con Brígida Sanabria, entenada de don Terencio".

Alberto Membreño, falleció en 1921. Había nacido en Tegucigalpa el 12 de julio de 1859, hijo del Abogado Carlos Membreño y Serafina Márquez.

11. FRANCISCO BERTRAND BARAHONA. Se juramentó por tercera vez, el 1o. de febrero de 1916 y logró mantener en relativa tranquilidad a los sectores políticos divergentes. Entró en conflicto con la Santa Sede, cuando quiso impedir la ejecución de la bula papal "Quae rei sacrae", expedida por Benedicto XV, que convirtió a Honduras en provincia eclesiástica, separada de la arquidiócesis de Guatemala.

El 4 de abril de 1919, el Congreso Nacional convocó a elecciones de autoridades supremas. Aunque el país se encontraba en calma, pretextando el estado de guerra con Alemania (al que Honduras había sido arrastrada), Bertrand se opuso a promulgar el decreto del Congreso (del día 8) levantando el estado de sitio. El 9 de abril, la mayoría del Congreso se plegó a la voluntad presidencial. Solamente se opusieron a ella 14 diputados, encabezados por Francisco Bográn.

Bertrand trato de imponer la candidatura de su concuño Nazario Soriano, desconocido en el país por haber vivido mucho tiempo fuera de él. Esta candidatura oficial fue combatida por el Partido Liberal, que eligió candidato a Rafael López Gutiérrez, y por el Partido Nacional Democrático que postuló a Alberto Membreño. El 2 de abril de 1919 empezó a circular "El Arpón", semanario oficial, dirigido por José Ángel Lanza y que se presentaba como órgano del Club de

Obreros "El Progreso". Se atacaba en él a todas las figuras políticas que adversaban a Soriano: Membreño, López Gutiérrez, Santos Soto, Tiburcio Carías, Paulino Valladares, Venancio y José Jorge Callejas.

Bertrand, que había gozado de fama de hombre conciliador, desató persecución contra sus opositores, que acabaron levantándose en armas. Mientras López Gutiérrez lo hacía en la región oriental, Vicente Tosta y Gregorio Ferrera, lo hicieron en occidente, marchando después a San Pedro Sula. mientras los membreñistas también conspiraban contra el gobierno.

El Ministro norteamericano en Honduras, Tomás Sambola Jones, yerno de Rómulo E. Durón, envió una nota al presidente Bertrand, el 6 de septiembre de 1919, presionándolo para que abandonara el poder, Bertrand, lanzó un manifiesto al pueblo hondureño, expresando: "que no pudiendo contrarrestar fuerzas en extremo superiores para un país débil, se retiraba mejor del Poder, cediendo a la insólita pretensión de un poder extraño, al que no reconocía derecho alguno de intervención, en los asuntos privativos de un pueblo dueño de sus destinos".

El día 9 se dirigió a Amapala, acompañado de su familia y amigos, en varios automóviles protegidos por la bandera de la Unión, rumbo a Panamá y posteriormente a E.U.A. El 15 de septiembre, después de dos meses de haberse levantado en armas, Rafael López Gutiérrez, ocupó la casa de Gobierno, situada entonces en Toncontín. En ella conoció el escritor español Eduardo Zamacois en 1918, a Bertrand, cuando todavía ejercía de cruzado de la Unión Centroamericana: "vivía en una casona situada a tres o cuatro kilómetros de la ciudad. Era el señor Presidente un hombre moreno, enjuto y pequeño, que accionaba apenas y hablaba muy poco". Inició la construcción de la actual Casa Presidencial, que finalizó López Gutiérrez. Durante el gobierno de Bertrand, se prolongó el ferrocarril nacional desde Pimienta a Potrerillos.

Después de su inmigración en Nueva Orleans, Bertrand, regresó a La Ceiba, en julio de 1926, falleciendo a medianoche del día 15 del mismo mes. Había nacido en Juticalpa el 9 de octubre de 1866.

12. CONSEJO DE MINISTROS. Al abandonar el país, Bertrand, depositó el mando en el Consejo de Ministros presidido por Salvador Aguirre, el 9 de septiembre de 1919. Con algunos cambios en sus integrantes, el Consejo ejerció un mando casi nominal hasta el

5 de octubre. Llamado Alberto Membreño, a ejercer el ejecutivo, se excusó de hacerlo.

13. FRANCISCO BOGRÁN BARAHONA. Se hizo cargo del ejecutivo en su condición de segundo designado, el 5 de octubre de 1919. Figuraron en su gabinete, Jesús M. Alvarado (Relaciones Exteriores), Vicente Mejía Colindres (Gobernación y Justicia), Vicente Tosta (Guerra y Marina), Miguel Paz Baraona (Fomento, Obras Públicas y Agricultura). El 26, 27 y 28 de octubre se celebraron elecciones en las que triunfó abrumadoramente López Gutiérrez sobre Membreño. Resultó electo Vicepresidente José María Ochoa Velásquez.

Bográn, falleció en Nueva Orleans el 7 de diciembre de 1926. Era hermano del expresidente Luis Bográn Barahona y primo de Miguel Paz Baraona. Luis, Francisco y Miguel eran hijos de tres hermanas.

Amílcar Raudales, en Baturrillo Histórico, "relata que el 10 de enero de 1920, la corporación municipal de Tegucigalpa, fue a saludar a Bográn y que éste manifestó a sus integrantes que el país se encontraba en completa calma, sin oírse un solo disparo. Sin embargo en la noche anterior los vecinos de Tegucigalpa y Comayagüela, habían sido molestados con continuas descargas de fusilería y pistolas. Así ha sucedido con otros gobernantes, comenta Raudales, en situaciones, "en que ellos no son culpables, ni pueden poner el remedio".

14. RAFAEL LÓPEZ GUTIÉRREZ. Presidente constitucional desde el 1º. de febrero de 1920. Carlos Alberto Uclés, orador grandilocuente y presidente del Congreso Nacional, traspasó la banda presidencial después de las respectivas alocuciones. El consultor financiero Arthur N. Young (norteamericano), que realizó su estudio desde el 10 de agosto de 1920 al 31 de agosto de 1921, resumió su experiencia sobre la naturaleza del problema financiero de Honduras en que: "La Historia de Honduras demuestra claramente los graves efectos de las guerras civiles sobre las finanzas públicas. Los gastos del Departamento de Guerra dominan completamente la situación durante una revolución y por muchos meses subsiguientes". Recomendó la creación de "una fuerza eficaz de policía" para proteger la propiedad y fomentar el desarrollo de la agricultura y el comercio. De enero a abril de 1921, el Teniente W.G. Scott, proyectó la reorganización policial del país.

El déficit fiscal durante el período 1919—1920 fue de más de un: millón de pesos. Las rentas ascendieron a 6 millones 688 mil y los gastos a 7 millones 770 mil pesos. Estuvieron abiertas 831 escuelas (20 menos de las que existían en 1902, según el informe de Sierra). La Universidad funcionaba con tres facultades: Jurisprudencia y Ciencias Políticas, Medicina y Cirugía e Ingeniería, con un total de 78alumnos. Se dedicó al ramo educativo poco más de medio millón de pesos.

El 9 de septiembre de 1921, se firmó en Tegucigalpa, la constitución política de la República de Centroamérica, estableciéndose también un Consejo Federal Provisional, formado por José Vicente Martínez (Guatemala), Francisco Martínez Suárez (El Salvador) y Dionisio Gutiérrez (Honduras). El departamento de Tegucigalpa, fue decretado Distrito Federal. No participaron en este intento de unión Nicaragua y Costa Rica. El golpe de Estado contra el presidente guatemalteco Carlos Herrera, verificado el 5 de diciembre de 1921, anuló este nuevo intento de restaurar la unión. El 1º. de noviembre de 1922, falleció su hermano José Antonio, Ministro hondureño en Washington, siendo sepultado en El Salvador.

En 1923 se celebraron elecciones para autoridades supremas; el Partido Liberal se escindió en torno a dos candidatos: los expresidentes Policarpo Bonilla y Juan Ángel Arias, mientras que los partidarios del extinto Alberto Membreño, Marcos Carías Andino, Paulino Valladares y otros, lanzaron la candidatura de Tiburcio Carías Andino, en nombre del Partido Nacional.

Como veinte años antes, ninguno de los tres candidatos obtuvo mayoría absoluta de votos, y surgió de nuevo la guerra civil, al no ponerse de acuerdo los diputados cariístas, aristas y bonilistas, en quien debería ser el presidente. Willard L. Beaulac, Cónsul norteamericano en Omoa, relata la forma de intervención militar de su país en el conflicto hondureño: "Una parte de la rutina era que si el ejército revolucionario se aproximaba a una ciudad mantenida por el gobierno, o viceversa, los marinos, amparados generalmente por los cañones del barco, requerían que las fuerzas que protegían la ciudad, la evacuaran. Esto significaba que cualquier lucha que pudiera haber tenía que llevarse a cabo fuera de la ciudad".

"Existía una tendencia a ridiculizar las revoluciones centroamericanas, a considerarlas como algo que rayaba en lo cómico...Muchos, quizá la mayoría de los hombres que constituían los ejércitos litigantes, no sabían por que peleaban. Esto no significaba necesariamente, que pelearan de mala gana. Muchos peleaban por el placer de luchar; muchos murieron por una causa que probablemente creían gloriosa. Por otra parte a muchos les interesaba principalmente, lo que era natural dadas las circunstancias, estar al lado del vencedor; y cuando cambiaba la corriente de la batalla, la deserción hacia el lado más fuerte era casi total. La mayoría de los soldados eran reclutados y no usaban uniforme. Un bando se distinguía del otro por los brazaletes que usaban los soldados en el brazo. Generalmente a los soldados no se les conocía como liberales o conservadores, sino como Azules y Colorados. No era extraño que un soldado Azul llevara en su bolsillo un brazalete de los Colorados y viceversa, y no vacilaba en cambiárselo cuando llegaba el momento. Puerto Castilla cambió eventualmente de manos mediante el recurso de cambiarse de brazaletes".

Rafael López Gutiérrez, se había proclamado dictador el 1o.de febrero de 1924, mediante un decreto fechado a las doce de la noche del día anterior, en que decidía asumir "todos los poderes del Estado, los cuales ejercerá discrecionalmente, quedando en suspenso el imperio de la Constitución". Se convocaba también a una asamblea constituyente. Firmaron este Decreto, los Secretarios de Estado Ángel Zúñiga Huete, Rómulo E. Durón, Antonio R. Reina Castro, Ernesto Argueta y Abel Gamero. Resultó abolida la constitución de 1894, que ha sido la de mayor duración en el país (25 años en sus dos etapas).

Gregorio Ferrera y Vicente Tosta, se apoderaron de La Esperanza y Santa Rosa de Copán. Desde esta última ciudad, lanzaron un manifiesto al pueblo hondureño, el 10 de febrero; los suscritos, "hacen un gesto enérgico de protesta armada y excitan a sus buenos hermanos hondureños, para que los acompañen en esa cruzada que será una nueva lección para los que ávidos de mando, hacen caso omiso de la voluntad nacional".

Rafael López Gutiérrez, falleció en el ejercicio ilegal del poder, en la tarde del 10 de marzo. En "Peregrinaje", Argentina Díaz Lozano, ha dejado un bello testimonio del ambiente existente en los últimos días de la dictadura. Había nacido el 28 de octubre de 1855; era hijo del General Juan López, quien en ese mismo año de 1885, logró derrocar a Cabañas, con el auxilio de Carrera, y nieto del Coronel José María Gutiérrez, fallecido en Jaitique el 26 de marzo de 1832, luchando contra Vicente Domínguez, que pretendía restaurar el dominio español en Honduras.

15. CONSEJO DE MINISTROS. Presidido por el Ministro de Guerra, Roque J. López, y nominalmente por el de Gobernación, Francisco Bueso, desde las tres de la tarde del 10 de marzo de 1924, en vista de la gravedad de López Gutiérrez. Declaró restablecido el imperio de la constitución de 1894, "en cuanto fuere compatible con las necesidades del Gobierno actual". De hecho, ni se restableció la constitución ni funcionó ningún gabinete ministerial, ya que los secretarios nombrados renunciaban o no asistían a sus despachos, por el estado de guerra existente.

En Tegucigalpa, se venía luchando desde el 24 de febrero hasta el 28 de abril en que unidos Gregorio Ferrera y Tiburcio Carías y después Vicente Tosta que se les miró con su eficacia militar, tomaron la capital. Esta fue la primera ciudad centroamericana a la cual se tiraron granadas desde un avión. El Ministro norteamericano Franklin Morales, de acuerdo con las instrucciones dadas por el Secretario de Estado Charles Evans Hughes, en el sentido de que las fuerzas navales protegiesen la vida y propiedad de los norteamericanos, ordenó el envío de marinos pertenecientes al crucero Milwaukee, que se encontraba en el Golfo de Fonseca.

Doscientos marinos penetraron a Tegucigalpa, el 19 de marzo a las 11de la mañana. En el diario de la guerra, dirigido por Froylán Turcios, quedó testimonio de la protesta hondureña por este atentado.

El español Mario Ribas de Cantruy relató también detalles de esta lucha. El 14 de marzo escribió: "El fuego se va haciendo cada minuto más nutrido, y funcionan los cañones de los cerros del Picacho, Juana Laínez, El Berrinche y Sipile, mientras los proyectiles cruzan el aire por sobre la ciudad llevando la muerte a los campamentos enemigos. El ruido de los cañones, los rifles y las ametralladoras es atronador, y su eco en los cerros vecinos tiene algo de espantoso y de grandioso a la vez". El Consejo de Ministros terminó oficialmente sus funciones el 3 de mayo.

16. VICENTE TOSTA CARRASCO. Presidente provisional desde el 30 de abril de 1924, en que prestó promesa de ley ante el Alcalde Municipal de Tegucigalpa. El 3 de mayo fue declarado electo en Amapala por los Delegados del Consejo de Ministros (Alberto Rodríguez y Roque J. López), y de los jefes de la revolución (Salvador Aguirre y Francisco López Padilla), con la presencia de los representantes de los gobiernos norteamericanos, guatemalteco, salvadoreño y costarricense, Summer Welles, actuó como representante personal de Calvin Coolidge. Tosta convocó a la constituyente que decretó la constitución número 9 de Honduras. Instalada el 31 de julio, delegando el 6 de agosto el Poder Ejecutivo en Tosta, por considerar que era de conveniencia pública, ratificar la designación hecha por los jefes de la Revolución Reivindicadora recién pasada "para el necesario engranaje de la Administración y mantener el orden establecido".

Gregorio Ferrera Ministro de Guerra, se levantó el mismo día en armas. Tosta personalmente dirigió las operaciones para detener la insurgencia. El día 26, declaró que en vista de haber convocado la Asamblea Nacional Constituyente a elecciones de autoridades supremas, reorganizaría el gabinete de conformidad al Pacto de Amapala, quedando excluidos de éste el ex Ministro de Guerra, Ferrera y el de Gobernación, Tiburcio Carías.

El 28, 29 y 30 de diciembre de 1924, se celebraron las elecciones. El Congreso Nacional declaró el 20 de enero de 1925 a Miguel Paz Baraona y Presentación Quesada, electos, presidente y vicepresidentes respectivamente. Al día siguiente nombró una comisión formada por los diputados Juan Manuel Gálvez, Paulino Valladares y Venancio Callejas, para que viajaran a San Pedro Sula a poner en manos del primero, el decreto de elección.

Tosta apoyado por Carías, para ascender al poder, se separó de éste, y permitió que se formara en torno suyo otro grupo político, conocido con el nombre de Partido Republicano. Falleció en la mañana del 7 de agosto de 1930 en el Pensionado Militar, adjunto al Hospital San Felipe, de Tegucigalpa, siendo Ministro de Gobernación en el gabinete de Mejía Colindres. Su inesperada muerte, después de una leve infección de mazamorra, complicada con pulmonía, septicemia y micoarditis, produjo un gran impacto público. En sus funerales, efectuados el día 9, habló en nombre del Poder Ejecutivo, Salvador Zelaya y Mariano Anduray, en nombre del Partido Republicano. Raúl Durón Membreño, afirma haber escuchado al médico salvadoreño Alfredo Sagastume, decir: "Yo le inyecté, de orden superior", (El Día, julio 6,72).

17. MIGUEL PAZ BARAONA. Presidente Constitucional desde el 1º. de febrero de 1925. En marzo, Francisco Martínez Funes, aplastó militarmente la huelga obrera iniciada en la Costa Norte. En el año 1926 fallecieron los escritores Salatiel Rosales y Paulino Valladares, y los ex presidentes Francisco Bográn, Francisco Bertrand y Policarpo Bonilla Vásquez. La muerte de este último, pariente de Domingo Vásquez, ocurrió en Nueva Orleans el 11 de septiembre; trasladados sus restos a Honduras, fueron sepultados en el Cementerio General en Comayagüela, el 27 de agosto de 1928, después de rendírseles homenaje en San Pedro Sula y Comayagua. Había nacido en Tegucigalpa el 17 de marzo de 1858. En su sepelio, pronunciaron discursos, en nombre del ejecutivo, Octavio Ugarte; Ramón Alcerro Castro, por el Partido Nacional; Vicente Mejía Colindres, por el Partido Liberal de Nicaragua; y, Carlos Alberto Uclés, en nombre del Partido Liberal y del Republicano o Independiente. El "Berliner Tageblatt", escribió: "fue el único de todos los representantes de los Estados que estuvieron en guerra con Alemania, que protestó contra uno de los más desastrosos artículos del Tratado de Versalles. Un día antes de la presentación del Tratado, envió para la sesión de la Conferencia de Paz, una nota en la que demostró la monstruosidad de pedir la entrega de los entonces mal llamados "criminales de la guerra". El sostuvo que la sentencia solamente se debía hacer por medio de leyes y jueces alemanes y obligándose los aliados a la reciprocidad".

Paz Baraona relata así las dificultades con que se encontró al asumir el poder "antes de iniciar mis tareas como Presidente de la República, el 12 de enero de 1925, estalló la guerra civil, en el Norte y en el Oriente del país. Tomé posesión de la Presidencia el 1º. de febrero de 1925, y los días de este mes y algunos del mes de marzo, se emplearon en combatir a los facciosos, que fueron dominados; pero el 6 de abril se lanzaron en rebelión los indígenas de Intibucá. El Gobierno Constitucional sostuvo una lucha de muchos meses tenaz, terrible por lo sangriento, contra hondureños obcecados por la pasión partidista, que estaban alimentados en sus ambiciones, por fuerzas exteriores que indudablemente deseaban nuestro agotamiento y ruina. La situación se agravó de tal manera que todo hacía suponer que la República zozobraría como consecuencia de la anarquía, suposición tanto más fundada, cuanto que hubo momentos en que había facciosos en el Norte, en el Sur, en el Oeste y en el Oriente de la República y hasta en la capital se desarrollaban maniobras subversivas contra el Régimen que presido".

Es posible que en su mensaje al Congreso Nacional, al iniciarse las sesiones ordinarias de éste, en enero de 1929, Paz Baraona, se estuviese refiriendo a las pretensiones de sus correligionarios nacionalistas, encabezados por Tiburcio Carías, que le exigieron entregar el poder al vicepresidente Quesada. La Legación norteamericana en Tegucigalpa parece no haber dado apoyo a este plan de sustitución del Presidente por vía constitucional.

Continúa Paz Baraona: "en situación tan difícil, cuando ninguna otra nación del planeta tuvo una palabra de conmiseración o de aliento para la pobre Honduras, el Gobierno de Estados Unidos de América, le tendió su mano amiga y le dio su apoyo moral, contribuyendo con su actitud a salvarnos de la peligrosa crisis, asegurando así la estabilidad de nuestras instituciones... si la república logró salir airosa del desastre que le amenazaba, se debió en mucha parte, a esa generosa cooperación moral del Gobierno de Estados Unidos de América, cooperación moral juzgada a veces de manera errónea por la incomprensión, la estulticia o la maldad... la amistad de la nación americana, mantenida constantemente en el transcurso de mi Administración, se ha debido en gran parte a los esfuerzos del excelentísimo señor George T. Summerlin, Enviado Extraordinario y Ministro Plenipotenciario de los E.U.A., quien no ha omitido medio alguno para patentizar su cariño a nuestro país..."

A los señores directores de las agrupaciones políticas, les advierto que "el mundo civilizado los observa con mucha atención, para adoptarlos como artes integrantes de él si cumplen con su deber haciendo el bien de la Patria o para despreciarlos y considerarlos como más dignos de figuras como jefes de los Botocudos y de las tribus del África Ecuatorial, y no del pueblo hondureño, que ha demostrado gran honradez y civismo, y que aspira a figurar en el rol de las naciones civilizadas". Figuró como Secretario Privado de Paz Baraona, Juan Manuel Gálvez, y como auxiliar de éste en la oficina presidencial, Ramón E. Cruz.

El Cronista, en su nota Editorial del 5 de enero de 1929, a cargo de Alfonso Guillén Zelaya, elogió la actividad del Secretario de Hacienda y Crédito Público, Julio Lozano, quien en la memoria presentada el día 4, ante el Congreso, anunció superávit de más de 664 mil pesos. "A los ignorantes y simplistas, el Secretario de Hacienda saca del error, muy común, de considerar como si fuesen hondureños todos los productos explotados. Los guineos, el oro, plata y maderas que salen del terruño no son de nuestra pertinencia. Los Presidentes Dávila, General Bonilla, Bertrand y con especialidad, el Doctor Membreño, son hijos pródigos para otorgar concesiones". "Un ciclón, una enfermedad, un cambio meteorológico imprevisto podría mañana disminuir la producción bananera, y por consiguiente, lo que paga por sus exportaciones. Pero queda ya constancia que, en tiempos normales, los bananos contribuyen al superávit de la hacienda pública".

Al iniciarse el debate electoral en 1928, se encontraba pendiente el asunto de límites con Guatemala. Tiburcio Carías, rechazó las imputaciones de la propaganda "tostista", que "tan pronto nos imputan tener entendimientos con la United Fruit Co., y por enemigos a la de Cuyamel, como aseguran según puede verse en la prensa de Guatemala, que el nacionalismo tiene compromiso con la Cuyamel Fruit Co. Todo esto es revelador de una tendencia ingrata de nuestros adversarios de pretender tomar el asunto de límites para procurar adeptos".

José María Ochoa Velásquez y Vicente Tosta, líderes de los Partidos Liberal y Republicano, formaron una coalición que postuló como Candidatos a la Presidencia y Vicepresidencia a Vicente Mejía Colindres y Rafael Díaz Chávez, fórmula que triunfó en las elecciones celebradas a fines de octubre, sobre la que encabezaba Carías. Este envió el 13 de noviembre un mensaje a sus correligionarios comunicándoles que "los votos de occidente fueron en mayoría adversos al Nacionalismo". Sin embargo el Partido Nacional obtuvo mayoría en el Congreso Nacional, el cual declaró electos el 19 de enero de 1929 a los candidatos de la coalición, fijando las tres de la tarde del 1º. de febrero para presentar la promesa de ley.

Miguel Paz Baraona, falleció en San Pedro Sula, el 11 de noviembre de 1937. Durante el presente siglo, solamente él y Mejía Colindres, han terminado el período constitucional, para el cual fueron electos por votación popular directa.

18. VICENTE MEJIA COLINDRES. Presidente Constitucional desde el 1º. de febrero de 1929, gobernó con la oposición de los otros dos poderes del Estado. El día 24 se reunió la convención del Partido Nacional, presidida por Luis Bográn Morejón, hijo del ex presidente Luis Bográn, lanzando el 1º. de marzo, un manifiesto en el que denunciaba que los partidos coaligados habían triunfado utilizando procedimientos reprochables en su propaganda y utilizando "cierta coacción moral sobre las gentes de los pueblos, amenazándolas con la guerra si votaban por el candidato nacionalista", pero que a pesar de ello, los diputados nacionalistas, "al ver en el escrutinio una mayoría de votos en favor del Doctor Vicente Mejía Colindres, lo declararon electo Presidente de la República". "Ha triunfado el Partido Nacional en orden a la honradez y a la moralidad política; ha triunfado en el campo del derecho en las prácticas de buen Gobierno. Nada queda en la legislación política y judicial, y casi nada en materia administrativa, que sea de los liberales'.

En 1929, se matricularon en la Universidad 167 alumnos (76 en Jurisprudencia y Ciencias Políticas, 71 en Medicina y 20 en Ingeniería). Céleo Dávila, Ministro de Instrucción Pública, informó al Congreso no haber sido posible establecer, por falta de fondos y personal docente, los demás estudios profesionales que autoriza el Código de Instrucción Pública, no obstante que algunos de ellos, como Farmacia, Perito Constructor, Perito Mecánico, Perito Agrónomo y de Odontología "se necesitan con urgencia". La Revista de la Universidad seguía sin editarse desde agosto de 1923, por falta de papel y operarios. El 10 de abril de 1929, el Congreso ordenó pagar a Jesús Aguilar Paz, en calidad de anticipo, diez mil pesos plata, valor de mil ejemplares del mapa que se mandaría imprimir a una casa extranjera. El ejecutivo no sancionó el decreto, fundándose en que no se debía realizar tal anticipo "por un mapa de Honduras que no se conoce todavía". En diciembre, la Cuyamel Fruit Company, fue absorbida por la United Fruit Company.

La Presidencia de Mejía Colindres coincidió con la de José María Moncada en Nicaragua, Beaulac, que entonces ejercía funciones diplomáticas en aquel país, afirma que Moncada casi declara la guerra a Honduras por la ayuda que desde aquí se prestaba a César Augusto Sandino. "Perseguí al Presidente Moncada por las montañas durante todo un fin de semana, tratando de disuadirlo de declarar la guerra a Honduras. Hubiera sido verdaderamente embarazoso que estallara una guerra con un país vecino mientras los oficiales de los Estados Unidos comandaran el ejército nicaragüense".

Afectada por la crisis financiera internacional, la producción económica durante el período 1930—31 (11 millones, 818 mil pesos), acusó un descenso de casi dos millones y medio de pesos, en relación al período anterior. El 18 de abril de 1931, Gregorio Ferrera, se levantó en armas, estableciendo su centro de operaciones en Villanueva, Cortés, dominando también (Yoro) y otras poblaciones de Atlántida y Colón. Para debelar la revuelta, se habilitaron según informe oficial, 6.020 hombres entré jefes, oficiales y tropa. Según la información de Alfonso Ordóñez L. (Rev. de la Academia Hondureña de Geografía e Historia, octubre a diciembre 70), en 1931 se efectuaron 25 enfrentamientos armados y 32 en 1932.

En vista del levantamiento de Ferrera, el Congreso Nacional declaró la república en estado de sitio, el 20 de abril de 1931, por sesenta días. Concluidos estos, Mejía Colindres los prolongó por treinta días más, a partir del 21 de junio. Además del Presidente firmaron el decreto, los Secretarios de Estado, Ernesto Argueta (Gobernación, Justicia y Sanidad), Salvador Zelaya (Relaciones Exteriores), José María Ochoa Velásquez (Guerra, Marina y Aviación), Salvador Corleto (Instrucción Pública), Coronado García (Hacienda y Crédito Público) y Rafael Medina Raudales (Fomento, Agricultura y Trabajo).

El 16 de febrero de 1932, Tiburcio Carías fue postulado Candidato Presidencial por el Partido Nacional. En su manifiesto del 12 de octubre declaró: "Preocupado el Partido Nacional por el bienestar del país, se interesará en que sea dictada una ley del trabajo, que garantice sus derechos y señale sus obligaciones". A finales de ese mes triunfó su candidatura junto a la de Abraham Williams Calderón como Vicepresidente, frente a la fórmula liberal Ángel Zúñiga Huete— Francisco Paredes Fajardo. El 12 de noviembre se rebeló Justo Umaña, mayor de plaza de La Esperanza, surgiendo también otros levantamientos en el occidente y sur de la república, que tendían a impedir la entrega del poder a Carías. Los hombres de armas fieles a éste, lograron con apoyo del gobierno salvadoreño, hacer fracasar a los rebeldes. Zúñiga Huete, afirmó haberse opuesto al "estallido popular". Sin él habría quedado mejor preparado el liberalismo para la próxima lucha política o armada, si era preciso; pero una vez precipitado el movimiento, yo no podía condenarlo. Entonces me traslade a Managua, desde donde indiqué a los revolucionarios que estaban en San Marcos de Colón que se trasladaran a la costa del Golfo de Fonseca a proteger el desembarco del General José María Reina, quien estaba embotellado en Amapala". El 2 de diciembre se luchó en Rancho Chiquito, Tenampúa y la Boca de las Vueltas, a la entrada del Valle de Comayagua. A fines de noviembre hubo también encuentros armados en algunos lugares de Copán, Ocotepeque, Olancho, Curarén y lugares cercanos a Tegucigalpa.

Durante el gobierno de Mejía Colindres se fijó el lempira como moneda nacional (el Himno Nacional también tardó en ser declarado oficialmente en Honduras: 15 de noviembre de 1915). El 23 de enero de 1933, se dictó en Washington la sentencia arbitral que favoreció a Guatemala en su pleito de límites con Honduras. Después de entregar el poder Vicente Mejía Colindres emigró a Costa Rica. Fue sepultado en el Cementerio de Comayagüela, el día 25.

19. TIBURCIO CARÍAS ANDINO, Presidente Constitucional desde el 1º. de febrero de 1933. Al tomar posesión en la sala de sesiones del Congreso Nacional, declaró: "El imperioso deber de salvar al país, mediante la organización efectiva y duradera de nuestros recursos vitales y de los servicios públicos, exige, con inaplazable urgencia, el esfuerzo constante de todos los hondureños leales a su tierra y de los extranjeros que han hecho de la nuestra una segunda patria; demanda capacidades, inteligencia, luces y acción". Antonio C. Rivera, Presidente del Congreso Nacional declaró al periodista nicaragüense Gabry Rivas (El Ciudadano, 3 de agosto de 1933): "Dos terceras partes del presupuesto hondureño están cubiertas por los impuestos que pagan al gobierno las compañías extranjeras". El presupuesto era de 16 millones de lempiras. El 4 de febrero de 1935, el Congreso Nacional emitió el decreto número 60: "Artículo Único. Declarar sin lugar la iniciativa del diputado Ramiro Carvajal, tendiente a emitir la Ley del Instituto de Reformas Sociales". Carvajal, Mariano Bertrand Anduray y Venancio Callejas, fueron los únicos diputados que se opusieron1 al rompimiento del orden constitucional en 1936; los tres abandonaron el país. Carías se convirtió en dictador, utilizando el expediente de convocatoria a una asamblea nacional constituyente (que emitió el 28 de marzo de 1936, la Constitución número 10) que alargó el mandato Carías Williams hasta el 1º. de enero de 1943.

El 1º. de enero de 1937, en contestación al mensaje presidencial, el presidente del Poder Legislativo, afirmó que gozando del derecho de indulto emitido por la Asamblea Nacional Constituyente, "volvieron al seno de la sociedad 852 ciudadanos y es muy natural abrigar la esperanza de que sabrán corresponder a los fines de tal medida, observando una honesta vida de trabajo". "El Congreso Nacional aprecia la actitud del Gobierno al contribuir pecuniariamente para la repatriación de los emigrados que, espontáneamente o influidos por la seducción y el halago, abandonaron el país y hoy se encuentran en sus hogares, bajo la protección de las autoridades, dedicados al lícito ejercicio de sus ocupaciones. Es de esperarse que en el transcurso de poco tiempo, todos los hondureños que se encuentran en idénticas condiciones, vuelvan al seno de la Patria a gozar de las garantías que las leyes otorgan a quienes observan una vida de orden y de sujeción a sus mandatos".

En febrero de 1937, Justo Umaña, que había emigrado a Belice y México, desembarcó cerca de Tela y atacó la plaza de El Progreso (Yoro); rechazado huyó a Guatemala. Carlos A. Contreras afirma que José B. Linares, (Jefe de la Policía Política de aquel país), le aplicó la ley fuga. "Con la muerte del Gral. Umaña, el Partido Liberal perdió al único hombre con el coraje y la determinación necesarios para darle buenos sustos al General Carías. "Tan audaz como Umaña, pero mucho más hábil y con mayor don de gentes había sido el Gral. José María Reina", fallecido en accidente de aviación a fines de 1932. El 7 de julio de 1937, un grupo de liberales intentó infructuosamente apoderarse del cuartel de San Pedro Sula.

Carías logró poner fin a las guerras civiles, mal endémico del país, pero la "paz" resultante fue producto del terror que en todo el país ejercían los comandantes de armas. No se permite ninguna actividad política a la oposición. Medardo Mejía, que había logrado ridiculizar a Fernando Zepeda Durón, Director del diario oficial. "La Época" en polémica periodística que había sostenido, fue encarcelado. "Fue una santa jodida la que me dieron", rememora el ilustre escritor.

"La cárcel y mis carceleros", de Salomón M. Sanabria, es un tremendo relato de la vida de los reclusos políticos en la Penitenciaría Central, dirigida por Víctor Carías Lindo. Este y Carlos Sanabria, también tristemente famoso por el terror que implantó en Colón, han vivido tranquilamente en Tegucigalpa, después de haber abandonado Carías el poder. En 1939, falleció Manuel Cálix Herrera, después de haber enfermado de tuberculosis en una celda del Castillo de Omoa. Fue, según Medardo Mejía, el máximo líder de la Liga Sindical del Norte. Como Juan Pablo Wainwright, luchó constantemente por la organización de obreros y campesinos hondureños.

El 7 de febrero de 1939, el Congreso Nacional emitió el decreto No. 58, en el que hacía un balance de la situación económica existente. "Desde hace algún tiempo, todas las fuerzas económicas del país se encuentran en un estado de depresión alarmante que tiende a prolongarse indefinidamente sin perspectiva de una reacción favorable; que "debido a la limitación de productos exportables el comercio de importación sufre las consecuencias de escasez de divisas extranjeras"; que el sistema tributario "no responde a las necesidades primordiales del Estado ni está basado en principios científicos y por consiguiente es inadecuado para las funciones de la vida estatal moderna".

Para lograr la reconstrucción económica de la nación, el Congreso facultó al Poder Ejecutivo, para contratar el personal técnico extranjero necesario para hacer un estudio que permitiese reformar el sistema tributario y elaborar un plan general de desarrollo agrícola industrial. Estos proyectos fueron paralizados al surgir el conflicto europeo. Honduras comenzó declarándose neutral, el 13 de noviembre de 1939, cumpliendo lo acordado en la reunión de consulta de cancilleres americanos en Panamá, del mes anterior.

El 7 de diciembre de 1940, la Asamblea Nacional Legislativa reformó la Constitución Política de 1936, con el objeto de permitir a Carías y Williams, continuar en el poder hasta el 1º. de enero 1949. Según el censo de 1940, Honduras contaba con 1.107,859 habitantes. El 5 de diciembre de 1941, en su mensaje al Congreso, decía el presidente Carías: "quiero manifestar enfáticamente que estoy resuelto a disponer de toda la fuerza moral, intelectual y material de nuestro país para colocarlo del lado de la causa democrática, contra la conquista y el sometimiento de los países débiles, cuyo más ato defensor es el Excmo. Sr. Presidente Roosevelt". En una circular a las autoridades civiles y militares, Carías daba a entender que la participación en el conflicto bélico era más bien simbólica. "Nosotros no estamos en capacidad de dar grandes contingentes armados y de materiales bélicos; pero sí, con toda seguridad y decisión hemos ofrecido a nuestros poderosos aliados todo aquello que pueda ser de utilidad para la defensa común. Las fechas de declaratoria de guerra, fueron: al Japón ·el 8 de diciembre de 1941, y a Italia y Alemania, el 12 del mismo mes. En el mes de marzo anterior, había sido declarado persona "non grata", el Encargado de Negocios alemán, Christian Zinsser.

En 1942, el gobierno de E.U.A. ofreció becas para estudios de aviación, siendo enviados entre otros, los cadetes Hernán Acosta Mejía e Hiram Fiallos, y los soldados mecánicos Oswaldo López y Gustavo Morales. De la Fuerza Aérea y de la Escuela de Cabos y Sargentos, dirigida la primera por el norteamericano Malcom Stewart y la segunda por Calixto Carías (hijo de Marcos Carías Andino), proceden los más altos oficiales actuales del ejército, cuyas edades oscilan entre 50 y 55 años. El 27 de febrero de 1942, desapareció el avión El Cóndor, de la F.A.H., con sus tripulantes. Llevaba dinero y aguardiente.

En su informe al Congreso Nacional, Julio Lozano, Ministro de Hacienda manifestó que durante el último año fiscal (julio 41—junio 42), el mayor intercambio comercial se había realizado con El Salvador y E.U.A. países con los cuales se había firmado tratados comerciales. Al primero se importaron, mercaderías con valor de más de 1millón, 330 mil lempiras y se exportaron 677.502 lempiras. El banano llevado a los E.U.A. representó más del 60% del valor de nuestras exportaciones.

E. M. Berstein, jefe de la misión técnica y financiera norteamericana que vino a Honduras en 1943, señaló como principales defectos del sistema monetario, bancario y de crédito: 1) Previsiones inadecuadas para la emisión de moneda, 2) Centralización inadecuada de reservas de cambio, 3) Alto costo y volumen insuficiente de préstamos, especialmente para fines agrícolas, 4) Falta de un control general sobre las condiciones monetarias y de crédito, y 5) Insuficiencia de facilidades bancarias en algunos respectos. En el mes de junio se dio a conocer el nombramiento del salesiano José de la Cruz Turcios y Barahona, como Obispo titular de cargo y auxiliar de Santa Rosa de Copán.

El 3 de julio de 1943, el Embajador norteamericano John D. Erwin dijo en un discurso conmemorativo: "La república de Honduras está contribuyendo en esta guerra en una proporción mayor que la que podía esperarse de su tamaño geográfico. Más de un millar de jóvenes están en el servicio marítimo de las Naciones Unidas y más de ciento cincuenta de ellos han perdido sus vidas en el mar por acción enemiga. Un barco de bandera hondureña, el "Contessa", manejado por una tripulación de hondureños, tomó parte en la histórica lucha del Norte de África, en octubre pasado... y logró arribar salvo a un puerto marroquí, con una valiosa carga de petróleo, explosivos y municiones". "Diario Comercial" de San Pedro Sula (fundado el 1º de febrero de 1933 por la Cía Editora de Honduras, parte de la United Fruit Co.), informó el 16 de febrero de 1943 que durante el año anterior habían perecido 45 hondureños en barcos hundidos por submarinos alemanes. Entre esos vapores se encontraban: el "Comayagua", "Castilla" y "Tela".

El domingo 21 de noviembre se dio a conocer la captura de varios jóvenes cadetes miembros de la guardia de honor presidencial, acusados de tentativa de asesinato contra el Presidente de la República. El cuerpo diplomático, encabezado por el nuncio Federico Lunardi, acudió a Casa Presidencial a manifestar su simpatía al Presidente Carías, quien aprovechó la ocasión para declarar: "Yo he sido siempre muy confiado; a los muchachos de mi guardia nunca les he dicho una palabra de represión por la cual hayan podido tomar a mal algún acto mío; a muchos de ellos les he ayudado; han podido mientras servían en el Palacio, estudiar en la Universidad y escuelas secundarias... Naturalmente, ahora tendré que ser más cauto, porque, lo repito, no es en favor de mi vida, sino que es un deber mío".

"Excelsior", de México, publicó el 7 de febrero de 1944, una entrevista con el doctor Emilio Gómez Rovelo, quien había logrado huir de Honduras y declaró ser jefe del Estrado complot. En él participó Jorge Rivas Montes, asesinado en Nicaragua, en la década siguiente. El lunes 13 de marzo de 1944, llegó a Toncontín, el Coordinador de Asuntos Interamericanos, Nelson Aldrich Rockefeller, a quien la prensa local llamó "El Gran Amigo de América Latina". "La alentadora sonrisa de Nelson A. Rockfeller causó viva simpatía en el selecto y numeroso grupo que le esperaba en el aeropuerto para darle la más cálida de las bienvenidas. Y mientras los fotógrafos tomaban distintas poses del destacado viajero, éste estrechaba manos cordiales que le tendían con amplia amistad".

En la noche del domingo 23 de abril, mientras se proyectaba el octavo rollo de la película "El Gendarme Desconocido" de Cantinflas, se produjo un incendio en el cine "Hispano" de Comayagüela, pereciendo más de veinte personas. El reporte periodístico dice: "Aquel Agente alto y desgarbado de apellido Posada y apodado "Marabú", se jugó cien veces la vida por librar la de muchos. Cuando una pared estaba por desmoronarse, pugnaba todavía el osado agente por introducir una manguera".

El 7 de junio, el Presidente Carías envió una circular a las autoridades civiles y militares de la república: "Ayer 6 de junio, los ejércitos de las Naciones Unidas iniciaron su ataque contra las posiciones alemanas situadas en territorio francés. Como Ud, ha de comprender este suceso tiene una significación trascendental en la historia de la presente guerra mundial y será decisivo para el resultado final. Nuestros grandes aliados están empeñados en una gigantesca batalla contra las fuerzas nazistas y el triunfo será inevitable, aunque quizás costoso". Principalmente, el pueblo hondureño debe corresponder al esfuerzo que hacen nuestros aliados, observando una conducta de acendrado patriotismo, que ha de traducirse, en el mantenimiento de la paz y el orden por la voluntad de cada ciudadano, no permitiendo que los agentes enemigos desarrollen sus campañas subversivas, como pretenden hacerlo en estos días; combatiendo toda tendencia a crear la división de la familia hondureña, y a provocar disturbios, y rechazando enérgicamente todas las gestiones de los propagandistas de la revuelta doméstica".

El lunes 29 de mayo se había celebrado una manifestación de mujeres y niños, pidiendo la libertad de los reos políticos, algunos de los cuales no tenían proceso; fue la primera manifestación contra Carías. Al día siguiente, el Comandante de Armas Departamental y el Director General de Policía, advirtieron a la ciudadanía, que en cumplimiento del decreto de estado de sitio de 9 de diciembre de 1941, "quedan terminantemente prohibidas toda clase de reuniones y manifestaciones públicas y privadas y cualesquiera otras clases de agrupaciones de carácter sedicioso". Como algunos manifestantes, portaban banderas de los Estados Unidos, el Embajador Erwin, condenó "el mal uso que fue hecho de ellas".

El 14 de junio, Carías, dirigió un manifiesto al pueblo hondureño: "he querido dirigir al pueblo hondureño una solemne exhortación para que se mantenga dentro de un plano de serenidad y cordura, desoyendo toda insinuación de agentes enemigos del orden público que sirven a su vez a los enemigos de las Naciones Unidas...Durante los años en que he ejercido el mandato presidencial, mi mayor preocupación ha sido el mantenimiento indefinido de la paz pública o privada. No ha sido fácil tarea. Contumaces adversarios, apegados tenazmente a las prácticas de un pasado ominoso que sólo recuerdos de sangre, de luto y miseria ha dejado al pueblo hondureño, trataron de alterarla en varias ocasiones. La propaganda subversiva, ya en forma descubierta o disimulada ha sido constante. Las acusaciones que se han lanzado contra mi persona son innumerables. Personas que viven en el exterior porque temen venganzas de individuos a quienes causaron agravios en otros tiempos; y otros que voluntariamente, con pasaportes debidamente legalizados se ausentaron, han pretendido convertirse en mártires de la persecución y de la violencia del Gobierno Nacionalista de Honduras".

El 4 de julio se celebró otra manifestación pública en Tegucigalpa, disuelta con bombas lacrimógenas. El jueves 6, fueron ametrallados los manifestantes de San Pedro Sula, lo cual provoca en el exterior, expresiones de repulsa hacia el régimen. Fue inculpado también el Ministro de Guerra, Marina y Aviación, Juan Manuel Gálvez, ya que habiendo viajado a dicha ciudad, con motivo de la manifestación, no tomó las medidas necesarias para evitar la tragedia.

El sábado 14 de octubre, un grupo de emigrados se introdujo por la frontera salvadoreña apoderándose de San Marcos de Ocotepeque. Una flotilla aérea parte de Tegucigalpa, bombardea y ametralla algunas poblaciones de occidente, siendo dirigida la operación por el literato Carlos Izaguirre. Murieron más de cincuenta personas, entre ellas el Jefe gobiernista Pedro Lemus y el de la rebelión, Pedro C. Cortés.

El 21 de octubre fue derrocado en Guatemala Federico Ponce Baides, quien el 1o. de julio, había sustituido a Ubico (éste había gobernado desde el 14 de febrero de 1931), surgiendo la junta integrada por el Mayor Francisco Javier Arana, capitán Jacobo Árbenz Guzmán y el civil Jorge Toriello. El mismo día fue depuesto en El Salvador Andrés I. Menéndez (sucesor de Maximiliano Hernández Martínez) por Osmín Aguirre. En esta última operación intervino el gobierno hondureño, enviando aviones a Ahuachapán para impedir que desde Guatemala, se frustrara el acceso de Aguirre al poder. Con esto, cesa la campaña que "Diario Latino" había venido haciendo contra el gobierno de Carías. El 7 de noviembre, el Ingeniero J. Salvador Molina sustituyó como Ministro salvadoreño en Honduras al Doctor Leonardo Godoy, que había favorecido a la oposición. A principios de este mes, algunos emigrados que habían tomado posiciones en el lugar fronterizo de "La Brea", fueron desalojados de aquéllas.

En "La Hora", Guatemala, 1o. de diciembre de 1944, Clemente Marroquín Rojas, comentaba: "...En la actualidad a quinientos metros de la frontera hay emplazados cañones salvadoreños antitanques y antiaéreos; nuestros compatriotas de la frontera están abandonando sus hogares en una faja considerable, temerosos ide un. avance de esas fuerzas". "Tiburcio Carías derribó al presidente Menéndez, porque este gobernante toleró la reconcentración de emigrados hondureños. Ahora Tiburcio Carías Andino y Osmín Aguirre y Salinas, en "santa comunión" el día que quieran harán una ofensiva contra Guatemala;

y como son hombres de decisiones firmes, no se van a detener". "...la desesperación aconseja muy mal; y cuando Osmín Aguirre se vea totalmente perdido, acudirá a la última arma secreta: el "salvadoreñismo", y entonces la frontera de Chingo, se teñirá de sangre".

El 11 de noviembre de 1944, la Junta Revolucionaria de Gobierno de Guatemala, emitió un boletín declarando que se abstendría en absoluto, de intervenir en la política interna de los demás Estados Centroamericanos; que no presta apoyo de ninguna especie a los grupos políticos de oposición de las otras naciones del istmo".

Ordenó a las autoridades de las dependencias fronterizas, desarmar y concentrar a "cualesquiera grupos de gente armada que eventualmente pudieran cruzar nuestras fronteras".

El domingo 26 de noviembre, se celebraron elecciones de autoridades municipales, triunfando por unanimidad, las candidaturas cariístas. Desde el día 8, comenzó a celebrarse en las alcaldías de la república, el triunfo de la reelección de Franklin D. Roosevelt en Estados Unidos, a quien se consideraba sostén del gobierno de Carías. El 12 de octubre había sido inaugurada la Escuela Agrícola Panamericana, en el valle de El Zamorano. El 29 de noviembre a las 10 y 45 de la mañana, estalló en el aire, cerca de Tegucigalpa un trimotor de TACA (Transportes Aéreos Centroamericanos), pereciendo sus 16 ocupantes, entre los que se encontraba José C. López, quien en 1932, participó como combatiente cariísta en la lucha por la toma del cuartel de San Pedro Sula.

El 5 de diciembre de 1944, a las tres de la tarde, se inauguraron las sesiones ordinarias del Congreso Nacional. En su mensaje, dijo Carías: "De reaccionario ha sido calificado el actual Gobierno. No es reaccionario un Gobierno que trabaja por aumentar el progreso y el prestigio de Honduras... Reaccionarios son aquellos que pugnan porque el pueblo hondureño vuelva a los aciagos días de la revuelta periódica; a la inestabilidad de las instituciones; al desprecio del principio de autoridad, al abuso de las libertades; al desconocimiento de los valores morales y a la destrucción de los bienes materiales... aquéllos que en estos días de honrosas rectificaciones pretenden lanzar a la matanza de jóvenes inexpertos y a ingenuos campesinos, sin programas ni idearios renovadores sin planes de reforma política, económica y social".

"Desgraciadamente, —continuaba Carías— durante el año que está para finalizar han ocurrido penosos sucesos de los cuales se desprende vergüenza y desprestigio para nuestra tierra, en el exterior; animosidades e inquietudes en el interior... y si a pesar de los esfuerzos conciliatorios del Gobierno, tendientes a evitar este hecho doloroso, ha sido derramada sangre hondureña, aquellos mentores intelectuales y los ejecutores de sus designios, son los responsables de tan lamentable acontecimiento". "...Los actos de rebelión fueron notorios, pues se llegó al extremo de asaltar la muralla de la Casa Presidencial... Sin embargo la actitud del Poder Ejecutivo fue de serenidad, de ponderación y de cordura, sin dejar por ello de aplicar, cuando el caso lo requirió, las disposiciones necesarias en favor de la tranquilidad colectiva".

"Fui electo en los comicios de 1932 con una mayoría de más de veinte mil votos sobre la candidatura adversa... Se ha pretendido establecer que mi gobierno es una dictadura, sin reparar que en Honduras han funcionado y siguen funcionando regularmente, sin un sólo día de interrupción, los tres poderes del Estado, con entera independencia..."

Plutarco Muñoz Pineda contesto al mensaje del jefe del ejecutivo, burlándose de las "ridículas y risibles manifestaciones de brazos caídos, semilla importada no sabemos de dónde, estando seguro sí de que aquí jamás germinaría ni se desarrollará, porque: este clima no es propio para esos experimentos; vuestros enemigos se dieron a la criminal y deshonrosa tarea de asaltar pueblos y caseríos indefensos, como San Marcos de Ocotepeque, La Brea y Agua Fría, cometiendo asesinatos, quitando empréstitos forzosos, toda clase de crímenes... En los combates librados para defender a la nación de sus gratuitos agresores, murieron algunos de éstos, otros fueron heridos y algunos cayeron prisioneros". Como prueba de normalidad, mencionaba que en los seis locales de cine, "todos los días y noches de la semana, dan funciones con abundante concurrencia".

Achacó responsabilidad de lo acaecido a "mujeres salidas de la órbita de sus atribuciones o funciones naturales mal aconsejadas y peor dirigidas". Era la línea oficialista reflejada en el telegrama de

Salvador Orellana al Director de La Época, desde La Paz, 26 de julio: "Permítame felicitarle por su brillante editorial "Mujeres que fuman puro". Así es, señor Director, como usted dice: "Las mujeres de hoy no son las mismas de antes, creen ser modernas y no son más que fieras desencadenadas, queriendo intervenir en la política sin comprenderla absolutamente".

El miércoles 13 de diciembre el Congreso Nacional declaró a Carías "Fundador y Defensor de la Paz de Honduras y Benemérito de la Patria". Al recibir el texto del decreto legislativo, Carías dijo: "Quise y busqué la conciliación hondureña. Quise borrar las fronteras de los partidos políticos. Pero mis enemigos no han conocido mi carácter ni mi fondo moral. Ellos quisieron convertirme de un hombre honrado en un hombre sanguinario. Se me provocó de todas maneras, con toda clase de emboscadas; pero con serenidad y paciencia fui salvando todos los escollos".

El censo de 1945 fijó oficialmente la población hondureña en 1,200.542 habitantes. El 2 de septiembre de 1945, Carías firmó el decreto número 77: "Considerando: que con fecha de hoy a bordo del acorazado norteamericano "Missouri", en la Bahía de Tokio, se firmaron los términos de la rendición incondicional del Imperio del Japón; y que con esta rendición las Naciones Aliadas de las que Honduras forma parte, han alcanzado la victoria total de la humanidad contra las fuerzas totalitarias agresoras en la segunda guerra mundial.

Considerando: que este acontecimiento debe perpetuarse en el pueblo porque significa el principio de una paz justa y permanente en la vida internacional.

Por tanto: en Consejo de Ministros, Decreta: Artículo 1°. Se declara el dos de septiembre "Día de Fiesta Nacional".

El 5 de febrero de 1945 el Congreso Nacional había emitido el Decreto No. 41: "Considerando que el señor Presidente Constitucional de la República, Doctor y General, don Tiburcio Carías Andino, vino al mundo el día 15 de marzo como un predestinado para redimir a su patria", declaró el 15 de marzo "Día de la Paz y de dar Gracias a Dios". Este decreto fue derogado el 11 de mayo de 1958.

El 27 de enero de 1948, el Congreso Nacional convocó a elecciones de autoridades supremas. En la noche del viernes 20 de febrero, fueron proclamados en el Cine Palace de Tegucigalpa, Juan Manuel Gálvez y Julio Lozano, candidatos a la Presidencia y Vice— Presidencia respectivamente, por el Partido Nacional. El domingo 22 arribó al Aeropuerto de Toncontín, José Ángel Zúñiga Huete, (Chángel), quien había estado ausente de Honduras desde el 26 de noviembre de 1932. El recibimiento fue apoteósico. Para contrarrestar el efecto producido, el Partido Nacional, aprovechó la llegada de Rafael Heliodoro Valle el martes 24, para organizar otro recibimiento masivo, que careció de la espontaneidad del primero. El 31de marzo, Juan Manuel Gálvez presentó la renuncia del cargo de Secretario de Estado de Guerra, Marina y Aviación, que había desempeñado desde el 2 de febrero de 1933.

El 3 de mayo de 1948, Cecilio Colindres Zepeda, Ministro de Gobernación emitió una circular en la que se establecían limitaciones para la celebración de reuniones públicas: "Siempre que un club político desee llevar a cabo una reunión pública deberá solicitarlo por escrito... Cinco ciudadanos de reconocida honorabilidad, además del club político, firmará la solicitud... las autoridades de policía se concretarán a observar la conducta de los ciudadanos de la reunión política, interviniendo cuando se produzcan desórdenes, pudiendo solicitar la cooperación de las autoridades de Policía de la República pondrán en conocimiento del Poder Ejecutivo, la fecha de reuniones políticas en sus jurisdicciones". El 10 de mayo se abrió legalmente el debate electoral.

El domingo 16 de mayo la Convención Liberal volvió a designar los mismos candidatos que en 1932: Zúñiga Huete—Paredes Fajardo. En vista de falta de garantías para la celebración de comicios Zúñiga Huete recomendó el abstencionismo. En las elecciones del día 10 de octubre resultó triunfadora la candidatura nacionalista. El día 8, Zúñiga Huete lanzó un manifiesto llamando al pueblo a la rebelión. En su carta a Visitación Padilla del 8 de diciembre de 1948 escrita cuando estaba asilado en la sede de la embajada cubana, cuyo Encargado de Negocios, Américo Castro (del Presidente Carlos Prío Socarrás), no era afecto a la dictadura, Zúñiga Huete relata los hechos así: "El plan consistía en el levantamiento de los liberales en todos los lugares donde pudiesen actuar, apoderándose principalmente de las armas de los pequeños resguardos, dislocar las comunicaciones para sembrar el caos en todo el país por medio de guerrillas.

Esto serviría para distraer la atención del gobierno, porque el núcleo medular de la empresa se confió a jefes que vendrían en dos aviones del exterior, trayendo por de pronto 400 rifles, 40 ametralladoras y 100.000 cartuchos adquiridos en el exterior".

"El 7 de octubre en la tarde, salió de aquí con algunos amigos, el General don Mariano Bertrand Anduray para recoger algunas armas (4 ametralladoras Thompson, 100 bombas y 3,000 cartuchos) que se tengan ocultos fuera de la ciudad. A él debían unirse, después de tomar las armas en sus respectivos domicilios los correligionarios de los pueblos del norte y oriente de Tegucigalpa para situarse en lugar adecuado... El General Anduray, con los que le siguieron, incursionó hasta llegar a las cercanías de Curarén, donde salió herido en una escaramuza y viéndose forzado a llegar a una casa, fue asesinado en dicho sitio por soldados del gobierno. "Las actividades por la liberación de Honduras están en proceso evolutivo. Sólo Dios sabe cuál será la solución final".

Zúñiga Huete fue un pésimo político, pero excelente polemista, dueño de una riqueza de léxico y de anécdotas pueblerinas, difícilmente superable. En la carta mencionada, escrita poco antes de abandonar Honduras para siempre dice: "Me asalta la duda de si los 21 años de exilio y las contrariedades saboreadas al través de una vida que ya se aproxima al fin natural, se deben a que escogí la ruta de don Quijote en vez de tomar la de Sancho Panza en la que otros han prosperado; pero con todo... no me arrepiento de mi romanticismo político". 'Por otra parte no habría podido separarme de la línea de conducta en que me he desenvuelto obedeciendo un ignoto avatar. Me he sentido como lanzado sobre mi camino por una fuerza de la naturaleza y, como los personajes de las tragedias de Eurípides sigo la trayectoria de mi destino". "Si eso tiene que ser necesariamente así, yo me voy con mi protesta a podrirme y a morir en tierras lejanas, donde espero que mis cenizas sean esparcidas al viento".

La carta finaliza definiéndose, como recuerdo para una distinguida amiga, "que ama a este país tanto o más que yo...rogándole despedirme de las nobles, patriotas y espléndidas amigas del Frente Femenino Hondureño Pro—Legalidad en el que se destacan las figuras próceres de Lolita Reina de Watson, Toñita Velásquez de Flores y mil más". Zúñiga Huete regresó a México, donde finalizó su vida el 13 de abril de 1953. Juan Manuel Gálvez guardaba enmarcado un pequeño retrato de Zúñiga Huete y Venancio Callejas; "dos hombres a quienes unió el odio a Carías", decía.

También relataba que una señora que conocía muy bien la política hondureña, solía decir cuando veía pasear juntos a los jóvenes amigos Zúñiga y Gálvez: "Póngales cuidado, que serán Presidentes de Honduras". Gálvez que logró serlo, falleció en el Hospital "La Policlínica", alrededor de las diez de la noche del sábado 19 de agosto de 1972 siendo sepultado en Jardines, de Paz, Suyapa, después de las dos de la tarde del lunes 21. El ejército realizó con tal ocasión el mayor desfile fúnebre militar, visto ahora en Honduras. Entre las personas de más edad que asistieron al sepelio, se encontraba Antonio Bográn Morejón, hijo del expresidente Luis Bográn y padre de Gertrudis Bográn de Güel, Secretaria de Estado de Educación Pública, del Gobierno de Cruz Uclés. Gálvez nació en Tegucigalpa el 10 de junio de 1887.

Tiburcio Carías Andino falleció el 23 de diciembre de 1969 y fue sepultado al día siguiente en el Cementerio de Comayagüela. Había nacido en Tegucigalpa el 15 de marzo de 1876. Fue el hondureño más influyente en el segundo cuarto del presente siglo. Recomendó como candidato del Partido Nacional, para las frustradas elecciones de 1963, al Jefe de las Fuerzas Armadas, Oswaldo López, pero éste no aceptó su ofrecimiento.

20. JUAN MANUEL GÁLVEZ DURÓN. Presidente Constitucional desde el 1o. de enero de 1949. El Congreso lo había declarado electo, el 7 de diciembre de 1948, fijándose las diez de la mañana del sábado 1o. de enero, para prestar la promesa de ley. La situación económica del país, al final del mandato de Carías, no era bonancible según éste (el 19 de octubre había autorizado al Tesorero General de la República tomar Lps. 220.442,34 de la Renta de Mejoramiento de Aduanas y Muelles para invertirlos en gastos urgentes de servicio público, ya que "con motivo de la disminución de importaciones habidas en el presente año económico, las Rentas Generales han sido insuficientes para cubrir los fuertes gastos que actualmente exige el sostenimiento de fuerzas para mantener el orden público que algunos grupos de revoltosos han pretendido alterar después de los recién pasados comicios"). En su informe al Congreso Nacional, sobre el período 1947—8, Urbano Quesada, último Ministro de Hacienda y Crédito Público de Carías, afirmó que los ingresos habían ascendido a 26 millones, 125 mil lempiras, excediendo casi en 3 millones a los ingresos del período anterior, constituyendo "la más alta producción rentística lograda, hasta el presente, en nuestro país".

Al iniciarse el nuevo mandato, Rafael Heliodoro Valle publicó en El Día (que empezó a circular el viernes 11 de junio de 1948) una genealogía bajo el título: "Quién es Gálvez": "Los padres de Juan Manuel Gálvez fueron don José María Gálvez y doña Benita Durón, una de "Las Palomitas" (así las llamaban en el barrio). Su padre hijo de don Manuel Gálvez, un hombre que sobresalió por su honradez diamantina, fue abogado que ganó mucha experiencia como juez, diputado, magistrado y registrador de la Propiedad Inmueble; y su bisabuelo fue don José María Gálvez Soto, procurador, que se hizo famoso por sus aforismos: Para ganar los pleitos hay que tener pasos largos, bolsa abierta y boca cerrada. Tener justicia, saberla pedir y que se la quieran dar".

Aunque impuesto por Carías, Gálvez se apartó de su tutela y permitió algunas de las libertades restringidas durante la dictadura. Su gabinete inicial lo integraron el vicepresidente Julio Lozano, como Ministro de Gobernación, Justicia y Sanidad; J. Edgardo Valenzuela (Relaciones Exteriores); Leonidas Pineda M. (Guerra, Marina y Aviación), Marco Antonio Batres (Hacienda y Crédito Público), Marcos Carías Reyes (Educación Pública) y Medardo Zúñiga Vega (Fomento y Obras Públicas). Leo Aníbal Rubens, de nacionalidad argentina, filmó la ceremonia de transmisión del mando.

El 13 de enero de 1949, el Congreso Nacional, estimando que Carías, durante el período comprendido entre el 1º. de febrero de 1933 al 1º. de enero de 1949, "llevó a feliz término una labor de singulares perfiles en lo relativo al progreso material, cultural y cívico del país... Decreta: Artículo 1º. Expresar al Dr. y Gral. don Tiburcio Carías Andino, la simpatía, la gratitud y el reconocimiento de la Nación". En la mañana del domingo 23, los diputados, acompañados de Gálvez, Lozano, Williams, Cruz Uclés, este penúltimo magistrado de la Corte

Suprema de Justicia, se trasladaron a Villa Elena, residencia campestre del ex—mandatario. En nombre de la Cámara Legislativa habló el diputado Jerónimo Suazo Alcerro, contestando en nombre del homenajeado, su sobrino Marcos Carías Reyes, quien definió así la figura de aquél: "roble tallado en carne humana, en la cual se concretaron las altas virtudes y se hicieron expresión viva las fuerzas impetuosas, a veces encauzadas y a veces en torrente desbordado del pueblo de Honduras".

El Frente Femenino Nacional Pro-Paz, presidido por Herlinda de Zelaya, pidió que el artículo 24 constitucional que concedía ciudadanía exclusivamente a los varones, se modificase en el sentido de reconocerla también para las mujeres. El diputado por Choluteca, Eliseo Pérez Cadalso, ofreció patrocinar dicha solicitud para que se otorgara, no "por vía de gracia, sino como un legítimo derecho". Lo acompañó el diputado por Ocotepeque, Jesús Villela. Vidal presentando ambos el 26 de enero la respectiva iniciativa de ley. Pero fue hasta las ocho de la noche de1 viernes 11 de marzo, que después de los debates reglamentarios, se libró según diario El Día, "la más dramática batalla ideológica de los últimos 20 años". Ante numeroso público que concurrió al Teatro Manuel Bonilla, Villela Vidal, al defender la iniciativa de ley, dijo, que se trataba de negar el voto a la mujer, porque políticamente "se le tiene miedo". A las 11 de la noche terminó la sesión en que se le denegó el voto a la mujer por 33 votos contra 11, todos nacionalistas, ya que al igual que durante el gobierno anterior, los liberales no tuvieron oportunidad de participar en el Congreso.

Al mediodía del lunes 24 de enero, arribó al Puerto de La Ceiba, la fragata británica "Bigbury Bay", capitaneada por G. R. P. Gooden, siendo recibida su tripulación por el Ministro de Guerra Leónidas Pineda M. y el Ministro Británico acreditado en Honduras, Rees John Fowler. El 2 de febrero fue nombrado Embajador en E.U.A., Rafael Heliodoro Valle. En la sesión del Congreso del lunes 7, el Diputado Palma Oyuela pidió a la directiva que se colocase el retrato del Presidente Gálvez en la sala de sesiones. "La Directiva —según la crónica parlamentaria de El Día— manifestó que ya se dieron los pasos pertinentes, que se mandó a hacer un marco y que un pintor está haciendo el cuadro".

El 11 de febrero, los diputados Pérez Cadalso, Bonilla Colindres y Cáceres Lara propusieron la creación de tres premios nacionales de dos mil lempiras cada uno: José Cecilio del Valle para ciencia, Pablo Zelaya Sierra para arte y Ramón Rosa para literatura. El proyecto fue aprobado por unanimidad el día 18 del mismo mes y modificado el decreto correspondiente, el 27 de febrero de 1951, estableciéndose que el Consejo Universitario emitiría un reglamento para la adjudicación de los premios. El Consejo Universitario lo emitió el 1o. de agosto de 1951. En 1952, fueron premiados Eduardo Martínez López, Esteban Guardiola y Rafael Coello Ramos, en las ramas de ciencia, literatura y arte, respectivamente. Algunos años no se han otorgado, o no se han entregado en la fecha indicada por el decreto que los creó, el cual ha sido reformado también en varias ocasiones, la última de ellas por disposición legislativa del 11 de octubre de 1967,

El 14 de febrero de 1949 fue nombrado Rector de la Universidad, Carlos M. Gálvez. En forma interina desempeñó este cargo, Ramón E. Cruz, quien ordenó se establecieran seminarios "con el fin de promover en los alumnos la capacidad de investigación científica". La Revista de la Universidad que no había vuelto a editarse desde 1923 (excepto en enero de 1948, celebrando el primer centenario de la fundación de la Universidad) adquirió periodicidad en el segundo trimestre de 1950, durante el rectorado de Jorge Fidel Durón.

El jueves 24 de febrero de 1949 se suicidó Luciano Milla Cisneros, Presidente del Congreso Nacional. El Día, señaló que padecía de una tremenda depresión síquica motivada por un pertinaz insomnio que no le permitía dormir más de dos horas diarias. Era pariente de José Santiago Milla que figuró entre los independentistas centroamericanos contra el régimen español, y del literato Jeremías Cisneros. Su hermana Alejandrina Milla, esposa de Antonio Bermúdez Meza. En este mes de febrero de 1949, el Ministerio de Guerra solicitó al Congreso Nacional un decreto de ascenso al grado de Coronel de Infantería para Juan Da Costa Gómez y al de Mayor para Hernán Acosta Mejía, Armando Velásquez Cerrato, Raúl Flores Gómez, Roberto Palma Gálvez, Antonio Molina Ortiz y Dagoberto Majano.

El 7 de marzo el Congreso Nacional aprobó una pensión de 300 lempiras a favor de Mariana viuda de Paz Baraona, en virtud de los servicios prestados al país por su esposo Miguel Paz Baraona. También conoció de un proyecto de ley para crear la policía rural. El martes 8 de marzo, Gálvez recibió a Ramón Villeda Morales, José Pineda Gómez, Roberto Gómez Rovelo y Roque J. Rivera, quienes le dieron cuenta de la solicitud presentada al Congreso Nacional para que emitiese un decreto de amnistía.

Desde el inicio del mandato de Gálvez, disminuyó la persecución contra los opositores al régimen. Inmediatamente el nuevo Presidente adquirió fama de hombre "campechano", "en mangas de camisa", que se hacía acompañar de sus amigos y no de guardaespaldas, que viajaba los fines de semana sin previo aviso a varios lugares del país. Bajo la dirección de Juan B. Alemán, la Penitenciaría Central, que funciona en el mismo local desde tiempos de Dávila, constituyendo desde hace varias décadas una afrenta a la dignidad humana, por lo inconveniente de su ubicación, y condiciones (varios presidios departamentales son todavía más degradantes que la PC), se convirtió en lugar un poco menos inhóspito que durante el régimen anterior. Víctor Carías Lindo, Director de la P.C. durante Carías, falleció en Tegucigalpa el domingo 10 de diciembre de 1972.

Según la publicación "La obra del Doctor Juan Manuel Gálvez en su Administración, dado que no existía una partida destinada a costear el pasaje de los reos que obtienen su libertad, se creó en la Penitenciaría Central un fondo denominado "El Centavo de la Libertad", formado con seis centavos semanales que aportan todos los reclusos "de sus respectivos haberes y cuyo fondo se dedica única y exclusivamente a dar al libertado pasaje en cualquier empresa de transporte; dotarlo de un vestido y de un sombrero nuevo, habilitándolo para sus gastos personales en el camino; ayudar a parientes pobres cuando éstos se enferman y a sufragar en caso necesario parte de los funerales de sus madres, esposas o hijos".

El Ministro de Gobernación, Julio Lozano, envió una circular a los Gobernadores y Comandantes de Armas el 16 de marzo: "Ha llegado a conocimiento que, elementos agitadores que despliegan sus actividades en la Costa Norte del país con fines de carácter subversivo, pretenden tergiversar los dictados del Decreto Legislativo

No. 96 de fecha del 4 del corriente mes en curso, en el sentido de que los días domingos deberán ser pagados a los obreros que trabajan en las diferentes empresas que funcionan en el país".

El 9 de marzo el Presidente Gálvez había aprobado el acta final de la 9vna. Conferencia Internacional Americana, suscrita en Bogotá el 2 de mayo de 1948. A esta conferencia asistieron por Honduras:

Marco Antonio Batres, Ramón E. Cruz y Virgilio R. Gálvez. Como Delegado Plenipotenciario norteamericano asistió Willard L. Beaulac, Cónsul en Puerto Castilla en 1923. Rafael Heliodoro Valle nombrado Embajador en Washington, presentó credenciales al Presidente Truman, el 25 de marzo de 1949. Este mismo día, La Época, reprodujo una entrevista hecha a Carías por el periodista centroamericano Gustavo Montalván, relatando que uno de sus abuelos había muerto a la edad de 115 años y su padre a los 78. "Pertenezco a una familia recia", dijo y negó que estuviera distanciado del Presidente Gálvez.

El 1º. de abril empezó a circular la Revista Literaria "Surco", dirigida por Claudio Barrera y editada por Jorge A. Coello. El sábado 2, Gálvez, inspeccionó la construcción de la carretera San Pedro Sula—La Esperanza. El domingo 17, visitó la Costa Norte (Tela) y la zona oriental (El Paraíso). A mediodía del sábado 30, aterrizó en Masaguara, entre La Esperanza y Jesús de Otoro, visitando el campamento Las Calaveras, caminando 2 kilómetros en el lugar llamado "Las Siete Cruces". Lo acompañaban José Máximo Gálvez, Secretario del Congreso Nacional, Santiago Chavarría, Secretario Privado del Presidente, Armando Velásquez Cerrato y el Doctor Wilfredo Ravenau.

Vanguardia Revolucionaria, órgano periodístico del Partido Democrático Revolucionario Hondureño (a quien Julián López Pineda, pretendía ridiculizar llamándolo "partido de los 20", reprodujo una nota enviada por la seccional de dicho partido en Guatemala al Presidente Gálvez. El 7 de mayo, El Día, comenta: "Las tácticas revolucionarias de los bisoños políticos hondureños son claramente comunistas".

El sábado 21, Gálvez visitó el proyecto agrícola de San Juan, en terreno de 3 mil hectáreas al lado del Río Selguapa, en Comayagua. El sábado siguiente, volvió a Masaguara, inspeccionando desde Las

Calaveras hasta el punto denominado "Copantillo". Ese mismo día 28de mayo, se inició en la casa del dentista Lisandro Gálvez, la fundación de la Asociación de Prensa Hondureña. El 6 de junio, Gálvez vuelve a Comayagua y el sábado 11 viajó a Puerto Cortés.

Con motivo de su cumpleaños (que celebraba el 10 de junio),la Escuela Nacional de Aviación, ofreció a Gálvez, un almuerzo en la Quinta "Santa Isabel" en Comayagüela. Las cinco Cámaras de Comercio, en su Segunda Convención Nacional, recomendaron la revisión del tratado de Libre Comercio entre Honduras y El Salvador, vigente desde el 28 de mayo de 1918, por prórroga sucesivas cada seis años.

La señora Josefa Gómez Llano, originaria de España y procedente de Cuba, presentándose como doctora en Ciencias Ocultas, llegó a El Progreso y después a Tegucigalpa. La gente se aglomeraba en torno al Hotel Honduras, donde se hospedaba, esperando ser recibidas en consulta. El tratamiento consistía en dar a sus pacientes golpes con una toalla mojada. El Ministro de Gobernación la expulsó el 17 de junio, a petición de profesionales de la medicina.

Procedentes de Mobila, Estados Unidos de América, donde había fallecido dos años antes, llegaron a Tegucigalpa, el martes 21 de junio, los restos de Venancio Callejas, dentista y prominente nacionalista, aliado y después opositor a Carías, yerno de Policarpo Bonilla. En este mes de junio, se expusieron en la Escuela Nacional de Bellas Artes cuadros del pintor Ricardo Aguilar, Marco A. Batres, Ministro de Hacienda informó que los ingresos durante el último período fiscal habían ascendido a 27,782.221 lempiras "la producción rentística más halagadora, lograda hasta el presente en nuestro país", excediendo en 1,666.663 lempiras al período anterior. El 24 de octubre de 1949, se suicidó en Tegucigalpa, Marcos Carías Reyes, dejando inédita su novela Trópico, editada hasta en 1971.

En sesiones extraordinarias el Congreso Nacional aprobó el 10de noviembre de 1949, el Contrato celebrado por el Ejecutivo con la Tela Railroad Co., para la siembra de palma africana, cacao y abacá, vigente hasta el 23 de septiembre de 1974, fecha de terminación del período de sesenta años estipulado en el artículo 30 de la contrata aprobada por el Decreto Legislativo No. 113 del 8 de abril de 1912 y sus reformas.

En el Boletín del Congreso Nacional Extraordinario que conoció de este asunto, se produjeron intervenciones muy interesantes de los parlamentarios Conrado Bonilla Colindres, sobre la historia del banano en Honduras y de Víctor Cáceres Lara, sobre el sistema económico. Juan Bautista Valladares Rodríguez, oponiéndose a la aprobación de la contrata, se refirió a las razones expuestas por el Ejecutivo para solicitar la ratificación legislativa. "Aunque Juan Manuel Gálvez y Marco Antonio Batres, son muy abogados, esto no parece ser hecho de abogados. Esto a mí me parece hecho por el padrino de pila y confirmación de esta concesión, don Julio César Ruperto Lozano Díaz. Travieso y González, Ministro omnipotente". "Y como ocurre que ya la mayoría de los señores Diputados están deseosos de regresarse a sus hogares, yo propongo que sean leídos los artículos que faltan de una sola tirada para que nos vayamos todos a nuestras casas".

En 1949 se publicó el libro "Democracia y Tiranías en el Caribe", del periodista norteamericano William Krehm, en el que se dice: "De todas las repúblicas centroamericanas, Honduras es la más desdichada. Sin otra comunicación con el mundo exterior que el avión y caminos cubiertos de lodo, Tegucigalpa respira una desolación espiritual que no encontramos en ninguna de las otras capitales. La Biblioteca Nacional, semejante a un gallinero abandonado; el clamor bullicioso que proclama al Dictador Carías, como "hombre providencial", sólo justificado por que hizo empedrar unas cuantas calles; el Ministro de la Guerra, donde, en un escenario de sillas desvencijadas, a la Dickens, los altos funcionarios no se ocupan sino en firmar visas de salida y en jugar a las damas con corcholatas; todo eso y mucho más, incita al visitante a escudriñar y buscar en lo hondo al género humano que habita este país. Centro América produce en realidad el efecto de una caricatura; pero Honduras nos impresiona más todavía por ser una caricatura de Centro América misma".

En este año de 1949 se editaron en un grueso volumen los Códigos Civil, Penal de Procedimientos y Ley de Organización y Atribuciones de los Tribunales, que no habían vuelto a editarse desde su promulgación en 1906. En enero apareció La Pajarita de Papel, órgano del Pen Club, bajo la responsabilidad de Humberto López Villamil, continuándose su publicación, hasta mediados de 1953. En el número 11 (octubre—diciembre 1950), López Villamil, que tenía a su cargo la Oficina Hondureña de Cooperación Intelectual, adscrita a Casa Presidencial, publicó un estudio sobre la clase, media en Honduras. En este trabajo aparecen comentarios como el siguiente: "No hay una sola institución de enseñanza, de beneficencia o de otra índole creada en Honduras por la colonia árabe. No existe ni una tan sola muestra de filantropía en beneficio del pueblo hondureño de parte de esta numerosa colonia extranjera que controla casi el 90% del comercio nacional".

En 1950 se emitió el Código de Comercio, a cuya elaboración contribuyó fundamentalmente el jurista español, residente en Méjico, Joaquín Rodríguez; novísima contribución a la legislación mercantil que sirvió de inspiración a otras leyes similares en España y América Hispana. En este año se crearon los Bancos Central y de Fomento y la Dirección General de Aeronáutica Civil. La presidencia del primero fue encomendada al abogado Roberto Ramírez, quien la siguió ostentando hasta junio de 1971 (pasando en diciembre de 1972 a presidir la Corte Suprema de Justicia), la del Banco de Fomento al Abogado Guillermo López Rodezno. El Ingeniero Roberto Gálvez Barnes (hijo mayor del Presidente Gálvez), fue el primer Director General de Aeronáutica Civil (después Ministro de Fomento y Obras Públicas, durante el gobierno de Lozano Díaz, integrante de la Junta Militar de Gobierno desde octubre de 1956 a noviembre de 1957. En este año de 1950, la Universidad de Wisconsin, publicó el libro de Williams S. Stokes, "Honduras: an area study in government."

El 7 de enero de 1951, la Revista Tegucigalpa, reprodujo una entrevista concedida por Gálvez a la Revista Helios, de San Salvador. El presidente afirmó: "Una verdadera reforma educativa se está operando en Honduras con la contribución de técnicos chilenos". Este año se publicó en Buenos Aires, "Color Naval" de Jaime Fontana, editado por segunda vez en 1972, después de la muerte del poeta.

Por Decreto Legislativo No. 58, del 16 de febrero de 1952, se creó la Secretaría de Estado en el Despacho de Agricultura, encargándose la Jefatura de la misma al Ingeniero Benjamín Membreño. El 1°.de mayo se dio inicio al proyecto de colonización en Catacamas, Olancho, con lotes de 20 hectáreas. En noviembre celebró la primera convención nacional de ganaderos. El primer Censo Agropecuario, correspondiente a 1952, fue editado en San Salvador, en diciembre de 1954. Según este censo el 75% de propietarios tenían únicamente el 16.1% de la superficie total de la tierra hondureña, mientras un 4.2% de los propietarios, acaparaban el 56.8% de la misma. Según la Bibliografía Hondureña, de Miguel Ángel García, en el año de 1952, se editó por segunda vez "Mis Ideas", compendio doctrinal del liberalismo organizado, escrito y publicado por Céleo Arias en 1887.

El 27 de enero de 1953 se creó el Instituto de Turismo, con el objetivo de desarrollar el turismo sobre bases estables y regulares. Se proyectaba fomentar la construcción de hoteles, paradores, albergues, posadas, apoyar la creación de clubes sociales, deportivos y otros centros de atracción y mantener al día, estadísticas relacionadas con el movimiento turístico en todos sus aspectos y manifestaciones.

El 13 de abril falleció en México, Ángel Zúñiga Huete, máximo dirigente liberal. Conforme a sus deseos, sus restos no regresaron a Honduras que él consideraba sumida en la ignominia. Torpemente Fernando Zepeda Durón, Director de La Época, presentó el deceso del líder como colapso total de su partido. Pero éste, bajo la dirección de Ramón Villeda Morales, que venía figurando ostensiblemente desde 1948, aprovechó las oportunidades que el gobierno de Gálvez brindaba, para realizar labores de proselitismo. El 8 de junio se suicidó en Río de Janeiro, Jorge Federico Travieso.

Rufino Solís, ex comandante de armas de La Ceiba, opositor a Carías en 1948, pidió en un manifiesto del 14 de noviembre de 1953, que todos los nacionalistas "acuerpemos al Doctor y General Tiburcio Carías Andino, no sólo en su condición de Jefe Supremo de nuestro glorioso partido, sino en su calidad de estadista, de conductor de masas, de hombre probo, de amigo verdadero del pueblo, de promotor del progreso y de ciudadano apegado al cumplimiento de la ley". Siguiendo la misma propaganda antigalvista, Moisés López Maldonado (encargado de la propaganda nacionalista en las elecciones de 1971), bajo el título "Gálvez mató una fe", lo acusó de haberse enamorado del poder y querer permanecer en él por 21, 24 o 30 años. "La fe que el pueblo tuvo en su actual Presidente, ya no existe, él mismo se encargó de matarla... Pero al menos, ahora, sabemos de qué lado está" (La Época, noviembre 19, 1953).

Sin contar expresamente con la aquiescencia de Gálvez, sus partidarios organizaron un partido político con el nombre de "Movimiento Nacional Reformista", que participó en las elecciones municipales del domingo 28 de noviembre de 1953. Los resultados electorales favorecieron principalmente al Partido Nacional y al reformismo; Villeda Morales dirigió ese mismo día una carta a Julián López Pineda, denunciando fraude electoral. Al reunirse el Congreso Nacional para preparar la sesión ordinaria del 5 de diciembre, la presidencia del mismo resultó a favor —por escasa mayoría de votos de Diputados— de Francisco Salomón Jiménez Castro, lo que se interpretó como triunfo del cariísmo en la Cámara Legislativa. Del 14 al 19 de diciembre, se reunió en Tegucigalpa, la segunda Convención Nacional de Ganaderos.

En enero de 1954, los Diputados "galvistas" mocionaron para que el Congreso Nacional convocase a elecciones de diputados para una constituyente, proyecto rechazado al ponerse a votación. Gálvez no mostró ningún interés en que se reformase la Constitución de 1936, lo que le hubiera permitido seguir ejerciendo la primera magistratura del país.

El 10 de abril, trabajadores de los muelles de Tela, se negaron a cargar un barco de la United Fruit Co, que transportaba bananos a los Estados Unidos de América. Exigían que se les pagara salario doble por trabajar el día domingo, pero el juez de Letras Seccional rechazó la demanda laboral basándose en que no existía una disposición legal que amparase a los trabajadores en tal sentido. Al domingo siguiente, los trabajadores siguieron firmes en su negativa a trabajar el día domingo. El 28 de abril, Gálvez envió tropas a Puerto Cortés. A principios de mayo la huelga se extendió a La Lima y El Progreso. El 6 de mayo se enviaron tropas por avión, desde Tegucigalpa a San Pedro Sula.

El 11 de mayo, los delegados del comité de huelga correspondiente a las cuatro poblaciones (Puerto Cortés, La Lima, El Progreso y Tela), presentaron a J.F. Aycock, Gerente General de la Tela Railroad Company, con sede en La Lima, un escrito que contenía los 30 puntos que los huelguistas exigían fueran considerados por los empresarios. El 2 de junio fueron arrestados, cuatro dirigentes de la huelga, acusados de comunistas (Augusto Coto, Manuel A. Sierra,

Rubén Portillo y Modesto Rubio). Manuel de Jesús Valencia, anunció la formación de la Unión Sindical de Trabajadores Hondureños, con el mismo Valencia, Manuel A. Ruiz y Arturo Rivera Santamaría, como, dirigentes. En el periódico Orientación de San Pedro Sula, repitió sus acusaciones a extremistas de izquierda, recalcando que el nuevo comité de huelga, estaba completamente desligado del comité de huelga de El Progreso.

A las 9 y 15 de la noche del viernes 9 de julio de 1954, se firmó en el Palacio de Hacienda de Tegucigalpa, un convenio que aseguraba el retorno de 23 mil huelguistas de la Costa Norte, a sus labores el lunes 11, después de 66 días de huelga. El 19 de julio, Céleo González y otros líderes sindicales, firmaron en la planta baja del Hotel San Pedro, en San Pedro Sula, un acuerdo en que se comprometían a "luchar tesoneramente por la reivindicación de los trabajadores mediante una justa comprensión y armonía entre el capital y el trabajo y presentar un frente firme e invulnerable a la infiltración de toda doctrina de carácter extremista que amenace socavar las instituciones democráticas que son la base de la estructura nacional".

El 21 de julio, Arturo Jáuregui, Delegado de la Organización Regional Interamericana de Trabajadores, informó en una reunión de prensa celebrada en Tegucigalpa, que había venido a Honduras a ayudar a sus trabajadores a compactarse por medio de "una organización que corresponda a las circunstancias ambientales".

El 24 de mayo de 1954, J. Edgardo Valenzuela, Secretario de Estado de Relaciones Exteriores Whiting W. Villauer, Embajador norte—americano, firmaron un convenio bilateral de ayuda militar. Los aspectos militares de este convenio estuvieron a cargo del Brigadier General Richard P. Dvensgine y Teniente Coronel Walter R. Mullane, por parte de Estados Unidos de América y de oficiales hondureños que nunca se identificaron, por parte del gobierno hondureño. Este convenio fue aprobado por acuerdo número 3 del Poder Ejecutivo, el 1o. de diciembre de 1954, bajo la Presidencia de Julio Lozano, ratificado el 15 de abril de 1955 y renovada su vigencia en 1962, durante el Gobierno de Villeda Morales, siendo Canciller, Andrés Alvarado Puerto.

El 27 de mayo de 1954, el Canciller guatemalteco Guillermo Toriello, propuso a su colega hondureño, la firma de un pacto de amistad y no agresión y negó que su país tuviera injerencia alguna en la huelga bananera de la Costa Norte hondureña, el Canciller Valenzuela, pretextando la existencia de tratados de amistad a nivel continental, rechazó la propuesta guatemalteca.

Mientras tanto, en Honduras se permitía que el Coronel Carlos Castillo Armas, preparase la invasión armada destinada a derribar al gobierno de Jacobo Árbenz Guzmán.

M.C. Shattuck, Jefe de la Misión Norteamericana en Tegucigalpa, informó el 2 de junio, que su gobierno estaba preparando un batallón hondureño de combate de 800 plazas: "Cuando se hayan reclutado las tropas, contarán con suficiente cantidad de instructores de su propia nacionalidad, los que enseñarán como usar las armas. El adiestramiento demorará por lo menos dos meses, pero al terminar este período será mejor que cualquier otro de América Central". El 18 de junio, Toriello anunció que Guatemala había sido invadida por tropas movilizadas desde la frontera hondureña, pero que no se iba a declarar la guerra a Honduras.

Durante el gobierno de Gálvez, empezaron a formarse los sindicatos y se realizó la primera conferencia nacional del Partido Comunista en la clandestinidad. El ejército que había empezado a gestarse durante Carías, entra en su fase de incremento (la tercera fase sería, la de toma del poder, el 21 de octubre de 1956; y la cuarta, todavía vigente (1972), de hegemonía de López Arellano, desde noviembre de 1957).

El 10 de octubre de 1954, se practicaron elecciones para autoridades supremas, participando tres candidatos a la presidencia de la República: Ramón Villeda Morales, por el Partido Liberal, cuyo triunfo de no haber mediado fraude electoral hubiera sido rotundo; Tiburcio Carías Andino por el Partido Nacional y Abraham Williams Calderón por el Movimiento Nacional Reformista. Se estimó que ninguno de los tres había obtenido mayoría absoluta de votos (como en 1902 y 1923) y sí solo relativa de Villeda.

El 15 de noviembre, el Consejo de Ministros, encabezado por el Secretario de Estado en los Despachos de Gobernación y Justicia, J. Antonio Ynestroza, considerando que "por comprobados motivos de salud y necesidad de descanso, el Excelentísimo señor Presidente de la República, Doctor Juan Manuel Gálvez, desea salir del país", lo autorizó a depositar la presidencia en el Vicepresidente, Lozano, Gálvez se internó en el Hospital Gorgas de Panamá.

Durante el gobierno de Lozano, Gálvez ejerció la Presidencia de la Corte Suprema de Justicia. Durante la campaña eleccionaria de 1963, acompañó en su propaganda al candidato nacionalista Ramón E. Cruz. Relataba Gálvez, que él insistió en ir a la Costa Norte, en una de las giras, pese a que sus acompañantes no lo consideraban prudente. Al llegar a uno de los campos bananeros, un trabajador le gritó: "tiene la chenca, doctor", refiriéndose al cabo del inseparable puro que Gálvez acostumbraba. Un observador de la Embajada norteamericana, le preguntó: "¿A qué atribuye Ud. su popularidad?" "Yo le respondí —decía Gálvez— qué a dos cosas; a que era lana y a que fumaba puro". También favoreció la candidatura de Cruz Uclés en 1971. En el sepelio de Gálvez, el lunes 21 de agosto de 1972, habló en nombre del Comité Central del Partido Nacional, el Diputado Víctor Cáceres Lara.

Medardo Mejía, que lo había combatido cuando era gobernante, escribió un emocionado artículo necrológico en su memoria: "Los viejos Gálvez que conocimos en Juticalpa, fueron inclinados a las letras, sencillos en su trato amable, pachorrudos en sus acciones, muy metidos entre la gente de la que no se distinguían ni aspiraban a imponerse, sin reacciones irascibles ni violentas, serenos en los casos difíciles, amigables componedores, hacían servicios procurando que no se dieran cuenta los favorecidos, con la capacidad innata de salir siempre en caballo blanco, en fin, muchas otras particularidades por el estilo. Así fue que en su tiempo los eligieron alcaldes, supieron conducirse y salieron con buen nombre".

"De tal palo tal astilla. De aquellos viejos Gálvez, altos, tranquilos, amistosos, procedió Juan Manuel Gálvez, de indudable talento, abogado, discreto sin que nadie sorprendiera su discreción, de sobra entendido en la esencia política del país, paciente jugador de cartas menores mientras le llegaba su turno, leal con las responsabilidades que le correspondían, Presidente de la República que recibió de modo natural y desempeñó sin el afán de notoriedad de los mediocres y otra vez ciudadano peatón en las calles de Tegucigalpa, como si nada hubiera pasado y de seguro riéndose en su interior al comprender el engaño de muchos sobre el exacto significado de la presidencia de Honduras. El conocía a posteriori el subyugado contenido de tan ilusorio cargo. Y conociendo el secreto se mostraba imperturbable, en medio de una indescifrable ironía, fumando, deteniéndose a conversar con los vecinos y contando o escuchando chistes de la localidad".

21. JULIO LOZANO DÍAZ. Presidente Constitucional por depósito que le hizo de la presidencia, Juan Manuel Gálvez, el 15 de noviembre de 1954. Cuatro años antes, el Congreso Nacional había concedido permiso a Gálvez para ausentarse temporalmente del país para atender su salud. En esa ocasión, el Presidente Lozano envió una circular, con fecha 10 de marzo de 1950, a los gobernadores políticos, comandantes de armas y administradores de rentas de toda la República. Decía haber tenido informes que el trámite indicado "ha producido alarma por la mala interpretación que se hace de ella con especulaciones de carácter político. Interesos a Ud. vivamente, en el sentido de que dicha solicitud se contrae a hacer uso de esa licencia por un corto período dentro del término de la presente y futura legislatura. Tanto el Señor Presidente como su muy distinguida esposa tienen su salud un poco delicada y contemplan la posibilidad de que, en un futuro cercano puedan hacer un ligero viaje de descanso y de examen médico, lo cual, no da motivo para que se haya producido la alarma de que se trata.

En declaraciones a El Día, Gálvez indicó que a pesar de no haber sufrido nunca graves dolencias, tenía que tomar en consideración que "Mis ancestros han muerto relativamente jóvenes, no obstante su constitución saludable y me parece que debo contrarrestar, cualquier amenaza derivada de la herencia". En la mañana del lunes 13, el Congreso Nacional otorgó unánimemente un voto de confianza a Gálvez y a las dos y treinta de la tarde, una comisión de diputados entregó al Presidente el decreto respectivo. Ese mismo día, Lozano renunció ante Gálvez las dos carteras que ejercía: Gobernación y Fomento, alegando que el permiso solicitado por el gobernante, había producido considerable alarma en todo el país, "alarma que no tiene más explicación que la posibilidad, de que, quien haya de sustituirlo en sus funciones sea el actual vicepresidente de la República. Tal inquietud tiene origen, primeramente, en la suposición infundada de que el Jefe del Partido Nacional, General don Tiburcio Carías Andino, participa por mi medio en la Administración Pública de la nación, lo que es absolutamente inexacto, como a usted le consta y que constituye un cargo antojadizo de sus detractores con el único y exclusivo objeto de mantener en el país en un estado constante de intranquilidad".

Continuaba Lozano en 1950: "En segundo término, el motivo de inquietud se debe también a que mi actuación, en el ejercicio de mis funciones es considerada siempre como drástica por el hecho de que, ante todo, procedo al cumplimiento de mi deber en la defensa de los intereses del Estado en todos sus aspectos".

Además de renunciar a las dos carteras, Lozano declaró que si el Presidente hacía uso de su licencia para salir del país "yo declinaré el honor de sustituirlo en sus funciones". Gálvez no admitió la renuncia de Lozano ni abandonó el país en esa ocasión.

El 15 de noviembre de 1954, fue el Consejo de Ministros quien autorizó a Gálvez para abandonar el país, estimando "que la Constitución Política no le da al Soberano Congreso Nacional facultad alguna para conceder permiso al Presidente de la República para ausentarse del país y que por otra parte, aún cuando tal facultad existiera no es posible en los actuales momentos la reunión del Congreso Nacional, ya que los anteriores Diputados han vacado legalmente y los recientes electos aún no han sido incorporados constitucionalmente".

El 24 de noviembre, en declaraciones publicadas en El Día, el líder del Movimiento Nacional Reformista, Abraham Williams Calderón, se refirió a la expectativa de la sucesión presidencial que debería hacer el Congreso Nacional dentro de los 20 días desde su instalación: "En un país de elevada cultura política, el problema quedaría resuelto en el Congreso eligiendo a quien obtuvo mayoría, pero como aquí no hemos alcanzado esa altura cívica y los intereses en pugna no permitirán una resolución en tal sentido", sugirió como solución más conveniente a los intereses nacionales "la no integración del Congreso Nacional y como lógica secuela, la convocatoria a una constituyente que reforme el Estatuto Fundamental que actualmente nos rige...". López Pineda en editorial de El Día (enero 31.56), sostuvo que después de serias deliberaciones, el Consejo Ejecutivo del MNR, acordó que solamente pactaría con uno de los otros partidos, para la ruptura del orden constitucional, y que Villeda Morales había aceptado inicialmente la coalición con el MNR, redactando Julián López Pineda, las bases de dicha coalición.

El domingo 28 de noviembre de 1954 se celebraron elecciones municipales, obteniendo las candidaturas del Partido Nacional y del reformismo unidas, la cantidad de 76,069 votos (ganaron 139 municipalidades) y el Partido Liberal, 48,154 votos (98 municipalidades). No se practicaron elecciones en Soledad y San Matías, en el departamento de El Paraíso y faltaba el dato correspondiente a Esquipulas del Norte, al dar a conocer los resultados oficiales el Ministerio de Gobernación.

En la mañana del miércoles 1o. de diciembre, el Ministro de Gobernación J. Antonio Ynestroza, abrió la sesión preparatoria del Congreso Nacional, a la cual sólo asistieron los 23 diputados del Partido Liberal, dejándolo de hacer los 22 del Partido Nacional y los 11 del Movimiento Nacional Reformista. Los liberales eligieron a Santiago Meza Cálix y a Modesto Rodas Alvarado, como Presidente y Secretario Provisionales. Ese mismo día se informó extraoficialmente de un pacto celebrado entre el PN y el MNR con el objeto de no concurrir al Congreso Nacional y propiciar la dictadura de Lozano. Las bases IV y V de dicho arreglo, según el texto publicado por Lucas Paredes en su "Drama Político de Honduras", eran los siguientes: "El Partido Nacional y el Movimiento Reformista deberán unificarse para presentar un solo frente unido al Partido Liberal y evitar así la guerra civil en el país. El Partido Nacional y el Movimiento Nacional Reformista presentarán un solo frente para la elección de la Constituyente que deberá elegirse y unificarán criterios para la reforma constitucional".

Conforme al Artículo 101 de la Constitución de 1936, el Congreso Nacional estaba obligado a elegir Presidente de la República entre los dos ciudadanos que habían obtenido mayor número de sufragios populares: Villeda y Carías; como era prácticamente imposible que los diputados de PN eligiesen a Villeda, ni los del PL a Carías, el único entendimiento posible era entre el PL y el MNR, o entre éste y el PN. Ocurrió lo último, no a base de elegir a Carías Presidente Constitucional, sino a Lozano como dictador.

Fracasó la propuesta de Meza Cálix, quien había mocionado en la sesión preparatoria del Congreso Nacional, correspondiente al viernes 3 de diciembre, en el sentido de excitar a los diputados del PN y MNR para que asistiesen a una mesa redonda para encontrar una solución a lo que se consideraba enmarañado problema de la sucesión presidencial. Tanto Carías como Williams, calificaron de extemporánea la proposición. La comisión de diputados liberales que visitó al primero, informó que les había manifestado que estaba retirado de las últimas actividades políticas y que no podía ejercer acción alguna con los diputados nacionalistas, a quienes había dejado en entera libertad para actuar en la forma que creyeran conveniente.

A pesar de todas las evidencias de que los diputados de Carías y Williams, no cumplirían con el deber de asistir al Congreso, los diputados liberales los esperaron en la sala de sesiones, hasta medianoche del domingo 5 de diciembre, pronunciando discursos en un vacío político predeterminado. "Al abandonar el salón de sesiones, tras el último de aquellos ciudadanos se cerraba la constitucionalidad de la República para entrar en otra de sus noches de tragedia", escribió Lucas Paredes. El Diputado Salvador Zelaya, había dicho: "No quiero abandonar este recinto sin decir unas palabras que vendrán a ser como una alocución funeraria de la democracia. A las 12 p.m. se romperá el orden Constitucional y la República será gobernada por un hombre a su antojo, pero que, a Dios gracias, está animado de buenas intenciones. Vino la hecatombe no porque la quisimos, sino porque la impusieron fuerzas extrañas. Confío en que la República volverá a renacer en breve tiempo. Aunque a veces, he pedido a Dios que suceda un cataclismo en el istmo y que las aguas de ambos océanos, lo cubran y sirvan de vía a las naves de la civilización". Circulaba el rumor de que a las 5 de la tarde, Villeda Morales se había dirigido a Lamaní, a prestar la promesa de ley ante el Alcalde Municipal.

Cinco minutos después de iniciarse el lunes 6 de diciembre, Lozano anunció que asumía todos los poderes del Estado. Creó un Consejo de Estado, integrado por los diputados electos al Congreso Nacional y otras personas nombradas por el Jefe Supremo del Estado, título que asumió el dictador. También leyó un mensaje al pueblo hondureño que finalizó con la promesa de que su gobierno actuaría como "un sol magnífico que a todos ilumine y a nadie queme". A la una de la mañana, Villeda Morales se presentó en Casa Presidencial y brindó con el dictador "por el pronto restablecimiento del orden institucional". Ya en las horas claras del día, el Consejo Central Ejecutivo del Partido Liberal, presidido por Rafael Medina Raudales, acordó aceptar "por razones de interés público, las ofertas que el Gobierno de facto ha hecho para instaurar un régimen de unidad nacional".

Se dio a conocer también un mensaje de Gálvez, fechado en Nueva York, el mismo día 6: "Te abraza Julio, en este momento histórico que te brinda la oportunidad para señalar a los hondureños el camino a seguir que habíamos perdido o no queríamos ver para que unidos tengamos la Patria que soñaron nuestros Próceres a quienes ya casi olvidábamos...Saluda a Laura. Tu viejo amigo, Juan Manuel Gálvez". Dos días después, Gálvez regresó a Tegucigalpa, asumiendo el mes siguiente la Presidencia de la Corte Suprema de Justicia.

El Día, en su edición del 21 de diciembre reprodujo una carta del viejo luchador liberal Ricardo D. Alduvín, recomendando la consolidación de los partidos Liberal y Nacional. "Lo que necesitamos en Honduras es la paralización de nuestras luchas y no la destrucción de nuestros Partidos". Al día siguiente, el Coronel Thomas M. Mc Grail, Jefe de la Misión del Ejército de los Estados Unidos de América, ofreció en el restaurante Papagayo, un almuerzo en honor del Teniente Coronel Armando Velásquez Cerrato, Jefe del Estado Mayor del ejército hondureño.

El 30 de diciembre, Carías dirigió un mensaje de apoyo a Lozano "en su tarea de mantener firmemente la paz pública, única forma de salvar al país del caos en que actualmente se encuentra por la acción de las fuerzas naturales que han puesto en peligro la exuberante riqueza del Litoral del Norte y los resultados de algunas agitaciones sociales inoportunas en la actual crisis del mundo. Mi exhortación a mis amigos es que nos dediquemos con toda entereza a los medios de vida de que dispongamos, dedicándonos a sacar de la tierra los productos necesarios para nuestra vida material y que esa dedicación constante haga volver a nuestros compatriotas a una vida disciplinada, combatiendo la inmoralidad y procurando que la propiedad inmueble y la agricultura con toda clase de garantías sea, si es posible, nuestra religión".

A imitación de F.D. Roosevelt, Lozano dirigió a sus conciudadanos una charla familiar desde su residencia llamada Villa Roy, el 31de diciembre. Se refirió a San Francisco de Asís, a la mujer de Lot y a Sodoma y Gomorra. "Gran parte de nuestro pasado político tiene mucho de la maldición de las dos ciudades destruidas y por lo mismo debemos olvidarlo. No volvamos la mirada hacia atrás". El 3 de enero de 1955, Lozano juramentó su nuevo gabinete de Gobernación y Justicia, Salomón Jiménez Castro; Relaciones Exteriores, Esteban Mendoza; Educación Pública, Enrique Ortez Pinel; Economía y Hacienda, Pedro Pineda Madrid; Sanidad y Beneficencia, Manuel Cáceres Vijil: Trabajo, Asistencia Social y Clase Media, Mariano P. Guevara; Recursos Naturales, Ángel Sevilla, La Cartera de Defensa (que sustituyó a Guerra, Marina y Aviación) estuvo primero a cargo de J. Antonio Ynestroza y después de Héctor Leiva Barbieri. El día 10, Lozano juramentó a los Magistrados Propietarios de la Corte Suprema de Justicia: Juan Manuel Gálvez; Marco López Ponce, Antonio R. Reina, Juan J. Zepeda y Timoteo Chirinos, Suplentes; J. Blas Henríquez, Darío Montes y Jesús Zacapa.

El Comandante norteamericano en el Caribe, especie de Virrey militar de la zona, General Lionel C. Mc. Garr, llegó a Tegucigalpa, el domingo 15 de enero. Por motivo de salud, Medina Raudales fue sustituido en la Presidencia del Consejo Central Ejecutivo del Partido Liberal, por el Doctor Gabriel Izaguirre.

El sábado 22 el Consejero Eliseo Pérez Cadalso, mocionó ante el cuerpo consultivo para que éste pidiese a Lozano, se otorgase autonomía a la Universidad.

El lunes 24, Lozano emitió una decreto reconociendo a la mujer, igualdad de derechos ciudadanos que los hasta esa fecha declarados en forma exclusiva a favor de los varones.

El martes 1º. de febrero, el Consejo de Estado aprobó una moción de Francisco Milla Bermúdez, pidiendo a Lozano nombrar una Comisión para investigar la causa de los despidos a trabajadores de las compañías bananeras. El Presidente del Consejo Consultivo, Antonio Castillo Vega, se opuso, basándose en que "la Compañía despide a los trabajadores porque no tiene freno legal que se lo impida. Que esta es la conclusión a que va llegar la comisión que irá a la Costa Norte, si es que va. Lo que se busca es arrebatar al Jefe de

Estado una solución que ya tiene en sus manos. Y yo, como todos ustedes, somos aquí empleados del Jefe de Estado". El poeta Céleo Murillo Soto, le pidió que por favor no les recordase todos los días que eran empleados del Jefe de Estado. "Eso por sabido se calla", dijo.

El viernes 4 de febrero regresó a Honduras, después de 22 años de ausencia, el periodista José R. Castro, colaborador de las revistas cubanas Bohemia y Carteles. El 19 de enero, diario El Pueblo, reprodujo en su columna "Correo de la Habana", el artículo "Supervivencia del liberalismo", en el que decía: "La experiencia ha comprobado que la única doctrina política capaz de poner raya al comunismo y al fascismo es la liberal, porque siendo un sistema de equilibrio y cordura, presta la debida atención a las libertades individuales". A mediodía del 4 de febrero, dos meses después de haber asumido la dictadura, Lozano dirigió desde la Casa Presidencial un mensaje en el que reprendía a los consejeros de Estado por su poco interés en discutir el Plan Quinquenal para el desarrollo económico del país, preparado por el Consejo Provisional de Economía, asesorado por Jacques Toris, del Banco Internacional de Reconstrucción y Fomento. La tendencia a la obstrucción se encontraba también según Lozano, en la "Demagogia y Política en general, tanto en el seno del Consejo como en las actividades de las Agrupaciones Políticas". Estas "deben abstenerse de continuar propiciando un clima de agitación de carácter político, limitándose a acuerpar al Gobierno en sus programas de carácter económico— administrativos; y cuando sea tiempo oportuno podrán entonces renovar su propaganda para la compactación de sus respectivos partidos".

La crítica era dirigida a los tres partidos, pero reconocía que "generalmente se puede contemplar mayor agilidad política de parte de los señores liberales". Expresó su deseo de que el Partido Nacional y el Movimiento Nacional Reformista "vayan compactos entre sí a los comicios para la Asamblea Nacional Constituyente, y que, por mi amplitud de carácter político no vaya a juzgarse mañana de parte del partido a que pertenezco que, debido a la libertad que me propongo garantizar, se me juzgue como se juzgó al ilustre Doctor Paz Baraona, a quien se le calificó hasta de traidor a su partido". Recalcó que el Consejo Consultivo era organismo asesor del Jefe de Estado, sin tener carácter ni autorización o facultad para legislar, reservándose el Jefe de Estado el derecho de modificar la Composición del Consejo, cuando lo estime conveniente para los intereses generales de la nación".

En cuanto a los problemas laborales en el sector norte, declaró innecesario el envío de la comisión que el Consejo había recomendado integrar, porque él se había anticipado a enviar una Comisión Especial, la cual después de varios días de comprobación llegó a la conclusión que las denuncias presentadas al Ministerio de Trabajo "no tenían razón o fundamento alguno". También agradeció "la filantrópica actitud del gobierno de los Estados Unidos, ayudando al país en la distribución de alimentos en la zona devastada... por terribles inundaciones en aquel sector del país. Francisco Milla Bermúdez y Modesto Rodas Alvarado, renunciaron a su calidad de consejeros, pero asistieron nuevamente a sesiones, explicando que el Jefe de Estado les había rogado comparecer a las mismas.

Lozano aprobó una pensión vitalicia de mil lempiras mensuales a favor de los expresidentes Mejía Colindres, Carías y Gálvez. El segundo nunca la hizo efectiva. El General Carlos F. Sanabria, que había ejercido la Comandancia de Armas durante los gobiernos de Carías y Gálvez, fue sustituido por el Coronel Hipólito Pavón, el 10 de febrero de 1955. El 15 falleció en San Salvador, Marcelina Bonilla, cuyo seudónimo era Carolina del Valle, autora de una monografía sobre Marcala, del Diccionario Histórico Geográfico de las poblaciones de Honduras y de una recopilación sobre costumbres de los indios de la sierra. Era hija del Abogado Pedro H. Bonilla y madre del Ingeniero Roberto Arellano Bonilla.

El jueves 17 de febrero llegaron a Tegucigalpa el Vicepresidente norteamericano Ricardo Nixon y el Director de la Oficina de Asuntos Centroamericanos en el departamento de Estado, Robert Newbegin. Al día siguiente asistió a la ceremonia de graduación de la Escuela Agrícola Panamericana, en la que Lozano habló del amor del pueblo hondureño por la democracia a pesar de la "demagogia que pareciera no dar descanso a las buenas intenciones de los que tenemos la responsabilidad histórica de gobernar para el bien de todos". Elviernes 25, el Estado Mayor del Ejército Hondureño ofreció un almuerzo en el Chico Club, al Mayor General G. Trudeau, que inspeccionaba en gira por 18 países americanos, la labor de los agregados militares de Estados Unidos de América.

El martes 1°. de marzo, Lozano inauguró el Ciclo Universitario correspondiente a 1955. El Rector, Doctor Ernesto Argueta, después de lamentar la discontinuidad del orden jurídico a partir del 5 de diciembre anterior, se refirió a la frase final de Lozano en su mensaje de aquella fecha, prometiendo convertirse en sol magnífico, considerándola como "síntesis cuyo contenido filosófico encarna en sí todo un vasto programa de buen gobierno, el cual estimula al mismo tiempo, la Unidad Nacional y el olvido del pasado, alto y noble anhelo propiciado por la hondureñidad auténtica".

Ese mismo 1°. de marzo fue destituido en forma grosera del cargo de Embajador en Estados Unidos de América, Rafael Heliodoro Valle, quien en esa fecha se encontraba en Nueva Orleans, a donde se le transcribió la decisión tomada por el gobierno hondureño.

Valle había publicado en El Día, el 16 de febrero un artículo refutando al General Leónidas Pineda, en el que imprudentemente se apartaba de la posición sostenida por Honduras: que no existía conflicto de límites con Nicaragua. Un comunicado de prensa, con fecha 4 de marzo, volvió a repetir que dicho conflicto había quedado definitivamente cancelado al emitirse el laudo de Alfonso XIII, el 23 de diciembre de 1906. Fue nombrado sustituto de Valle en Washington, el General Carlos Izaguirre, cuya esposa era pariente de Lozano, lo cual motivó a Valle, a denunciar a aquel y al canciller Mendoza como "un dictador que quería enaltecerse y enaltecer a sus familiares por cualquier medio, aunque fueran los prohibidos por el honor, y un tinterillo que quería hacerse grato a la familia reinante". Antes de partir a Washington, Izaguirre fue homenajeado por sus compañeros de la Academia Hondureña de la Lengua, presidida por Luis Andrés Zúñiga. Colombia concedió una alta condecoración a Rafael Heliodoro Valle, como desagravio por el ultraje de que había sido objeto. Alguien llegó a escribir que con su destitución, Honduras volvía a convertirse en el país de bolsillo que siempre había sido.

El 2 de marzo falleció en San Francisco de California, el periodista Timoteo Miralda, uno de los miembros fundadores de la masonería hondureña. La Oficina Hondureña de Cooperación Intelectual, adscrita a Casa Presidencial, fue reorganizada por Lozano con tres secretarías, a cargo de Hostilio Lobo, Hermes Bertrand Anduray y Santos Juárez Fiallos. El martes 8 de marzo, Villeda Morales leyó en el Paraninfo de la Universidad de San Salvador, un trabajo titulado: "Mensaje a la juventud centroamericana". El 14, falleció Narcisa de Dávila, viuda del ex presidente Miguel R. Dávila y al día siguiente Constantino S. Ramos, Director de la Imprenta Nacional, asistiendo Lozano a ambos sepelios.

El jueves 17 de marzo, llegó a Tegucigalpa una comisión encabezada por el Director General de la radiodifusión de Guatemala, Ricardo Castañeda Pagariño, con el rango de Embajador Extraordinario y Plenipotenciario. Entregó a Lozano un reloj suizo engazado en plata, colgado de un estribo de acero, que perteneció a Francisco Morazán. El 18, Lozano reunió en su Despacho a Directores de Instituciones Bancarias, Miembros del Consejo Nacional de Economía, Ministros y Consejeros de Estado para anunciar que serían reformados los contratos con la Tela Railroad Co., en cuanto se refería al pago del Impuesto sobre la Renta, en el sentido de que dicha compañía pagaría el 30o/o sobre utilidades. Se refirió también a otros asuntos relacionados con la grave situación económica y fiscal del país. El técnico Paul Vinelli, respondió a las preguntas que hicieron los asistentes al acto.

El 19, Lozano emitió el Decreto—Ley Número 61: "Considerando: que frente a las exigencias creadas por el Estado Moderno, que cada día devienen en nuevas y crecientes modalidades relacionadas con los servicios públicos, los que es forzoso mantener en condiciones de eficiencia si se espera obtener el máximo de rendimiento". El decreto destinaba un cuarto de millón de lempiras a la aviación militar hondureña.

El sábado 26, el Ministerio de Relaciones Exteriores, con instrucciones especiales de Lozano, declaró enfáticamente: "Que el gobierno de este país no sólo prohíbe desde ahora todo intento de celebrar en Honduras el Congreso de juventudes comunistas, sino también que aplicará sin contemplaciones de ninguna especie la ley contra las actividades comunistas emitida por el Soberano Congreso Nacional en el año de 1946". Ese mismo día Lozano ordenó aumentar el precio del aguardiente en las Administraciones y Receptorías de Rentas a cuatro lempiras el litro, basándose en que "por los acontecimientos ocurridos en 1954, el Gobierno se vio obligado a recurrir al crédito público para poder 'mantener la estabilidad económica que de otra manera hubiera tenido consecuencias mucho más graves si no se hubiera seguido una política compensatoria".

El lunes 28 de marzo, El Cronista circuló impreso en nueva rotativa. El 31, se emitió una nueva ley de impuesto sobre la renta, que sustituía a la aprobada el 10 de noviembre de 1949. Al aproximarse la fecha en que se cumplirían 4 meses de haber asumido la dictadura, Lozano prorrogó la vigencia del Artículo 4, del Decreto Número 1, del 6 de diciembre de 1954, que textualmente decía: "A partir de esta fecha y por el término de treinta días prorrogables si a juicio del Jefe de Estado ello fuere necesario se prohíben todas las reuniones, concentraciones y manifestaciones de carácter político, así como toda publicación oral o escrita, que directa o indirectamente tienda a alterar la tranquilidad pública. El Gobierno se reserva plena libertad de acción a este respecto". El 11 de abril, el Ministerio de Recursos Naturales envió una comisión a la Costa Norte, con el objeto de alojar dos mil familias a orillas del río Lean y en Cuyamel.

La víspera del segundo aniversario del fallecimiento de Zúñiga Huete, El Pueblo reprodujo frases de Ricardo D. Alduvín, sobre 4 líderes del Partido Liberal: Policarpo Bonilla, Ángel Zúñiga Huete, Vicente Mejía Colindres y Ramón Villeda Morales. Al primero lo comparó con el Himalaya, grande, inmenso, noble pero frío. El segundo "me parece un Chimborazo, con grandes aristas y grandes abismos, frío, rudo, pero con virtudes cardinales". El tercero "una especie de duna del desierto, blanca, suave, movediza, que crece o disminuye según la rudeza con que sopla el simún". El cuarto, con el Fujiyama, "el cono perfecto, de suaves contornos, de líneas puras, que no rompe el horizonte con la brusquedad de la sierra sino que armoniza con la euritmia del color y de la línea".

El entonces máximo líder del liberalismo, Villeda Morales, viajó a Estados Unidos a participar en el Segundo Congreso Internacional Demócrata Cristiano anticomunista. Diario El Pueblo interpretó esta invitación como un reconocimiento de que Villeda Morales era "el más auténtico representativo de la Democracia Cristiana en Honduras". El tema de la charla de Villeda en este Congreso fue: "La Libertad prerrequisito, de una paz duradera". El arzobispo de Nueva

York, Cardenal Francisco J. Spemmanll, ofreció un almuerzo en honor del político hondureño y de su esposa doña Alejandrina.

El jueves 21 de abril, se suicidaron en los estudios de HRN, el locutor Rigoberto Cuéllar y el encargado de la sección de controles de la misma emisora, Óscar Díaz Gómez. El sábado 23, Lozano y Gálvez inauguraron la carretera La Esperanza—Marcala, Vicente M. Osorio, prominente líder del lugar, padre del Doctor Gilberto Osorio Contreras, Ministro de Salud Pública durante el gobierno de Cruz Uclés, recibió en su casa de habitación a la comitiva oficial, que se complació en el cumplimiento de la promesa que Osorio había reiterado infructuosamente durante medio siglo: sacrificar una res el día que la carretera llegara a Marcala. También se inauguraron: un puente sobre el río Tecametal, afluente del Lempa, una planta hidroeléctrica y un beneficio de café, construido por el Banco Nacional de Fomento.

A mediados de abril empezó a circular una hoja suelta, impresa en tinta roja firmada por una Comisión Defensora de los Derechos de los Trabajadores, invitando a celebrar el 1o. de mayo, con una lucha por la resolución de los principales problemas de los trabajadores y denunciaba que algunos de éstos, se encontraban desterrados o procesados por haber participado en la huelga de 1954. E 25 de abril, Lozano emitió una circular dirigida a las autoridades departamentales, seccionales y locales advirtiéndoles que el primero de mayo no había sido aceptado oficialmente como Fiesta del Trabajo. "Actualmente por tolerancia y no por derecho, el Día de Trabajo se celebra en varios países el primero de mayo, que recuerda la ejecución de unos líderes anarquistas que perecieron convictos en esa fecha de 1889 en los Estados Unidos".

Lozano ordenaba a las autoridades, departamentales, seccionales y locales, publicar y hacer leer un bando, advirtiendo a los trabajadores que si insistían en reunirse para discutir asuntos que no les conciernen y aun aquellos en que aparentemente están interesados, muchos de ellos sin razón de ser, asumirán toda la responsabilidad de lo que al país le pueda sobrevenir, ya que el Gobierno procederá con toda energía contra ellos". El Gobierno estaba "firmemente decidido a no permitir que los demagogos políticos exalten a las masas para que, con pretexto de la defensa de sus derechos, agiten toda la población en perjuicio de los intereses del país". Algunos dirigentes sindicales se solidarizaron con la circular de Lozano.

José Tudela, Director del Museo Etnológico de Madrid, dio el miércoles 27 de abril de 1955, una conferencia sobre "España y la cultura maya", en el Paraninfo de la Universidad. También estaban proyectadas para el 30 de abril y 2 de mayo respectivamente, otras dos conferencias de Tudala: "La revolución alimenticia provocada por el descubrimiento de América y "La Colonización Económica de la América Española". El General Roque J. Rodríguez, fue nombrado Director de la Escuela Básica de Armas, General Francisco Morazán, en sustitución del Teniente Coronel Antonio Molina Ortiz.

En su editorial del 2 de mayo, El Día relataba que hacía treinta años una compañía inglesa exploró regiones hondureñas en busca de petróleo. Sus geólogos aseguraron que no habían encontrado cantidades suficientes para su explotación comercial, a la vez que rindieron informe confidencial de que esto último, era posible. Esta conducta dual, era explicada por López Pineda, como medida tendiente a "mantener oculto como una reserva para el porvenir el petróleo de Honduras". El 3 de mayo se realizaron maniobras militares norteamericanas en Río Hato, Panamá, a las cuales fueron invitados el Jefe de Estado Mayor Hondureño, Mayor Roberto Zepeda Turcios y un grupo de Oficiales cuidadosamente seleccionados, entre los cuales se encontraban los Capitanes J. Andrés Espinoza del Primer Batallón de Infantería, J. Antonio Zelaya, de la Escuela Militar Francisco Morazán y el Teniente Carlos Ávila Cáceres, instructor de la Guardia Presidencial.

El Comité de Cooperación Económica del Istmo Centroamericano, formado por los Ministros de Economía de los cinco países, se reunió en sesión extraordinaria en San Salvador, del 4 al 10 de mayo, para poner en marcha varios proyectos relacionados con el programa de Integración Económica de la zona, iniciada en 1952 por los gobiernos centroamericanos.

El miércoles 4 de mayo, Lozano dirigió un mensaje al pueblo hondureño, con motivo de la campaña de descrédito que se ha entablado contra el actual Gobierno, por la creación de nuevos tributos... "Son los hombres pudientes, son los ricos, los que viéndose afectados por este impuesto, le hacen mala atmósfera... al final el pueblo se dará perfecta cuenta de quien tiene la razón. Si los mercaderes del Templo a quienes Jesucristo azotó, o el Gobierno que tengo el honor de presidir".

El 12 de mayo, Lozano ordenó el traslado de fuerzas militares para resguardar la frontera hondureña en el departamento de El Paraíso, al saberse que tropas del dictador nicaragüense Anastasio Somoza García, se dirigían a Cifuentes. A los tres minutos después de las ocho de la mañana del viernes 13, se estrelló en el sitio denominado "La Rosa", en las inmediaciones del barrio "El Manchén" de Tegucigalpa, el avión Loockheed P—38, 501 piloteado por el Teniente Coronel Hernán Acosta Mejía, comandante de la Fuerza Aérea y Director de la Escuela Nacional de Aviación.

El sábado 14 de mayo, el Consejo Consultivo aprobó una moción de Eliseo Pérez Cadalso, en el sentido de que el Gobierno ofreciera una recompensa no menor de 30 mil lempiras a quien, en el caso de mediar sabotaje en el accidente que produjo la muerte de Acosta, proporcionara los datos capaces de conducir al descubrimiento de los culpables y que se contrataran los detectives extranjeros que se estimasen convenientes para esclarecer la verdad del siniestro.

Según El Día, Acosta preveía un posible sabotaje: "Esta actitud del piloto hondureño estaba justificada pues desde algún tiempo se había descubierto que en los tanques de gasolina de su aparato mezclaban agua al combustible, como así también echaban astillas de madera de ínfimo tamaño, pero suficientes para producir desperfectos en la máquina". El gobierno norteamericano le otorgó a título póstumo la "Legión del Mérito".

El sustituto de Acosta en la Comandancia de la Fuerza Aérea, Teniente Coronel Héctor Caraccioli Moncada, informó a Lozano, el 19 de mayo, que el vuelo del día 13 tenía por objeto una práctica de formación táctica, que llevaba dos bombas de 500 libras cada una y dos mil cartuchos, calibre 50. La falla se debió "a exceso de presión en el diafragma del carburador, lo que provocó la ruptura de un empaque del mismo". Ese mismo día 19, Lozano ordenó la inscripción de todos los ciudadanos hondureños, en los censos electorales del país. El 21, aprobó el presupuesto de Egresos e Ingresos 1955—56, que ascendió a 76.327,358 lempiras.

El 25 de mayo, Lozano entregó a Joaquín Mendoza Banegas y Enrique Rivera, los premios de periodismo Paulino Valladares y Alejandro Castro, respectivamente. El viernes 3 de junio, Lozano y Gálvez inauguraron la construcción de nuevos trabajos en la carretera del sur hasta San Lorenzo, iniciados durante el gobierno del segundo, con un costo total de 11 millones y medio de lempiras. "La terminación del pavimento lo hará el gobierno tan luego pase este invierno y se haya asentado y afirmado completamente su superficie", dijo Lozano. También fue inaugurado el hospital de Choluteca.

En vista de la irregularidad de las lluvias, que hizo perder las cosechas del país, El Día anunció el miércoles 8 de junio, que se distribuirían gratis 18,175 libras de maíz en algunos barrios de Tegucigalpa. El Banco Nacional de Fomento pidió a la casa C.B. Fox de Nueva Orleans, remitiera a Honduras 600 toneladas de maíz. El 20 de junio, los trabajadores de la Tela Railroad Co., presentaron a su Gerente General J. Cloward, un pliego de peticiones que constaba de 82 puntos.

El 4 de julio El Día reprodujo una carta abierta dirigida por Álvaro J. Cerrato, a Monseñor José de la Cruz Turcios y Barahona, arzobispo de Tegucigalpa, proponiéndole que se estableciera "El diezón de la Virgen". Sugería autorizar a una persona honrada por cada cuadra, para que semanalmente recogiera de los vecinos una contribución voluntaria de diez centavos, destinada a la construcción de la basílica de Suyapa. El 8 fue nombrado Ministro de Defensa, el Bachiller Héctor Leiva Barbieri, en sustitución de Inestroza. Ese mismo día 8, falleció en su casa de Comayagüela, el viejo tipógrafo y empresario Manuel Mencía Calderón, editor de El Cronista, bisemanario que apareció el 10 de abril de 1912 bajo la dirección de Adán Canales y como diario, el 13 de julio de 1913, bajo la dirección de Paulino Valladares Sánchez (Juan Ramón Molina, fue director y propietario de El Cronista, que apareció como diario el 31 de agosto de 1898). El 22 de julio, se editó en Lima, Perú "Responso poético al cuerpo presente de José Trinidad Reyes" de Óscar Acosta, nacido en Tegucigalpa, el 14 de abril de 1933 y Embajador en España desde junio de 1973.

En mensaje fechado el 23 de julio, Lozano, afirmó que las denuncias hechas en el sentido de que se estaban produciendo irregularidades en la formación de censos electorales, no tenían fundamento o eran de insignificante consideración. "Es un hecho plenamente comprobado que cierta agrupación política ha venido propiciando, hasta el momento, a través de su prensa y con la mayor irresponsabilidad, e establecimiento de un ambiente de zozobra en el pueblo hondureño, con el afán de gozar posiciones ventajosas de su grupo. Los periodistas que tan mal cumplen su alta misión, prevalidos de la tolerancia de que ha dado muestras el actual Gobierno, mantienen con toda su fuerza una campaña de desprestigio contra el presente régimen y no vacilan en azuzar las pasiones para llevar a la República al peor de los desastres". Hizo una última y formal excitativa a fin de que esa campaña cesara y amenazó a quienes persistieran en la misma, a sufrir "las sanciones a que les hace merecedores su antipatriótica actitud. El 4 de agosto prorrogó la vigencia del decreto que prohibía las actividades políticas.

El viernes 5 de agosto, el Consejo Universitario concedió los premios de Arte, Literatura y Ciencia para 1955, al pintor José Antonio Velásquez, poeta Jacobo Cárcamo e historiador Tito Estrada, respectivamente. La entrega de los premios se hizo. el 19 de septiembre, víspera de cumplirse el 1er. centenario de la muerte de José Trinidad Reyes, no asistiendo Jacobo Cárcamo a quien se esperaba. Todavía el 12 de abril de 1956, en carta a su madre, desde México, manifestaba su renuencia a volver a Honduras: "Yo estoy pensando mucho mi regreso al país, pero las intrigas y triquiñuelas de los señores del poder, negándole al pueblo la dirección de sus destinos, me han hecho aplazar el viaje. Por otra parte, yo no cuento con fondos para permanecer allí, pues según se informa, la vida está muy cara. Tampoco me gustaría tener que molestar a los asesinos y rateros del Estado. Si algún mérito tiene mi poesía, es que yo me he mantenido pobre, pero atacando a los despotismos". Cárcamo murió en México el 4 de agosto de 1959; había nacido en El Arenal, Yoro, el 23 de noviembre de 1916, hijo de José María Cárcamo y Ángela Vallecillo.

Bajo el título "Comunismo en Honduras", El Día en su editorial del 12 de agosto de 1955, decía: "El 15 de octubre de 1953, la policía de San Pedro Sula descubrió en casa de Héctor Sevilla Chirinos, un arsenal de documentos de carácter comunista o comunizante, entre los cuales figuraban obras de Marx, Engels, Lenín, Stalin y otros, un cartapacio de correspondencia del Partido Democrático Revolucionario Hondureño; una caja de los periódicos Vanguardia Revolucionaria y Voz Obrera". El 15 de agosto de 1955, Lozano admitió la renuncia interpuesta por Antonio Reina Castro, del cargo de Magistrado Propietario de la Corte Suprema de Justicia. El día 19, para estimular la exaltación del honor individual o colectivo, instituyó la condecoración militar *AL MÉRITO.*

El 26 de agosto se firmó en La Antigua (Guatemala), un documento en el que los cancilleres centroamericanos se comprometían a "La integración progresiva de sus instituciones, de su economía y de su cultura". En sesión celebrada el 1º. de septiembre de 1955, el Consejo Consultivo conoció de un oficio enviado por Lozano en el que pedía a dicho cuerpo, la preparación de un proyecto de nueva constitución política. Del 20 de octubre, El Cronista publicó Anteproyecto de Constitución, de Medardo Mejía, recopilado después en folleto. Mejía pretendió amparar su trabajo en el "espíritu de Ginebra", refiriéndose con esta expresión a los acuerdos norteamericanos—soviéticos en torno al desarme, con lo cual se alejaba la posibilidad de una nueva conflagración bélica a escala mundial. En enero de 1956, Camilo Gómez y Gómez publicó otro folleto titulado "Bosquejo sobre la Nueva Constitución de la República", que había aparecido inicialmente en El Cronista. En este mismo diario (del 3 de abril al 16 de mayo de 1956), apareció otra serie de artículos, firmados por Ramiro Carvajal con el título de "Proyecto de Constitución Política".

El 1º. de septiembre de 1955, Lozano emitió una ley para establecimientos bancarios. En la madrugada del lunes 5 de septiembre unos diez hombres, capitaneados por el profesor Manuel de Jesús Valencia, atacaron un pequeño resguardo cerca de La Lima (Cortés), resultando muerto un soldado y otros dos heridos. De los atacantes, fue capturado uno y los demás huyeron al occidente del país. El comunicado oficial decía: "Parece que todos estos señores excepto Valencia, son alumnos o ex—alumnos de la Escuela Militar Francisco Morazán. Aquí en Tegucigalpa, hay tres de ese Cuerpo que están siendo juzgados por rebelión. Todos ellos serán sometidos a Consejos de Guerra". El 8 de septiembre, los Coroneles Raúl Flores

Gómez y Eduardo (Guayo) Galeano, comunicaron a Lozano que Valencia había fallecido en choque con tropas del gobierno, después de haber permanecido enmontañado tres días "con los ladrones y revoltosos" mandados por él.

Según comentario de El Día, durante su actuación como Secretario General del Comité de Huelga, Valencia dio demostraciones de ser "un dirigente moderado en oposición a César Augusto Coto y compañeros de Progreso que dieron muestras de francas simpatías comunistoides. El rompimiento entre el Comité de Lima y El Progreso, como debe recordarse, dio lugar a una visita intempestiva de Coto y dieciocho compañeros al corazón del Comité de que era Secretario General Valencia, provocándose un incidente que trajo como consecuencia la división de la huelga y hasta fue acusado Valencia de "vendido a la Frutera". Otra de las versiones recogidas en El Día, es que el plan de Valencia consistía en que los 6 mil hombres de Progreso, unidos a los 12 mil dirigidos por Coto, tomara el cuartel de San Pedro Sula, con el fin de "envolver a la Costa Norte en un incendio revolucionario".

Con motivo de inundaciones ocurridas en Estados Unidos de, América, Lozano auspició una recaudación simbólica a favor de aquél país. Según informe del Profesor Álvaro López Gómez, el 23 de septiembre se habían recogido más de 30 mil lempiras. El día 30, Lozano prorrogó la vigencia del decreto que prohibía las actividades políticas. El 13 de octubre emitió el Código de Aduanas que derogó al que el Congreso Nacional había aprobado el 12 de mayo de 1937.

El 1º. de noviembre de 1955, considerando que "los frecuentes siniestros por incendios han puesto en peligro la economía privada con repercusiones sensibles en la economía del Estado y determinado la muerte de muchas personas, con la consiguiente inquietud social", Lozano creó la Institución de Bomberos y decretó la ley respectiva, cuyo artículo 2 dice: "Los bomberos merecen el respeto y la confianza pública, el apoyo inmediato de la sociedad, y su labor requiere abnegación, honor y disciplina". El día 10 aprobó una partida de 80mil lempiras, destinados a sufragar los gastos de la Misión Técnica de la FAO, que investigaba la posibilidad de establecer en Honduras, una industria de celulosa y papel. El 17 fue emitido el reglamento para

Censura Cinematográfica, que contiene pintorescas y anacrónicas disposiciones.

El 24 de noviembre, considerando que "no existe actualmente ninguna ley que regule el fomento, desarrollo y protección de las industrias", y que "una de las finalidades de la reforma tributaria puesta en vigencia por el Gobierno actual en abril de este año, fue de carácter eminentemente social, persiguiendo al elevar el precio del aguardiente que éste fuera sustituido paulatinamente en su consumo por la cerveza, que es una bebida no sólo mucho menos perjudicial, sino, que también alimenticia", permitió a la Cervecería Tegucigalpa, la importación de varios artículos, exonerándola del pago de derechos arancelarios e impuestos fiscales. El día 28 modificó el Arancel de 1955, favoreciendo a los productores y exportadores de café, por considerar que laboraban "con decisión y energía", en beneficio de la economía nacional. Al aproximarse al aniversario del rompimiento del orden constitucional, volvió a prorrogar la vigencia del decreto que prohibía las actividades políticas. El dos de diciembre aprobó los gastos para comprar a la Tela Railroad Co, el edificio y parte del equipo de la Compañía Editora de Honduras, convirtiéndola en Editora Nacional, también con sede en San Pedro Sula. En la misma fecha compró a la New York & Honduras Rosario Mining Co,, las instalaciones hidroeléctricas que poseía en San Juancito.

El 5 de diciembre, Lozano se presentó ante el Consejo Consultivo a dar cuenta de los actos del Poder Ejecutivo, durante el año fiscal 1°. de julio de 1954—30 de julio de 1955. Castillo Vega, Presidente del Consejo en su contestación, dijo que la misión que Dios había confiado a Lozano era "la de encerrar con triple cerrojo y para siempre, los capítulos de nuestro pasado, e iniciar con acierto y vigor la estructuración de un nuevo concepto de vida".

El 16 de diciembre, considerando que "es deber primordial del Estado velar por la conservación de la salud de sus habitantes y tomando en cuenta que algunas poblaciones de la República carecen de los servicios médicos indispensables para el logro de aquella finalidad", Lozano obligó a los alumnos que aprobasen el séptimo curso de medicina, prestar servicios médicos sanitarios durante seis meses consecutivos en los lugares designados por el Ministerio de Sanidad y Beneficencia. El mismo día 16, decretó la Ley Forestal que derogaba las leyes de Bosques, emitidas el 4 de marzo de 1909, 16 de enero de 1939 y 7 de febrero de 1949.

El domingo 1º. de enero de 1956, a las 4 y 10 de la mañana fue ultimado Chibly Salomón en el Club Árabe, en la Colonia El Manchén, de Tegucigalpa, originando este hecho de sangre una ruidosa polémica que involucró a los tribunales de justicia. Ese mismo día, volcó un jeep en el kilómetro 31 de la carretera del sur, cerca de La Trinidad. Murió el Mayor José Aguilar, de 35 años, Comandante del Primer Batallón de Infantería, su esposa Dolores de López, la profesora Rosa Ayestas de Paz y la niña Carmen López, de 3 años. En la carretera del norte pereció en otro accidente automovilístico, la Profesora Petrona Moncada.

Al inicio de 1956, Virgilio Zelaya Rubí y Enrique Villela Vidal se hicieron cargo de la dirección y jefatura de redacción de Prensa Libre, vocero del Movimiento Nacional Reformista, por renuncia de Alejandro Castro y Enrique Gómez. Continuaron los trámites para la formación del colegio "Cultura Nacional", a cargo del Consejo de Administración de la sociedad "Magisterio Nacional", cuyo presidente era el Profesor Saúl Zelaya Jiménez.

El martes 3 de enero de 1956, Lozano nombró Secretario de Fomento y Obras Públicas, al mayor e ingeniero Roberto Gálvez Barnes, sustituyendo al ingeniero Gregorio Reyes Zelaya, que había renunciado. Andrés Alvarado Puerto, Oscar A. Flores y Lisandro Valle, delegados del Partido Liberal, dieron a conocer el 12 de enero, los 17 puntos que constituían las bases que a su juicio, deberían servir para restaurar la normalidad constitucional y estructurar un Gobierno Nacional, y entregaron a Lozano el memorándum correspondiente.

Los días 14, 15 y 17 de enero, la Oficina Hondureña de Cooperación Intelectual emitió comunicados acusando a Villeda Morales de entorpecer el proyecto de unidad nacional auspiciado por Lozano, y recordaba la opinión que Villeda había externado (en entrevista que le hiciera el semanario "Voz Liberal" de San Pedro Sula, el 20 de noviembre de 1954): "La única colaboración que un hombre honesto puede brindar a un régimen usurpador es acercársele para derribarlo", Villeda —reconocía uno de los comunicados— es "hombre astuto, inteligente y activo. Se mueve con el desorientado dinamismo de la ardilla. No le da mucha importancia a la palabra empeñada". En marzo de 1955 —continuaba— durante su visita a la universidad salvadoreña, se reunió en Planes de Renderos, con salvadoreños y emigrados guatemaltecos, esbozando un plan para derribar a Lozano Díaz, Osorio y Castillo Armas. Cuando regresó a Tegucigalpa, visitó inmediatamente a Lozano para reiterarle sus buenos propósitos de colaborar en la conciliación nacional y éste le manifestó que estaba al tanto de sus actividades en San Salvador; que dichos movimientos perjudicaban profundamente el prestigio interno e internacional del Partido Liberal. Villeda, según el comunicado, con gesto desdeñoso, dijo que "los gringos verán comunistas en el aire". Y se preguntaba si el verdadero interés de Villeda, se encontraba en "agudizar las contradicciones inherentes a las relaciones de producción del sistema capitalista". También lo acusaba de que en su viaje a Estados Unidos, se había dirigido a varios senadores, urgiéndolos para que se opusieran a la concesión de préstamos a Honduras por parte del Banco Mundial.

Villeda en su respuesta a la oficina "que le presta cooperación intelectual al señor Jefe de Estado", retaba a Lozano a cumplir su palabra de hombre y de ciudadano, garantizando plenamente los derechos de los hondureños "que han sido y siguen siendo víctimas de los criminales atropellos perpetrados por las autoridades y por malhechores públicos respaldados por la indiferencia del Poder Público". Denunció también al Embajador Izaguirre de haber enviado el siguiente cable, con ocasión de su viaje a Washington: "Pajarito llegará aquí hoy, querrá usted girar doscientos dólares para seguirle la pista. De ser así gire dinero inmediatamente. Recuerdos, Izaguirre". Villeda afirmaba que en la solución del problema político hondureño "no debe privar el criterio igualitario, sino el proporcional, porque como atinadamente ha dicho el señor Jefe de Estado, la repartición matemática, constituye un ultraje a los ideales de redención nacional". La OHCI, replicó a Villeda en un folleto de 30 páginas con el título "El hombre que todo lo niega".

El 18 de enero, "Mundo Argentino", dirigido por Ernesto Sábato, publicó el artículo "Honduras, Dictaduras o Bananos", bajo la firma de Abel Alexis Latendorf. El doctor Gabriel Izaguirre, encargado de Negocios en Buenos Aires, respondió inmediatamente a esta publicación, afirmando entre otras cosas, que "La vida nocturna en

Tegucigalpa, es una de las más movidas de Centroamérica, contando con centros de prestancia en donde al compás de grandes orquestas nacionales y extranjeras, nuestras mujeres hacen alarde de su belleza con embrujadores atavíos tropicales". "El visitante cuenta en Tegucigalpa, con flamantes coches taxis para visitar sus lugares pintorescos". Por su parte, Arturo Mejía Nieto, en artículos más reposados, reproducidos en El Día, el 30 y 31 de enero, además de dolerse de la reseña que German Arciniegas hizo de Honduras en su libro "Entre la libertad y el miedo", reproducía algunas de las expresiones de Latendorf, probablemente seudónimo según Mejía Nieto; "Tegucigalpa es, sin embargo, un pobre poblado sucio, con unas rocas abandonadas, con unas pocas calles empedradas y una lánguida vida colonial". "Los primeros aviones que bombardearon a Guatemala partieron de Honduras, y desde su territorio se invadió al país vecino". Mejía Nieto, pedía que ya que se nos ponía en tela de juicio, los hondureños debíamos hacer examen de conciencia, sin pretender, lavarnos las manos, como Pilatos y se preguntaba. "¿Qué tal anda el patrimonio moral de los hondureños?".

El 23 de enero, Ramón E. Cruz, Humberto Díaz B. y Gabriel A. Mejía, representantes del Partido Nacional dieron contestación a las proposiciones del Movimiento Nacional Reformista, hechas en mesa redonda, presidida por Lozano, en calidad de coordinador. Los nacionalistas aceptaban en principio la formación de un Gobierno Nacional "en proporción al resultado numérico de las elecciones de Diputados al Congreso Nacional Ordinario, que se practique una vez promulgada la nueva Constitución, pero estima que, más que un principio adoptado en la constitución debe ser un acuerdo de caballeros, firmado por los partidos". El Partido Liberal informó que no se había llegado a ningún acuerdo en las pláticas de mesa redonda.

A las tres de la tarde del jueves 26 de enero, ingresó a la Penitenciaría Central, el dirigente obrero José Francisco Ríos, quien había sido trasladado desde San Pedro Sula a Tegucigalpa, vía aérea, por considerársele uno de los promotores de la huelga anunciada en los campos de la Standard Fruit Co., para el mes de febrero. Según El Día, su actuación durante la huelga de 1954, fue muy destacada, por "su intransigencia para llegar a una justa mediación".

El 28 de enero, los miembros del Consejo Consultivo, pertenecientes al Partido Nacional y al MNR, dirigieron un manifiesto al pueblo hondureño, comunicando su compromiso a formar "un solo y poderoso movimiento político en torno a la figura de don Julio Lozano", a quien autorizaban a elaborar las listas a diputados a la Asamblea Nacional Constituyente. Se abstuvieron de firmar, los cariístas Luis Felipe Lardizábal, Miguel R. Hernández y Pedro Aplícano Mendieta. El 29 partió a Guatemala, la Delegación hondureña a la reunión de Ministros de Defensa Centroamericanos. Acompañaban al Bachiller Leiva Barbieri, el Licenciado Ricardo Zúñiga Agustinus, Oficial Mayor del Ministerio, Zepeda Turcios, Jefe del Estado Mayor, Caraccioli Moncada, por la Fuerza Aérea y el Teniente Coronel Agustín González Triminio, como Secretario de la Delegación。

El 1º. de febrero, Lozano emitió la Ley Orgánica del Instituto Nacional de Antropología e Historia. Dicho Instituto, había sido creado el 22 de julio de 1952, Aquella ley orgánica fue derogada por Decreto Legislativo del 16 de octubre de 1968.

El 2 de febrero, Lozano y Carías se entrevistaron en Villa Elena, residencia campestre del último. Al día siguiente, Lozano emitió el Decreto Número 206, que contiene la "Ley de Defensa del Régimen Democrático", que prohíbe la existencia u organización del Partido Comunista o de cualquier asociación que aspire a implantar en la nación "un régimen opuesto a la democracia que nos rige". Este decreto, de claro corte represivo, no ha sido derogado (1973). En Santa Rosa de Copán, fue baleado el 2 de febrero, el Licenciado Manuel de Jesús Pineda, Director del Semanario "El Merendón", que se publicaba en aquella población. El día 6 por la noche se produjo un incendio en la tienda de Pedro A. Mena, denunciándose nuevamente la inexistencia de un cuerpo de bomberos, aunque ya existía la ley respectiva que regulaba su funcionamiento.

El miércoles 15 de febrero, Lozano, recibió en Casa Presidencial al Mayor General Reuben C. Hood, Comandante de la Fuerza Aérea Norteamericana en el Caribe. El día 20, fue citado a la Comandancia de Armas de Tegucigalpa, Villeda Morales, donde se le formularon los siguientes cargos: Organizar a los estudiantes universitarios para protestar contra el gobierno; incitar a los trabajadores de la Costa

Norte para un movimiento bélico y agitar la opinión pública con los mismos fines.

Fueron capturados varios dirigentes sindicales y estudiantiles, el abogado José Pineda Gómez, Ingeniero Juan Milla Bermúdez y Doctor Salomón Paredes Regalado. El 21, Lozano dirigió un mensaje a los trabajadores: "Hace muchos meses que el Gobierno tiene conocimiento de la campaña sistemática emprendida por individuos de filiación comunista que han logrado infiltrarse en los principales centros de trabajo, quienes de común acuerdo con políticos en abierta oposición al actual orden de cosas, no han cesado un sólo día de incitar a la rebelión. Esa campaña peligrosa para la seguridad del Estado ha llegado a contar entre sus afiliados a los principales directivos de los grandes Sindicatos de Trabajadores de las Compañías Bananeras de la Costa Norte, que acordes con la trayectoria que se han trazado, mantienen en constante agitación a las masas trabajadoras de aquel sector".

"El gobierno ha demostrado —continuaba Lozano— desde el principio de su sincera voluntad de protección a la clase trabajadora, y la Jefatura de Estado le ha dado reiteradas pruebas de amistad, se ha preocupado por el bienestar de los trabajadores en general y en especial de los que laboran en los campos bananeros, hasta el grado de practicar una inspección personal donde departió con todos y recibió sus quejas y aspiraciones. Desgraciadamente, descuidando los intereses puros de sus representados, los líderes se han dedicado a conspirar contra el orden público, olvidando el gesto fraternal del Gobernante, rehusando los medios civilizados de la conciliación y aconsejando la violencia, que tantos peligros entraña para la Nación entera, tanto en sus intereses internos como internacionales". Declaraba que estaba dispuesto a mantener a toda costa el orden público y listo para repeler la fuerza con la fuerza.

En otro comunicado de la misma fecha 21, Lozano explicaba que "la advertencia hecha por el Comandante de Armas del Departamento de Francisco Morazán, de orden directa del Jefe de Estado, al Doctor Ramón Villeda Morales, no es un atropello a un ciudadano que mantiene un clima de agitación, en todo el país, y menos aún un abuso incalificable... Para quien no lo sabe, es bueno aclarar que el señor Villeda Morales, al cuarto mes de estar funcionando este Gobierno...

estaba preparando un ultimátum para mi Gobierno pidiendo inmediatamente la convocatoria a elecciones o retiraría el Partido Liberal su cooperación. Esta pretensión tenía por objeto aprovecharse de los Censos que existían entonces, en los que habían sido inscritos miles de miles de individuos que no eran ciudadanos hondureños. Mi Gobierno rápidamente emitió el Decreto No. 93, ordenando la inmediata inscripción de todos los ciudadanos hondureños en el nuevo Censo que se levantaría, para evitar lo que el señor Villeda Morales se proponía. Este Decreto fue emitido el 19 de mayo de 1953".

"Desde entonces no ha cesado un momento el Doctor Villeda Morales en una campaña de desprestigio para el Gobierno, valiéndose de todos los medios que han estado a su alcance y siempre negándolo todo".

"Agotada ya toda la paciencia de un Gobernante Demócrata y estando en peligro la tranquilidad pública y amenazada la nación con la agitación en que se ha propuesto Villeda Morales mantener el país, azuzando a los estudiantes... e instando a los trabajadores de la Costa Norte para una huelga que traería el desastre nacional". Continuando con la tradición hondureña de las leyes con dedicatoria, Lozano atribuía la emisión del Decreto 206, al peligro que entrañaba "los nexos de Villeda Morales con el Comunismo Internacional... porque es bien sabido que hay una infiltración comunista en toda la República y si es verdad que he soportado toda clase de insultos por la prensa de Villeda Morales (no del Partido Liberal), los seguiré soportando, porque soy admirador y ferviente partidario de la libertad de prensa, pero actuaré con toda energía contra aquellos que pretendan destruir la economía nacional".

El 22 de febrero, Lozano envió una circular a las autoridades de todo el país comunicándoles que habían terminado "las consideraciones con los liberales villedistas y todos los subalternos del gobierno deben estar perfectamente listos para someter cualquier movimiento que ellos inicien, así pues la paciencia de un gobernante de facto pero demócrata ha terminado. Esta información que le doy, debe ponerla en conocimiento también de todos los miembros del Reformismo y del Nacionalismo".

El Partido Liberal se retiró de las pláticas de mesa redonda, y algunos de sus miembros lo hicieron también del Consejo Consultivo.

El Día publicó el 23 de febrero, un manifiesto firmado por un Comité Patriótico para la Defensa de los Derechos Populares, exigiendo. la libertad de Francisco Ríos, Julio C. Rivera, Samuel Aguilera, Francisco Aguilar Martínez, Guadalupe Reyes y Carlos M. Velásquez h. Se hacía un llamado a "los estudiantes, campesinos, intelectuales progresistas...a oponerse firmemente a la política de reacción, de temor y de entreguismo del actual gobierno, por medio de la acción organizada alrededor de la clase obrera". El 1º de marzo, el Abogado Miguel Antonio Alvarado, sustituyó a Óscar A. Flores, como consejero de Estado, por renuncia de éste.

El viernes 16 de marzo llegó a Puerto Cortés, el vapor Hibueras, llevando a bordo al general Walter Bedell Smith, que había sido gobernador militar norteamericano en Alemania y Embajador en Moscú. El entonces Directivo de la United Fruit Co., proyectaba pasar una semana en Tela, dedicado a la pesca y caza de patos, según el mensaje que envió a Lozano.

El 20 de marzo, los consejeros de Estado de las alas nacionalista y reformista, visitaron a Lozano, con ocasión de la clausura del período de sesiones. A la mañana del día siguiente, se reunieron en la residencia de Hernán López Callejas, cerca del Country Club, junto con líderes de ambas agrupaciones y crearon el Consejo Ejecutivo de Unión Nacional (ICUN, Instituto Cívico Unión Nacional, había surgido de una reunión en casa de Mariano P. Guevara, el 12 de octubre de 1955). Por sugerencia de Arturo Sagastume, se guardó un minuto de silencio en memoria del General Manuel Bonilla, al cumplirse otro aniversario de la muerte del "fundador del nacionalismo".

Entre los firmantes del acta de Constitución del Consejo Ejecutivo, figuran el odontólogo Lisandro Gálvez, el médico Hernán Corrales Padilla y el Ingeniero Arturo Quesada, los tres sucesivos Rectores de la Universidad Nacional Autónoma; Ramón E. Cruz, Donato Díaz Medina, Tesorero de Unión Nacional y suegro de Napoleón Alcerro Oliva, Ministro de Educación en 1973, los militares Roque J. Rodríguez y Roberto Zepeda Turcios, Jorge Gandour, líder del frente juvenil de UN, y Abraham Riera Hotta, médico vinculado profesionalmente al ejército, desde el gobierno de Gálvez, y a quien Lucas Paredes menciona como "un prohombre surgido de la mañana a la noche para perderse en su obscuridad y silencio".

Según la columna Colaboración de Actualidad, correspondiente a El Día, del 21 de marzo, el socialista norteamericano Norman Thomas, apoyaba "sin ambages los recaditos enviados directamente por Villeda Morales". El 23, Lozano ordenó trasladar la Receptoría de Rentas que funcionaba en el Municipio de San Jerónimo al de Florida (ambos en el departamento de Copán) por considerar que éste tenía "más volumen de población y más movimiento comercial...estando, además, en la ruta que siguen los exportadores de ganado a la República de Guatemala". El 26, decretó el Estatuto Electoral que regiría la elección de Diputados a la Asamblea Nacional Constituyente.

El 6 de abril de 1956, falleció el Ingeniero Ángel Sevilla, Secretario de Estado en el despacho de Recursos Naturales, siendo sepultado en Danlí. Santiago Meza Cálix, lo sustituyó en el Ministerio. Entre otras actividades programadas por Recursos Naturales, se encontraban los estanques de El Picacho, destinados a criaderos de carpa domesticada, proyectando dos producciones anuales. El domingo 8, falleció en Gracias, el General José León Castro, líder del Partido Nacional, a quien sus correligionarios llamaban "El León de Occidente". Al día siguiente volvió a Tegucigalpa, el General Mayor Lionel Mc. Garr, Comandante del Ejército Norteamericano en el Caribe.

El 12 de abril, el Ministro de Gobernación presentó en su despacho a René Douglas Parker, una de las personas por quienes había abogado desde México, el dirigente comunista mexicano Vicente Lombardo Toledano, en el mes de febrero. En aquella ocasión aparecieron en la prensa unas declaraciones de Parker, afirmando que él pertenecía al Partido Nacional y que no tenía vínculos con los sindicalistas acusados de subversión. En la comparecencia del 12 de abril, afirmó que era originario de Aramecina, Valle y que mientras desempeñaba la jefatura de investigación policíaca en San Pedro Sula, se le había acusado de complicidad en el envío de anónimos exigiendo dinero bajo amenaza de secuestro. También denunció haber sido torturado en Tegucigalpa, por orden del Jefe de la Policía de

Investigación, Ángel Rodríguez y éste que fue inmediatamente destituido, afirmó que Parker era originario de San Vicente, El Salvador y que su verdadero nombre era Rafael Ángel Cañas Mendoza.

El 13 de abril, el Embajador Carlos Izaguirre envió desde Washington una carta a Salomón Jiménez Castro, Ministro de Gobernación y Director General de Propaganda de Unión Nacional (movimiento político al que los liberales sarcásticamente llamaban PUN). En su carta, interpretada como declaración pública de abandono a la filiación cariísta y de adhesión a Lozano, Izaguirre decía: "La anarquía mental y espiritual en que por tanto tiempo hemos permanecido envueltos, las graves perturbaciones sociales generales por ese estado en que se han llegado a subvertir propósitos y pervertir idealidades, nos ha hecho perder de vista nuestra gran misión renovadora y redentora y hemos llegado casi a connaturalizarnos con el error, con la injusticia, con la deshonestidad, con la deslealtad y hasta con el crimen y esto, aunque sea resultado lógico de una época de extravíos y de dislocamientos mentales y espirituales, no nos obliga, en forma alguna, a mantenernos apegados a ese funesto tradicionalismo. Por el contrario, se hacen imperativos los cambios e impostergables las rectificaciones". "Las masas empiezan a despertar y a adquirir conciencia reguladora de sus propios destinos. La era de los explotadores de la apatía y de la inopia, están en definitiva liquidación". El 18 de abril la Oficina Hondureña de Cooperación Intelectual, emitió un comunicado asegurando que era completamente falso que Lozano "haya pensado siquiera depositar el mando de la Nación en persona alguna".

Los sindicalistas Arturo Jáuregui, Secretario General de la ORIT y Serafino Romualdi, viajaron a Honduras. Según el último, recogió en la zona bananera, "gran número de pruebas de la renovada actividad comunista y de la franca disposición de sus miembros a cooperar políticamente con el Gobierno a cambio de que se les dejasen las manos libres a los sindicatos y la desgracia era que el Ministro de Trabajo, parecía haber caído en la trampa. Consideré pues conveniente recoger documentos y testimonios acerca de esta aparente colaboración de los comunistas con el Ministro de Trabajo para presentarlos al Presidente (sic) y al Embajador de los Estados Unidos cuando me entrevistase con ellos".

La entrevista con Lozano se realizó el 21 de abril. Según Romualdi, él lo criticó abiertamente por haber detenido a dirigentes sindicales a quienes se calificaba de comunistas "mientras al mismo tiempo se protegía a los comunistas verdaderos, debido a que había hecho un trato político con el Gobierno para dar su apoyo a las autoridades gubernamentales. Le dije también que la ORIT y los Sindicatos de los Estados Unidos no podrían guardar silencio indefinidamente ante ese estado de cosas. Le repetí, sin embargo, que estamos dispuestos, como en ocasiones anteriores, a mediar para que se llegase a un compromiso que hiciese posible reanudar las relaciones normales entre el Gobierno de Honduras y los Sindicatos de las plantaciones de bananos de la Costa Norte".

Según Mariano P. Guevara, Lozano se había negado a que los dirigentes sindicales se trasladaran a Tegucigalpa para hacer consultas con el Ministerio de Trabajo, después accedió a ello y ordenó se les pagase gastos de viaje y permanencia, pero después de 3 días de conversaciones ordenó su captura. Al inquirir los funcionarios del Ministerio por el súbito cambio de actitud, Lozano, se limitó a decir: "Cuando sepan los motivos, me darán la razón".

El 20 de abril, Lozano decretó la Ley de Contratación Individual de Trabajo, cuya aplicación quedó bajo el control y vigilancia del Ministerio de Trabajo, Asistencia Social y Clase Media, El 26 de abril, declaró el 14 de julio, fiesta cívica escolar, que no constituía feriado para los trabajadores y sí el primero de mayo, que fue declarado fiesta nacional, por considerar que "la dignidad del trabajo amerita que quienes lo ejecutan tengan una fecha determinada para honrarlo y enaltecerlo". El 3 de mayo volvió a declarar sujeta la importación de papas y cebollas, al pago de los derechos fijados por el arancel de 1955, en vista de que estaban produciéndose en el país, en cantidades suficientes para las necesidades de la población.

El 10 de mayo de 1956, apareció en El Día, un comunicado de Jiménez Castro, en el que negaba que agentes de UN se encontraban recorriendo ciudades, pueblos y aldeas de la república "anunciando la buena de que don Julio Lozano se convertía en Presidente Constitucional... porque el Departamento de Estado de Washington, a través del Embajador Willauer ya decretó su continuismo". Acusaba también a los liberales de manifestar simpatías por los comunistas y como prueba señalaba que El Pueblo, había dado a conocer que el Partido Liberal propondría como Miembro del Tribunal Supremo Electoral, al Licenciado José María Palacios "joven profesional de reconocida filiación comunista, quien, representando a los comunistas de Honduras, asistió, en compañía de otros dos jóvenes compatriotas, al Festival de la Juventud Democrática, celebrado en 1953, en la ciudad de Bucarest, capital de Rumania, país satélite de la Unión Soviética". Al día siguiente, en El Cronista, Palacios contestó a esta apreciación de Jiménez afirmando que él siempre había sido "un profesional de ideas liberales".

El 10 de mayo fue destituido del cargo de Subsecretario de Educación, el Licenciado Juan Miguel Mejía, Encargado de la Cartera por ausencia del Doctor Ortez Pinel, Mejía se había negado a firmar el decreto ley mediante el cual fueron designados los miembros del Tribunal Supremo Electoral (por el PL fueron nombrados Víctor Ceferino Muñoz y Santos Valladares, no propuestos por el Consejo Central Ejecutivo). Para sustituirlo fue nombrado el Licenciado Alberto Galeano, quien posteriormente fue Decano de la Facultad de Derecho, Presidente del Banco de Fomento, durante el gobierno de López Arellano y del Banco Central, durante la Administración de Cruz Uclés en la dictadura militar que sucedió a éste.

Los premios de periodismo Paulino, Valladares y Alejandro Castro, correspondiente a 1956, fueron adjudicados a Medardo Mejía y Rodolfo Brevé Martínez, respectivamente, pero no fueron entregados el día del periodista, por haberse pospuesto la fecha de reunión del Congreso de periodistas centroamericanos que iba a reunirse en Tegucigalpa, en esa ocasión. El 17 de mayo, El Cronista publicó declaraciones de Villeda Morales, respondiendo a un comunicado de la OHCI, en el que se achacaba a Villeda haber convocado a una reunión de mujeres liberales para el 25 de mayo, fecha destinada originalmente para la celebración del congreso de periodistas.

La OHCI, acusaba también a Villeda de haberse unido "con unos cuantos desequilibrados que jefe a Gonzalo Carías, para promover un movimiento armado en toda la república, para derrocar al gobierno, el que tiene todas las informaciones del caso". Villeda contestó no tener "vocación para dirigir montoneras". "Por otra parte, resultaría insensato hacer un derroche de fuerza para derribar un sistema que caerá por sí solo, por ley de gravitación política y por la fuerza de las circunstancias adversas que él mismo se ha creado con sus errores y desaciertos". El 21, de mayo, Lozano anunció que las elecciones a diputados para la Asamblea Constituyente se celebrarían probablemente el 7 de octubre. Que a nadie le había pedido que trabajase por su continuismo en la presidencia, pero que tampoco podía prohibir a sus amigos que lo hicieran.

El 25 de mayo, se reunió en Comayagüela, la Convención Liberal Femenina y al día siguiente la XIII Convención del Partido Liberal, en la primera avenida, casa de Manuel Zúñiga Medal, mientras grupos armados vigilaban en las calles vecinas y en La Isla, registrando a los transeúntes. La Convención emitió un comunicado el 27, afirmando que "el Partido Liberal de Honduras estuvo, está y estará siempre contra el comunismo que oprime, niega y anula la individualidad. Y por último declara que ningún individuo que pertenezca al comunismo puede ser miembro del Partido Liberal de Honduras". Firmaban este comunicado Francisco Paredes Fajardo, Rafael Díaz Chávez, Ramón Valladares y Carlos Manuel Arita.

El Cronista informó que el 29 de mayo había fallecido en San Buenaventura (F. Morazán), doña Augustina Flores, a los 107 años de edad, nacida en 1849, dejando numerosa descendencia. El sábado 2de junio fue inaugurada la presa derivadora del río Selguapa, en El Taladro (Comayagua). No asistió Lozano, representándolo el Ministro de Recursos Naturales. El 8, Lozano emitió el decreto de defensa forestal, mediante el cual se declaraban reserva del Estado, tierras y bosques nacionales con maderas de primera y segunda categoría, de conformidad al artículo 73 de la Ley Forestal de 16 de diciembre de 1955. La ley de defensa forestal hacía hincapié en qu1e la riqueza natural más importante del país, dependía de la protección a las zonas forestales, las cuales eran objeto de creciente y rápida devastación por "grandes concesiones de cortes de madera, talas innecesarias de bosques e incendios continuos".

El 9 de junio, Medardo Mejía, fue nombrado Consejero de Estado, en sustitución del Doctor Miguel Rafael Muñoz. El 10 las Fuerzas

Armadas de Copán declararon "de una vez por todas Lealtad Incondicional presente y futura, al ilustre Jefe Supremo de Estado y Comandante General del Ejército, P.M. don Julio Lozano Díaz". El 11 empezó a circular un nuevo billete de 50 lempiras, con la efigie del Sacerdote José Trinidad Reyes. Ese mismo día, el Consejo Central Ejecutivo del Partido Liberal, presidido por Francisco Milla Bermúdez, considerando indigno "seguir colaborando y compartiendo responsabilidades históricas con un sistema que apela a la arbitrariedad, a la fuerza y al engaño para asaltar el Poder desde el Poder, a espaldas de la voluntad ciudadana y en menosprecio de la decencia política", declaró fallidos los intentos de conciliación nacional y desintegrado el gobierno de concentración nacional, ordenando a los liberales renunciar y no aceptar cargos públicos.

En vista de estar circulando una hoja suelta firmada por Alianza Democrática, en que se invitaba a profesionales, obreros, artesanos, empleados públicos y privados y campesinado a una huelga de brazos caídos, para deponer "al régimen de opresión, de ineptitud y de vergüenza que prevalece", el gobierno emitió un comunicado en el que se prometía que "el arribo a la constitucionalidad por las vías normales es un hecho; que se está trabajando por mejorar la condición económica del país y que la huelga de brazos caídos es un desatino de hombres desesperados por llegar al poder precisamente para hacer un gobierno contrario al pueblo. Por otra parte, para contrarrestar la huelga que proponen las camarillas, existen medidas eficaces que el Gobierno hará conocer a la hora de producirse".

Francisco J. Zacapa, Catedrático de Derecho Mercantil en nuestra Universidad, publicó en México "El Derecho del Cheque". El 14 de junio se reunieron en la zona fronteriza de El Amatillo, Lozano y el Presidente de El Salvador, Teniente Coronel Oscar Osorio. Según el comunicado conjunto de los Cancilleres Esteban Mendoza y Carlos Azúcar Chávez, se fijó la fecha del 14 de agosto del mismo año, para la firma de un nuevo convenio de libre comercio entre Honduras y El Salvador. El Presidente electo, Teniente Coronel José María Lemus, asistió también a la reunión.

El 17 de junio, Andrés Rodríguez, Hostilio Lobo, Santos Juárez Fiallos, Hermes Bertrand Anduray y Arturo Sagastume, presentaron ante el Juzgado de Letras 1°. de lo Criminal, una querella de injurias contra Carlota Bernhard viuda de Valladares, por las expresiones vertidas en "El Tornillo sin Fin", aparecido el día 11 y publicado en la Editorial "Paulino Valladares". El 21 el Tercer Congreso de Periodistas Centroamericanos envió un mensaje a Lozano, solicitándole levantar la restricción ejercida sobre Diario Matutino, transmitido por HRN, al cual se le exigía, de conformidad con el artículo 485 del reglamento respectivo Comunicaciones Eléctricas, remitir a la Dirección General de dicho ramo los originales que se fueran a transmitir, con 24 horas de anticipación.

En entrevista concedida a "El Diario de Hoy" de San Salvador y reproducida por El Cronista el 27 de junio, Tiburcio Carías Andino, declaró: "Tengo ochenta años de edad cumplidos el último de marzo, pero aún tengo buena memoria y claro el entendimiento. Yo no sé cómo es posible que Julio Lozano, se haya enamorado tanto del Poder. Es cierto que yo fui Presidente de Honduras, por 16 años, pero porque me obligaron a ello. El Partido Liberal y mi Partido Nacional, de hecho forman ya un bloque en la oposición para luchar contra el PUN, el cual es impopular porque ha venido planteando graves convulsiones imposicionistas a lo largo de nuestro país, el cual ha estado acostumbrado ya a vivir en paz, trabajando. Creo firme mente en el buen éxito de un Gobierno de tipo mixto, en el que puedan estar representados todos los partidos políticos y que, como el Consejo de Gobierno Revolucionario que gobernara de facto por algún tiempo en El Salvador, convoque a una nueva constituyente y a elecciones libres para presidente".

El 25 de junio, un Comité Reorganizador del Partido Liberal, lanzó un manifiesto atacando a la dirigencia de dicho partido y especialmente a Villeda Morales, expresando a la vez una actitud de colaboracionismo y no de oposición a Lozano. Firmaban ese manifiesto, entre otros, José María Matute Brito, Manuel Torres Ramos, Pedro Rovelo Landa, Víctor Ceferino Muñoz, Virgilio Cardona y Medardo Mejía. Este último fue también Director de El Constitucional, Órgano Periodístico de dicho Comité, que apareció en el mes de julio y llegó a alcanzar el número 27, correspondiente al 18 de octubre de 1956.

El 26 de junio, las Fuerzas Armadas de Yoro, declararon "con todo el rigor del carácter de militares disciplinados, lealtad incondicional en su actuación presente y futura" a Lozano. Por la Sección Militar de "El Progreso", encabezaba las firmas el General Matías Arriaga. El lunes 2 de julio una Asamblea General de la FEUH, acordó la renuncia al Rector de la Universidad, Doctor Ernesto Argueta. El día 5, las Fuerzas Armadas de El Paraíso, declararon "de una vez por todas, lealtad incondicional hoy y siempre, al ilustre Jefe Supremo del Estado".

El sábado 7 de julio, la policía bloqueó la entrada a los edificios donde funcionaban las Facultades, para impedir el ingreso de universitarios a ellas. El lunes 9, pocos minutos después de las once de la mañana, el Subdirector de Policía, Coronel Nicolás Tejeda, capturó al Doctor Ramón Villeda Morales, al momento de salir de su clínica. En compañía de Oscar A. Flores y Francisco Milla Bermúdez fue trasladado en un avión de la Fuerza Aérea Hondureña a Guatemala, desde donde los emigrados hondureños se trasladaron a San José de Costa Rica. El martes 10 de julio, en una reunión celebrada en el Instituto de Comercio "Héctor Pineda Ugarte", varios centenares de estudiantes de enseñanza secundaria se lanzaron a la huelga. Se produjeron choques entre las fuerzas de policía y los estudiantes. El Director del Instituto Pineda Ugarte, Licenciado Gustavo Adolfo Alvarado, falleció a consecuencia de un ataque cardíaco. Su sepelio en el Cementerio General fue muy concurrido, ya que el extinto gozaba de singular afecto por parte del estudiantado. Las fuerzas policiales, con granadas de mano y bombas lacrimógenas, vigilaron la marcha del cortejo fúnebre. Fueron capturados los estudiantes de Derecho Jorge. Arturo Reina Idiáquez, Edgardo Paz Barnica y Gautama Fonseca.

El lunes 16 y martes 17 se unieron a la huelga los estudiantes de secundaria de San Pedro Sula, La Ceiba, Comayagua, Santa Rosa de Copán y La Esperanza. En este último lugar fueron capturados los Profesores J. Nicolás Pineda y Marco A. Martínez, por considerarlos instigadores de la huelga. El 18 falleció en Washington, el Embajador Izaguirre. El 19, el Teniente Coronel Isidoro Martínez Rodríguez, hijo del Coronel Tomás Martínez, sustituyó en el cargo de Jefe del Estado Mayor, al Coronel y Doctor Roberto Zepeda Turcios. Con fecha 23de julio, la comisión nombrada para revisar y ordenar el proyecto de constitución, integrada por Miguel Antonio Alvarado, Víctor M.

Padilla y G.A. Velásquez, presentó al Consejo Consultivo, el mencionado proyecto, y fue reproducido en parte (con fines de crítica) por La Época.

El sábado 21 de julio, se inauguró en Panamá la Conferencia de Presidentes Americanos, a la que dejaron de asistir el Jefe de Estado hondureño y Gustavo Rojas Pinilla, de Colombia. Según boletín de la O.H.C.I. del 3 de agosto, Lozano "se vio impedido por el villedismo y el comunismo de concurrir contrariando sus más caros deseos". El miércoles 25 de julio, un avión de la Fuerza Aérea Norteamericana depositó en Toncontín los restos del Embajador Carlos Izaguirre Valladares, siendo sepultados al día siguiente con honores de General de División. El sábado 28, en "El Decir del Minuto" del Diario El Cronista, se consignaba: "que sólo faltan tres días para que termine Julio".

El 1º. de agosto, el Cuartel de San Francisco fue tomado por liberales y universitarios, pero fue inmediatamente recuperado por las tropas leales a Lozano, bajo la dirección principal de Velásquez Cerrato que no tenía ningún mando militar en dicho momento y que creía que el levantamiento era de inspiración cariísta. Se estimó que se habían producido 90 víctimas, entre muertos y heridos. Pereció el mayor Juan Pablo Silva Salinas, Jefe del Primer Batallón de Infantería, nacido en Choluteca el 15 de enero de 1923 y sepultado en el Cementerio General de Comayagüela, El General Lino Zúniga fue sustituido como Comandante de Armas Departamental por el Coronel Manuel Salgado, y el Ministerio de Defensa nombró el Consejo de Guerra que juzgaría a los militares que intentaron derribar al Gobierno. Entre los civiles inculpados se encontraban el Doctor Ramón Custodio López (quien a fines de mayo y principios de junio había publicado en El Cronista, un reportaje titulado "Mosquitia adentro", aparecido después como folleto), Reynaldo Oquelí y Rigoberto Díaz. Ezequiel Escoto en su artículo "Bajo el fuego del primero de agosto". (El Pueblo, agosto 1o., 1958) concluye: "el tremendo error nuestro fue creer que teníamos el apoyo del Batallón, según se había convenido", Israel Turcios Rodríguez, en "Un Ejército se cubre de gloria" (Diciembre 1972), da otra versión de este suceso.

En este mes de agosto, después de permanecer varios "años en El Salvador, regresó a Honduras, Rafael Moreno Guillén, Orador y

Canónigo de Gracia, convertido en pastor protestante. Circularon hojas sueltas alentando a los feligreses católicos a no dejarse embaucar por "el apóstata". Moreno Guillén, en medio de gran expectación dio varias charlas en El Tabernáculo de Comayagüela, y publicó un folleto titulado "Nacido otra vez", en el que explicaba las razones que lo habían llevado a abrazar el protestantismo: "Durante veintidós años que milité como sacerdote católico, ¿no fui acaso sincero en mi carácter dogmático y en mi personalidad social? ¿No usé los púlpitos y el micrófono? ¿No llené columnas en la prensa religiosa y laica con la ortodoxia católica? ¿No actué en confesionarios y baptisterios? Sí por cierto; pero aquella sinceridad virtual no era una convicción. Era la catalepsia de mi ignorancia religiosa y de mi impostura personal".

Inmediatamente, el presbítero José Carranza Chévez publicó el folleto: "Refutando a un sacerdote renegado": "Nada de nuevo aportó el señor Moreno Guillén a la doctrina protestante. Sus conferencias, esperadas con gran avidez por secuaces doctrinarios y por curiosos, no fueron más que la repetición machacona de las mismas cosas que dicen los protestantes, sazonados esta vez con florido léxico y figuras retóricas, muy propias del nuevo pastor".

El 8 de agosto, Lozano fijó el domingo 7 de octubre de 1956, como fecha en la que se practicarían elecciones a Diputados para la Asamblea Constituyente. Puso también la Policía del Distrito Central, bajo la supervisión de un Comando de Oficiales Superiores, integrado por el General Roque J. Rodríguez y Coroneles Velásquez Cerrato e Isidoro Martínez R., los cuales habían participado el día 1o. en la defensa del régimen de Lozano. El Comando prohibió la circulación de la población civil de Tegucigalpa desde las 6 de la mañana a las 10de la noche, y fue desintegrado por Lozano el 21 de agosto, ordenando también que Velásquez se reintegrara a la Agregaduría Militar en Washington. El 16 de agosto, el Canciller Mendoza, anunció que no en virtud de la Convención sobre Asilo Político, aprobada en La Habana en 1928, sino como "una gracia otorgada por el señor Jefe de Estado", se extendería en los próximos días, salvoconductos a los asilados hondureños que se encontraban en varias Embajadas y Legaciones, como consecuencia de "los acontecimientos políticos del 1°.del mes en curso". Del 18 al 20 se reunió en El Progreso, Yoro, el Segundo Congreso Obrero, asistiendo un centenar de Delegados. Según editorial de López Pineda, no hubo voces discordantes en su seno y tuvo destacada participación en su preparación, el señor McClelland, de la ORIT.

El 21 de agosto se hizo público un informe de la Tela Railroad Co., en el que calificaba al año anterior (1955) como de pérdidas, motivadas por la huelga de mayo, junio y julio y de las desastrosas inundaciones de septiembre de 1954. A pesar de estos desastres, se habían puesto en circulación durante 1955, más de 42 millones de lempiras, como pagos al gobierno y particulares.

El lunes 27 fue puesto a las órdenes del Juzgado 1º. de Letras de lo Criminal, el estudiante Universitario Ramón Carbajal Vindel, quien iba a asistir al Congreso Mundial de Estudiantes en Praga. Según el Licenciado Héctor Córdova, Jefe de la Dirección General de Seguridad, este viaje comprobaba los nexos directos entre los comunistas y la FEUH. El Presidente de ésta Jorge Arturo Reina, quien había logrado ya su excarcelación, expresó que los universitarios no servían "ni a Moscú ni a Wall Street, servimos únicamente a Honduras y a Centro América. "La importación de sistemas creados para laborar en medios distantes al nuestro es, a nuestro juicio, inconveniente, no sólo porque resultan inoperantes, sino también porque adormecen la iniciativa criolla, convirtiéndonos en vulgares imitadores; en parásitos del pensamiento ajeno; el pensamiento... no se importa, se produce".

Por virtud de prohibición no se realizaron prácticas para el desfile escolar del 15 de septiembre que fue suspendido por disposición gubernamental. El día 5, la OHCI emitió un comunicado en el que se afirmaba que por todos los rumbos del país, "los villedistas se afanan en crear un ardoroso ánimo bélico contra el Gobierno", unos exhibiendo "una agresividad vehemente, como unos señores de apellido Dubón y Villela (de Copán) o tiran la piedra y esconden la mano, como el Ing. Bueso Arias; otros, como en Amapala, se muestran rudamente altaneros". Ese mismo día, desde Gracias, se informó que exaltados por transmisiones radiales, grupos cariístas y villedistas, se habían levantado el domingo anterior contra el

Sub—Comandante de La Virtud. "Se capturaron 12 y los demás pasaron a El Salvador. Número de procesados es de setenta".

El 6 de septiembre, la Oficina Hondureña de Cooperación Intelectual, emitió otro comunicado, según el cual, tanto "el villedo comunismo como el cariísmo están cometiendo excesos intolerables en la actual campaña electoral". "El Gobierno, en vista de la actitud violenta del villedismo y del cariísmo, los cuales abandonando las rutas que ofrece la democracia vigente, se ha tirado por el atajo de un brutal e intolerable descomedimiento, reafirma su propósito de mantener el orden público y velar eficientemente por la seguridad de las personas y de la propiedad, puesto en peligro por la intolerancia de la demagogia caudillista. Que la ciudadanía consciente tenga la seguridad que el principio de autoridad no será vulnerado y que cualquier intento subversivo, hoy como ayer, será debidamente reprimido".

El 7 de septiembre, la OHCI enjuició así la Administración Carías Andino: "Los Jefes de cuerpos de policía montada, recorrían el país sembrando la muerte, la desolación y el espanto, mientras el único periódico cuya existencia se permitía en el país entonaba himnos a las bendiciones de la paz. Para los comensales del edénico festín de los dieciséis años, una aldea arrasada o un niño atravesado por la bayoneta de un esbirro no era un suceso capaz de estropear una agradable digestión. Si en la Penitenciaría Central centenares de infelices morían lentamente por virtud de las torturas ideadas por mentes diabólicas... convertido en antro de vejámenes degradantes se pisoteaba con sádica delectación la dignidad humana, ahí estaba "La Epoca"... El cardiólogo Ignacio Chávez, viajó desde México para atender a Lozano.

El 12 de septiembre Lozano partió a Miami en busca de reposo y salud, depositando la Jefatura Suprema de Estado en el Presidente de la Corte Suprema de Justicia, Juan Manuel Gálvez, encargándose de este último cargo a Marcos López Ponce. Lozano emitió un Decreto habilitando a Roberto Gálvez Barnes, para que siguiera ejerciendo las funciones de Secretario de Estado en el Despacho de Fomento, durante el gobierno provisional de su padre. Los adversarios de Lozano esperaban que Gálvez contribuiría a disminuir la tensión política, pero el Jefe Supremo interino limitó su labor administrativa a los trámites de rigor.

El día 13, falleció en San Pedro Sula, José María González Rosa, Director durante varios años de Diario Comercial.

Después de estar en receso desde el 24 de julio, el Consejo Consultivo reinició sus reuniones el 18 de septiembre. En la noche del viernes 21 de septiembre, Rigoberto López Pérez disparó contra Anastasio Somoza García, en la Casa del Obrero, de León (Nicaragua), resultando inmediatamente muerto el primero por parte de la escolta del dictador nicaragüense. Somoza fue llevado al hospital Gorgas, de Panamá, donde falleció al amanecer del sábado 29. Lo sustituyó su hijo Luis. Somoza García, Jefe de la Guardia Nacional, inculpado en la muerte de César Augusto Sandino, logró apoderarse de la dirección del Partido Liberal y después de todo el poder en su país, heredándolo a sus hijos. La dinastía Somoza se inició el 1º. de enero de 1937.

El 1º. de octubre, Abogado Antonio Dubón Martínez, representante del Partido Nacional ante el Tribunal Supremo Electoral, expuso ante éste que su partido había dispuesto "abstenerse de continuar participando en el presente debate electoral". Denunciaba que varios centenares de nacionalistas, se encontraban presos. El Subcomandante de La Lima, Eduardo Galeano, había amenazado a trabajadores de los campos bananeros: que "quien pretenda votar en las próximas elecciones por una fórmula distinta a la Unión Nacional, se arrepentiría por toda su vida". "El Jefe de Estado fue el primero en violar el Estatuto Electoral al no haber hecho los nombramientos de los miembros de este Tribunal en personas propuestas oportunamente por las competentes Autoridades del Partido Nacional, sino en personas que él consideró arbitrariamente como miembros de dicha Entidad Política, negando de esa manera el derecho del Partido Nacional para proponer miembros integrantes de este Tribunal".

El 2 de octubre, Prensa Libre publicó un artículo de su columnista José María Ramírez Díaz, atacando a Rafael Heliodoro Valle, que concluía: "Tenemos en Cartera otros aspectos sobre el poeta insultador mexicanizado. Mejor debería empeñar sus últimos años de vida en asuntos de poesía, que para esto se halla preparado, pero en su campaña actual, de ofensas y más ofensas, ya está catalogado en la tabla de los comunistas consultados en México por los afiliados al marxismo bajo la tutela de Lombardo Toledano".

El mismo 2 de octubre, Abraham Williams C. se dirigió a las autoridades locales y departamentales del MNR y de Unión Nacional, recomendándoles desarrollar "de inmediato una campaña de convencimiento y atracción con los ciudadanos que hasta ayer figuraron en las filas nacionalistas... A votar, pues unidos como un solo hombre por los candidatos del MNR y de Unión Nacional... llevando como abanderado a don Julio Lozano Díaz". El miércoles 3, Carías, en su calidad de Jefe Supremo del Partido Nacional, se dirigió a los Comités y Subcomités Nacionalistas, haciéndoles saber "que el retiro del Nacionalismo de la lucha electoral obedece a las circunstancias de no querer justificar con su presencia en las urnas la farsa electoral que ya está preparada por las autoridades y organismos electorales, y para evitar la pérdida de muchas vidas utilísimas al país. El Partido Nacional debe permanecer firme, compacto y con la determinación de mantener sus posiciones democráticas frente a los problemas que confronta la República. Deben ustedes desoír toda insinuación de nuestros adversarios que tienda a desvirtuar los conceptos de la presente circular".

Villeda Morales fue obligado a abandonar El Salvador, a donde había llegado procedente de Nueva Orleans. El Día informó que el Ministerio de Relaciones Exteriores de El Salvador había destituido a su Cónsul en Nueva Orleans por haberle concedido visa a Villeda, sin solicitar antes el permiso correspondiente.

En la mañana del viernes 5 de octubre, Lozano regresó a Tegucigalpa. Inmediatamente, Juan Manuel Gálvez, Jefe Supremo de Estado de Honduras, entregó el mando a don Julio. Este dirigió un mensaje a sus conciudadanos, en el que manifestaba que había viajado a Miami, "en busca de un merecido descanso... Regreso al país con mi salud restablecida dispuesto a consagrarme por entero a mis deberes de Gobernante. Desde mi residencia temporal en el extranjero, seguí, paso a paso, el curso de los negocios públicos de Honduras. Ni un sólo momento me abandonó la imagen venerada de la Patria, ni se debilitaron mis propósitos de hacer todo esfuerzo posible, a efecto de que Honduras logre reintegrarse a la normalidad constitucional, sin menoscabo de, los valores humanos, de su patrimonio espiritual y de sus riquezas materiales".

El sábado 6 de octubre, el Tribunal Supremo Electoral, presidido por Octavio Cáceres Lara, declaró "sin lugar el retiro de Planillas de Diputados a la Asamblea Nacional Constituyente postulados por el Partido Nacional, y mantener en vigor la inscripción que de ellos se hizo en el término legal". Al día siguiente, domingo 7, se celebraron las elecciones, que constituyeron un descarado fraude. El Día informó que los liberales habían atacado los cuarteles de Villanueva. Cofradía (Cortés), Comayagua y Sabanagrande: que en Villanueva había muerto el Comandante y 5 soldados, que en la persecución de los asaltantes al Cuartel de dicha población, había muerto el cabecilla, el Coronel David Tablada, "un asesino frío que sólo su presencia, sembraba el terror en la Costa Norte de Honduras". Se emitió un comunicado oficial que decía: "El momento es para olvidar y perdonar. Ni vencedores, ni vencidos. Los que han caído en la lucha derramando su sangre, quedarán como símbolos eternos que nos recordarán perpetuamente la convicción plena de que no es por el camino de la lucha fratricida por donde se llega a la fructificación de nuestros ideales. Recordemos que Honduras es una y que seguridad y grandeza dependen del patriotismo, entereza y cordura de sus hijos, enlazados todos bajo una misma bandera y en busca de un solo ideal: la hermandad de los hondureños en un olvido total del pasado".

El cómputo general de las elecciones fue el siguiente: M.N.R. y Unión Nacional: 370.318; Partido Liberal: 41,724 y Partido Nacional: 2.003. El lunes 8 de octubre, Lozano fijó el 1º. de noviembre como fecha de inauguración de la Asamblea Nacional Constituyente. Posteriormente se fijaron los días 28 al 31 de octubre, como fechas de reuniones preparatorias. El 11 de octubre, el Abogado Manuel Torres Ramos publicó en El Constitucional un artículo describiendo el árbol genealógico de Lozano, según el cual su tatarabuelo había sido el acaudalado español Juan Miguel Lastiri, casado con Margarita Lozano, suegra de Francisco Morazán.

Para esta fecha, ya estaba maduro el plan para derrocar a Lozano. Según Velásquez Cerrato, el plan primitivo era el de formar un triunvirato integrado por el Coronel Caraccioli, Mayor Flores Carías y General Rodríguez. Algunos de los "compañeros militares" denunciaron el plan a Lozano, quien ordenó a Velásquez abandonar el Hospital Viera, donde se había recluido y partir a Washington el día 11. Según Velásquez, Caraccioli le prometió en despedida relámpago en el aeropuerto de Toncontín, "enviarme un avión especial a Miami en el momento que se produjera el movimiento". El 14 de octubre fue nombrado Rector de la Universidad al Odontólogo Lisandro Gálvez, en sustitución del Médico Ernesto Argueta.

El 15 de octubre, en sesión conjunta del Consejo Ejecutivo Central de Unión Nacional y del Consejo Ejecutivo del Movimiento Nacional Reformista, se decidió ratificar la decisión de que los Diputados Constituyentes electos por ambas agrupaciones, elegirían Presidente Constitucional a Lozano. Firmaron entre otros, este documento, Abraham Williams Calderón, Salomón Jiménez Castro, Julián López Pineda, Eliseo Pérez Cadalso, Hernán Corrales Padilla, Alfredo León. Gómez, César Tomé Rápalo, Pablo Moncada B., J. Ramón Pereira, Juan Ramón Ardón, Joaquín Bonilla, Virgilio Zelaya Rubí, Alejandro López Cantarero, Hermes Bertrand Anduray.

El 18 de octubre, Prensa Libre, dirigida por Virgilio Zelaya Rubí, publicó un artículo sin firma titulado: "Al olor del queque" dirigido a los periodistas que se habían opuesto a Lozano y que laboraban en El Cronista, El Pueblo y la Época. "Se dilatan las fauces al olor invitante del queque, y casi no pueden aguantarse hasta que salga del horno constitucional". "Pero no traten de ayudarnos a repartirlo, porque no lo hemos menester si lo merecen". "Tienen que llevar en paciencia ser solo mudos testigos, pues somos nosotros, los vencedores, los únicos que tenemos derecho a repartir".

El 19 de octubre, alumnos del quinto curso de Derecho, solicitaron al Ministerio de Educación Pública, se les concediera permiso para examinarse. Aunque los universitarios se encontraban en huelga desde hacía varios meses, el gobierno ordenó a todas las Facultades integrar las ternas examinadoras para los alumnos que desearan hacerlo. En la tarde del sábado, 20, Lozano autorizó a Caraccioli, Jefe de la Fuerza Aérea, Flores Carías, Comandante del Primer Batallón y a Roque Rodríguez, Director de la Escuela Militar, la realización de maniobras militares para el día siguiente, domingo 21.

En la mañana del día 21, aviones de la Fuerza Aérea volaron sobre Tegucigalpa. Después de las diez de la mañana, emisiones radiales informaban que había estallado un movimiento militar contra Lozano. Según carta posterior de Lozano dirigida desde Miami a Arturo Sagastume y reproducida por Lucas Paredes en "Los Culpables", Roberto Ramírez y Gabriel Mejía, solicitaron ante Lozano, la entrega del poder a los conjurados. Según dicha carta Lozano dijo a los comisionados: "¿Cómo se llama lo que los militares han hecho conmigo?... a eso se llama traición. No es cierto que la capital y el país esté con ellos; puedo pelear, pero no lo haré para no ensangrentar la República".

Una escolta militar rodeó la residencia de Williams Calderón, a quien se consideraba posible sucesor de Lozano, ya que se daba por seguro que resultaría electo Vicepresidente o designado a la Presidencia, y que Lozano había manifestado que las principales figuras del nacionalismo habían llegado al poder: Paz Baraona, Carías, Gálvez y él mismo; y que era justo que también fuera Presidente Williams. Lozano dirigió su último mensaje: "A todos mis conciudadanos: Por motivos insuperables me he visto obligado a retirarme hoy de la Jefatura Suprema de Estado y dejar el mando en poder de una Junta Militar. Mis amigos deben comprender que yo no los abandonaría si estuviera en mis facultades seguirlos acompañando y deseo que no haya alteración del orden público y derramamiento de sangre, lo que yo he tratado de evitar a todo trance. Esta resignación del Poder la hago no sin antes haber obtenido de la Junta Militar las garantías necesarias de que se respetarán la vida, la libertad y la propiedad de los funcionarios, colaboradores de mi Gobierno y las de sus respectivos familiares. En mi carácter de simple ciudadano, dentro y fuera de mi país, espero recibir las gratas órdenes de mis amigos y compatriotas".

Los sucesores de Lozano se comprometieron por escrito a "respetar la vida, libertad y la propiedad de los funcionarios, colaboradores y amigos del pasado Gobierno y la de sus respectivos familiares", en los términos de la Declaración emitida por don Julio Lozano". En esta última, que llevaba sello, el orden de mención de los integrantes de la Junta Militar, era el siguiente: General Roque J. Rodríguez, Coronel Héctor Caraccioli y Mayor Roberto Gálvez Barnes. En la firmada por éstos, sin sello, aparecía como primera figura el Coronel Caraccioli.

A las dos de la tarde, seis de los Secretarios de Estado: Jiménez Castro, Leiva Barbieri, Pineda Madrid, Cáceres Vijil, Guevara y Meza Cálix, en vista de haber sido Lozano, "obligado a deponer el Poder en la Junta Militar de Gobierno", presentaron su renuncia ante ésta. Gálvez Barnes y Mendoza, pasaron a integrar el nuevo gobierno. Lozano falleció en Miami, el 20 de marzo de 1957, a las 3 y 20 de la tarde. La Junta Militar de Gobierno emitió un decreto lamentando su fallecimiento y ordenando duelo nacional por 3 días. Sus restos fueron trasladados en avión expreso comercial a Tegucigalpa, llegando a Toncontín, antes de las 8 de la mañana del jueves 22 y sepultados en el Cementerio General en la tarde del día siguiente. Hablaron en nombre de la masonería: Elías Fléfil y de sus amigos, Héctor Leiva Barbieri.

Lozano había nacido en Tegucigalpa el 27 de marzo de 1885. Su padre, Julio Lozano Travieso, publicó en 1888 un tratado de Contabilidad Fiscal. Lucas Paredes ha emitido los siguientes juicios sobre su agitado período de gobierno: "Hubo al principio del gobierno del señor Lozano un ambiente de confianza, seguridad y simpatía; pero su violento viraje impolítico obligó a la oposición, principalmente al Partido Liberal, a exigirle categóricamente el pronto retomo a la Constitucionalidad. El clima primaveral de la primera etapa se volvió luego en un ´verano africano´. Era espléndido con su haber personal, pero pecó de ajustado y tacaño cuando se trataba de autorizar erogaciones oficiales injustificadas. Defendía hasta el último centavo, y más daba la impresión de un pulpero de barrio tras el mostrador, tratando de salvar el centavito, que el de un excelente administrador. Fue un enemigo declarado de los defraudadores del fisco".

Según quienes lo conocieron, don Julio, persona acaudalada, autor de un interesante estudio sobre la industria minera, era hombre de acciones temperamentales, de las cuales daba después explicaciones peregrinas. Cuando se le preguntó por qué había expatriado a Villeda, Bermúdez y Flores, contestó: "Tengo informes fidedignos de que se planea un atentado contra sus personas, y yo no podría evitarlo, pero sería el inmediato acusado por lo que les pasara. Para salvar mi responsabilidad, mejor los tengo a distancia del peligro, aunque se me acuse por ello de Dictador".

PALABRAS ADICIONALES

El estudio del Licenciado Ramón Oquelí titulado "Gobiernos hondureños durante el presente siglo" es completo, detallado, hermoso. Hasta nos atrevemos a decir que es una obra de arte, que rememora a los cronistas insignes de allá y acá. Qué capaz que nosotros hubiéramos hecho cosa igual; por eso lo hemos incorporado en este libro.

Visto el capítulo el Enclave bananero en la historia de Honduras, que debemos a la diestra pluma del Licenciado Víctor Meza y Vilma Laínez en el que consta que las compañías extranjeras del banano constituyen la estructura del sistema económico capitalista, siendo lo demás restos históricos marginales, ya podemos colegir que la superestructura política es una consecuencia inevitable de aquella.

A medida que aumentan las concesiones y se hace evidente el poder de los concesionarios, en esa medida se vuelve patente y manifiesta la dependencia de Honduras, así como la paralización del desarrollo natural de la zona todavía no concesionada. Entonces, se ve cómo los gobiernos van pasando de su relativa independencia a la total sujeción del dictado de los gerentes bananeros.

Terencio Sierra, Manuel Bonilla, Miguel R. Dávila, casi no sintieron el peso de la albarda concesionaria. Pero Francisco Bertrand, Rafael López Gutiérrez, Vicente Tosta, Miguel Paz Baraona, Vicente Mejía Colindres, ya sintieron que era pesada. Tiburcio Carías Andino en sus dieciséis años de gobierno no reflejó más que la voluntad del capital monopolista frutero.

En cuanto a los gobiernos de postguerra, ya es otro cantar. Como el imperialismo puso en acción un inversionismo sin precedentes en el mundo, correspondiéndole a cada país su parte correspondiente, los gobiernos de Juan Manuel Gálvez y de Julio Lozano tuvieron esa suerte. El Banco Mundial y otras instituciones derramarían en el país cantidades jamás vistas. Por lo tanto, el Gobierno de Gálvez crearía los órganos receptivos de administración y seguridad, como decir Bancos del Estado, moneda con la suficiente solidez y garantía, impuestos bien calculados y permanentes, Ejército, Policía, leyes, y una burocracia con el suficiente adiestramiento. Así el Gobierno de Gálvez no fue un gobierno más en la historia de Honduras sino un gobierno nuevo, un gobierno neocolonialista. No decimos que no haya habido quienes hayan reparado en esta tipicidad.

A vistas del sucesor de Gálvez, quien maneja la política nacional desconfió tanto de Tiburcio Carías Andino como de Abraham Williams Calderón, que ya habían prestado sus servicios en época anterior, eran conocidos y eran inconvenientes. Ramón Villeda Morales era un hombre sin escuela. De modo que el individuo indicado, en medio de aquella escasez pavorosa, era el señor Julio Lozano Díaz, quien llevaba ya media vida de servicio burocrático, demostrando eficiencia. Lozano Díaz recibiría los millones del inversionismo neocolonialista.

Solo que el "apuntador" no previó una cosa. Ciertamente Lozano Díaz era una excelente persona. Pero pertenecía a la vieja escuela. nacionalista. Les sentía horror a los empréstitos: Como Ministro de Hacienda de Carías había pagado la Deuda Inglesa, es decir los empréstitos en libras esterlinas del fallido ferrocarril nacional de José María Medina en el siglo pasado. Y cuando se le hablaba de nuevos empréstitos casi perdía el juicio.

Se le habló de los 100, los 200, los 400 millones de dólares del Banco Mundial y empezó a ponerse lunático. No —dijo en sus adentros—si es para esto que me han puesto, mi decisión es contraria, y no haré más que convocar el pueblo a elecciones para que él señale a otro. Witting Willauer, el Embajador, supo por su servicio el contenido de este monólogo, y se apuró a ponerle remedio. Lo visitaba todos los días, comúnmente a las once de la mañana, hasta que un día que la luna estaba en menguante le dijo: —Oiga, Embajador, si usted no tiene qué hacer en su Embajada, yo sí. En lo sucesivo, vaya a quitarle el tiempo a Esteban Mendoza (Ministro de Relaciones Exteriores), que es allá donde debe ir.

Ese día por poco se hunde Tegucigalpa.

En la tarde, Willauer puso un cable a Washington: "El lunático objeta la operación Honduras; manden un orador que lo convenza".

Vino Richard M. Nixon, Vicepresidente de los Estados Unidos, quien en un almuerzo que se le dio en El Zamorano, abordó al Jefe de Estado hondureño con estas palabras:

"Por informes, el pueblo hondureño quiere que Ud. sea su próximo gobernante constitucional; pero existe una persona que se opone a esa voluntad".

"¿Quién es esa persona?", preguntó Julio Lozano Díaz.

"Ud. mismo", respondió Nixon.

"Ciertamente", razonó Lozano, "se me ha dicho que su país piensa hacer una inversión jamás vista en el nuestro, el más pobre del continente. Como a mí me tocó pagar la Deuda Inglesa a través del National City Bank de Nueva York, sé lo que es sacar agua de una roca. Eso me impide aspirar a la Presidencia Constitucional. En condiciones así no quiero ser Presidente".

Estuvieron presentes en la conversación Esteban Mendoza, Ministro de Relaciones y Juan Manuel Gálvez, Presidente de la Corte Suprema de Justicia.

De regreso a la mansión norteamericana, Nixon le dijo a Willauer:

"No aceptó nuestra política de inversiones, con lo que se vuelve un estorbo que conviene hacer a un lado. Así es que ahí te lo dejo para ver qué haces con él".

Todo lo que sucedió después es explicable. La jauría política lo hizo pedazos.

En tanto Lozano había buscado salud en un hospital de los Estados Unidos, un grupo de sus partidarios preparó y condujo unas elecciones de diputados grotescos —estilo Honduras— para una Asamblea Constituyente que legislarían una Constitución y nombraría, por cuentas, el Presidente.

A su regreso de Norte América, Lozano vio aquella monstruosidad electoral. Y vio más: de 40 diputados electos, solo 10 eran sus amigos, lo que quiere decir que los 30 restantes elegirían Presidente al General Abraham Williams, lo que ya se daba por seguro.

Lozano se apresuró a impedir aquella maniobra. Con Juan Manuel Gálvez y Esteban Mendoza designó una Junta Militar compuesta por los oficiales Héctor Caraccioli, Roberto Gálvez Barnes y Roque J. Rodríguez que organizaría el nuevo gobierno de facto y transitorio.

El acto estaría revestido con la apariencia de un golpe militar contra Lozano, pero de carácter pacífico, "sin derramar una gota de sangre", como ordenó Lozano. Y así fue: el Primer Batallón avanzó sobre la ciudad con banderas blancas tomando el Telégrafo, la Policía, el Cuartel San Francisco, la Penitenciaría y otros lugares claves.

Los partidarios de Lozano, armados y arrogantes, se amontonaron en Casa Presidencial, hasta llenarla. Pero redujeron sus ímpetus al oír una radiodifusora que desde el Cuartel de Veteranos daba los nombres de los componentes de la nueva Junta Militar. Al escuchar el retumbo de dos aviones que se alejaban y volvían sobre Casa Presidencial con ánimo de bombardearla. Y al ver la presencia de Roberto Ramírez y Gabriel Mejía, acompañados del Embajador de Santo Domingo (todo patarata, para decir que visitaban campo enemigo, y los cuales llegaban como Delegados de la Junta Militar a pedirle la Presidencia a Lozano).

La nerviosidad siguió a su colmo cuando doña Laura Vijil de Lozano, bajó del segundo piso dando gritos como Casandra: "¡Julio, Julio, tú no tienes necesidad de este empleo ni de ser Presidente; renuncia y nos vamos de una vez a nuestra casa!". Dijo estas palabras trágicas mientras los aviones arreciaban su estridencia.

"Adiós mis cien palomas". Los partidarios de Lozano empezaron a salir en puntillas. Medardo Mejía, en documento breve, redactó la renuncia de don Julio Lozano Díaz, y Antonio Castillo Vega, en plan de corrector de estilo, puso una coma y quitó dos o tres palabras.

A las tres de la tarde terminó el fandango. Centenares de curiosos llenaban las calles frontales de Casa Presidencial.

Lo que los tergiversadores nunca han querido decir. El neocolonialismo había ganado la batalla de Honduras.

MONEDA NACIONAL

Resulta una historia larga hablar de la moneda nacional con sus vaivenes en el presente siglo, juntándose en ella la imprevisión de los gobiernos, la falta de una seria organización del Estado y la presencia de una improvisación constante.

Naturalmente, decir lo anterior solo es hacer referencia de la parte externa de la cosa. La causa profunda ha radicado en la dependencia en que ha vivido Honduras no de hoy sino de siempre. Se queda corto el Himno Nacional cuando dice:

Por tres siglos tus hijos oyeron
el mandato imperioso del amo...

La dependencia lleva cinco siglos. Bonito habría sido que la dependencia española terminara en 1821, y que en lo sucesivo solo conociéramos la libertad completa, viniendo de ello la sólida fundamentación de la República.

Desgraciadamente no fue así; después del yugo español vinieron otros yugos que rompieron la Federación y para colmo se empeñaron en mantener desorganizados a estos países, alejándolos de toda rehabilitación y, por consiguiente, de una posible reconstrucción federal.

Con lo expresado se entiende de sobra la crisis crónica que ha sufrido el servicio público de la moneda, crisis que superada en el Gobierno del Licenciado Juan Manuel Galvéz (1º. de enero de 1949— 15 de noviembre de 1954).

El gobierno de Gálvez representa en Honduras el fin de una técnica de dominación extranjera y el comienzo de otra que se conoce en el campo del capital financiero y de la política avasallante con el nombre de neocolonialismo.

Desde luego esta palabra está considerada como subversiva, y no aparece en ningún diccionario de la política oficial, internacional o nacional.

Si se había creado una organización mundial, las Naciones Unidas, en 1945 "para preservar a las generaciones venideras del flagelo de la guerra...", y el Fondo Monetario Internacional (FMI) el

27 de diciembre del mismo año "para fomentar la cooperación monetaria internacional y la expansión del comercio internacional, etc.", justo era que en Honduras fuera organizado el servicio monetario.

Le correspondió al gobierno galvista esta tarea.

El Decreto Número 51 del Congreso Nacional del 31 de enero de 1950 contiene la Ley Monetaria vigente. Dicha ley está contenida en 13 artículos. Deroga los Decretos Nos. 102, de 3 de abril de 1926;169, de 28 de marzo de 1930; 114, de 10 de marzo de 1931; 28, de 14 de enero de 1932; 141, de 27 de marzo de 1934; y 116, de 17 de febrero de 1935.

En el Art. 13 se dice que la presente ley (monetaria) entrará en vigencia al iniciar el Banco Central sus operaciones.

La moneda nacional lleva el nombre de "Lempira", nombre sugerido por el diputado Gustavo A. Castañeda y aceptado por el Congreso Nacional en sus sesiones de abril de 1926.

Derogado aquel decreto, se salvó el nombre de la moneda.

IMPUESTO SOBRE LA RENTA

El Congreso Nacional en Decreto No. 6 del 1º. de noviembre de 1949 creó la Ley de Impuesto sobre la Renta que vino a ser una novedad en el país por cuanto a partir de él tuvo un fondo seguro el Estado para su presupuesto general de egresos e ingresos.

La ley se concretó en 8 capítulos y en 52 artículos que contienen: Creación y aplicación del Impuesto sobre la Renta.

Definiciones necesarias para una mejor comprensión de la ley.

Creación de la Dirección General del Impuesto sobre la Renta.

De la Renta; definiendo que es renta bruta; determinación de la renta de una empresa mercantil; determinación de la renta individual; excepciones; quien debe deducir el mínimum vital.

Tarifas de los impuestos; tarifa del impuesto sobre empresas mercantiles; tarifa del impuesto individual; renta no gravable; cómputo del impuesto, según el aumento progresivo de la renta; declaración para fines de control; doble imposición.

Declaración y liquidación del impuesto; período para el cómputo del impuesto; obligación de presentar la declaración jurada de las rentas; indicación del cómputo del impuesto; verificación de la exactitud de la declaración; determinación de oficio de la obligación impositiva; facultades de la dirección y recursos.

Domicilio fiscal y lugar de pago; domicilio del contribuyente; lugar de pago del impuesto; fijación de oficio del lugar de pago.

De las personas que dejan de ser contribuyentes: persona individual; Sociedades; para el caso de quiebra;

Prohibiciones, Defraudaciones y sanciones.

Como dijimos al principio, esta ley vino a darle fortaleza al Estado. El gran capital extranjero radicado en el país (compañías mineras, bananeras, madereras, etc.) le daban al Fisco lo convenido en las concesiones y de otra parte le arrebataban a éste cuantas exenciones de pago se establecían en las mismas concesiones. El capital nacional estaba obligado a prestaciones rutinarias y tradicionales. Y lo que se llama el pueblo, de escasos recursos o de ningunos, pagaba contribuciones en servicios como limpieza de caminos y algunas pequeñas prestaciones como sostenimiento de escuelas.

El Estado que tenía cerradas las puertas del crédito extranjero, se valía de préstamos a las compañías para satisfacer urgencias y de dar en anticresis el Ferrocarril Nacional.

El presupuesto general de egresos e ingresos no pasaba de los diez millones, cantidad insuficiente para atender las exigencias de los servicios públicos.

Este panorama despertó la voracidad de las compañías extranjeras que manejaron los gobiernos a su antojo y cuando dejaron de serles útiles los derribaron con revueltas para poner otros de ciega obediencia.

ORGANIZACIÓN DE LA BANCA NACIONAL

Trazadas las líneas mundiales de la organización monetaria, fiscal y financiera de los Estados miembros de las Naciones Unidas en la población de Bretton Woods, New Hampshire, Estados Unidos de América en 1944, quedaba el compromiso, para los países desarrollados adaptarse a la nueva situación universal para los países en desarrollo crear las instituciones que exigía tal ordenamiento. Entre muchos, éste fue el caso de Honduras.

Con estos compromisos internacionales, el Congreso Nacional con fecha 16 de febrero de 1950 emitió el Decreto No. 72 que contiene la "Ley de Organización de la Banca Nacional".

Esa ley expresa que "las tareas de organización y establecimiento del Banco Central de Honduras y del Banco Nacional de Fomento, quedarán a cargo de la Comisión Organizadora de la Banca Nacional, que funcionará bajo la Presidencia del Secretario de Hacienda, Crédito Público y Comercio, que lo era en aquel tiempo don Julio Lozano Díaz, nombrando el Ejecutivo, por conducto de la Secretaría de Hacienda, los demás miembros de la Comisión.

Hoy el contenido de la ley es letra muerta porque los Bancos están fundados, pero no está demás hacer referencia de las funciones de la Comisión, que entre otras debía preparar los proyectos de reglamentos para el nombramiento e integración del Directorio del Banco Central de Honduras y de la Junta Directiva del Banco Nacional de Fomento, y someterlo a la aprobación del Poder Ejecutivo.

Contratar servicios de técnicos para la organización de los dos bancos, y aprobar los proyectos que estos elaboren.

Gestionar ante el Poder Ejecutivo la cesión mediante contrato, del uso por tiempo indefinido de locales o edificios para la sede de los dos bancos. Efectuar los gastos e inversiones necesarios para el alquiler, compra, acondicionamiento o reconstrucción de edificios apropiados para la sede de los dos bancos, así como la provisión del mobiliario, papelería y equipo de trabajo de los mismos, todo ello en la medida que sea necesario para que los dos bancos comiencen sus operaciones.

Por intercambio del Presidente de la Comisión, dirigirse a los bancos oficiales y otros organismos nacionales o del exterior, solicitando ayuda técnica en el establecimiento de las dos instituciones bancarias.

Iniciar las gestiones necesarias para la impresión de los billetes del Banco Central de Honduras y para la acuñación de las monedas que este país emita.

Determinar con la certificación del Tribunal Superior de Ciencias, el monto exacto de las emisiones de billetes que figuran en la contabilidad de los bancos privados emisores y de las emisiones de monedas lempiras a cargo del Estado; y determinar, asimismo, el monto de la garantía en monedas lempiras que los bancos deberán traspasar al Banco Central y el monto del bono sin interés que el Estado deberá emitir a favor del Banco Central, como respaldo de la emisión fiduciaria de aquél.

Efectuar arqueos, certificarlos con la aprobación del Tribunal Superior de Cuentas y atender todo lo relativo al traspaso al Banco Central de la emisión monetaria actualmente a cargo de los bancos privados y a cargo del Estado y de su garantía, así como de los registros contables, archivos, actas y demás documentos y antecedentes relativos a la misma, que posean los bancos y el Estado en su poder.

Verificar el traspaso al Banco Central, con destino a la Superintendencia de Bancos, de todos los antecedentes y archivos de la Sección de Vigilancia Bancaria de la Secretaría de Hacienda, cuidando de dejar a cargo de ésta todo lo relativo a inspección de entidades no bancarias, tales como compañías de seguro.

Verificar al Banco Central de todos los antecedentes y archivos de la Comisión de Control de Cambios, y proponer al Poder Ejecutivo la fecha de la disolución de ésta.

El Banco Central de Honduras y el Banco Nacional de Fomento deberán quedar establecidos, a más tardar, el 31 de mayo de 1950, y deberán iniciar sus operaciones el 1º. de julio de 1950. Dichas instituciones se reputarán establecidas en la fecha que se constituyan el Directorio y la Junta Directiva, de acuerdo con la ley.

La Comisión Organizadora determinará un día del mes de junio de 1950, para que el Estado aporte a los bancos el capital inicial de éstos, en la forma en que se indica en sus leyes respectivas.

Los demás aspectos de la ley son de relativa importancia, como nombramiento de personal, gastos de organización de los bancos, elección y nombramientos del primer directorio del Banco Central y de la primera directiva del Banco Nacional de Fomento. En ese momento la Comisión Organizadora dejó de actuar como tal y pasó a ser órgano ejecutivo y de asesoramiento de aquellos.

En esta nueva situación la Comisión Organizadora sometió al Directorio del Banco Central, proyectos de normas provisionales sobre los siguientes puntos:

Tipos máximos de interés y comisiones máximas para las operaciones de préstamo de los bancos.

Tipos de cambio para las operaciones en divisas del público con los bancos, y de éstos con el Banco Central.

Procedimiento para el cálculo y determinación de la porción de la Comisión de Cambios que los bancos deberán transferir mensualmente al Banco Central.

Procedimiento para la reedición y contramarca por el Banco Central de los billetes nuevos que éste adquiera de los bancos actualmente emisores.

Presupuesto provisional de gastos del Banco.

La misma sugerencia hará la Comisión Organizadora en cuanto al presupuesto al Banco Nacional de Fomento.

La parte final de la ley se refiere a la recaudación de aportes; modificaciones a las concesiones a los bancos privados y a la vigencia de la ley.

Resulta baladí la mención de las personas que van y vienen en esta innovación bancaria. Resulta más práctico decir que dicha innovación se produjo en el Gobierno de Juan Manuel Gálvez.

La Comisión Organizadora de la Banca Nacional fue dirigida por el economista italiano de apellido Marrama, quien posteriormente desempeñó la misma labor en países europeos. La última organización a su cargo, según se nos ha dicho, fue la Banca Central de España. Marrama es además publicista de la materia en que se ha especializado.

BANCO CENTRAL DE HONDURAS

El Congreso Nacional en Decreto Núm. 53 dio la Ley del Banco Central de Honduras el 3 de febrero de 1950, que contiene ocho capítulos y setenta y cinco artículos.

El Banco Central de Honduras fue creado como una institución privilegiada de duración indefinida y dedicada exclusivamente al servicio público, regida por su propia ley y por los reglamentos que dicte e Directorio.

Tiene por objeto promover las condiciones monetarias, crediticias y cambiarias que sean más favorables para el desarrollo de la economía nacional.

Tiene su domicilio en Tegucigalpa, D.C., y puede establecer: sucursales, agencias y corresponsales en el territorio de la República.

El Banco Central de Honduras comenzó con un capital de 500.000 lempiras.

Las utilidades anuales netas del Banco Central se establecerán después de efectuar las amortizaciones que el Directorio considere convenientes para asegurar la solidez del activo.

El Directorio acuerda la distribución de las utilidades netas establecidas dentro de los treinta días siguientes al final de cada ejercicio, de acuerdo con las reglas siguientes:

a) La mitad se aplicará a incrementar el capital hasta que alcance el 10% de los activos totales del Banco, excluyendo la parte que corresponde a los activos internacionales.

b) La mitad restante se aplica a la constitución e incremento del Fondo de Valores que se establece en esta ley.

c) Cuando el capital del Banco alcance el 10% ya indicado, la totalidad de las utilidades netas anuales se aplica al incremento del Fondo de Valores.

No obstante lo indicado en la letra a) anterior, el monto bruto de las utilidades provenientes de las reducciones comprobadas de la emisión de billetes y monedas por el Estado, por los antiguos bancos concesionarios y por el propio Banco Central, se destinan exclusivamente a incrementar el Fondo de Valores.

Las pérdidas netas anuales que sufre el Banco Central en el curso de sus operaciones se cargan al capital de la Institución.

La determinación y dirección superior de la política monetaria, crediticia y cambiaria del Banco Central y la administración de éste, queda a cargo del Directorio que está compuesto por:

a) El Presidente del Banco, que es miembro titular, y que preside las reuniones del Directorio. En su ausencia lo sustituye el Vicepresidente del Banco.

b) El Secretario de Hacienda, que será miembro titular ex—oficio del Directorio, y tendrá por suplente el funcionario superior que él designe en cada caso para remplazarlo.

c) Un representante titular y un suplente del Banco Nacional de Fomento.

d) Un representante titular y un suplente, nombrados por los bancos establecidos en el país.

e) Un titular y un suplente en representación de las fuerzas vivas del país, integradas por las asociaciones agrícolas, ganaderas, industriales y comerciales, debidamente organizadas.

La ley detalla la dirección y administración del Banco Central de Reserva: dirección de los mandatos, requisitos de los miembros del Directorio, impedimentos de los mismos, elección de los directores, caducidad de la designación, responsabilidad del Directorio, sesiones, asistencia y retribuciones, asistentes interesados, remoción, atribuciones del Directorio, quórum y mayoría.

Después detalla quienes deben ser Presidente y Vicepresidente del Banco, atribuciones y deberes de los mismos; quien debe ser el gerente, deberes y atribuciones de éste.

Establece y define la Comisión de Cartera, con su integración y atribuciones.

El Banco tiene además del Directorio, los Departamentos de Superintendencia de Bancos; de Emisión; de Cambios; de Crédito y Valores; de Auditoría; de Estudios Económicos, más otros considerados necesarios.

Sus operaciones son las siguientes:

Operaciones de emisión: emisión de monedas y billetes; características de las emisiones; costos de emisión.

Operaciones de cambio: Concentración del comercio de oro y Divisas; negociación de divisas; negociación de oro; paridad y tipos de cambio; traspaso y distribución de activos internacionales; ganancias y pérdidas cambiarias; inversión de las Reservas del Banco Central; control de movimientos de capital.

Operaciones de créditos: operaciones corrientes; normas; operaciones de emergencia.

Operaciones en Valores: Cartera propia de valores; aumento de cartera propia; letras de tesorería; certificados de absorción: fondo de valores; recursos del fondo; operaciones del fondo.

Relaciones con el Sistema Bancario.

Control del crédito bancario: Estabilidad crediticia; control cuantitativo y cualitativo del crédito.

Encajes: Encajes en moneda nacional; encajes en divisas; fijación de encajes; cálculo del encaje; deficiencia del encaje; cámara compensadora.

Relaciones con el Estado: Funciones; depósitos de fondos oficiales; transacciones bancarias oficiales; contratación de empréstitos.

Superintendencia de Bancos: Asignación de funciones de Vigilancia; requisitos; funciones; informaciones confidenciales.

Auditoría del Banco: Auditoría interna; Auditoría externa.

Disposiciones generales y transitorias: Aportaciones de capital inicial; ejercicio financiero y balances; intereses por depósitos; asunción gradual de funciones; encajes iniciales; instituciones. bancarias; garantía y antiguas emisiones; antiguos privilegios de emisión; vigencia; casos imprevistos y derogatoria.

Tal es el contenido de la ley y tal el Banco Central de Honduras.

BANCO NACIONAL DE FOMENTO

El Congreso Nacional por Decreto Núm. 71 creó el Banco Nacional de Fomento el 16 de febrero de 1950, como institución autónoma, con domicilio en la ciudad de Tegucigalpa, para contribuir al fomento de la producción del país con el fin de elevar el nivel de vida de la población. A este respecto la ley correspondiente le asigna las siguientes operaciones:

a) Concede créditos de avío, refaccionarios e hipotecarios (es decir de corto, mediano y largo plazo). b) Recibe depósitos, contrae empréstitos, emite valores y realiza toda clase de operaciones bancarias en general. c) Participa en la integración del total o parte de empresas privadas, públicas o mixtas, a la vez que compra y garantiza las obligaciones que éstas emiten. d) Vende y coloca acciones y obligaciones de las empresas indicadas en el inciso anterior. e) Organiza y participa en la organización e interviene en empresas y sociedades relacionadas con las finalidades del Banco. f) Establece, patrocina y dirige servicios de investigación y experimentación, estudios y becas; g). Dirige proyectos y obras de fomento por cuenta del Gobierno o de terceros. h) Importa, exporta, compra, vende, alquila, almacena y transporta maquinaria, herramientas, útiles de trabajo, semillas, abonos, y frutos o productos en general. i) Sirve de organismo coordinador de la política de fomento económico del Gobierno. j) Actúa como agente financiero del Gobierno en la contratación de empréstitos extranjeros destinados al fomento económico, y representarlo ante los organismos internacionales especializados, previo acuerdo con el Banco Central de Honduras. j) Realiza cualquier otra actividad u operación que contribuya directamente al mejor cumplimiento de los fines de la institución.

El capital con que opera el Banco Nacional de Fomento viene de los aportes del Estado al Banco.

La dirección superior del Banco Nacional estará a cargo de una Junta Directiva, compuesta por: El Presidente del Banco, que será miembro titular y presidirá las reuniones de la Junta. En su ausencia lo sustituye el Vicepresidente; los Secretarios de Fomento y Agricultura y de Hacienda; un representante titular y un suplente del Banco Central de Honduras; un representante titular y un suplente de los bancos privados; y cinco titulares y suplentes en representación de las fuerzas vivas del país en los sectores que constituyan la esfera de acción del Banco.

Además la Ley estipula la duración de los mandatos, los requisitos a llenar, los impedimentos, la elección y nombramiento de los miembros de la junta directiva, la caducidad de los designados, las responsabilidades, las remociones, las sesiones, asistencia y retribuciones, quórum y mayoría, asistentes interesados, operaciones de los miembros de la Junta Directiva con el Banco, atribuciones y deberes de la Junta Directiva, comisiones internas de la Junta Directiva.

La ley dedica capítulo especial a la Presidencia y Gerencias del Banco Nacional de Fomento. Atribuciones y deberes del Presidente. Deberes y atribuciones de los Gerentes.

Además, habrá un Departamento de Créditos y Operaciones que tendrá Secciones de Corto Plazo, de Mediano y de Largo Plazo. Clasificación de cartera. Ajustes a los límites de Cartera. Créditos de avío. Créditos refaccionarios. Préstamos hipotecarios de largo plazo. Garantías prendarias. Garantías fiduciarias. Garantías hipotecarias. Garantías hipotecarias no aceptables por el Banco. Márgenes de garantía. Valuación de garantías. Solicitudes de crédito e informaciones financieras. Del monto de los préstamos a las necesidades de inversión del deudor. Control del destino de los préstamos. Cambios de dominio y administración. Condiciones de pago de los créditos hipotecarios. Garantías, prórrogas y renovaciones. Intereses y comisiones en las operaciones del Banco. Características de los bonos y las cédulas. Garantías y privilegios de los bonos y cédulas. Contratos de emisión y nombramiento de fideicomisario. Fondos de amortización y servicio. Colocación de cédulas y bonos en el mercado. Convenios de regulación. Fomento de las inversiones en cédulas y bonos, publicidad de las fechas de pago y de intereses y amortizaciones.

El Departamento de Fomento se encarga de las operaciones y recursos para los fines señalados. Del presupuesto de erogaciones anuales del Fondo de Fomento. De la Inversión transitoria del Fondo de Fomento. Del establecimiento de servicios especializados y de ayuda y mejoramiento técnicos. De asesoría técnica del Banco. De la composición de la División Técnica.

El Banco Nacional de Fomento establece Sucursales y Agencias en el territorio del país, cuyo objeto principal es canalizar el crédito en las distintas zonas y facilitar ayuda y consejo técnico en las ramas de su competencia. Dicho esto se encarga de organizar las sucursales y agencias y de dictar las normas y reglamentos de las mismas.

La Auditoría contable interna del Banco queda a cargo de un Auditor, nombrado por la Junta Directiva del Banco. E1 auditor debe ser Contador y Auditor Público Nacional autorizado y tener las mismas cualidades requeridas para ser Gerente del Banco. Dura cinco años en sus funciones y puede ser electo. Inspecciona y fiscaliza todas las operaciones del Banco y de las Sucursales y Agencias.

ESTABLECIMIENTOS BANCARIOS

El Congreso Nacional en Decreto Núm. 63 del 8 de febrero de 1950 dio la Ley para Establecimientos Bancarios, contenida en 47 artículos.

Según esta ley toda persona natural o jurídica que reciba depósitos, emita bonos, cédulas hipotecarias, pólizas de ahorro, títulos de capitalización u otras obligaciones con el fin de obtener fondos para prestarlos, se considerará que efectúa operaciones bancarias y se sujetará a las disposiciones de esta ley y a la Ley del Banco Central de Honduras.

Únicamente los establecimientos bancarios organizados de acuerdo con la ley podrán efectuar las operaciones ya indicadas y usar la denominación de Banco, Casa Bancaria o sus similares en español o en cualquier otro idioma.

Las casas comerciales que deseen dedicarse a operaciones puramente bancarias, deberán establecer separadamente de sus negocios, una sección bancaria con su contabilidad especial y sujetas en todo lo aplicable a esta ley, sobre todo en cuanto al capital, garantía y vigilancia.

El capital de los establecimientos bancarios no podrá ser inferior a L100.000.

Para que un establecimiento bancario principie sus operaciones, el capital ya indicado debe estar pagado por lo menos en un 75%.

Cuando el capital de un establecimiento bancario haya sido suscrito en su totalidad y pagado en la forma ya establecida, es deber de la Junta Directiva o de quien esté autorizado para ello, solicitar al Poder Ejecutivo, por medio de la Superintendencia de Bancos, la autorización legal para abrir sus operaciones.

Solamente puede ser miembro de la Junta Directiva de un establecimiento bancario, quien sea accionista del mismo. Por lo menos, la mitad más uno de los miembros de la Junta Directiva de un establecimiento bancario debe ser hondureños.

La elección o nombramiento de los miembros que deben integrar la Junta Directiva de una institución bancaria se comunicará a la Superintendencia de Bancos. El acta de instalación de los miembros de la Junta, será publicada oportunamente en La Gaceta.

El representante legal de un establecimiento bancario es el gerente del mismo, y su firma obligará al establecimiento en todos los actos en que apareciere como tal.

Hay otros mandatos legales de suma importancia.

La citada ley señala las operaciones que corresponden a estos bancos, así como las restricciones a que están sujetos.

Todo establecimiento bancario debe formar un fondo de reserva que llegue a igualar el monto del capital suscrito y pagado. Con este objeto destinará, por lo menos, un diez por ciento de las utilidades líquidas obtenidas a fin de cada ejercicio anual, antes del reparto de dividendos.

Son utilidades líquidas el excedente de las ganancias generales sobre los gastos de administración, pago de impuestos y pérdidas habidas en el período respectivo.

El ejercicio financiero de los bancos corresponde al año civil.

Todo establecimiento bancario mantendrá el encaje contra sus depósitos y demás obligaciones que determine el Banco Central, de acuerdo con la ley.

La inspección y vigilancia de las instituciones bancarias nacionales y de las sucursales, agencias o afiliadas de bancos extranjeros, estarán a cargo de la Superintendencia de Bancos.

La Superintendencia hará presente su acción para que los bancos operen de acuerdo con la ley; para que no falten en sus pagos; y para que se patentice la equidad en caso de quiebra de los mismos.

Además, la Ley para Establecimientos Bancarios tiene disposiciones especiales para las Sucursales de los Bancos Extranjeros; disposiciones generales, y disposiciones transitorias.

PRESUPUESTO GENERAL DE EGRESOS E INGRESOS
1950—1951

Para que los lectores se formen una idea de la nueva etapa que empezó en 1950, vamos a referirnos a la ligera al Presupuesto General de Egresos e Ingresos acordado por el Congreso Nacional en Decreto Núm. 123 del 14 de marzo de 1950.

Como se verá, la burocracia civil, militar y extranjera no había llegado al volumen de la actualidad. Los gastos eran reducidos. Los servicios limitados. El Estado no había llegado a la deplorable condición de negocio. Se ignoraba el camino de la corrupción. Terminada la segunda guerra mundial casi todos pensaban que se iría de lo peor a lo mejor, sin suponer que con el sistema capitalista, que todos los días se hunde, se viajaría de lo mejor a lo peor.

EGRESOS

Poder Legislativo	L 331.665.00
Poder Ejecutivo	L 2.093.258.01
Departamento de Gobernación	L 630.285.00
Departamento de Sanidad	L 1.229.334.82
Departamento de Beneficencia	L 1.367.864.88
Departamento de RR.EE.	L 4.023.872.05
Depto. de Guerra, Mar. y Avia.	L 2.551.079.04
Dep. de Educación Pública	L 3.589.761.70
Dep. de Fomento, Agricultura y Trabajo	L 2.979.305.82
Departamento de Hacienda	L20.023.761.32
Departamento de Crédito Publ.	L 1.559.000.00

Fondos Especiales:

Dep.de Beneficencia	L 60.000.00
Mejoramiento de Hospitales	L 75.000.00
Construcción de Hospitales	L 135.000.00

Dep. de Educación Pública: Renta Escolar y del Deporte	L125.000.00

Dep. de Hacienda Mejoramiento de Muelles y Aduanas	L 150.250.00

Dep. Fomento, Agricultura y Trabajo:	L 423.100.00
Agua y Luz Eléctrica del Distrito Central	L 2.797.660.00
Caminos	L 275.000.00
Abastecimiento agua potable	L 86.034.50
Fondos telegráficos	L 3.656.794.50

Dep. de Guerra, Marina y Aviación:	L 4.067.044.50
Aeropuertos nacionales	L 75.000.00
Poder Judicial	L558.344.00
Tesorería Especial	
TOTAL EGRESOS	L 24.980.814.82

INGRESOS

Renta Aduanera	L 4.824.908.60
Monopolios	5.878.005.61
Especies Timbradas	2.225.456.35
Servicios	5.216.108.83
Renta varias y eventuales	3.039.771.18
Rentas especiales	4.625.388.50
Total ingresos	
Probables	L 1.25.809.639.07
Deducciones para el Banco Nacional de Fomento	
Diez por ciento de recargo	453.824.25
Quince por ciento del impuesto sobre la renta	375.000.00 L 828,824.25
Ingresos probables Disponibles	L 24.980.814.82

Así fue calculado y realizado el presupuesto general de egresos e ingresos de 1950 a 1951 en la Administración Pública de Juan Manuel Gálvez. Quién hubiera pensado que al cabo de 27 años se estuviera calculando el presupuesto de Honduras, sin mayores progresos, al contrario, en MIL MILLONES DE LEMPIRAS.

APARECEN LAS FUERZAS ARMADAS DE HONDURAS

La bravura de los campesinos hondureños como soldados, fue aprovechada por los gobiernos nacionales en sus frecuentes guerras con los gobiernos de los países vecinos, es decir, o con Guatemala, o con El Salvador, o con Nicaragua. Guerras que sin tener importancia a simple vista, las provocaban invisibles empujadores extranjeros, regularmente la Gran Bretaña o los Estados Unidos o ambos poderes a la vez.

Las grandes potencias anglosajonas alimentaban los odios de los pueblos centroamericanos desde la firma del Tratado Clayton—Bulwer en abril de 1850 hasta la firma del otro Tratado Hay—Pauncefote en 1901 con el objeto de mantenerlos distraídos, mientras ellas se apropiaban de las riquezas nacionales y de los puntos estratégicos.

No se olviden las montoneras llamadas impropiamente guerras civiles que operaban el subibaja de los gobiernos liberales y conservadores o de este o aquel cacique colorado o cachureco, siempre con el manejo de los intereses extranjeros, con fines de apropiación y explotación.

En tales condiciones, a los tiburones extraños no les convenía qué hubiera un ejército organizado y cuantas tentativas hubo para organizarlo fueron frustradas o quedaron en el papel.

El reformador liberal Marco Aurelio Soto, hastiado de tanto levantamiento estúpido de los caudillos serranos, intentó organizar el ejército nacional, valiéndose de los servicios de los ilustres generales antillanos Antonio Maceo y Máximo Gómez.

El gobernante Luis Bográn trajo oficiales españoles para continuar la organización militar. Pero a la vista de los documentos probatorios, se puede asegurar que aquellos mílites iberos fueron menos amigos de las armas y más de las letras, pues abundan sus discursos en las colecciones de la Academia Literaria. No dejaron nada.

El general Domingo Vásquez trajo de los Estados Unidos al oficial egresado de West Point. Mr. Jeffries, con el objeto de que organizara una Academia Militar moderna. La revolución popular de 1893—94 impidió el buen deseo.

El general Manuel Bonilla también quiso organizar el ejército nacional y fundó la Academia Militar poniendo al frente de ella al coronel chileno Luis Oyarzún. Este distinguido hombre de armas, trajo al país el romanticismo militar, juntando la carrera con la libertad.

Apareciendo y desapareciendo, la Academia Militar dio muy buenos oficiales desde 1905 a 1933, tiempo en que desapareció. Pero debe hacerse constar que el gobierno del general Rafael López Gutiérrez mandó distinguidos jóvenes a que completaran sus estudios en los Colegios militares de Chapultepec, México, y San Martín, República Argentina.

En el mes de agosto de 1947, se reunieron en Río de Janeiro las naciones del continente para firmar el "Tratado interamericano de asistencia recíproca". En la inauguración de la conferencia estuvo presente Harry Truman, Presidente de los Estados Unidos de América. El Tratado fue firmado el 2 de septiembre del año citado de 1947.

Dicho Tratado responde a la política de "guerra fría" que estaba iniciando el Presidente Truman por orden de los monopolios gigantes interesados en el desarrollo del armamentismo atómico, que les daría superbeneficios.

Este Tratado fue ratificado por el gobierno de Honduras el 18de diciembre de 1947.

Con base en lo anterior, los gobiernos de los Estados Unidos y de Honduras por medio de su Embajador Whiting Willawer y su Ministro de Relaciones Exteriores Edgardo Valenzuela, firmaron el 20de mayo de 1954 un "Convenio de Ayuda Bilateral entre el Gobierno de Honduras y el Gobierno de Estados Unidos de América".

El Convenio contiene once artículos. Se basa en el Tratado Interamericano de Asistencia Recíproca de Río de Janeiro. Abre en Honduras el mercado de armamentos. Por consiguiente aumenta el presupuesto de guerra en la cantidad que requiera un ejército moderno. Una Misión Militar, Naval y de Fuerza Aérea se encarga de la organización de estas tres armas. Esta Misión goza de todas las inmunidades diplomáticas. El ejército de Honduras, que se cree, es un eslabón del ejército continental para defender al Nuevo Mundo de las agresiones que vengan de ultramar.

EDUCACIÓN

La instrucción es la enseñanza que parte de las primeras letras que se da a los niños y se eleva a las más complejas disciplinas de la ciencia en que se interesan los jóvenes. Y, la educación es la acción de desarrollar las facultades físicas, intelectuales y morales de la persona. La educación es el complemento de la instrucción.

Desde antes de la Independencia, la sociedad hispanoamericana, o centroamericana u hondureña, siempre estuvo interesada en impulsar la instrucción y la educación de las generaciones nuevas. Al principio. con muchas limitaciones, pero siempre con la idea de instruir y educar al soberano en el ideario republicano de Juan Jacobo Rousseau.

El verdadero arranque educacional se encuentra en la Reforma liberal de 1876—1883. El Ministro General doctor Ramón Rosa redactó, hizo aprobar y puso en vigencia el primer Código de Instrucción Pública que hubo en Honduras. Por ese Código hubo en serio un sistema educativo que comprendía la escuela primaria, los centros de enseñanza secundaria y el primer intento de modernizar la Universidad Nacional. Los resultados fueron magníficos.

En los gobiernos siguientes el espíritu de la Reforma siguió imperando. El Presidente Bográn trajo maestros titulados en varias ramas de la enseñanza de Guatemala y de España.

La enseñanza sufrió interrupción en los años finales de Bográn, en el gobierno provisional de Rosendo Agüero y en el provisional y constitucional de Domingo Vásquez por la negación de derechos electorales y la instauración de una tiranía sangrienta que por una insignificancia fusilaba.

Fueron reanudados los estudios primarios, secundarios y universitarios en el gobierno del doctor Policarpo Bonilla. En ese tiempo se comprendió que debían ser conocidas por el pueblo las revoluciones y para ese efecto fue fundado el instituto "El Espíritu del Siglo" bajo la dirección del doctor y general Miguel R. Dávila, más tarde presidente de la república. En ese instituto fueron estudiados los materialistas Karl Vogt, naturalista y antropólogo alemán, partidario del transformismo, Jacobo Moleschott, fisiólogo y filósofo holandés, defensor del materialismo, y Luis Buchner, médico y filósofo materialista alemán, autor del libro Fuerza y Materia. Aunque estos tres pensadores han sido considerados materialistas vulgares, en el "Espíritu del Siglo" sirvieron para dar a los alumnos un rumbo antireligioso. Además, en aquel centro cultural se imponía la obligación de aprender de memoria "La Declaración de Derechos del Hombre y del Ciudadano" de la Revolución Francesa.

El primer cuarto del siglo educacional lo inicia el gobierno de don Manuel Bonilla, multiplicando las escuelas primarias, fundando nuevos centros secundarios, estableciendo escuelas normales, dando becas a los estudiantes pobres, trayendo "a la enseñanza a muchos jóvenes de las minorías raciales, como decir garífunas y miskitos. Proveyó a los colegios de los necesarios equipos de ciencias naturales, física y química. No se olvide que don Manuel Bonilla era un hombre de la Reforma, de donde le venía el deseo de instruir y educar al pueblo, es decir, al soberano.

El Gobierno de Miguel R. Dávila fue el producto de una guerra centroamericana (Honduras y El Salvador contra Nicaragua) que empobreció el país, y encima de eso se vino la crisis mundial que desembocó en la primera gran guerra. Hombre instruido como era el doctor Dávila no tuvo oportunidad de darle cultura a su pueblo.

El Gobierno de Bertrand transcurrió en los años de la Primera Guerra Mundial. Hubo auge económico en el país por dos razones: las compañías fruteras estaban en la etapa de la inversión; fue cuando la Costa Norte llevaba el nombre de "Costa de Oro" y las materias primas, como decir el hule tenían gran demanda en el mercado de guerra. En ese tiempo hubo en Honduras un destacado florecimiento cultural. La crítica al Tratado Chamorro—Bryan había agrupado a los hombres más sobresalientes del país y el movimiento unionista de 1917 los había enfilado en dirección del mayor ideal centro—americano. La enseñanza primaria, secundaria y otras ramas culturales contaron con el apoyo decidido del Gobierno.

Los gobiernos de Rafael López Gutiérrez, Miguel Paz Baraona y Vicente Mejía Colindres impulsaron la enseñanza de la niñez y la juventud en la medida de sus posibilidades. Gobiernos mediatizados como fueron por las guerras civiles y otros daños, no llenaron sus deseos culturales. El Gobierno de Paz Baraona tuvo un Ministro de Educación de primera categoría en el doctor Presentación Centeno.

Queda a los individuos que compusieron loas rimadas al Gobierno de Carías Andino decir, siempre en rima, si éste le dio impulso a la cultura nacional.

El Gobierno de Juan Manuel Gálvez tuvo rasgos de progresividad, primero porque le tocó actuar en los comienzos de la post—guerra, entendiéndose, hay que decirlo, que la guerra de la humanidad contra el fascismo fue una revolución, que siguió desarrollándose en las condiciones de la paz y aun de algunas guerras locales subsiguientes; y segundo, porque las masas trabajadoras hondureñas hicieron la huelga de mayo de 1954, que fue una votación popular del cambio social en el país. Contrariamente, el Gobierno de Gálvez ubicado en la zona imperialista de los Estados Unidos dictó cuantas disposiciones fueran necesarias para atajar el proceso revolucionario general y particular.

Desde los días de la Independencia, pasando por la Reforma hasta cubrir el primer cuarto del siglo XX, la enseñanza y la educación de Honduras tuvo un objetivo concreto: modelar el hombre económico del país, o sea: preparar al hondureño para que desarrollara el sistema capitalista de Honduras. Pero en la medida que el capitalismo internacional fue apoderándose de las posiciones claves del país, hasta convertirlo en un país dependiente, esto ya no fue posible.

Hoy la enseñanza —lo dicen la experiencia y los desengaños— debe contemplar un programa de liberación social y nacional. Pero esto no puede hacerlo, por propia iniciativa, un Gobierno dependiente.

CIENCIA Y TECNOLOGÍA

Había un profesor de matemáticas que irritado ante el logro —casi nulo de sus alumnos—, solía gritarlos: — Burros, acuérdense de sus padres mayas que sin enseñanza de nadie llegaron a las más complicadas operaciones del cálculo, que les sirvieron para explicarse el universo de su tiempo, ¡con tanta exactitud que los sabihondos de hoy se quedan con la boca abierta!

El irritado profesor tenía razón. El otro día apareció en un diario esta referencia que vale la pena tenerla presente:

Hernán Cortés al conquistar México, advirtió con profunda sorpresa, que los aztecas eran tanto o más civilizados que los hispanos. Sin embargo, se sabe que había existido antes que la azteca la civilización tolteca que era aún más adelantada. Los toltecas entre otras cosas, construyeron monumentos gigantescos como son las pirámides del sol de Teotihuacán y de Cholula que tienen el doble de importancia que las de Egipto. Pero lo que es más, los toltecas solo eran alumnos y continuadores de la civilización maya, cuyas huellas se hallan en nuestro país, en la vecina Guatemala y en la península de Yucatán. Los españoles descubrieron los residuos de esta civilización ya extinta, y sus misioneros poseídos de un exagerado celo religioso, destruyeron manuscritos, altares, obras de arte, etc.

Los investigadores modernos han descubierto que la civilización maya era superior en ciertos aspectos a la grecorromana. Tengan los mayas grandes conocimientos matemáticos y eran expertos observadores del firmamento; "llevaron" dice Raimond Cartier "a una perfección minuciosa la ciencia del calendario y la cronología". Sus cúpulas de observación astronómica eran superiores a las europeas del tiempo de la conquista y sus observatorios estaban mejor orientados como por ejemplo el de Caracol de Chichén Itza. Tenían un año sacro de 260 días, uno solar de 365 días y uno venusino de 584. La duración del año solar que es de 365.2422 días fue fijado por los mayas en 365.240, o sea que, con un ligerísimo error de diez milésimas llegaron a la misma cifra que los científicos modernos lograron después de años de dificultosos cálculos.

En cuanto al arte se refiere, es conocida la calidad de la pintura mural maya y su soberbia escultura en relieve evocadora de misterios, al grado que algunos expertos han creído encontrar en ella indicios de vuelos interplanetarios".

Reducidos los pobladores de este país a la esclavitud y obligados a un penoso trabajo brutal, tanto olvidaron a sus gloriosos antepasados como cayeron en la más negra ignorancia que lindaba con la estupidez.

Los conquistadores españoles mataron la inteligencia de los nativos, y los llevaron por el camino de su deseo y de su interés. El que los hijos de esta tierra aprendieran el castellano, adoptaran la religión cristiana y se amoldaran a las costumbres peninsulares, solo acusan la eficacia de la conquista avasallante y exterminadora.

Realizada la transformación del americano de indio en mestizo, vino la independencia como resultado de la lucha mundial de la burguesía contra la monarquía, la Iglesia y otras formas feudales.

La República Federal con Morazán a la cabeza solo tuvo tiempo de fundar la Academia de Ciencias en lugar de la vieja Universidad de San Carlos Borromeo. La nueva institución tuvo una existencia fugaz.

Rota la Federación, Honduras se hizo Estado aparte y a medio siglo XIX, con Trinidad Reyes, Máximo Soto, Yanuario Jirón y otros, contando con el apoyo del gobierno de Juan Lindo, fue fundada la Universidad de Honduras, de enseñanza teológica y canónica.

La Reforma liberal apareció en 1876 y en 1880 había reformado la Universidad, añadiéndole el positivismo como filosofía y agregándole unas cuantas facultades laicas. Ramón Rosa no fundó la Academia de Ciencias por no haber medios económicos y personas que la asistieran.

En el siglo XX fueron absorbidos los conocimientos extranjeros con limitación. En la Universidad y en otros centros no hubo impulsos de investigación científica. Esto no quiere decir que haya total incapacidad, de hacer ciencia. Son numerosos los hondureños incorporados a los equipos extranjeros y que gozan de renombre.

La regla es que mientras subsistan el subdesarrollo y la dependencia en Honduras, no cesará la importación extranjera de ciencia y tecnología.

LITERATURA

I. POESÍA

La definición más graciosa y convincente de la Poesía antigua y medieval la encontramos en el libro "Dante Allighieri" de Juan Boccaccio, y es la siguiente:

"Cuando la Humanidad se movió de la magia a la religión, de los dioses paganos al Dios único, hubo dos ciencias igualmente divinas: la Teología y la Poesía. La Teología que llevaba al conocimiento racional o revelado del Creador de todas las cosas, y la Poesía que alababa al Creador en himnos inspirados y conmovedores".

Está muy claro el fin alto de la Poesía en aquel tiempo.

Pero llegaron los siglos de la desdivinización del Universo con todas sus cosas. Perdió la Teología su cátedra rectora. Y ocupó su pedestal la ciencia del Hombre, del Renacimiento en adelante. La Poesía tuvo que acomodarse a la nueva situación, y fue el Hombre el tema de sus loas como ser sujeto a los vientos del destino o como creador seguro de los hechos grandes y pequeños de la historia.

En la Edad Moderna, las escuelas del neoclasicismo, el romanticismo, el naturalismo, el parnasianismo, el simbolismo y el modernismo dariano de América tomaron en serio o jugaron con el tema hombre y sus variaciones de mil maneras, según sus puntos de vista. Todo lo que engloba el llamado decadentismo fue hasta la podredumbre, la bajeza y la sombra del hombre.

La misión liberadora que impulsaba a la Poesía desde el Renacimiento hasta las revoluciones que cimentaron la sociedad capitalista, tuvo logros espléndidos y aun geniales. Pero en el desarrollo siguiente que determinó la etapa de los monopolios imperialistas, la Poesía correspondiente tuvo el signo mortal y fúnebre del sistema que representaba.

Paralelamente, de abajo arriba, apareció la Poesía anti—burguesa con la misión de liberar al hombre de la opresión del hombre, de liberar al hombre de la explotación del hombre, con vistas a una sociedad sin clases.

JOSÉ ANTONIO DOMÍNGUEZ

Al empezar el siglo veinte, José Antonio Domínguez, hondureño de treinta años, dejó en su libro inédito "Últimos versos" tres poemas que fueron como tres antorchas que iluminaron el sendero.

En el "Himno a la Materia", como su nombre lo indica, hace motivo de su canto a la primera categoría filosófica, en más de tres cientos cincuenta endecasílabos. Este poema ha sido discutido en los círculos unilaterales y apasionados de Honduras, diciendo que viene del materialismo vulgar de Ludwig Büchner. Pero los seudocríticos no se dan cuenta que en solo la entrada del poema, está presente lo más característico del materialismo dialéctico, el auto—movimiento, como luego lo veremos:

> "¡Oh, materia sublime, eterna y varia
> que con el gran prodigio de tu esencia
> y el arcano infinito de tus formas,
> como madre perenne siempre joven
> a quien su propia fuerza fecundara,
> llenas la inmensidad del Universo
> y eres causa y efecto misterioso
> de cuantos seres bullen y rebullen
> con aspecto de vida en los espacios
> donde los vastos mundos y los soles
> que por la noche brillan como antorchas
> suspensas en el éter cristalino,
> hasta los invisibles infusorios
> que habitan en miríadas y millones
> en el fondo irisado de una gota
> de rocío...!

La suficiencia intelectual que da el "Himno a la Materia" a los escritores hondureños es concluyente, si llegaran a tener el valor necesario para sustentar las ideas filosóficas de avanzada. Algunos, sin embargo, están convencidos de los chispazos geniales de Domínguez.

El otro poema, "La Musa Heroica", fue considerada por el escritor Julián López Pineda como "Un Nuevo Evangelio" y agregó este juicio:

"En este rumbo nuevo que les está señalando Domínguez a los poetas, se insinúa la lucha por las reivindicaciones sociales, la cual en aquel tiempo no tenía sentido en Centroamérica. No se trataba de la lucha por la libertad de Honduras, pues ésta ya se había obtenido y proclamado con el triunfo de la revolución liberal de 1894. Se trataba de una visión del poeta, de un llamamiento a los espíritus superiores, a los hombres de la lira, para que aplicaran su esto a la redención de las masas, a la constitución de una nueva sociedad que el liberalismo triunfante era incapaz de avizorar con los ojos opacos de una revolución sin contenido social y humano.

Esta visión del poeta, surgida entre las espesas nieblas de la época, es un caso de la vivencia atribuida a los hijos de Apolo. Al llamamiento de aquel iluminado han acudido en toda la América numerosos combatientes que, clavando su lira en manos de Hércules, están librando la gran batalla por la humanidad. Es la legión de poetas revolucionarios, cuyo canto agogero no tendría sentido si no vibraran en él los dolores de la humanidad irredenta.

Es el único poeta hondureño en cuyo espíritu se anticipara un rayo de redención, la divina mónada desprendida de los más remotos círculos interplanetarios, para realizar la evolución en este bajo planeta".

(Del estudio "Los Olvidados: José Antonio Domínguez".)

MUSA HEROICA
Si quieres que tu canto digno sea
de tu misión, del siglo y de la fama,
no derroches el estro que te inflama
en dulce pero inútil melopea.

Lanza las flechas de oro de la idea;
depón el culto de Eros y proclama
otro mejor. La lucha te reclama:
yérguete altivo en la social pelea.

No enerves tu vigor con el desmayo
del femenil deliquio. Ya no es hora
de lágrimas y besos. Doquier mira;

Hoy la estrofa compite con el rayo.
La inspiración es lava redentora
que clava en manos de Hércules la lira.

El tercer poema a que hemos aludido es "El cóndor ciego", en el
que un cazador ha enjaulado a un cóndor y después de haberle sacado
los ojos le abre la jaula y el gran pájaro ciego vuela hacia las cumbres
de los Andes, pero al fin, falto de fuerzas, cae hecho pedazos. Es el
símbolo de nuestra América Latina.

Julián López Pineda, escritor socialista en 1918, dice:

"En José Antonio Domínguez no se nota la influencia del llamado
modernismo que se iniciara en 1880 a 1890, que llegó a su plenitud
con Rubén Darío en 1896, cuando éste publicara sus Prosas Profanas,
que pudiera llamarse el breviario de los nuevos aedas en el mundo del
habla española.

La desconcertante innovación de José Asunción Silva, de
Francisco Gavidia, de Manuel Gutiérrez Nájera, de Julián del Casal,
sellada con el genio de Rubén Darío —quien introdujo en el verso
castellano el ritmo grácil del verso francés, no ejerció ninguna
influencia en la obra de Domínguez ni en la de los otros poetas de su
generación, exceptuando a Juana Ramón Molina—, quien, sin seguir
a Darío ni a ninguno de los nuevos mesías del Parnaso, aunque sin
desconocerlos, ostentara un modernismo auténtico en sus poemas
coloreados de savia nueva y en sus prosas de un ritmo renovado.

Llena de satisfacción que José Antonio Domínguez no
abandonara los Andes en su literatura, como más tarde no los
abandonó César Vallejo, a pesar de morir en París.

JUAN RAMÓN MOLINA
(De Miguel Navarro Castro)

Es el más alto representante del modernismo en Honduras, nació
en Comayagüela el 17 de abril de 1875, en humilde cuna, y murió en

San Salvador el 1º. de noviembre de 1908. Estudió en Guatemala donde se inició en la carrera literaria y periodística.

Cuando consideramos la atmósfera opresiva en que creció —una atmósfera colonial, campesina, sin oportunidades para los escritores y artistas, sin más intereses que la política quería—, nada tiene de sorprendente su vida desordenada, pero sí nos sorprende gratamente su obra poética, un verdadero oasis en el desierto monótono e inclemente de la vida intelectual de Tegucigalpa de aquellos días.

Aun en una sociedad como la nuestra, tan desdeñosa de sus propios hombres, la obra de Molina gana reconocimiento y adquiere firmeza en el transcurso del tiempo. La variedad de sus composiciones y el fuego de su inspiración, nos revelan el espíritu de gran poeta.

Pero no debemos engañarnos: Molina fue un buen poeta; pero para llegar a ser un poeta de fama continental, le faltó una cultura más amplia y sólida y mayor refinamiento, elementos que no podía proporcionarle el ambiente en que vivió.

Si alguien por esta opinión, nos acusa de irreverencia o pedantería, nos defenderemos con las palabras de Martí: "Mejor sirve a la patria quien le dice la verdad y le educa el gusto que el que exagera el mérito de sus hombres famosos".

La sentencia de que el poeta nace, encierra solo la mitad de la verdad. Los grandes poetas, como Keats, Darío, Unamuno, jamás hubieran alcanzado: las cimas de la perfección poética sin la sólida cultura humanística que poseyeron. Molina tuvo la suficiente inspiración para poder llegar a ser un poeta continental; pero, repetimos, le faltó mayor cultura literaria y el buen gusto que se adquiere únicamente mediante el estudio de los clásicos.

A pesar de sus defectos y limitaciones, debemos reconocer que es el poeta de mayor inspiración que hemos tenido. De él dice Enrique González Martínez, en un ensayo crítico de su obra: "Realizaciones líricas que no han de morir mientras no muera nuestra poesía americana, poemas que han de salvarse del naufragio pavoroso del tiempo. Y ha de sonar por muchos años aquel grito sensual: "Péscame una sirena, pescador sin fortuna..."

La mayor parte de su obra literaria, tanto en prosa como en verso, fue compilada y publicada por Froylán Turcios en 1918, en un volumen titulado Tierras, Mares y Cielos. Ha sido reeditada varias veces e incluida en la colección Clásicos del Istmo.

FROYLÁN TURCIOS

Nació en Juticalpa en 1876 y murió en San José, Costa Rica, en 1943. Nació artista, y como artista vivió.

Turcios fue poeta, cuentista, novelista. Ejerció el periodismo, fue político, desempeñó altos cargos públicos, fue diplomático, fue el hondureño más viajado en su tiempo.

Siempre repugnó ser un seguidor de Rubén Darío. Y antes de la primera guerra mundial, proclamó en declaraciones periodísticas que Gabriel D'Annunzio era el poeta mayor de la "raza latina".

Reunió su obra poética en dos libros: Tierra Maternal y Flores de Almendro. Sus cuentos en Cuentos del Amor y de la Muerte. Sus pequeños relatos en Prosas del Ayer. Y sus novelas en el Fantasma Blanco y El Vampiro. Fue además el primer antologista de Honduras, con tal gusto de selección que se ha vuelto inolvidable su revista Esfinge. Y en la famosa Revista Ariel fue vocero de la lucha autonomista de Augusto César Sandino en Nicaragua, en los años que fueron de 1927 a 1929.

Turcios había permanecido como olvidado. Últimamente la juventud hondureña ha recordado con entusiasmo sus luchas de liberación social y nacional.

LUIS ANDRÉS ZUNIGA

Nació en Comayagüela, el 30 de abril de 1878. Estudió Jurisprudencia en la Universidad Nacional de Honduras, y realizó estudios de Criminología en la Sorbona. Mientras estudiaba en la Ciudad—Luz fue secretario de Rubén Darío en los grandes días de "Mundial Magazine" y pudo París valerle bien una misa si hubiera escrito más crónicas sobre los temas de su preferencia porque en eso estaba a la altura de García Calderón y Avilés Ramírez. Publicó tres libros: El Banquete (prosa y verso), Fábulas (prosa y verso) y Los Conspiradores, drama en prosa.

Sus Fábulas, que ponen de manifiesto su singular habilidad como narrador, es el libro hondureño más buscado y leído por nuestro pueblo. —M.N.C.

AUGUSTO C. COELLO

Nació en Tegucigalpa en 1883. Emprendió estudios de Jurisprudencia en la Universidad Nacional de Honduras, que no terminó por las alteraciones que producían nuestras guerras civiles. Escribió la letra del Himno Nacional, que es una breve y concisa relación de nuestra historia. Lástima grande que la música, escrita por un alemán carezca del vigor y el entusiasmo que exige la letra. Publicó numerosos poemas de notable inspiración. Fue además periodista, político, historiador. Su vida entera la dedicó a las Letras. Desgraciadamente, su producción quedó dispersa. Murió en San Salvador el 8 de septiembre de 1941.

RAMÓN ORTEGA

Nació en Comayagua en 1885. Estudió en su país. Adquirió fama en Guatemala. Regresó a Honduras en 1911. Dijo Rafael Heliodoro Valle de él: "Era un hombre de temperamento esencialmente artístico. Escribió poco, pero ese poco da la impresión de haber sido escrito con el esmero y devoción con que un hábil orfebre trabaja una joya". Jesús Castro publicó en México en 1930 una selección poética de Ortega que tituló "El Amor Errante".

Aclárese que "El amor errante" es quizá el soneto más bello que se ha escrito en Honduras, según piensan los modernistas.

ALFONSO GUILLÉN ZELAYA

Nació en Juticalpa en 1888. Estudió Derecho en la Universidad Nacional. Vivió largos años en los Estados Unidos. Con otros centro—americanos publicó en Nueva York en inglés la revista Other, para dar a conocer las letras latinoamericanas.

Guillén Zelaya se consideraba "un gran poeta", y lo era de verdad. Escribió muchos poemas notables que su esposa Isabel Guillén

Zelaya reunió en México —su residencia última— y el escritor Medardo Mejía publicó en la Revista Ariel en Tegucigalpa con el nombre de El Quinto Silencio, título de uno de sus celebrados poemas que dedicó a Marice Maeterlinck en Europa. En este poemario se halla su canto fundamental llamado La Espiral de la Historia.

Guillén Zelaya vivió ejerciendo el periodismo progresista. Entendía el periodismo como arma para cambiar la suerte desdichada de los pueblos. Consideró la guerra de la humanidad contra el fascismo como el desarrollo de una revolución mundial.

En 1945 fue invitado por el Gobierno de Arévalo de Guatemala para la fundación de la Facultad de Humanidades, donde dictó una conferencia con el título de "La inconformidad del hombre", que fue considerada como una "Sinfonía de Beethoven".

Desterrado por la dictadura cariísta, murió en México en 1947.

RAFAEL HELIODORO VALLE

Es el escritor hondureño mejor conocido en el exterior. Nació en Comayagüela el 3 de julio de 1891. Vivió muchos años fuera de Honduras, principalmente en México, lo cual ha ejercido una profunda influencia en su obra literaria. Muchos de sus escritos se inspiran en los recuerdos de su niñez y adolescencia, recuerdos embellecidos por la nostalgia y la imaginación del artista.

Valle es un verdadero artista de la palabra y todo un hombre de estudio, que sabe vestir la erudición con gracia y elegancia. Sus versos pertenecen al arte más delicado, lo mismo que muchas de sus prosas, para calificar las cuales no basta el adjetivo de exquisito.

Ama la Historia y las tradiciones de la América Hispana con ese amor que saben sentir por el pasado solo aquellos que son a la vez poetas y pensadores. En prosa llena de gracia y elocuencia, revive ese pasado y nos hace amarlo tanto como él. Debemos a Rafael Heliodoro Valle algunas poesías y prosas más bellas de nuestra literatura.

Entre sus libros de poesías sobresale Ánfora Sedienta y de prosas Tierras de Pan Llevar. Su bibliografía es numerosa.

GUILLERMO BUSTILLO REINA

Nació en Comayagüela el 5 de mayo de 1898. Estudió Derecho en las Universidades de Tegucigalpa y de León, Nicaragua. Ha permanecido largos años en los Estados Unidos, los que le han permitido familiarizarse con el idioma inglés y la cultura estadounidense. Ha recogido su producción poética en dos libros titulados Ópalos de Erandique y Romances de la Tierruca, en los que, con palabras de Rafael Heliodoro Valle, "ha sabido contener, con sencillez melodiosa, la respiración de nuestro ambiente natal..."

En 1953 recibió el Premio Nacional de Literatura.

MARTÍN PAZ

Nació en Trujillo en 1900. Empezó sus estudios en Honduras y fue a terminarlos a México, donde murió en 1950. Fue un sonetista de primera. Publicó mucho en las revistas nacionales en los años 20. En México fue colaborador de "Revista de Revistas".

La vida de Martín Paz fue una anécdota. Como se fosilizó en la Universidad fue en ella compañero de quienes después llegaron a ser diputados, senadores, ministros, presidentes de México y gobernadores de los Estados. De este modo Martín llegó a ser el hondureño de más influencia en la nación azteca, que nunca quiso aprovechar en su favor, pues su "reino no era de este mundo".

JESÚS CASTRO BLANCO

Nació en Comayagua en 1905. Se graduó de Cirujano Dentista en la Universidad Nacional de México. Después emprendió estudios de Derecho en la Universidad de Tegucigalpa.

Perteneció a una familia de pulsadores de la lira. Antes su hermano Santiago había alcanzado fama como tal en Guatemala. Este murió trágicamente y sus composiciones quedaron dispersas y perdidas. Jesús publicó varios poemarios de corte modernista. No pasó de ahí. Sólo quiso expresar sus sentimientos románticos, no su sensibilidad moderna, que no es lo mismo.

Murió de diplomático en Buenos Aires en 1967.

JOSÉ R. CASTRO

Hermano del anterior. Nació en Comayagua en 1910. Emprendió estudios de Derecho en Tegucigalpa. Fue político desde temprana edad. Desempeñó altos cargos en la administración pública.

Destronado el Partido Liberal viajó por tierras y por islas de América, como Barba Jacob, en malas y buenas condiciones, sin darse al quebranto porque era optimista.

Escribió "Aura Matinal", "Cantos del Atlántico" y "Pantomima de Carnaval".

Desempeñaba un puesto en un banco de Washington y fue a Bogotá a ver la llegada del Papa Paulo VI, donde murió repentinamente, en el mismo año que murió Jesús.

JOAQUÍN SOTO

Nació en Comayagua en 1897. Fue de la juventud de la floración literaria de 1917, año ilustre en Honduras por el empeño de querer unir a Centro América. Joaquín Soto fue un poeta bien vestido, elegante, atractivo, amado por las mujeres, de altos círculos sociales en Tegucigalpa, San Salvador y Guatemala. Desgraciadamente lo aniquiló la morfina, el vicio refinado de entonces, a temprana edad.

Amigo de Porfirio Barba Jacob le escribió el prólogo de su único libro "Resplandor de la Aurora". Sus versos son sencillos, campestres y a veces irónicos:

> Figúrese usted que un día,
> cuando yo más la quería
> me dejó.
> Con cuatro frases galantes
> y un anillo de brillantes
> un doctor me la quitó.

Ya hecho médico, murió de su vicio en Guatemala en uno de los años 20.

ÁNGELA OCHOA VELÁSQUEZ

Nació en Comayagua en 1903. Le bastó la escuela primaria como antecedente para adquirir con sus propias posibilidades una buena cultura. Le interesó el tema religioso, y lo escudriñó racionalmente en el cristianismo y en los credos orientales. Terminó con Rabinfranath Tagore en la "religión del hombre".

Publicó el poemario "Lotos y ajenjos" de factura modernista y de contenido humanitario.

ALMA FIORI

Victoria Bertrand Alvarado era su nombre. Nació en Juticalpa en 1905. Vivió en Tegucigalpa cuando su padre Francisco Bertrand fue presidente de la República. El resto de su vida lo pasó en Nueva York y en viajes por los países de la América Latina representando una publicación norteamericana, Escribió en hispano y en inglés, versos fáciles y sencillos como este:

Azul, azul, azul el cielo,
verde, verde, verde el mar.
Como una nube en su vuelo
una garza vi pasar.

Mueve lenta la cabeza
en su vuelo sin cesar.
Y es tan bella, es la belleza
cuando el sol se va a ocultar.

Suena un tiro. Como un tul
se desprende del azul
a la verde inmensidad,

Y tendida sobre el mar,
se me antoja un azahar
flotando en la eternidad.

Alma Fiori murió en Nueva York, haciendo buenos recuerdos de Honduras a quien tanto quiso.

CLEMENTINA SUÁREZ

Nació en Juticalpa en 1906. Desde temprana edad luchó contra los prejuicios que rodeaban a la mujer en Honduras. Con esto provocó varios escándalos en la conservadora Tegucigalpa de aquel tiempo, que gracias contaba con dos malas carreteras de entrada y salida. Y lo que entraba eran mercancías y lo que salía eran cueros de res.

Clementina fue a México y a las islas del Mar Caribe a enriquecer su estro y a darse cuenta de las costumbres del siglo. Cuando lo creyó conveniente regresó con recitales que, como los daba una mujer sin prejuicios, significaban un éxito rotundo.

Escribió versos de intimidades. Pero con el tiempo fue atemperando aquello, hasta descubrir el rumbo social de la poesía de hoy.

Clementina ha sido objeto de repetidos homenajes y es Premio de Literatura Nacional.

II. ENSAYO

Para nuestro objeto, ensayo —dice el Diccionario de la Lengua— es "escrito, generalmente breve, sin el aparato ni la extensión que requiere un tratado completo sobre la misma materia".

Ensayos se vienen escribiendo desde que existe el alfabeto. Las literaturas griega, romana, alejandrina, están llenas de ensayos. Las lenguas romances desde que comenzaron sirvieron para emprender estudios elegantes que fueron los mismos ensayos.

Viene al caso hablar de don Miguel Eyquem, señor de Montaigne (1533—1592) moralista y pensador francés, nació en el castillo de Prigord. De nobleza de toga, fue consejero del Parlamento de Perigueux y del de Burdeos, de cuya ciudad fue después alcalde. Retirado de la vida pública, se dedicó desde 1571 al estudio y la meditación, fruto de los cuales, tras su viaje por Europa en 1580, fueron sus Ensayos, auténtico documento de la civilización occidental, en los que trata de los asuntos más dispares: la amistad, las razas exóticas, la educación, la gloria, la sociedad, la virtud, etc. En ellos descubre la importancia del hombre en encontrar la verdad y la justicia, así como la relatividad de las cosas humanas.

Los Ensayos de Montaigne se divulgaron en repetidas ediciones y se siguen divulgando porque sus temas no pierden interés. En cuanto a la forma, están escritos en una prosa que deleita el espíritu. De esto se desprende que el escritor de ensayos además de ser obligadamente un pensador, también debe distinguirse como prosista.

En América Latina, don Juan Montalvo salió con el ensayo largo y con la prosa del siglo XVII como nadie la escribió en España. Perdón, por si nos hemos equivocado. Y lo más prodigioso en este ensayista singular es que los Siete Tratados los empezó en Ipiales, Colombia, sin un libro de consulta al alcance y los publicó en París, no habiendo tenido nunca el menor deseo de ir a la Península.

Los ensayistas abundan en nuestra América, desde los más insignes del cono sur, pasando por Rodó y Mariátegui, hasta llegar a Alfonso Reyes, en México. El ensayo es el género de los varones recios de este continente.

De lo grande a lo pequeño, en Honduras corrientemente hemos confundido al ensayista con el periodista, porque casi no hemos tenido ensayistas. Ha llegado la hora de separarlos y distinguirlos.

SALATIEL ROSALES

Salatiel Rosales nació en San Francisco de la Paz en 1886; pero habiendo viajado con sus padres, ambos maestros de escuela, al pueblo de San Esteban en el valle de Agalta, siempre le gustó decir que era de este último lugar de Olancho. Emprendió estudios secundarios en Juticalpa. Se hizo abogado en Tegucigalpa. Fue redactor de "Nuevos Tiempos", periódico oficial de Bertrand, en 1918. Disuelto este gobierno, pasó a Guatemala donde publicó por breve tiempo "El Exodo", con el que se ganó la admiración de la intelectualidad del hermano país. A principios de la década veinte regresó a Honduras. Permaneció un tiempo en el valle de Agalta. Otro tiempo en el puerto de Trujillo, donde escribió y pulió algunos ensayos, entre ellos "Carlos Darwin" como resumen de una polémica que sostuvo con el doctor Agustín Hombach, de la Universidad de

Bonn, Alemania, y más tarde Arzobispo de Honduras. Pasó a la ciudad de La Ceiba para dirigir el diario "El País". Allí escribió otro ensayo: "Las almas que compra el dólar". El escritor Rosales no fue del gusto del procónsul Antonio Ramón Lagos, Comandante de Armas de Atlántida, y lo deportó a Belice, de donde pasó a Yucatán y de aquí a la ciudad de México. Félix Palavicini le abrió las puertas de "El Universal" y luego fue colaborador de "Revista de Revistas" en la que publicó su ensayo "En la muerte de Anatole France".

El distinguido escritor Antonio López Gutiérrez, hondureño, en una conferencia dada en el Ateneo de El Salvador, en los años que su hermano Rafael era Presidente en Honduras, reveló al ensayista que había en Salatiel Rosales, lo cual tuvo el significado de una consagración.

Salatiel Rosales murió en la ciudad de México en 1926.

RUBÉN BERMÚDEZ

Nació en Catacamas en 1890. Se graduó de ingeniero de minas en Boston, Estados Unidos de América. Regresó a su país a empeñarse en actividades rutinarias, pues faltaban la iniciativa, la cooperación y el capital que requerían las grandes empresas nacionales. Pero como siempre le acompañaba su gran talento, se hizo escritor. Escribió buenos versos. Pero les ganaban la partida sus prosas. Hizo periodismo diario. Y le resultaron más brillantes sus estudios con ciertos arrebatos polémicos. Por ejemplo, "La Tragedia del Ferrocarril Nacional" perdió su actualidad porque ya no existe el motivo que le dio vida, pero jamás la perderá el vigor insuperable del artista.

Prosas innumerables que dan fe del ensayista, guardadas en periódicos y revistas de aquel tiempo, como La piedra del camino, perennizan el nombre de Rubén Bermúdez y lo hacen presente a toda hora y en primera fila en las letras hondureñas.

Murió en San Pedro Sula en 1932.

JOSÉ JORGE CALLEJAS

Nació en Tegucigalpa en 1887. Universitario. Profesional de la medicina. Además de atender enfermos, se dedicó a la política. Y al dedicarse a ésta, advirtió que jamás habría un desarrollo normal en Honduras mientras se hallara en ella la presencia del enclave frutero. Su hermano Venancio Callejas fue político eminente. Por lo mismo fue un crítico tenaz de las compañías extranjeras. Y esta crítica le impidió llegar a la cima presidencial de la república.

El doctor José Jorge Callejas escribió un ensayo notable titulado "Miseria y despojo en Centro América" en 1954, en el que empieza: "Hace muchos años que vengo, acariciando el proyecto de consignar por escrito las principales observaciones de mi vida. Las que puedan significar alguna enseñanza para quienes vienen detrás de mí".

Es un libro de 500 páginas publicado por una editorial de México. No se le hizo ruido en Honduras. Así, ruido, que es lo que se hace de las personas y de las cosas sin ninguna sinceridad, cuando conviene al enclave. Pero cuando no conviene, ¡chitón!

Callejas no conoció la elegancia de la frase como Rubén Bermúdez ni el secreto de la palabra como Salatiel Rosales, pero sí conoció la verdad sobre el enclave y la dijo. Es más: con miseria y despojo en Centro América, señaló el verdadero rumbo del ensayo centroamericano, que necesariamente debe ser antiimperialista.

El doctor Callejas murió en Tegucigalpa en 1967.

III. CUENTO

ARTURO MARTINEZ GALINDO

Nació en Tegucigalpa el 13 de febrero de 1904. Murió asesinado en la ribera del Aguán, el 4 de abril de 1940.

Se hizo abogado en Honduras. Fue catedrático de la Universidad. Alguna vez desempeñó un puesto diplomático en Estados Unidos.

Tuvo habilidades musicales y supo ejecutar el piano. Le asistió fina sensibilidad y escribió versos gratos.

Con otros compatriotas fundó el "Grupo Renovación" en 1927, que patrocinaba el cambio social y se inclinaba a las ideas "indológicas" de José Vasconcelos, muy en boga en aquel tiempo.

Martínez Galindo se dedicó especialmente al cuento. Dejó un libro titulado "Sombra". Cuentos para deleitar, para leerlos en ruedas amistosas, y sin llegar a ninguna denuncia, alma del cuento actual.

Si Martínez Galindo hubiera vivido más años, hubiera dejado obra completa porque su talento era indiscutible.

FEDERICO PECK FERNANDEZ

Nació en Juticalpa en 1905. Hizo la High School en California. Emprendió estudios de Derecho en Tegucigalpa. Fue matado en Tegucigalpa, el 4 de enero de 1929.

Dice el profesor Miguel Navarro Castro de Peck Fernández en su libro páginas hondureñas:

"Una tempestuosa juventud, llena de reyertas y aventuras, le impidió dedicarse a las letras. Tomó parte activa en las luchas políticas de 1927, en las cuales se reveló como buen orador y periodista. Vaqueando y la Historia de un dolor fueron los únicos que publicó.

Cuentos que aparecieron por primera vez en la Revista Ariel de Froylán Turcios, cuando Peck Fernández acababa de salir de la adolescencia; tiene una extraordinaria fuerza emocional. En lenguaje sencillo nos narra con maestría uno de esos sucesos trágicos, que corren con frecuencia en los valles de Olancho".

Peck Fernández dejó un hijo de nombre Federico Peck Sánchez. Él guarda otros cuentos de su padre que publicará en un libro. Así nos lo dijo en San Pedro.

ARTURO MEJÍA NIETO

Nació en La Esperanza en 1904. Hizo sus estudios en los Estados Unidos. Regresó en los días en que su pariente el doctor Vicente Mejía Colindres acababa de recibir la Presidencia de la República. Este lo nombró Cónsul en Buenos Aires, donde se estableció definitivamente. Murió en 1971.

Mejía Nieto amaba la literatura y dedicó toda su vida a escribir cuentos y novelas. Publicó en Honduras un libro cuyo título no gustó a los lectores: Zapatos viejos. Pero en cuanto se le abría, se daba cuenta el curioso de las curiosas narraciones que pasaba ante su vista.

La crítica argentina convino en que Mejía Nieto era sobre todo un cuentista.

IV. NOVELA

LUCILA GAMERO DE MEDINA

Nació en Danlí, departamento de El Paraíso. Pudo haber alegado abolengo por venir de una encumbrada familia criolla. No lo hizo, sin embargo, en acatamiento a la herencia testamentaria del viejo Adalid Gamero, quien sustentando las ideas de la Ilustración del siglo XVIII, escribió un largo poema satírico en el que alababa el dinero con sus consecuencias y se reía de la política, de la religión, de las costumbres antañonas. El señor Gamero era un personaje. Tanto que fue nombrado jefe del Batallón de Olancho. De paso vamos a decir que Danlí pertenecía a aquel departamento, con el que se siente más afín que con El Paraíso.

Desempeñando su puesto militar estaba el señor Gamero, cuando la tremenda Inquisición averiguó que era autor del poema satírico de ideas volterianas y lo persiguió para juzgarlo. Gamero entró en miedo y huyó, yendo a parar a Sonaguera, donde lo descubrieron unas monjas, y allí, valiéndose de una negra de raza, le dieron en la alimentación un veneno. La familia del difunto en Danlí le prometió la singular manera de recordarlo aprendiéndose de memoria el poema "Arte de estar siempre a la moda" y trasmitirlo en la misma forma de generación en generación.

La joven Lucila Gamero, más tarde casada con un señor de apellido Medina, tenga la posición social de su holgura económica. Estudió en buenos colegios. Pero internamente estaba comprometida a seguir las ideas de su antepasado Adalid Gamero. Era, pues, una discreta librepensadora. Naturalmente, su primera novela, Blanca Olmedo, fue una novedad en el país porque la escribía una mujer y porque el contenido de la obra tendía a combatir los prejuicios sociales. Como cosa rara, esta novela tuvo una acogida enorme en las familias campesinas.

La novelista Gamero de Medina publicó más obras con temas tendentes a liberar la mujer de los prejuicios sociales, como La Secretaria, Daysi y otras.

El manejo del idioma en sus obras es el de una escritora instruida por las relaciones sociales, por las lecturas y por los viajes.

PACA NAVAS DE MIRALDA

Nació en Juticalpa. De familia inclinada a las letras, su matrimonio con el abogado Adolfo Miralda y luego la descendencia, no le impidió publicar sus primicias con pseudónimo en las revistas y diarios de la República.

Al fin dejó los artículos de diversos temas para escribir una novela. La escribió. La tituló "Barro". Fue a publicarla a Guatemala. Pero el gobierno de aquel país, presidido por el doctor Arévalo, gentilmente se la publicó en la Editorial del Estado que dirigía el español Costa Amic.

La novela Barro describe la Costa Norte del tiempo de las grandes inversiones por las compañías extranjeras. Es más que todo un recordatorio de lo que entonces podía llamarse El Dorado o La Costa Feliz, cuando no se hablaba en plata sino en oro, las monedas áureas americanas iban de mano en mano, y un simple sorbetero de la mañana a la noche se volvía rico. Barro sirve para conocer las ilusiones que conlleva el inversionismo en los corazones sencillos del pueblo.

CARLOS IZAGUIRRE

Está de moda silenciar el nombre de Carlos Izaguirre por haber participado en la dictadura de los 16 años, y al silenciar su nombre hacer lo mismo con su obra, que fue la obra buena o mala de un hondureño. Si se presentó ante el público como escritor, venga la crítica y analice a fondo lo que escribió, y no se eluda bajo ningún concepto la obligación de hacerlo, o se salga con lugares comunes o con vulgaridades.

Personaje de la política imperante en aquel tiempo, responsable en la parte que le correspondía, aprovechó aquella larga cadena de períodos gubernamentales para escribir en serie uno tras otro libro, siempre bajo la influencia de notables escritores norteamericanos, como Carlos Santayana y John Dos Passos. Fuera de un libro de atisbos políticos, publicado primero en artículos de "El Cronista", de donde salió la idea de establecer el Distrito Central de Tegucigalpa, y que llevaba el nombre de "Readaptaciones y Cambios", su obra cuajó en ensayos idealistas como "Jesús" más otros por este orden hasta llegar a su novela de más de mil páginas titulada "Bajo el Chubasco", que aparte de su tema novelístico, recoge de primera mano el folklore nacional.

MARCOS CARÍAS REYES

Se puede decir que nació, creció y actuó en el cuadro de una política determinada del país. No la buscó él con deliberación nacida de su ser, ni la abandonó porque la vecina era igual, no era mejor. Desde luego, dada la claridad intelectual del hombre, debe haber sentido asco de verse metido en un lodazal. Y más asco todavía porque tuvo sus razones.

Grande fue la pasión de Carías Reyes por la lectura. Y al lado de ésta su dedicación a escribir páginas y páginas. Así nació el escritor. Y cuando ya pudo delineó La Heredad. Esta novela es del tipo de otras muchas de América Latina, donde es decisivo el latifundio y el latifundista es el patriarca de una provincia, región o país. No hay allí ninguna crítica del latifundio. Por el contrario, parece que se le ve como una cosa natural.

Carías Reyes en la política internacional tuvo la oportunidad de estampar su firma en la Carta de las Naciones Unidas.

ARGENTINA DÍAZ LOZANO

Nació en La Labor, Ocotepeque. Estudió en colegios de Estados Unidos. Al regresar, contrajo matrimonio con el señor Porfirio Díaz Lozano. Fue un matrimonio bien instalado en Tegucigalpa, que además de la vida social, la esposa pudo dedicarse a escribir, y escribió varias obras de su vida de colegiala, hasta que se le presentó la oportunidad de un concurso internacional en Nueva York, en el que triunfó en su novela Peregrinaje.

Está allí la andanza de una maestra de escuela, que va de lugar en lugar repartiendo el pan del saber entre los niños campesinos. Es una novela y puede ser una biografía de alguien que se dedica al magisterio en un país bárbaro.

La escritora Díaz Lozano ha publicado más novelas. Pero nos referimos a la primera porque por ella empezó su renombre.

RAMON AMAYA AMADOR

Nació en Olanchito en 1912. Se hizo bachiller en un instituto de la localidad. Trabajó como peón en los bananales de la Standard Fruit Company. Allí conoció en su verdadera fuente la explotación humana. Concibió la idea de denunciar aquello. Y en cuanto pudo, con otros citadinos aficionados a escribir, publicaron el semanario Alerta, en el que empezó a publicar la novela Prisión Verde. Con el tiempo esta novela fue editada en México.

La denuncia no podía ser más clara y la obra se hizo famosa, al grado que es el verdadero novelista que tenemos en el país. Allí está el horror que significa el enclave bananero para el pueblo trabajador de Honduras.

Amaya Amador siguió publicando obras como Constructores, Los brujos de Ilamatepeque y Destacamento Rojo.

Fue miembro del cuerpo de colaboradores de la Revista Internacional, en Praga, donde permaneció varios años.

Murió en un desastre aéreo en Bratislava, en 1966.

V. CRÓNICA

ALEJANDRO RIVERA HERNÁNDEZ

Nació en San Juan de Flores o Cantarranas, Departamento de Francisco Morazán, en 1905. Estudió Derecho. Se hizo abogado. Fue profesor de la Universidad. Y fue diplomático viajero del régimen de los 16 años en el transcurso de la segunda guerra.

Los viajes. Las notas que fue tomando, le despertaron el deseo de escribir y le afinaron la gracia. De este afán le surgió Un toque de suspenso que la Editora Latinoamericana S.A., México D.F., recomienda así:

"Es un relato apasionante de episodios auténticos, la mayoría concatenados, escritos al correr de la pluma, con deliciosa espontaneidad. El estilo es ágil y ameno. En raras ocasiones se logra, como en la presente, unir la claridad y sencillez de la forma, a la sorpresa y dramatismo del contenido.

En las páginas de este libro, en alucinante encadenamiento, hechos enigmáticos, situaciones raras, notas confidenciales, descripciones de lugares exóticos, personalidades célebres, conferencias internacionales, sucesos históricos, eventos políticos, paisajes, costumbres, leyendas y curiosidades notables de diversas partes del mundo".

Un cronista, eso es Rivera Hernández, como Avilés Ramírez en Nicaragua, como Gómez Carrillo en Guatemala; sólo que, como no insistió, su fama quedó en tono menor.

VÍCTOR CÁCERES LARA

Nació en la ciudad de Gracias en 1912. Ha ensayado todos los géneros literarios. Ha escrito versos, muy buenos muchos de ellos. Ha escrito cuentos regionales en que resalta el olor de esta tierra paradisíaca que una vez avistó Colón. Y ha hecho periodismo con una constancia de Hefestos cuando estaba labrando el escudo de Aquileo.

Pero en lo que sobresale Cáceres Lara, —a nuestro modo de ver, quien sabe si sea cierto— es en la crónica. Pero no al modo de los cronistas modernos Avilez Ramírez, Gómez Carillo y García Calderón, que se pierden en imágenes vaporosas irreales, sino de los cronistas españoles de la conquista, como decir Bernal Díaz del Castillo, López de Gomara y Fray Bartolomé de Las Casas.

Cáceres Lara no inventa, cualidad del cronista moderno; conoce y describe con encanto como los viejos relatores, al grado que al relatarles parecía que estaban haciendo una novela de caballería. Para los cronistas del siglo XVI, el Nuevo Mundo era un reino mágic0.

No tiene el cronista nacional el vasto horizonte de aquellos, pero lo hace con tal gracia y precisión que se vuelve obligatorio.

Es premio de literatura nacional.

HISTORIA

RÓMULO E. DURÓN

Hombre de la Revolución liberal de 1894, siguió actuando a lo largo del primer cuarto del presente siglo, en altas funciones públicas, en la cátedra y en la redacción de numerosos tratados de historia. Con el doctor Antonio R. Vallejo, el doctor Durón forman el dúo de los historiadores más calificados y responsables de Honduras. Este eminente ciudadano merece cien páginas. Le dedicamos apenas estas líneas por la estrechez de espacio. Nada más queremos hacer constar que cuanto, sabemos de nuestro país en dato preciso, se lo debemos a él.

EDUARDO MARTINEZ LOPEZ

Que sepamos solo escribió la Historia del General Francisco Morazán, copiando documentos del Archivo Federal de Centro América instalado en la ciudad de San Salvador, con grandísima oportunidad poco antes de que se incendiara. Si el doctor Martínez López solo escribió la Biografía morazánica, basta con ella, por ser, dentro de la concepción liberal, una obra definitiva. Su principal actuación fue en el siglo pasado, pero se proyectó hasta la década 30 del presente siglo.

ERNESTO ALVARADO GARCÍA

Nacido en este siglo. Universitario, graduado en leyes. Un apasionado de la historia desde muy joven. Se ha sido injusto con Alvarado García. No se le ha reconocido su dedicación1 al estudio y su vocación histórica. En efecto, publicó en varias ediciones que fue mejorando una "Historia de Centro América", llena de información y concienzuda. En este esfuerzo, no quiso ser menos que don Agustín Gómez Carrillo y don José Dolores Gámez.

BIBLIGRAFÍA

JORGE FIDEL DURÓN

El género bibliográfico lo cultivó el escritor Rafael Heliodoro Valle, que por cierto es difícil. Y todavía es más difícil tal como lo estila el escritor Jorge Fidel Durón, con puntos de crítica en cada caso. El escritor Durón lleva el control de las publicaciones nacionales, grandes y chicas, importantes y de poca monta. Publica sus estudios bibliográficos en el diario "El Día" con un nombre consagrado "Mosaico Nacional". El "Mosaico Nacional" a su vez, es reproducido por una casa especializada de Nueva York que desarrolla lo que puede llamarse una Bibliografía continental.

Además de lo dicho, Jorge Fidel Durón es un escritor ágil en otros géneros de la literatura.

LA JUVENTUD LITERARIA DE "LOS DIECISEIS AÑOS"

ASOCIACION NACIONAL DE CRONISTAS
(ANC)

Alguien recordó el "Grupo Renovación" que había atraído a la juventud inquieta en 1926 en el que estaban Gregorio A. Velásquez, Federico Peck Fernández, Arturo Martínez Galindo, Alejandro Irías, Octaviano Arias y algunas personas, aunque sin pertenecer simpatizaban con él, y colaboraban en el semanario "Renovación".

Aquel Grupo fue deshecho por la campaña política de 1928. Algunos se hicieron tostistas (ala izquierda del Partido Nacional), otros volvieron a sus filas del Partido Liberal y Partido Nacional. Era un grupo de clase media, inestable. La muerte traicionera de la figura arrogante de Abel García Cálix aceleró su disolución.

La Asociación Nacional de Cronistas (ANC) se fundó con menos vigor. Estudiantes casi todos sus fundadores. Dieron pruebas de no participar directa ni indirectamente en la política del Gobierno de Carías Andino. Primero, muchos por ser nacionalistas; segundo, otros por ser liberales expuestos a los vejámenes de los verdugos de la Policía y la Penitenciaría, y los demás porque empezaban a ver el mundo que estaba naciendo en medio de las llamas de la segunda guerra mundial.

Todo se redujo a escribir a la luz de los fogozazos de la guerra civil española y que daba buenos modelos de imitación como Federico García Lorca, Antonio Machado, Juan Ramón Jiménez y otros. Del Mar Caribe llegaron los juegos africanos de Nicolás Guillén y de España, de Chile, de México, de donde estuviera la irresistible influencia de Pablo Neruda, combatiente en el campo intelectual de la Segunda Guerra Mundial contra el Fascismo, al grado que su "Canto a Stalingrado" fue un Evangelio.

Fueron miembros de la ANC: Óscar A. Flores, Augusto C. Coello hijo (Garabito), Armando Lardizábal, Alberto R. Rodríguez, Alejandro Castro h., Daniel Laínez, Claudio Barrera, Jacobo Cárcamo, Matías Funes, Constantino Suasnávar, Enrique Gómez, Santos Juárez Fiallos, Hostilio Lobo, Miguel R. Ortega, Ismael Zelaya, Oscar Castañeda Batres, Raúl Gilberto Tróchez, Jesús Cornelio Rojas y numerosos más.

Había un grupo de intelectuales jóvenes que no pertenecía a la ANC como Alejandro Alfaro Arriaga que fue víctima de la acritud de los asociados. Pero Alfaro Arriaga, hombre optimista, no se dio al quebranto. Otro de la misma generación, Carlos Manuel Arita, no perteneció a la ANC, primero porque se le consideraba un organismo "cachureco", lo que no era cierto, y segundo porque el citado intelectual se hallaba emigrado en El Salvador. Había otros por este orden que no recordamos.

En un Congreso de Escritores se les llamó vanguardistas a los intelectuales de la "dictadura de los 16 años". Hay poco ojo en la apreciación, porque aunque escribieran arabescos vanguardistas algunos, la segunda guerra mundial con sus bombas "rompe cuadras" estaba aniquilando los ensayos literarios de la recién pasada post— guerra: dada, cubismo, estridentismo, futurismo. Ejemplo: el mismo Neruda, el titán de aquella hora, había dejado de cantar:

> "Puedo escribir los versos
> más tristes esta noche".

No hay. que hablar de sus obras porque han aparecido en las antologías. Y uno de ellos, Matías Funes, no aguantando el "ácido" del hambre como decía un minero de San Juancito, se instaló en un barco mercante y se fue a la guerra, "Mambrú se fue a la guerra, que diablo de Mambrú". Conoció todos los puertos de Asia y de Europa.

De allá regresó, cuando se hizo la paz, con unos libros de crónicas que dibujaban lejanas costas y hacía aparecer extraños personajes. Más tarde escribió novelas. En una de ellas aparece la vida del mineral de San Juancito, muy animado al principio, y terminó en un cementerio lleno de cruces de madera.

LA JUVENTUD DE LA DECADA 40

En esta década hubo nueva nacencia: Jaime Fontana, Eliseo Pérez Cadalso, Héctor Bermúdez Milla, Pompeyo del Valle, Armando Zelaya, Manuel Nóver (de La Ceiba, matado en Guatemala), Jorge Federico Travieso, David Moya Posas, Adolfo Machado Valle, Filadelfo Suazo, Santiago Flores Ochoa, Óscar Acosta, Felipe Elvir Rojas, Eva Thais, Justiniano Vásquez y tantos otros.

Todos ensayan los distintos géneros. Adolfo Alemán sale un buen cuentista. Marco Antonio Rosa que pudo pertenecer a la juventud del año veintiséis, (a la vejez viruelas), aparece con la novela "Tío Margarito" que produce sensación.

Aquellos del 45 son los intelectuales representativos de estos años.

ARTE

PINTURA

En la edad finisecular dos centroamericanos habían alcanzado la gloria en París: Rubén Darío, fundador del modernismo literario en América Latina, y Enrique Gómez Carrillo, innovador de la prosa castellana que había ofrecido joyas como El Evangelio del Amor.

París atraía a los intelectuales de estas zonas como la luz a las mariposas nocturnas. Y muchos iban hacia allá, aunque no alcanzaran ningún renombre, y estuvieran seguros de morir de hambre o de tisis.

Después de todo, para algo existían los "poetas malditos".

Confucio Montes de Oca obtuvo una beca en el gobierno de Rafael López Gutiérrez para estudiar pintura en Europa. Se instaló en París. Se amistó con los pintores de la postguerra, con los que cambió impresiones y se lanzó a grandes aventuras artísticas. En un concurso de la "Revista Universal Anarquista" se ganó el primer premio de la portada que llevaría ésta en su primera edición. Montes de Oca había alcanzado un gran triunfo. Así pudo entrar en renombrados círculos intelectuales y conocer altas personalidades. Logró la amistad de Henri Barbusse. Pintó desesperadamente con talento, con locura y con hambre, pues no le pagaban la beca. El pintor Montes de Oca conmovió a los parisienses con la originalidad de sus cuadros. La creación más encumbrada de su pincel fue El forjador. Lo exhibió y causó novedad. Pero ya no pudo trabajar más. Lo abatió la tisis. Parece que la familia Montes de Oca posee El forjador, en el puerto de La Ceiba.

Otro favorecido con una beca fue Pablo Zelaya Sierra. Se instaló en España, la tierra de don Francisco Goya y Lucientes, a quien dicen que dijo el gran rey ilustrado Carlos III: "Va a pintar usted cosas de la tierra, porque ya estamos cansados de diosas griegas y de vírgenes cristianas; no olvide esta recomendación". No se lo había dicho a un sordo, aunque después lo fuera.

Sin embargo, el joven hondureño Zelaya Sierra, que no tenía sangre de "general de cerro" de su país, se sometió a los dictados académicos de sus maestros de pintura. Y al cabo del tiempo, sí logró ofrecer brillantes exposiciones que fueron muy aplaudidas en Madrid, su arte se distingue por su academismo. Las monjas, por ejemplo, es una obra admirable.

A su regreso le preguntamos con temor aquí en Tegucigalpa qué significaba en concreto el cuadro de Las monjas. Su respuesta fue la siguiente: "Pintar monjas no tiene importancia. Pero sí tiene ofrecer una Sinfonía en azul, que eso es el cuadro". Desde el nuevo punto de vista nos pusimos a observarlo. Y nos resultó una maravilla.

Zelaya Sierra sí es una gloria hondureña. En él bajo ningún concepto anda el farsante.

Francisco Zúñiga Figueroa estudió en España y fue en pintura de la escuela española. Lástima grande que no tengamos a la vista la crítica de su obra, compuesta de numerosos cuadros pintados con maestría. Como en Honduras nos falta todo, carecemos de una pinacoteca para conocer y apreciar las producciones de nuestros grandes artistas. Los gobiernos hondureños, surgidos corrientemente de elecciones fraudulentas, de imposiciones, de montoneras, de golpes militares, de maniobras por arriba, tienen tiempo para satisfacer sus fines egoístas, pero no lo tienen para construir una galería pictórica, un conservatorio, un teatro moderno, cuanto tiene que ver con el bien general, con la cultura, con la distracción sana.

Así se ve que los cuadros de Zúñiga Figueroa sean desconocidos por el público y que por lo mismo no pueda formarse un juicio atinado acerca de ellos.

Álvaro Canales está vivo y joven. Es de San Pedro Sula. Estudió en la Escuela de Bellas Artes de Tegucigalpa. Pero no contento con lo adquirido, se fue a México, donde vive. En México se empeñó en conocer el arte revolucionario de los grandes muralistas, así como la técnica de sus cuadros, logrando aciertos que lo distinguen. No conocemos su obra mural de México; pero sí su cuadro Francisco Morazán, que a nuestro entender, hasta el momento, y valga el símil, es la mejor biografía que se ha escrito sobre el héroe de Las Charcas.

Allí está Morazán como seguramente fue. Un hombre curtido por los soles abrasadores de la guerra, mirando de frente, sin altanería porque no la necesitaba, con unos puños que denotan las fuerzas del guerrero. Lo importante de Álvaro Canales es que con su arte escribe, traza caminos, hace historia, pero historia verdadera y no mentirosa ni falaz. A nuestro entender, Álvaro Canales es el pintor revolucionario representativo de esta República. No hay otro.

ESCULTURA

El único escultor de categoría con que cuenta Honduras es Mario Zamora, de Danlí, departamento de El Paraíso, y quien desde joven se instaló en la ciudad de México, donde se ha dedicado a su actividad artística y ha adquirido renombre. De paso diremos que ya que América Latina reúne los caracteres básicos de una gran nación, y es México el país que en proceso de avance se ha distinguido y seguirá distinguiéndose por su lealtad con las raíces pre—históricas e históricas de América, posiblemente sea allí donde se halle el centro reverencial latinoamericano y sea allí donde se halle y se hallará nuestra concurrencia histórica.

Poco divulgada ha sido la actividad artística de Zamora en el país de su residencia. Pero tenemos muestras en esta Capital en las estatuas de mármol de su cincel que se hallan en la planta baja del Palacio Legislativo, las cuales son admirables por la plasmación de nuestros tipos autóctonos, que nada tienen que envidiar a los griegos, y por el aire moderno que se deja ver en el trabajo mecanizado.

Zamora en arte está dentro de las inquietudes de su siglo.

MÚSICA

Manuel de Adalid Gamero es el artista musical de más renombre en el extranjero. Hizo sus estudios iniciales en la ciudad de Guatemala. Pero los extendió en los Estados Unidos y en otros países. Además de virtuoso fue compositor de talento. En Norteamérica fueron celebradas sus composiciones, y todos recordamos con deleite y gratitud su obra titulada "Remembranzas Hondureñas".

Rafael Coello Ramos es famoso como director de orquesta, ejecutor de varios instrumentos y compositor. Trajo al país la música de los Strauss, es decir el vals ejecutado con maestría y pompa. Y para probar que también era capaz de dejar obras imperecederas escribió la admirable "Cascada de perlas", que llena de satisfacción y orgullo el arte musical hondureño

Humberto Cano estudió música en Italia. Palabras mayores. Su instrumento es el violín. Ha dado conciertos en Europa y en América. Tiene capacidad artística. Pero es el hombre más torcido de Honduras. Si se anuncia un empleo y se presenta él y una nulidad, prefieren a la nulidad. Es eternamente marginado, preterido, sin causas racionales. Con dificultades se hizo de una casa en las afueras de la ciudad para vivir tranquilo. Una vez unos indios borrachos de La Cuesta lo visitaron para pedirle que "les echara un son", como él les explicara que su música no tenía nada de común con las rancheras mexicanas, irritados sacaron los machetes, y si no hubiera sido por la intervención de unos choferes que pasaban, allí lo dejan muerto.

FOLKLORE

Esta palabra es inglesa y significa Ciencia del pueblo, o sea ciencia de las tradiciones y costumbres de un país, o si se quiere ciencia de las tradiciones, leyendas, poemas populares, proverbios, refranes, canciones, chistes, gracejos y otras expresiones que definen la sicología de un país.

La palabra folklore tiene tanta fuerza y significación que por su propio peso se impuso en el castellano. Viéndolo bien, el folkore es como el vestido lujoso, que al igual de una mujer hermosa, lleva una nación.

Corrientemente, las obras de renombre universal tienen su origen en el folklore del país que glorifican. Por ejemplo, la alta poesía de Puschkin desarrolla temas del pueblo ruso. Goethe llegó a escribir la obra genial de "El Fausto" con base en una leyenda germánica de la Edad Media. Shakespeare hizo lo propio con los motivos folklóricos de su país y de su tiempo. Y Cervantes habría sido arrinconado como tantos autores españoles si detrás de sus figuras ridículas Don Quijote y Sancho no respiraran dos personajes colosales, como son Carlos V y Felipe II.

Indudablemente, Rubén Darío nos hizo un gran bien y un gran mal en América Latina. Un gran bien porque con las velas del modernismo llevó nuestro nombre a los confines del mundo. Y un gran mal porque el exotismo desestimó el folklore latinoamericano y dejaron de escribirse obras de verdadero valor nacional. Antes del modernismo, íbamos por buen camino. Por ejemplo, Domingo Faustino Sarmiento escribió el "Facundo", que es definitivo y concluyente. Allí se copia la realidad argentina, y el bárbaro de la obra se le ve en la vasta extensión del subcontinente latinoamericano。

Después del modernismo, que muy poco caso hizo de nuestras cosas, los falsificadores del latinoamericanismo literario—artístico, han llegado incluso a negar el folklore, a decir que es una baratija y a reírse de él. Y en nombre de un universalismo sin contenido, totalmente abstracto, decadente como el sistema que refleja sus impulsores solo llegan a ser flores de un día.

Todo viene para decir, que el folkore hondureño ha sido desestimado en nombre de una imitación lacayuna de lo extranjero y de un cosmopolitismo mediocre.

Desde luego, este desprecio del folklore nacional es una de las expresiones del subdesarrollo y la dependencia.

PERIODISMO

El periodismo (con todos sus medios de comunicación) es fundamentalmente político. Sin que pierda esta esencia, también es comercial, financiero, económico, literario, artístico, religioso. El periodismo en la edad moderna ha ocupado el lugar de la tribuna de los tiempos antiguos. Se ha de recordar que desde la tribuna hablaban los patricios romanos de los asuntos públicos o sea de los pleitos en los tribunales, de las contiendas en el Senado y de la guerra en el campo de Marte. El periodismo hoy tiene que ver con todo lo que atañe al Estado, y a sus conexiones.

Por eso el periodismo es distinto de la literatura.

PAULINO VALLADARES (1881—1926)

Nació en el pueblo de Güinope, El Paraíso. El siglo se inicia con un gran periodista. Hizo sus estudios iniciales en "El Espíritu del Siglo", colegio de la Revolución liberal de 1894. Huyendo de la cárcel arbitraria, se trasladó muy joven a Nicaragua, donde terminó sus estudios, graduándose de abogado. En Granada empezó a escribir en "La Estrella", con ímpetus juveniles, artículos y cuentos que siguen causando admiración. De regreso a Honduras, en el Gobierno de Dávila se hizo cargo de la dirección de "La Prensa", periódico oficial, en el que enseñó su garra de polemista.

En 1913 asumió la dirección de "El Cronista" que llegó a ser no solo la opinión influyente de Honduras sino de Centro América en muchos temas generales. Se llegó a llamarle "príncipe del periodismo centroamericano". Parece que se enfilaba hacia la presidencia de la república, pero lo atajó la muerte en una mesa de operaciones en Panamá, en 1926.

MIGUEL ÁNGEL NAVARRO

Nació en Tegucigalpa. Se hizo doctor en Derecho en El Salvador. Su espíritu fue volteriano. Librepensador. Tribuno de palabra aplastante. Tuvo tres amistades suficientes para darle vigor a sus alas: Álvaro Contreras, Lorenzo Montúfar y Juan Montalvo. Fue liberal, y quiso llevar el liberalismo al poder para darle en la cabeza a los curas. Pero no percibió que había un peligro mayor que los clérigos en la invasión de los empréstitos. Si Navarro hubiera asumido una actitud anti—imperialista con aquel talento que le acompañaba, a estas horas sería aclamado por las masas.

TIMOTEO MIRALDA (1865—1955)

Vino a la vida en Yocón, Olancho. Tuvo un nacimiento digno de contarse. Sus padres huían de los verdugos de la "Ahorcancina". Se fueron a esconder en lo más encumbrado de las montañas de Mucupina. Allí nació el niño que nombraron Timoteo. Más literato que periodista, tenía una prosa cautivante. Pero cuando le tocó publicar periódicos, fue golpeante y rudo como un herrero. Fue un polemista temerario. Viviendo la mayor parte de su vida en Estados Unidos, llegó a escribir en inglés a la perfección y colaboraba en los periódicos norteamericanos. Murió rico, con buena casa, familia amorosa y en ancianidad perfecta.

AL FREDO TREJO CASTILLO (1885—1966)

Nació en Tegucigalpa. Fue Abogado. Periodista de ocasión, queremos decir que no vivió profesionalmente del periodismo. Pero fue constante en las páginas de los diarios cuando se trataba de ventilar temas difíciles. Fue asiduo, defensor de la patria y trabajó constantemente en favor de la unión centroamericana. Fue una vida rectilínea y el mejor ejemplo que le dejó a las generaciones fue su honestidad ciudadana. Como delegado de Honduras, en el Congreso bolivariano de Panamá pidió la libertad de Puerto Rico, intervenido por los Estados Unidos.

ÁNGEL ZÚÑIGA HUETE (1888—1953)

Abogado de los Tribunales de la República. Ministro de Gobernación en el Gobierno del General Rafael López Gutiérrez. Candidato a la Presidencia postulado por la Convención del Partido Liberal en 1932. Periodista planfletario, a la manera del colombiano José María Vargas Vila, con un furor implacable sobre sus enemigos. Tenía unas frases con que 'asustaba a los pudibundos y a los tímidos, como éstas: "El estupro y la violación no debían ser delitos porque Honduras es un país despoblado"; "yo no creo en la inviolabilidad de la vida humana porque hay individuos que debían retirarse de la convivencia social"; y, "la fuerza es el Derecho".

En el centenario de la muerte del General Morazán, Zúñiga Huete escribió una bella biografía del héroe unionista.

Murió desterrado en la ciudad de México, firme en sus ideas contrarias al régimen de los 16 años.

ABEL GARCÍA CÁLIX (1896—1928)

Nació en Juticalpa, cabecera del departamento de Olancho. Fue maestro de escuela. En servicio magisterial estaba en el puertecito de El Porvenir cuando se vio obligado a matar a un zamarro que le quería seducir la mujer. Pagó su pena en el presidio de La Ceiba. Publicó varios periódicos y fue uno de los fundadores de la revista "Vida" con José Mercadal, de Catacamas (asesinado), León Osorio, mexicano, Augusto Pinto, venezolano, Porfirio Barba Jacob, colombiano, y otros del país como Ramón Santamaría, Juan Ordóñez L. y Max F. Viana.

La revista "Vida" fue un surtidor de pensamiento selecto. Tenía interés de publicar el pensamiento mundial en una zona clave. Pero algo molestó al procónsul de La Ceiba, general Vicente Monterroso, quien se valió de un agente provocador para que sacara de, quicio a García Cálix, y este hombre digno y violento cayó en la trampa. El procónsul lo desterró a México, donde permaneció varios años durante el gobierno de Calles.

García Cálix volvió al país con ideas renovadas. Quiso fundar el partido socialista. Encontró apoyo en el doctor Miguel Paz Baraona, quien deseaba salir de la baraúnda de los partidos históricos. Gran orador García Cálix. Buen periodista. Un hombrón. Pero murió matado traicioneramente por Calixto Carías, pistolero del Partido Nacional.

JULIAN LOPEZ PINEDA (1882)

Nació en la ciudad de Gracias. Abogado. Fue un profesional del periodismo. Se dedicó a él en Honduras, El Salvador, Guatemala y otra vez en Honduras. Fue director de muchos periódicos. En Guatemala iba a dirigir una empresa colosal, "El Mundo", interrumpida por una guerra en potencia que se dibujaba en el horizonte entre Guatemala y Honduras por cuestiones fronterizas.

Allá por 1917, López Pineda fue socialista, y quiso fundar este partido con unos artesanos. Después fue girando la rueda hasta caer en el servicio no de las compañías sino del gobierno de las compañías, que es lo triste. Porque las compañías pagan bien a sus sirvientes. Y el gobierno se queda con la mitad.

López Pineda escribió versos, dramas, ensayó muchos géneros literarios. Pero nada de eso. López Pineda fue periodista. Y buen periodista, con una ilustración poco común y con un golpe mortal. Era un polemista temible.

En sus años de vejez fue anticomunista, y vivía viendo agentes de la KGB por todos lados. Era su obsesión. Nunca se le ocurrió gritar: ¡Corran, que aquí está un agente de la CIA!

Era contradictorio. El general Julián López capturó al general Ezequiel Marín, cómplice del genocida general José María Medina. En otras palabras, el padre del periodista apresó a un peligro so conspirador. Y el periodista fue un furioso defensor de Marín y de Medina.

FRANCISCO VARELA

Nació en Comayagüela en la década final del siglo pasado. No deben pasar estas páginas sin consignar su nombre de hombre honesto como muy pocos en la república, donde a estas horas escasea tanto la virtud. Nunca tuvo a su cargo un diario. Simplemente fue un colaborador de los mejores periódicos de la capital. Pero sus colaboraciones contenían opiniones tan acertadas que los lectores las tomaban como suyas. Era uno de los consejeros de Paulino Valladares en materia hacendaria, pues con el estudio se había especializado en las finanzas. No era adicto a creencias religiosas; fríamente miraba el destile del mundo, actitud que más de una vez le alabó el músico Manuel de Adalid y Gamero, materialista y ateo.

SALVADOR TURCIOS

Nació en Comayagüela en el año de 1887. A temprana edad se trasladó a la ciudad de San Salvador donde emprendió sus estudios que dejó inconclusos por los apremios de la vida. Hizo sus armas periodísticas en el Diario de El Salvador de Román Mayorga Rivas, al mismo tiempo que Juan Ramón Molina era editorialista de aquel rotativo.

A raíz de la visita que hizo el argentino Manuel Ugarte a El Salvador, dictando conferencias por donde pasaba sobre el peligro expansionista de los Estados Unidos en América Latina, Salvador Turcios recogió sus crónicas en un libro que tituló Ante el imperialismo yanqui, en 1912.

MATÍAS OVIEDO

Nació en Tegucigalpa en 1896. Muy joven se trasladó a México. Estando en México, estalló la revolución contra el dictador Porfirio Díaz. Fue una revolución democrática contra el porfirismo latifundista. Por cierto fue la revolución más profunda en tal sentido en aquel tiempo.

Matías Oviedo se alistó en las filas revolucionarias. Fue ayudante y secretario del jefe de la revolución don Francisco I. Madero. Fue así compañero de los más altos dirigentes de la revolución agraria y anti—imperialista de México.

Orador de alto coturno, periodista, con la experiencia de una revolución verdadera, regresó a Honduras a participar equivocadamente en las contiendas politiqueras del país creyendo que las consignas del Partido Revolucionario de México, se podían trasladar al viejo Partido Liberal hondureño.

Fue su error, y así perdió su tiempo una inteligencia tan brillante como la de Matías Oviedo.

RICARDO ALDUVÍN

Nació en Tegucigalpa. Médico de la Universidad Nacional de México. Aún estudiaba medicina cuando la fuerza de los acontecimientos lo hizo participar en los combates de la revolución anti—porfirista, dejando bien sentado su nombre y el de su pequeña patria Honduras.

Como orador apareció en la vida pública. Pero también fue periodista, habiendo dirigido un diario importante en la República de Guatemala, con el beneplácito de los guatemaltecos.

VISITACIÓN PADILLA

Una mujer enérgica. Una mujer de convicciones firmes. La oratoria que ensayó en un credo religioso, más tarde le sirvió con mayor utilidad en el discurso político, y con más eficacia en el discurso anti—imperialista, pues acompañó a Froylán Turcios en las arengas contra los yanquis en 1924 y fue redactora asidua del "Boletín de la Defensa Nacional". Probó la señorita Visitación Padilla tener tanto o más valor que muchos hombres que se jactan de tenerlo en el desempeño de comisiones peligrosas en los meses del sitio de Tegucigalpa y bajo el diario fuego graneado. Fue en el verdadero sentido de la palabra una combatiente. A veces se equivocó, al tomar filas en las facciones políticas que no eran para ella. Pero su nombre de mujer patriota nadie lo puede empañar.

LUCAS PAREDES

Vino al mundo para hacer periodismo, cuando esta profesión tenga su encanto en los días del inversionismo. Es lógico que Lucas

Paredes no iba a hacer un periodismo subversivo. Sus viajes fuera de Honduras fueron pocos. En uno de ellos, desempeñando un puesto diplomático en Praga, fue acusado por la prensa internacional de haber vendido pasaportes a unos trotskystas que iban a Moscú con el propósito de asesinar a Stalin. Siempre regresaba para seguir despachando su periódico "Nuestro Criterio". Además, Lucas Paredes escribió muchos libros, sobresaliendo entre ellos "El Drama Político de Honduras", que es una obra de consulta histórica.

MANUEL SEVILLA

Natural de Olancho. Dejó el estudio de la medicina para dedicarse al periodismo y la política. Fue redactor de "El Constitucional" del doctor Policarpo Bonilla en la campaña electoral de 1923. Participó en la acción de armas en el sitio de Tegucigalpa de 1924. Acompañó a Ferrera en su acción bélica y fue a parar a Guatemala, donde hizo méritos en el periodismo de aquella república. El ataque a una empresa norteamericana lo hizo objeto de persecución por parte del gobierno de Jorge Ubico. Regresó a Honduras, de donde fue echado por el régimen de Tiburcio Carías. Distintivo de Manuel Sevilla: fue un hombre valiente y hasta temerario, como lo demostró en la lucha del pueblo salvadoreño contra el dictador Martínez, y después contra Osmin Aguirre y Salinas, y más tarde contra Castañeda Castro. Sevilla Oliva fue respetado y querido en El Salvador. En Honduras apenas se le conoció, y si lo llamó al país una facción política fue para explotarle su trabajo.

ARO SANSO

Sobrenombre de Ismael Mejía Deras, periodista, y sobre todo escritor. Natural de Ocotepeque, vino a Tegucigalpa a estudiar Comercio. Se enroló en el periodismo político. Fue redactor de "El Constitucional" del doctor Policarpo Bonilla. Los acontecimientos lo obligaron a empuñar las armas, y así pasó a los Estados vecinos. Tenía una facilidad extraordinaria para escribir. El libro que le dio nombre fue la "Biografía del doctor Policarpo Bonilla". Murió en el destierro.

SALVADOR CORLETO

Como el medio hondureño es tan estrecho, y aquí para desempeñar empleos y funciones no se escogen a los mejores sino a los peores —esto, no por mal ojo de los hondureños sino porque así lo mandan las transnacionales, que ya tienen sus cuadros seleccionados—, en cuanto al doctor Salvador Corleto ni siquiera se supo que había sido una pluma brillante del periodismo en Guatemala. En efecto, el doctor Corleto era una figura de valía en Guatemala en el foro y en la política.

Sometido a un Consejo de Guerra por mandato del tirano Manuel Estrada Cabrera, tuvo la suficiente sangre fría de defenderse solo y haber logrado la absolución. Caído el cabrerismo, dirigió un diario con la brillantez de Camilo de Saint—Croix.

Aquí en Tegucigalpa, Salvador Corleto fue representante por Honduras en la Asamblea Federal de Centro América de 1921.

ALEJANDRO CASTRO

Tuvo una publicación propia que se llamó "Revista Tegucigalpa" en la que enjuiciaba semanalmente lo más saliente de la capital y el país. Los muchachos querían la "Revista Tegucigalpa" porque era su revista. Castro les publicaba cuanto le llevaban, toda vez que fuera pasadero.

Además, era el jefe de redacción de "El Cronista" cuando lo gobernaba Calderón (don Manuel). Era el eje de ese periódico, lo que le valió que al fin los politiqueros que solo se aprovechan de los hombres, haciendo una excepción, lo compensaran haciéndolo diputado. Pero no le duró aquella prebenda. Luego estuvo muriendo, gastado por dentro y por fuera, decepcionado, considerando que este mundo es el infierno, y que la muerte a lo peor es otro infierno.

La Asociación de Prensa Hondureña (APH) tiene un premio que lo da cada año a cualquier emborronador, creyendo que con eso endulza la amargura de aquel prisionero de la angustia.

El caso de Alejandro Castro hace creer que aquí hace falta una revolución liberadora, porque el rencor de este hombre y el suicidio de otros, acusa que esta tierra, negra de pesimismo, debe ser salvada.

PORFIRIO HERNÁNDEZ

Nació en una aldea de Juticalpa, Olancho. Joven viajó a México. Antes venía una que otra vez. En 1924 estuvo en Tegucigalpa. Vio el arribo de los marinos yanquis. Y colaboró con decisión en el "Boletín de la Defensa Nacional" de Froylán Turciòs.

Regresó a México, de donde no volvió nunca más. Si está vivo, sigue siendo uno de los redactores más apreciados del diario "El Universal".

FEDERICO MILTON PETIBONY

Nació en el pueblo de Concordia. Se hizo bachiller en el Colegio La Fraternidad. Pasó a estudiar ingeniería a Guatemala. De Guatemala pasó a Nueva Orleans, donde desempeñó la gerencia de una casa comercial judía. De Nueva Orleans pasó por último a la ciudad de San Louis Misuri, donde se instaló al lado de una familiares. Es la información que tenemos de él.

Amigo del periodismo, allí se dedicó enteramente a él, solo que en un idioma que no era el suyo.

En el Colegio de Juticalpa fue compañero de Alfonso Guillén Zelaya y de otros jóvenes que llegaron a ser importantes en la República.

Con Guillén Zelaya mantuvieron correspondencia de cuando en cuando. A la fecha no se sabe si todavía vive o. no.

Hijo de un buscador de minas y de una mujer del lugar, siempre contó con fondos suficientes para sus estudios y sus gustos.

En los periódicos de antes de 1920 suelen encontrarse colaboraciones de Milton Petibony, y entre ellas una entrevista que le hizo a Rubén Darío a su paso por Puerto Cortés.

MANUEL CÁLIX HERRERA

Nació en Juticalpa, en 1904. Cursó la escuela primaria. Se instruyó a sí mismo. Obrero revolucionario. Estudió profundamente el marxismo—leninismo. Organizador sindical y político de las masas. Presidió la Federación Sindical del Norte. Fue Secretario General del clandestino Partido Comunista. Fue director del semanario obrero "El Martillo", que se puede decir es el primer órgano revolucionario que se ha publicado en el país.

Al ser llamado agente del comunismo internacional, fue perseguido y encarcelado en el Castillo de Omoa, donde estuvo varios años. Allí adquirió la tuberculosis. Y al saberlo aniquilado le abrieron las puertas para que fuera a morir en cualquier parte.

Murió en su pueblo, Juticalpa, en 1939.

FILOSOFÍA

Aunque es verdad que todos los pueblos son capaces de filosofar, porque necesitan una concepción propia del mundo, la vida, la sociedad y el pensamiento, lo cierto es que esta concepción propia necesita para manifestarse de la más completa libertad e independencia. De otra manera no es posible tenerla, y así se explica la dependencia filosófica en que han vivido los pueblos latinoamericanos desde que fueron descubiertos, conquistados, colonizados y retenidos. Lo que se dice de América Latina se dice de Honduras.

A lo largo de la Colonia española, la filosofía que dominó en los colegios tridentinos y en las universidades, fue la de Santo Tomás de Aquino. Pareciera que apareció en la vasta comunidad hispánica el rey Carlos III para que facilitara la independencia americana。 Entonces fueron expulsados los jesuitas y reformada la enseñanza en los colegios y universidades. Empezó a imponerse la filosofía de la Ilustración (Montesquieu, Voltaire, Rousseau, Diderot, D'Alembert).

La Ilustración perduró toda la mitad del siglo XIX en América Latina hasta que fue imposible seguir impulsando la revolución latinoamericana. Pero creyéndose que se había logrado lo que no se logró, inmediatamente después se pasó a adoptar la filosofía con servadora que en este continente se le consideraba progresista, la filosofía de Augusto Comte, el positivismo.

Desde México hasta la Argentina y Chile el positivismo tuvo verdaderos adalides en la segunda mitad del siglo XIX, que aliados con el Partido Liberal trataban de derrocar y derrocaban las dictaduras de los caudillos feudales. Pero al terminar el siglo XIX, la filosofía de Augusto Comte, había terminado su papel y había sido generalmente olvidada.

Al empezar el siglo XX, había prendido la locura, nadie sabía que camino tomar. Aquí en Honduras el positivismo fue dejado para seguir el evolucionismo de Herbet Spencer. El evolucionismo spenceriano acompañado de la doctrina de Carlos Darwin y de las afirmaciones de Ernesto Haeckel, acercó a los estudiosos al materialismo biológico, sin hallar explicaciones correctas acerca de la sociedad y el pensamiento.

Una discusión periodística entre el doctor Agustín Hombach y el doctor Ángel Ugarte primero y otra entre el mismo Hombach y el escritor Salatiel Rosales después, puso en claro el predominio del evolucionismo en los años de la primera guerra mundial. En 1921, el doctor Miguel Ángel Navarro en plena Asamblea Constituyente que estaba redactando la Constitución de la República Federal de Centro América, dijo oponiéndose a una invocación religiosa en el texto constitucional, que ya habían pasado los tiempos de la teología, la cual no era ciencia, porque carecía de un objeto cierto.

En el segundo cuarto del siglo, fue conocido en los círculos obreros de la República el marxismo—leninismo. Esto hace suponer que el pueblo trabajador se adelantaba teóricamente a la clase culta del país, que adoptaba toda clase de ideas extravagantes que no la llevaban a ninguna parte. La Universidad Nacional, acartonada, dando títulos profesionales a diestra y siniestra, no desempeñaba su principal labor: hacer ciencia, investigar. La Universidad Nacional de "los 16 años" tenga la esterilidad de la piedra. Es cierto que produjo profesionales, pero también es cierto que de ella salieron los politiqueros que han hincado sus colmillos en la carne de la República.

IGLESIA CATÓLICA

El gobierno eclesiástico de Honduras ha estado a cargo de las siguientes personas:

Manuel Francisco Vélez, nacido en Guatemala, doctor en Teología graduado en Roma, catedrático de Lógica en Guatemala y en San Salvador, Obispo de la Diócesis de Honduras con asiento en Comayagua, pero no logrando armonizarse con los comayagüenses, trasladó la sede obispal a Siguatepeque. Publicó varios tratados de educación religiosa. Le tocó gobernar su iglesia en el turbulento período de la Reforma liberal. Pero salió adelante con felicidad, gracias al talento y la habilidad que le acompañaban. Murió en 1902.

Le sucedió en el Obispado el Pbro. José María Martínez y Cabañas, natural de Juticalpa, Olancho. Martínez y Cabañas, de buenas familias, rico, fue mundano. Su amistad con el doctor Vélez lo llevó al sacerdocio, a quien acompañó en un viaje pastoral a Roma y a la Tierra Santa, viaje extraordinario en aquel tiempo.

En 1916, la Diócesis fue elevada a la categoría de Arquidiócesis, y el Obispo Martínez y Cabañas fue elevado al rango de Arzobispo. La Arquidiócesis fue trasladada a Tegucigalpa, donde ha seguido. Martínez y Cabañas murió en 1921.

Agustín Hombach, alemán, nacionalizado hondureño; doctor en Teología graduado en la Universidad de Bonn. Vino al país a dirigir el Seminario Eclesiástico. Al morir Martínez y Cabañas fue consagrado Arzobispo de Honduras el 10 de mayo de 1923. Su gobierno fue excelente para la Iglesia hondureña, dada su capacidad e ilustración. Murió el 16 de octubre de 1933.

Sucedió al doctor Hombach, Monseñor José de la Cruz Turcios y Barahona. Fue Arzobispo desde 1943 hasta 1959. Ha quedado en el misterio el motivo que tuvieron para destituir a este honesto prelado, que si no era muy la flor en cuanto a inteligencia, en cambio era diligente en su administración eclesiástica.

Monseñor Henrique Santos Hernández quedó en lugar del anterior desde 1959, como jefe de la Arquidiócesis de Honduras.

Fueron creados los siguientes obispados sufragáneos en: San Pedro Sula, Comayagua, Choluteca y Juticalpa.

El Obispado de Santa Rosa de Copán es muy anterior, y estuvo a cargo de Monseñor Claudio María Volio Jiménez, originario de Costa Rica.

El Obispado de Juticalpa es una Prefectura nullíos, desempeñado hasta el 25 de junio de 1975, por Monseñor Nicolás D'Antonio, norteamericano. Prefectura nullius quiere decir que es independiente.

Hoy, fuera de unos cuantos sacerdotes enemigos de los humildes, la mayor parte de ellos ya interpretan el Evangelio como un cate—cismo de los Derechos del Hombre. Y la Iglesia se orienta en dirección de la liberación social y nacional. No marcha a paso acelerado, pero marcha.

FIN

¿QUIÉN SOY YO?

Muchachos: como ustedes viven con el deseo de saber quién soy yo, por suponer, equivocadamente, que soy gran cosa, quiero darles este perfil rápido de mi vida, este lado de la medalla. El otro lado (lo digo medio en serio, medio en broma), el que está detrás, solo el Diablo lo conoce, Y sería preciso pedirle permiso a él para sacarlo a luz.

MEDARDO MEJIA

EMPECEMOS

Pude haberme llamado Gabriel Amaro Mejía, como deseaba mi padre, mayor de Plaza de Yoro cuando nací, pero el cura que me bautizó me puso José Medardo. Mis padres fueron Gabriel Anunciación Mejía y Francisca Antonia Pagoaga, casados y vecinos de Manto, Olancho, Honduras, C.A. Nací en San Juan de Jimasque el 20 de octubre de 1907.

Soy de origen campesino y me place haber nacido en este siglo, y no en uno anterior ni en otro futuro, porque he visto crecer, culminar y desintegrarse el imperialismo, el criminal más brutal y feroz de todos los siglos. He sembrado y cosechado milpas. Soy un milpero. He trabajado en los muelles de Puerto Castilla, cargando y descargando barcos. He sido asalariado en el ferrocarril de El Salvador, cargando y descargando vagones. He vendido pólizas en la gran ciudad de México. Conozco el hambre, la miseria, la cárcel, el destierro. En ocasiones he estado a punto de ser fusilado dos veces. En momentos difíciles me he mantenido impávido porque soy de raza de hombres por el lado de mi madre y de mi padre. Siempre pienso que voy a ser matado, y no me disgusta.

Me casé en 1933. La mujer me acompañó en el destierro, en el que tuve dos hijos, Augusto y Victoria, que conocieron las desdichas de la emigración perseguida. Con todo eso, los crie y les di educación. Ambos llegaron a ser profesionales del Brasil. Yo quería que mis hijos fueran universitarios del país de Luis Carlos Prestes, amigo mío a través de Ligia Prestes, hermana del gran revolucionario.

CARÁCTER

Me parece que mi abuela materna María Tomasa Lobo Antúnez, hija del general Bernabé Antúnez, jefe de los rebeldes que se alzaron contra el Gobierno de Medina en el Año de la Ahorcancina, matado y decapitado en 1865, me dejó el carácter que tengo: con una tónica generalmente alegre, una tendencia a ver las cosas por el lado chistoso, con una resistencia en la adversidad probada en infinidad de veces.

Desde niño fui inclinado a los ideales revolucionarios. Entre tantas, me gustó la poesía para alcanzar posiciones ventajosas en la sociedad. La poesía quiso ser medio no fin, como en el caso de Solón.

MI MADRE

Cosa rara: nunca he podido escribir una línea, un pareado, un cuarteto en honor de mi madre. Lo he intentado repetidas veces, y al no salirme nada, he renunciado el propósito, soltando esta disculpa: Mi madre vale más que los versos. Y entiéndase: yo no siento por mi madre ese amor que dicen muchos sentir por las suyas, un amor de caramelo, de besitos y de arrullos. Si yo me hubiera acercado a mi madre con tales muecas, me habría arropado con una pescozada. De creer en las reencarnaciones, diría que andaba en ella una mujer heroica de la independencia, que amaba con grandeza a los suyos, a la vez que idealizaba su propio sacrificio en la hoguera de la libertad.

Así es que más que amarla, siento yo por ella una clara y decidida admiración. Si me pusiera a narrar aquí los motivos por los cuales admiro a mi madre, me sorprendería la noche contando los puntos y detalles que me impulsan a creerla una mujer superior, y que desde la muerte me persigue estimulando con su actitud levantada en todas las circunstancias de la vida. Y digo para terminar: mi madre no está en esta asamblea, pero yo estoy en su representación.

INFLUENCIA

En la finca rural de mi abuelo paterno, Fidel Pagoaga, había biblioteca, compuesta de libros viejos en castellano, francés y latín de ciencias difíciles. A mí me bastaba el contacto de mi primo Juan Bautista Ruiz, todos le llamábamos Tista, tenía un parecido enorme con Napoleón cuando joven, y de repente era un genio que por causas desconocidas no asombró al mundo. Hizo la escuela primaria con tal brillantez que lo abrumaron de premios. De su cuenta aprendió el idioma francés, cantaba La Marsellesa como la cantara Rouget de L'Isle. Y con Tista todo era estudio y discusión, alegría y entusiasmo. Él fue el que clavó en nuestra cabeza (éramos varios primos) estos nombres: Morazán, Bolívar, Napoleón. Aquel genio fallido ya decía que Napoleón había invadido España para facilitar la independencia de América. Tista me enseñó a amar el arte (era músico de varios instrumentos) las mujeres y la gloria.

PRIMERAS LETRAS

En la aldea de San Juan de Jimasque. En torno a los cinco años. Maestro empírico: don Lucas Ayala Rosales, nieto de don José María Rosales, Alcalde Municipal de Manto en 1865, personaje de relieve en los acontecimientos del Año de La Ahorcancina.

ESCUELA PRIMARIA

Mis padres se trasladaron a la Costa Norte en 1913, y estuve en la escuela primero en La Masica y después en La Ceiba. Al regresar al Interior, continué la primaria en Manto y la terminé en Juticalpa, cabecera departamental de Olancho. Fueron directores de las escuelas a que asistí los profesores: Francisco Ávila y Ávila, Alfonso Cortés, Néstor Fortín, y Joaquín Reyes Tejada, propiamente director del Colegio "La Fraternidad".

Hice la escuela primaria en los años del gobierno del doctor Francisco Bertrand. Perdí los años de la guerra civil de 1919 y 1920.

ENSEÑANZA SECUNDARIA

Inicié el estudio del bachillerato en el Colegio "La Fraternidad" de Juticalpa, de 1921 a 1923, año de violencias políticas que determinaron mi retiro de las aulas. Durante la guerra civil de 1924 permanecí encantadoramente en Puerto Castilla, trabajando, viendo el mar maravilloso' del Atlántico, leyendo bellos libros, escribiendo versos y amando a una muchacha de Trujillo. Regresé a reanudar los estudios, ya sin ninguna interrupción, en los años de 1925, 26, 27 y 28.

Guardo grata memoria de mis maestros: Profesor Joaquín Reyes Tejada, Profesor J. Inocente Orellana, Bachiller José Melitón Sarmiento, Abogado Froylán Castellanos M., Doctor Pablo E. Ayes e Ingeniero Rubén Bermúdez (durante estuvo proyectando una empresa de la ciudad de Catacamas). Algunas veces llegó a examinarnos el Doctor Ramón Lobo Herrera, quien me inclinó a la filosofía con su saber universal.

CONSIDERACIONES

Conviene hacer estos agregados porque tienen importancia pedagógica:

1) Cuando hacía la escuela primaria, transcurría la primera guerra mundial que culminó en la Revolución Bolchevique de 1917. Me di cuenta, de aquello en los periódicos y revistas que venían de Nueva York, y me detenía a contemplar el retrato de Lenin, en cuyo pie de grabado se leía que "podía ser un santo o el mayor criminal de la historia". Declaro que desde niño me interesó la figura de Lenin. Igual aprecio le tuve a los demás revolucionarios, como Sverdlov, liquidador del zar en Ekaterimburgo, y pensaba en mis adentros que al crecer me haría revolucionario como ellos.

2) Cuando estudiaba el bachillerato en América Latina rugía la lucha contra el imperialismo yanqui. Además de los estudios que me gustaban mucho con sus buenos profesores, tenía fuera dé las aulas dos amigos: Federico Peck Fernández, recién llegado de los Estados Unidos, había sido expulsado de una Universidad por sus ideas y manifestaciones anti—estadounidenses, y con él leía Ariel de José Enrique Rodó y otros libros de autores famosos del continente; y Manuel Cálix Herrera, ya conocido en 1925 como un revolucionario profesional, quien me prestaba libros y me daba explicaciones. A Cálix Herrera le decía yo el Siberiano por su porte alto, delgado, blanco pálido y dar la impresión de ser un místico del comunismo. Años después supe que el cubano Julio Antonio Mella dijo de él que quizás era el teórico más capaz que tenía el marxismo—leninismo en Centro: América. Desgraciadamente se perdió la colección de El Martillo, semanario de combate que publicó en Tela.

3) En 1925 empezó la lucha de liberación de Nicaragua, dirigida por el general Augusto César Sandino y propagada en el continente

por el poeta Froylán Turcios desde las páginas resonantes de la Revista Ariel. Siempre tuve deseo de sumarme a la guerra de guerrillas de las Segovias, y lo intenté con dos compañeros más, pero el padre de uno de éstos nos alcanzó a la altura de la aldea de San Nicolás y nos hizo regresar.

CARRERA UNIVERSITARIA

Llegué a Tegucigalpa en 1929 con la intención de estudiar ingeniería por haberme ganado la facilidad matemática del Ingeniero Rubén Bermúdez. Cuando fui a matricularme, me disgustó el aspecto descuidado de la Facultad, siempre atendida por un portero, pues el decano y el secretario nunca estaban. Así fue que me matriculé en la Facultad de Ciencias Jurídicas. Pero no perdía la esperanza de matricularme en ingeniería por mi amor a las matemáticas.

En aquel año y los que le siguieron, la Universidad Nacional de Honduras había perdido el impulso progresista que le venía de la Reforma, de Ramón Rosa y Adolfo Zúñiga, del liberalismo y el positivismo. Había quedado convertida en un conjunto de escuelas atrasadas y retrógradas. La escuela de Derecho se reducía a enseñar artículos de códigos. En la Medicina, quizás fórmulas curativas pasadas de tiempo. En la Ingeniería se ignoraba la existencia de las geometrías no euclidianas. Y así por el estilo.

Era una Universidad sin filosofía. Abandonó el positivismo y no hubo la inteligencia ni la voluntad de buscar otro sistema. Menos se dio cuenta de su papel militante en la sociedad. Nunca hizo ver al pueblo hondureño, porque no supo, que la independencia nacional de 15 de septiembre de 1821 había sido anulada por la dominación colonialista yanqui, y que ella Universidad—, debía preparar los cuadros capaces de realizar la segunda liberación.

Unos santones del medievo ——llamados profesores— entraban y salían de las aulas, siempre rodeados por las mesnadas estudiantiles llenas de expresiones serviles y de ruidosos aplausos. Muchos de aquellos personajes, catedráticos del Derecho positivo, eran gestores de las compañías fruteras, como abogados, diputados, ministros, etc. Es decir, eran entreguistas que en vez de estar en la cárcel hablaban de honestidad y de justicia desde las tribunas universitarias.

En 1935 rendí mis exámenes finales. Mi tesis se llamó Derechos civiles de la mujer. Fui aprobado por unanimidad, con sinceras felicitaciones. Y una vez hecha la Licenciatura, me preparaba para el examen de Abogado, cuando empezó a perseguirme la policía, obligándome a traspasar la frontera de El Salvador, donde me gané la vida desde jornalero en los ferrocarriles de la IRCA hasta redactor en los diarios burgueses—feudales de aquel país.

CONSIDERACIONES

Durante realizaba los estudios de Derecho, desfilaron grandes acontecimientos: La crisis económica mundial de 1929; luego el New Deal de Roosevelt para contrarrestar la crisis (que fueron claras medidas del capitalismo monopolista de Estado); enseguida, el arribo de Hitler al poder en Alemania que trajo la preparación de la segunda guerra mundial; y por último, para que la década 30 tuviera color hispano, el nacimiento de la República Española, su vistosa palabrería y el golpe militar de la reacción que produjo la guerra civil en la que perecieron millones de españoles.

Los revolucionarios del país conocían la tarea fundamental consistente en la formación del frente mundial contra el fascismo. Los partidos progresistas de cada país debían formar el frente y luego articularse con los demás. ¿Ahora de dónde salió que el partido liberal con su candidato a la presidencia Licenciado Angel Zuniga Huete tenía visos antifascistas? Muchos jóvenes nos enardecimos con esa consigna, y fue hasta que caímos en el destierro que nos dimos cuenta del error en que nos hallábamos.

EL PERIODISMO

Eso sí, una cosa es cierta. Muchos nos trasladamos al exilio con una clara conciencia antifascista, y no como liberales a secas, aunque no rompimos con ellos, por tener la esperanza de que algún día se sumarían al antifascismo.

Ya dijimos cómo nos ganamos la vida en El Salvador. No está demás repetir que vendimos nuestra fuerza de trabajo en el periodismo burgués—feudal, siempre cuidando de no caer en el servicio que atenta contra los derechos del pueblo.

Cuando vimos que lo más indicado era luchar por la causa de la libertad del hombre oprimido, con varios amigos fundamos un semanario de muchas páginas, llamado El Mundo Libre (después prostituyeron este nombre, llamándole "Mundo Libre" al mundo del imperialismo) dedicado a luchar contra el fascismo hitleriano y a divulgar las cuatro libertades de Roosevelt.

Quiso la casualidad que en los días de la fundación del periódico llegara como Embajador de los Estados Unidos de América, el señor Thurston, quien había sido secretario de la embajada de su país en la Unión Soviética, y al ser entrevistado nos ofreció unas declaraciones sobre la grandeza de la Unión Soviética que llenaron de admiración a los demócratas salvadoreños y de terror al tirano Martínez, autor de las matanzas obreras y campesinas de 1932.

Desde el comienzo el periódico contó con simpatía de masas. Publicaba íntegros los discursos de Roosevelt, Churchill y Stalin. Condenaba sin reservas todas las formas de tiranía conocidas. Naturalmente, los demócratas salvadoreños empezaron a tomar ánimo, y luego fundaron un organismo con el nombre de Acción Democrática.

¿Cómo no iba a desear el General Martínez acabar con el periódico? Unos redactores torpes le dieron la oportunidad al publicar algo que estaba fuera del programa del semanario. Así es que la policía cerró el periódico, y me expulsó del país con otro más. Viajé a Guatemala bajo vigilancia policíaca y de Guatemala a la frontera de México con dos indios ley fuguistas a la espalda. Iba en ferrocarril.

EN EL DIARIO "EL POPULAR".

En México me esperaba Alfonso Guillén Zelaya, y éste me relacionó con Alejandro Carrillo y después con Vicente Lombardo Toledano.

El diario El Popular era el vocero de la Confederación de Trabajadores de la América Latina (CTAL). Aclaro que me daría vergüenza decir que soy periodista sin haber pasado por la dura tarea del reportaje en que se reunían tres elementos: un, reportero desconocido en contacto con personas y hechos desconocidos en una ciudad inmensa como México también desconocida. Pero al querer llamarme César en aquella ocasión, pude repetir: Vine, vi, vencí.

No se olvide que transcurría la segunda guerra mundial. Los fascistas alemanes se habían quebrado los dientes en la batalla de Stalingrado. Pablo Neruda, a la sazón en México, publicaba sus cantos inmortales. Los discursos de Lombardo Toledano en la tribuna antifascista parecían himnos guerreros de Tirteo. Ana Seghers, la gran novelista alemana, se hacía millonaria con las ediciones de "La Séptima Cruz".

En el diario fui conquistando alta estimación y nuevos escalones.

Así pude anotarme de oyente en la Universidad Obrera, llena de fama en aquel tiempo, con su director Vicente Lombardo Toledano, disertante de Materialismo Filosófico; Isaac Livinsón, de Economía política; Augusto Seghers, de Historia del movimiento obrero mundial y varios prestigiados valores que discurrían sobre la estrategia y la táctica contra el fascismo.

En 1944 empezaron a derrumbarse las dictaduras de Centro América, y entonces me trasladé a estos países como corresponsal de El Popular. Lombardo Toledano me dio cartas para los embajadores mexicanos en las que les recomendaba que me prestaran su protección. Naturalmente, yo no necesité en ningún momento el escudo de los embajadores.

EN GUATEMALA

El pueblo guatemalteco había derribado al tirano Jorge Ubico, pero el sucesor Federico Ponce Vaides pretendía el continuismo por medio de la fuerza. En el calor de la lucha se había formado El Frente Popular Liberador, con lo granado de la juventud universitaria y algunos grupos populares. Por su parte, los maestros habían fundado la agrupación política llamada Renovación Nacional. Y los ferrocarrileros tenían su Partido de los Trabajadores. De paso diré que los ferrocarrileros de las líneas de la IRCA desempeñaron un papel decisivo contra los dictadores Martínez y Ubico.

Al aparecer un saludo para mí en El Imparcial, algunos muchachos del Frente Popular Liberador corrieron a solicitarme una charla. El lugar apropiado entonces era un salón de la Embajada inglesa. Otro podía ser asaltado por la policía poncista que era la misma ubiquista. Fui feliz en mi charla con la idea central de la unidad de los partidos y agrupaciones, sin dejar por fuera a los militares y a los curas que quisieran prestar su ayuda a la causa de la democracia.

Esta misma charla fue repetida en una sala discreta de Renovación Nacional y en otra del Partido de los Trabajadores.

EN EL SALVADOR

Seguí mi viaje para El Salvador. Fui recibido con entusiasmo. La Unión de Trabajadores Ferrocarrileros (UTF) me ofreció un paseo a Cojutepeque.

El país estaba gobernado por Andrés I. Menéndez, quien fue Ministro de la Guerra de Max. H. Martínez. En aquel momento había un héroe en El Salvador: el pueblo salvadoreño, que había derribado una dictadura feroz con la acción militar del 2 de abril y con la huelga general de mayo. Y el hombre escogido por el pueblo para que gobernara era el doctor Arturo Romero. Pero eso no le convenía al imperialismo, que ya empezaba a asomar las orejas, ni a la oligarquía cafetalera, y el coronel Osmín Aguirre y Salinas, Director de Policía, dio un golpe reaccionario el 20 de octubre del mismo año.

Terminó el respiro democrático de cinco meses. El general Salvador Castañeda Castro triunfó en las elecciones militarizadas sin ningún contrincante. Y empezó su gestión pública en 1945.

Yo había permanecido oculto porque el embajador de Honduras, Edgardo Valenzuela, iba a la Dirección de Policía cada tres días a pedir mi captura, sería para despacharme a Honduras. Y salí cuando se dijo que se gozaba de las libertades de un gobierno constitucional.

Total que se estaba peleando una guerra inmensa para nada. Las Cuatro Libertades de Roosevelt carecían de valor. Y la Carta del Atlántico quién sabe para qué la habían publicado. En febrero se reunieron en Yalta Roosevelt, Churchill y Stalin. El 12 de abril murió Roosevelt. Y el 8 de mayo fue celebrada la rendición de Alemania con una manifestación monstruosa. Había que esperar el fin definitivo de la guerra.

Un día me notificaron que la Universidad Nacional Autónoma por unanimidad de estudiantes y profesores me había elegido catedrático de Sociología. Acepté y dicté conferencias varios meses. Pero una noche, a las doce en punto, fui capturado por la policía y llevado a una celda.

EN HONDURAS

En la madrugada fui extraído de la celda y llevado con esposas a un camión militar. Allí noté los bultos de once hombres más. Éramos doce personas destinadas a una cárcel de Honduras llamada El Ojo de Agua, lugar escogido por los gobiernos salvadoreños de acuerdo con el hondureño para guardar a los conspiradores de aquel país. Pero en esta ocasión, Carías Andino se negó a recibir el envío, y de Jícaro Galán las autoridades hondureñas nos empujaron hacia Nicaragua. Pero también Somoza no quería recibirnos, y estuvimos veinte días en El Sauce en las manos de la Guardia Nacional, pidiendo limosna a las personas que pasaban por la. Carretera Panamericana.

Un día llegó de Managua un camión cargado de cosas. Bajó del camión el maromero Firuliche, salvadoreño. Había sabido por personas que pasaban por El Sauce que nos estábamos muriendo de hambre, y nos traía carnes enlatadas, pan, galletas, en abundancia, whiskey, cerveza, jabón, ropa interior, calcetines, cobijas, pasta de dientes, cepillos, en fin.

¿A qué se debía la caridad de Firuliche? En lo visible, venía a curar la triste situación de sus paisanos. En lo de adentro, venía a ver si faltaba alguno de los doce expulsados de San Salvador, pues se decía que en el trayecto de Honduras habían matado a uno, y ese uno era yo.

Somoza García quería saber esto, y había mandado a Firuliche a investigar la verdad porque la Confederación de Trabajadores de América Latina (CTAL), informada de la expulsión de los doce, en cuenta yo, el comunicado citaba mi nombre, pedía a los gobiernos centroamericanos nuestra exhibición pública.

Ciertamente en Jícaro Galán nos recibió un coronel Molina. Nos apretujó con sus soldados en un camión hondureño. En la madrugada detuvo el camión y me llamó por mi nombre:

—¡Medardo Mejía! ¡Qué baje Medardo Mejía! ¡Si no baja Medardo Mejía me veré precisado a bajarlos a todos para identificarlo!

Los compañeros me decían en voz suave:

—¡No desciendas! ¡No desciendas que quiere matarte!

Pero yo dije "a Roma por todo". Me tiré del camión, y le dije al hombre que se acompañaba de otro armado de una metralleta: "¡Yo soy Medardo Mejía! ¿Qué quiere conmigo?".

—Acompáñeme —dijo. Y lo seguí por la carretera. A un lado de la carretera había un jícaro caído. Como le faltaba la corteza se veía blanco a la luz de las estrellas.

Me dijo el jefe:

—Siéntese allí. Me senté.

No sé si era jugarreta o verdad, pero el ametralladorista levantaba el arma.

Se oyeron golpes y gritos en el camión. Los oficiales del grupo desarmaron a los soldados que iban en el mismo transporte, y saltaron a tierra gritando:

—¡Si disparan contra Medardo se mueren!

Fue el remedio. El jefe explicó que no, que me había llevado aparte para darme unos saludos de Tegucigalpa y para darme un trago de whiskey porque la madrugada estaba muy fría. Y en efecto, me dio el trago de whiskey, pero tomando él primero, por las dudas. Después extrajo de su automóvil otras dos botellas para que se calentaran el cuerpo los oficiales presos.

A las cinco de la mañana nos estaba entregando a la Guardia de Nicaragua en El Sauce.

EN NICARAGUA

Un negro de Bluefields acompañado de sus guardias nos trasladó de El Sauce a la cárcel de Somoto. Los vecinos corrieron con catres de campaña, almohadas y sábanas finas para los doce reos. Luego vino la cena. Una cena digna de un rey. Ninguno de nosotros usó los catres. Íbamos tan sucios, que no debíamos ultrajar aquella blancura. Al día siguiente, el desayuno mandado por los vecinos fue igualmente regio.

A las diez de la mañana arrancó el camión del cuartel de Somoto. Las gentes se paraban en las puertas o se detenían en la calle para ver nuestra salida. Una mujercita descalza, muy humilde, corría detrás del camión, gritando: "¡Pare! ¡Pare el camión!" Detuvieron el camión, y la mujercita, alzando la mano con un envoltorio en hojas de plátano, dijo:

—¡Yo soy hondureña, y esto es para mi paisano, el hondureño que llevan aquí...!

Recogí el envoltorio y le rendí las gracias. Eran unas tortillitas, con unos frijolitos y un huevo cocido... Entonces, hoy y siempre se me humedecerán los ojos al recordar el hecho.

Somoza García nos recibió en los mejores hoteles de Managua. Yo fui instalado en el Hotel Roosevelt, donde recibí como regalo de unos amigos dos buenos trajes, camisas, ropa interior, un sombrero fino y un buen par de zapatos. Informó la prensa que habíamos llegado a Managua. Los periodistas fueron a entrevistarnos. Y así la Embajada de México y la CTAL estaban informadas que no nos había sucedido nada.

En honor a la verdad, a Nicaragua fui a distraerme. Qué vacaciones tan admirables. Conocí desde Granada hasta León. Un hondureño rico, socio de Somoza García, me llevó a Corinto. Era dueño de un prostíbulo elegante donde había hembras de todas las razas, destinado a los marinos de los barcos de guerra. La gente se deshacía en atenciones con los desterrados.

Y lo que yo no esperaba. El poema Canción de Victoria López era generalmente conocido y sabido en Nicaragua. Una vez en Managua el autor del poema fue agasajado en un almuerzo por nueve jóvenes que representaban las nueve Musas. Y una recitadora profesional dijo el poema con acentos hondos. ¡Qué maravilla! ¡Música de orquesta, ramos de flores, coronas, muchachas de la crema de Managua!

Acompañado de Manolo Cuadra, poeta nicaragüense, fui a Masaya. Por la noche entramos en un teatro para ver un acto cultural. En medio de tanta gente, Manolo y yo éramos invisibles. Y quién me iba a decir. En el programa aparecía Canción de Victoria López recitada por una señorita que tenía los timbres de Berta Singerman. Los aplausos fueron atronadores.

Y otra cosa inesperada: como Manolo Cuadra era el niño bonito de los nicaragüenses en aquel tiempo y era gritón como un guerrillero segoviano, alzó la voz para decir:

—¡Ahora conozcan al autor de la Canción de Victoria López! ¡Aquí está conmigo! ¡Véanlo!

Me saludaron con una salva de aplausos y me hicieron subir al escenario para verme, aplaudirme de nuevo y hacerme que dijera unas palabras, que dichosamente me salieron bien.

En Granada y en casa de la señorita Abaunza, conocí a las lindas muchachas de la Calle Atravesada. La anfitriona, una ancianita educada en Inglaterra, creyó que andaba buscando esposa, y en una tarde me vi rodeado de tantas beldades con dinero y linaje conservador, que estuve tentado a romper mis títulos... lo digo en broma.

VISITA A RUBÉN DARÍO

El 14 de agosto de 1945 el pueblo managüense tuvo una concentración monstruosa para celebrar la rendición incondicional del Japón. Había terminado la segunda guerra mundial. Había triunfado la democracia en el mundo, y sin embargo el orador principal del acto lejos de ser un obrero antifascista, era el autor de la muerte del general Sandino, era Anastasio Somoza García. "¡Pero pase!", dijeron todos. En la noche escribí mi poema titulado: "Salutación al Reino de la Tierra".

Como ya se decía que la presión popular en El Salvador era tan grande que Castañeda Castro pensaba incorporarnos al país, me dije que no debía salir de Nicaragua sin visitar la tumba de Rubén Darío. Con ese objeto expreso fui a la ciudad de León. Entré a la catedral, y el homenaje que le rendí fue recitar, como quien reza un Padrenuestro, su gran poema "Pax".

En sangre y en llanto
está la tierra antigua.
La Muerte cautelosa
o abrazante o ambigua,
pasa sobre las huellas
del Cristo de pies sonrosados
que regó lágrimas y estrellas.
Etc.

DE NUEVO EN EL SALVADOR

Un buen día fuimos notificados en la Embajada salvadoreña que podíamos regresar a El Salvador. Regresamos de nuestra cuenta, unos primero y otros después. Recibimos abrazos afectuosos. Y pasaron las semanas.

De pronto, recibí un llamado de Casa Presidencial. Fui. Castañeda Castro me recibió en su despacho. Se disculpó por la expulsión, diciendo cínicamente que había sido un error de su gobierno. Al oír aquellas palabras, no pude contenerme y le dije:

—General: ¡Los gobernantes como usted tienen que cometer y repetir esos errores siempre que renuncien a sus propios dictados para atender y cumplir los mandatos de los grandes cafetaleros y de los círculos reaccionarios de Washington!

Lo dije con energía, como hombre, dispuesto a todo. Pero Castañeda Castro me vio con mansedumbre, y se fue al grano diciendo que me había llamado para que integrara la comisión que iba a redactar una nueva Constitución. Le dije que me dejara pensarlo; que le contestaría por telégrafo. Es decir, después de ultrajarme con la expulsión, me quería enlodar con su continuismo.

Buscándome andaba en esos momentos el embajador de Guatemala, don Eduardo de León, para decirme que me invitaba el Presidente Arévalo a pasar a Guatemala. Y sin pérdida de tiempo, al día siguiente, tomé un avión que me llevó a la capital chapina.

OTRA VEZ EN GUATEMALA

Arévalo me invitó a colaborar en el diario Mediodía de corta duración. Pasé luego a ser editorialista del famoso Diario de Centro América, fundado a raíz de la reforma liberal de 1871 y por el que desfilaron escritores famosos como Lorenzo Montúfar, José Martí, Rubén Darío, Enrique Gómez Carrillo, José Santos Chocano, Miguel Ángel Navarro y otros como colaboradores o como redactores de planta. Este diario ha tenido alternativas de esplendor y de humillación, cuando en las dictaduras cavernarias sus redactores han sido periodistas—policías. Naturalmente, Diario de Centro América en los gobiernos de la Revolución de octubre fue un vocero de la justicia social y de la liberación nacional.

Me siento orgulloso del periodismo revolucionario que proyecté en el Diario de Centro América desde 1947 hasta 1954. La conciencia me dice: ¡Así se escribe! Y los guatemaltecos progresistas lo saben.

Y la cosecha fue admirable. El 3 de marzo de 1954, el Departamento de Estado publicó el Boletín No. 1, que le dio la vuelta al globo, en el que decía que "La prensa y la radio oficiales de Guatemala estaban manejadas por Medardo Mejía, Carlos Alvarado Jerez, Otto Raúl González, Alfredo Guerra Borges y Raúl Leiva Muñoz, EXPERTOS EN LAS TÁCTICAS DE PROPAGANDA DEL COMUNISMO INTERNACION AL".

La intervención armada para poner fin al gobierno de Jacobo Árbenz Guzmán estaba en marcha. Carlos Castillo Armas preparaba una invasión simbólica en Tegucigalpa, Honduras. Pero la operación principal la hacía el embajador de los Estados Unidos John Peurifoy, un personaje con figura de boxeador o de gánster, más que todo probado agente de la CIA, quien se valía de intimidaciones y sobornos para convencer a los altos oficiales del ejército que debían desamparar la causa democrática de Árbenz. Y el complemento de la operación estaba en las bombas que arrojaban diariamente los aviones procedentes de dos portaviones situados uno en las Islas de la Bahía, de Honduras, y otro —se dijo— en el Pacífico, con el objeto de intimidar a la población guatemalteca.

Al fin los altos oficiales maduraron para la traición y en grupos se presentaron ante Árbenz a exigirle su renuncia, la que el jefe del gobierno chapín leyó por radio el 30 de junio de 1954. El coronel Árbenz dejó en su lugar al jefe de las Fuerzas Armadas, coronel Carlos Enrique Díaz, quien recibió la visita del embajador Peurifoy, el 1º. de julio, para saludarlo en nombre de su gobierno y para entregarle UNA LISTA DE SESENTA COMUNISTAS QUE DEBÍA CAPTURAR SIN PÉRDIDA DE TIEMPO Y PASAR POR LAS ARMAS INMEDIATAMENTE DESPUÉS.

El coronel Díaz leyó la lista, reflexionó un poco, midió al canalla que tenía al frente, y le dijo textualmente:

—Señor Embajador: yo soy un militar que cuida sus galones. No puedo capturar ni fusilar a los ciudadanos, compatriotas míos, que contiene esta lista. Pero hagamos una cosa: como usted ha hecho esta lista, quiere decir que tiene ánimo para fusilarlos, ¡lo que usted debe hacer sin pérdida de tiempo justamente con sus asesinos yanquis que ha traído a Guatemala...!

Pegó un puñetazo en la mesa presidencial aquel patán, y dijo:

—¡Oh! ¡Coronel Díaz, usted no será jefe de Estado un día más!

Y así fue. De la sombra surgió un chiquitín llamado coronel Elfego Monzón que sustituyó a Díaz, y empezó la represión salvaje al gusto. del señor embajador de los Estados Unidos, señor John Peurifoy.

Agregaré que en la cólera olímpica que embargó a aquel gringo mentecato al oír la respuesta de Díaz, olvidó llevarse la lista que quedó en manos del hasta allí gobernante, y así pudieron saber los enlistados el número que le correspondía a cada uno. Mi número era el 22.

Por andar con suma lentitud en aquel momento, cuando acordé las embajadas tenga un doble cerco: uno militar y otro de la turba que impedía acercarse a quienes buscaban asilo. ¿A dónde ir entonces? Doña Queta García de Velásquez, acompañada de su hijo el hoy doctor Ramón Velásquez García, fue a hablar con el Encargado de Negocios de Honduras, doctor Benjamín Erazo, y este generosamente puso a mis órdenes el asilo.

Como de Honduras había marchado el "Ejército de liberación" del coronel Carlos Castillo Armas, allí no había turba ni cerco militar.

Erazo comunicó a Honduras que yo estaba asilado en la embajada. Le ordenó el ya citado Edgardo Valenzuela, Ministro de Relaciones Exteriores, que solicitara mi traslado a la embajada de México. Erazo fue a la embajada mexicana, sólo a recibir una reprimenda del embajador azteca, con justa razón nervioso y exaltado, pues tenía en su edificio a más de tres mil asilados.

A Edgardo Valenzuela no le quedó más camino que darme el ingreso al país, pero condicionado a los puntos de un documento que debía firmar y decía:

"1. —Estaría a las órdenes del Gobierno.

2.—No participaría en ninguna actividad política.

3.— La contravención sería sancionada".

Bajo estas condiciones ingresé al país en los primeros días de agosto de 1954.

CONSIDERACIONES

La Universidad Autónoma de San Carlos de Borromeo me dio el título de Periodista en 1953.

Publiqué dos libros: El movimiento Obrero en la Revolución de Octubre de Guatemala, a solicitud de la Confederación de Trabajadores de Guatemala (CTG), y "Juan José Arévalo o el Humanismo en la Presidencia", en homenaje a este gobernante demócrata cuando se retiraba del Poder.

Un tercer libro, titulado: Francisco Morazán o una tardía y fallida Revolución Francesa en Centro América, quedó en prensa en la Editorial del Estado y fue destruido por el régimen macartista de Castillo Armas.:

En la Revista Guatemala, dirigida por Luis Cardoza y Aragón, publiqué varios ensayos, entre ellos los siguientes: José Antonio Domínguez y el Himno a la Materia; Froylán Turcios y la Canción de Amor, que reprodujo la "Revista de la Universidad de Honduras" y después el libro "Los Premios" del poeta Oscar Acosta; "Alfonso Guillén Zelaya, en las rutas de la dialéctica, y, Capítulos Provisionales sobre Paulino Valladares.

Los versos que escribí en Guatemala, por primera vez los daré a conocer en un libro.

Al regresar a Honduras, hallé cambiado el país: La Huelga General de 1954 había introducidlo la política de la justicia social, y, contrariamente, el imperialismo yanky, desde 1950 había impuesto la novedad de los gobiernos neocolonialistas.

LA HUELGA DE MAYO

Me propongo decir algo sobre la Huelga de Mayo de 1954. No es cosa que fulano o zutano se la inventó. Que este grupo o aquel tuvo, la iniciativa de la huelga. Naturalmente, alguien como persona individual o colectiva empieza las cosas, y alguien fue el primero en arrojar el martillo o el machete y cruzar los brazos o sentarse. Lo que conviene objetar aquí es la concepción provincialista o nacionalista de la huelga, olvidando el acontecer mundial.

La Huelga de Mayo del 54 sin perder su carácter hondureño y su tipicidad de conflicto de trabajadores bananeros contra las grandes compañías fruteras que explotan los recursos y el trabajo del país, fue parte del conflicto mundial entre millones y millones de trabajadores antifascistas con el monopolismo internacional que se valía del terror y la guerra para imponer su dominación mundial.

De otro modo: la Humanidad había luchado contra el imperialismo alemán y sus aliados, y el que para querer salir de la crisis general del capitalismo (caso imposible) se valía de la segunda guerra mundial, que había perdido, y acentuaba la crisis del sistema, y sacudía al mundo entero.

Por tanto, la Huelga de Mayo fue una consecuencia de la conmoción mundial en Honduras, planteando el conflicto concreto de los trabajadores bananeros y las compañías extranjeras por la democratización de las relaciones obrero—patronales.

Naturalmente, la huelga fue apoyada por todos los trabajadores no bananeros del país, por apreciables sectores pequeño—burgueses urbanos y rurales, y fue apoyada también por los trabajadores de los demás países centroamericanos, especialmente de Guatemala, donde el conflicto obrero—patronal había alcanzado fases más avanzadas.

La huelga de los trabajadores fruteros contra las compañías bananeras en Honduras se desenvolvió en las condiciones de un gobierno que carecía de una línea de conducta precisa dictada por Washington y tal vez sobresaturado de propaganda democrática mundial en aquellos momentos, de donde procedieron sus vacilaciones que no sabía si reprimir a los trabajadores al modo tradicional o atender de modo satisfactorio todas sus demandas.

Como sea, de ahí procedieron cuantas reivindicaciones mínimas, económicas, sociales y políticas empezaron a aparecer en Honduras que olían a cosa nueva. Pero como la huelga podía repetirse periódicamente, el imperialismo corrió a meter sus cuñas en el movimiento obrero, a la vez que por arriba organizaba un ejército de nuevo tipo y dictaba la política neocolonialista de los gobiernos que vuelve cada día más evidente la dependencia del país.

En la actualidad nos hallamos en una Honduras falsificada de todas maneras, y lo único verdadero es la lucha contra el imperialismo y sus aliados.

REGRESO A HONDURAS. DÉCADA 50.

PRIMER LUSTRO

1954. Toca a su fin el Gobierno de Juan Manuel Gálvez. Hay elecciones de autoridades supremas. Disputan la presidencia Ramón Villeda Morales, del Partido Liberal; Tiburcio Carías Andino, del Partido Nacional; y, Abraham Williams Calderón, del Movimiento Nacional Reformista. Naturalmente, tres personajes al servicio del neocolonialismo. Ninguno alcanza la mayoría. El Congreso va a escoger. Pero el Congreso no se integra por ausencia de los diputados nacionalistas y reformistas. Ante tal situación, el que en el momento ejerce la Presidencia constitucional, Julio Lozano Díaz, asume los poderes del Estado como dictador. Y todo mundo recibe con beneplácito al nuevo Gobierno de facto.

1955. Viene Richard Nixon, Vicepresidente de los Estados Unidos, a convencer a Julio Lozano Díaz para que acepte la política del neocolonialismo con una primera "ayuda" de 100 millones de dólares. Pero el viejo político hondureño se resiste, porque a él como Ministro de Hacienda de los gobiernos nacionalistas le ha tocado pagar la pesada Deuda Inglesa, y les siente horror a los empréstitos. Ante la resistencia de Lozano, que "no está a la moda", el embajador Witting Willauer hace funcionar la maquinaria antilozanista formando un frente de estudiantes universitarios, liberales y nacionalistas.

SEGUNDO LUSTRO

1956. Lozano Díaz invita a Medardo Mejía para una entrevista en Casa Presidencial, y lo hace Consejero de Estado. Pero arrecia la oposición contra Lozano Díaz con manifestaciones, pequeñas huelgas y un asalto al cuartel San Francisco. A vista de los acontecimientos Lozano Díaz se pone de acuerdo con el ex—presidente Juan Manuel Gálvez y el Ministro de Relaciones Exteriores Esteban Mendoza para escoger una Junta Militar de Gobierno que integran el ingeniero Roberto Gálvez Barnes, el coronel Héctor Caraccioli y el general Roque J. Rodríguez, y la que empieza a funcionar el 21 de octubre de

1956 para cesar en sus funciones el 21 de diciembre de 1957. En este tiempo deja la Junta Rodríguez y lo sustituye el coronel Oswaldo López Arellano y más tarde se retira de la misma Gálvez Barnes, quedando Caraccioli y López.

Como nunca olvidé en el exilio que me faltaba el examen de abogado en la Corte Suprema de Justicia, lo hice, leyendo la tesis titulada Reformas del Código de Procedimientos. Así, pues, soy Abogado de los Tribunales de la República y a la vez Notario Público. La profesión del Derecho me ha servido antes de obtenerla y después para defenderme; y también para ser un experto y escribir como tal en todo lo que se relaciona con el Estado.

1957. La Asamblea Nacional Constituyente da una nueva Constitución y ella misma elige Presidente Constitucional de la República a Ramón Villeda Morales, en cuyo gobierno se acentúa la dominación neocolonialista. Centenario de la muerte del gran político, don Juan Nepomuceno Fernández Lindo, llamado "El Zorro". Redactó y publicó un ensayo histórico titulado Don Juan Lindo y el anticolonialismo.

1958. Me llama la Universidad para que sirva la cátedra de Sociología en la Facultad de Derecho. Llego con el propósito de apartarme del montón. En mi primera disertación proclamo que la Universidad debe tener una filosofía, porque no se explica una Universidad sin filosofía, y que la filosofía necesaria de las Universidades de todos los países en los tiempos contemporáneos es el Materialismo filosófico o sea el Materialismo dialéctico y el Materialismo histórico.

De ese día en adelante, los estudiantes se apretujan en la sala y se agolpan en las puertas y más allá, dejando solos a los catedráticos de la escolástica. Empiezan las murmuraciones y la chismografía. Un ex—Rector publica en su columna de "El Día" que se han introducido las ideas exóticas en el Alma Mater, y el Presidente

Villeda Morales pronuncia un discurso en el Casino Militar en el que denuncia la presencia del comunismo internacional en la Universidad Nacional Autónoma de Honduras. ¡Qué tal!

1959. Sigo dando clases. Mando a mis hijos, Augusto y Victoria, al Brasil, a estudiar a Río de Janeiro. Escribo Los Diezmos de

Olancho en tres dramas, La Ahorcancina, Cinchonero y Medinón. ¡Qué difícil es el teatro!

1960. Fui a visitar las Ruinas de Copán. Estuve en ellas 15 días. Me levantaba muy temprano. Llenaba unas alforjas de comida y botellas de agua y me iba a las Ruinas. Regresaba ya muy entrada la noche. ¡Qué cielo tan estrellado! ¡Qué silencio tan imponente! ¡De repente cantan los pájaros nocturnos, pero sus cantos parecen mensajes misteriosos! Y de pronto, tengo la visión, la sensación de una Copán viva, con sus templos y sus palacios intactos, ¡con la Escalinata mayor del Templo del Sol llena de ahkines y de novicios que suben y bajan! ¡Veo las llamaradas en el Templo del Dios del Fuego, llamado en lengua maya Ah Kak! ¡Y veo a las tribus reunidas en la Gran Plaza en el acto de elegir al nuevo Halach Vinic! y así voy viendo y soñando, soñando y viendo, ¡de donde me sale la idea que algún día llevaré esta hermosa visión a un poema de gran significado! Eso sí, como he estado tanto en las Ruinas, ahora sólo rostros mayas veo por todas partes, en Santa Rosa, en Gracias, ¡a donde voy!

DECADA 60
PRIMER LUSTRO

1961. Es un año de viajes. Estoy en París. Qué les parece. No me sirve el francés del Colegio "La Fraternidad" de Juticalpa, ni el francés de la Academia de Lenguas de San, Salvador. Los franceses y las francesas hablan muy de prisa. Estoy en las bellas y pequeñas ciudades suizas. Estoy en Praga, y me acuerdo del agónico Kafka y de Julius Fucik escribiendo en pedacitos de papel su mensaje inmortal a los hombres titulado: Al pie de la horca. ¡Qué héroe! ¡Qué luchador antinazi tan enorme! Heme en Moscú. Recuerdo los versos de Maiakovsky:

> Yo podría vivir y morir
> en París,
> si no hubiera una tierra
> que se llama Moscú.

Aquí en Moscú empieza el mundo nuevo, en el que todo es de todos, y el hombre nuevo enrojece de vergüenza al decirle, en broma, que es inclinado a la propiedad privada, y de Moscú voy al Oriente, a Oms, a Irkusk, a Ulan Bator, a Pekín, a Nankín, a Shanghai, a Cantón, conozco el Río Amarillo, conozco el Yang Tzé, he pasado por la llanura de Honán, he querido subir al Tibet y me han examinado los médicos pero orgánicamente no podría resistir la altura del Tabique del Cielo, sólo me queda el placer de admirar los megaterios congelados de los Montes de Kuen Lun, recibo una invitación para visitar la ciudad de Hanoi, la capital del Vietnam de Ho Chi Min, y oigo por radio una canción divina que se llama Canción de la segadora de Sinkiang.

¡Qué país tan bello es China! ¡Aquí cada persona con su sonrisa dulce y su decoro es una obra de arte! Pero vuelvo a Moscú, y sigo viajando y voy al Mar Negro (el Ponto Euxino de los griegos), a Ieriban capital de Armenia, paso cerca del Ararat (donde se detuvo el Arca de Noe), y estoy entre Turquía, el Cáucaso, el Mar Caspio, Irán (la antigua Persia) y abajo Irak, y las Mil y Una Noches y el desierto, y el Antiguo Testamento y el Mar Muerto, y los Evangelios y Jesús.

En este año el XXII Congreso del Partido Comunista de la URSS decretó la edificación del comunismo en la Unión Soviética, hecho que ocultan los políticos y los estadistas de Occidente sin ninguna base racional, pues se quiera o no se quiera este hecho extraordinario acelera el fracaso del imperialismo y asegura la victoria de la causa de Carlos Marx y Vladimiro Ilich Lenin en la redondez del planeta.

Después de haber viajado por los reinos de la gloria, vuelvo al infierno.

1962. Otra vez París. Licores. Mujeres. El Louvre. Montparnasse. El Dome, donde se emborrachaba Paul Verlaine, y donde no faltaban Rubén Darío, Gómez Carillo, Blanco Fombona. Si tuviera suficiente dinero, vendría todas las noches del año a sentarme aquí. Y sólo por el deseo de estar sentado viendo pasar parisienses.

Y luego Montreal, Nueva York, México, Tegucigalpa. Me traslado a San Pedro Sula a ejercer la profesión. Hago escrituras públicas. Me solicitan los estudiantes de la Facultad de Ciencias Económicas que les sirva la cátedra de Teoría del Estado y los complazco. A solicitud de don Julio Andrade Yacamán empiezo a redactar una Historia de Honduras. Todo el año trabajo en esto.

1963. Sigo escribiendo la Historia de Honduras con pasión; pero interrumpo el esfuerzo por el golpe militar de Oswaldo López Arellano que pone fin al gobierno de Ramón Villeda Morales. Tengo que ocultarme porque me busca la policía para sacarme del país, ¡Qué simpático! Los delincuentes, los que debían arrastrar cadenas por haber roto el orden que establece la Constitución de la República, son los que persiguen a los hombres honrados. Esto sucederá mientras exista el imperialismo, el que a exigencia de Federico Nietzsche ha transmutado los valores, por ejemplo, convirtiendo la virtud en delito y el crimen, así sea horrendo, en virtud teologal.

1964. No hay medio de emprender nada saludable porque el golpe militar lo ha trastornado todo. En abril me vengo de San Pedro Sula a Tegucigalpa. Sigo dando clases en la Universidad. He reanudado la redacción de la Historia de Honduras, desgraciadamente Julio Andrade Y., sigue molestado por la policía y está muy enfermo.

Pero indudablemente siendo lo más notable es que este año, en el mes de julio empieza a publicarse la Revista Ariel fundada por Froylán Turcios en 1925 y mantenida hasta 1928; publicada de nuevo en San José de Costa Rica en 1934 y sostenida hasta 1943, año en que muere el poeta.

Ariel es el espíritu de la luz, opuesto a Calibán, espíritu de la sombra en una religión persa. Ariel, genio del Bien, se opone a Calibán, genio del Mal, en La. Tempestad, drama de Shakespeare.

José Enrique Rodó toma estos símbolos para publicar en ensayo más significativo de América Latina, en los comienzos de este siglo. Ariel se llama ese ensayo que da la doctrina para defender a la patria latinoamericana de las acometidas del Calibán anglosajón.

La Revista Ariel en tiempos del poeta Froylán Turcios fue el organo publicitario de la lucha de liberación de Nicaragua que encabezaba el general Sandino.

La Revista Ariel en manos de Medardo Mejía es una tribuna de combate en Honduras contra el imperialismo.

El periodismo de la Revista Ariel es un periodismo revolucionario, no pudiendo ser de otro tipo.

La tarea central de Medardo Mejía en las décadas 60 y 70 es publicar la Revista Ariel.

1965. Periodismo en la Revista Ariel. Doy colaboraciones a los periódicos nacionales. Clases en la Universidad.

1966. Periodismo en la Revista Ariel y a veces colaboraciones en la prensa local y extranjera. Clases en la Universidad.

1967. Periodismo en la Revista Ariel. Colaboraciones en los diarios nacionales. Clases en la Universidad.

1968. Periodismo, en la Revista Ariel y colaboraciones en la prensa del país. Clases en la Universidad.

Ah, mi Poesía, adorada mía, te he olvidado, pero hoy vuelvo a ti lleno de ardor. Escribo algo que me parece original: El Fuego Nuevo. Es un poema en prosa rítmica que le pone carne sonrosada y deliciosa a esa osamenta que llamamos Ruinas de Copán. El poema revela que Copán es un santuario astral y el fuego nuevo el rito del fin de siglo cada 52 años, rito que según el giro de la rueda del tiempo podrán celebrar los descendientes mayas en 1987. ¡Una profecía!

1969. Reúno lo que he podido conservar y readquirir de mi producción poética para publicar un libro que llevará el nombre maya de Anahté, que justamente quiere decir libro con tal que sea de tradiciones, creencias y adivinaciones.

En este año, el imperialismo, "feroz y ensangrentado" como lo llamaba Guillén Zelaya, ha provocado una guerra entre El Salvador y Honduras —los dos países más unidos en Centro América bajo la bandera morazánica—. ¿Por qué esta guerra? ¿Por la frontera común que no ha sido trazada legalmente? ¿Por competencia comercial dentro del Mercado Común Centroamericano, organismo neocolonialista? No y no.

La situación del imperialismo, se va haciendo cada día más difícil en todas partes. Los Estados Unidos han perdido la guerra de Vietnam en una forma vergonzosa, y necesitan un foco de distracción para que el mundo vea hacia otro rumbo y hasta se alegra, por ejemplo, con la "guerra del fútbol" como ellos la llamaron. Además, en una época en que a los Estados Unidos les conviene dividir el frente mundial levantado contra ellos, y meter la guerra, si es posible, "de casa a casa" como decía el Padre Subirana, aquí en Centro América conviene impedir a todo trance el frente centroamericano contra el imperialismo que se está formando por mandato de la historia.

Ese mandato de la historia es el mismo que ha reunido en Moscú en notable conferencia a los partidos del proletariado del mundo para levantar el frente mundial de los pueblos contra el imperialismo.

1970. Escribo un libro titulado Historia del Pensamiento Económico de Honduras. Por ley, los catedráticos están obligados a escribir una obra relacionada con la ciencia que expone. En nuestra Universidad nadie lo hace, pero yo sí.

1971. A vista del centenario de la muerte del general Cabañas, que será celebrado con gran pompa, don Fernando Ferrari escribió un panfleto contra el paladín de la unión centroamericana. La Revista Ariel refuta con éxito feliz la argumentación del panfletista. Esto da lugar a que el Instituto Morazánico publique los artículos de la Revista en un libro que lleva el nombre de Trinidad Cabañas, Soldado de la República Federal.

En este año, para sorpresa mía, soy objeto de un hermoso homenaje de la Universidad Nacional Autónoma de Honduras.

En noviembre se me honra con el PREMIO NACIONAL DE LITERATURA "RAMON ROSA".

1972. Hago un recorrido por el país. Es un bello país. Lástima que los extranjeros y los hondureños lo exploten como si fuera tierra enemiga. Los mineros de El Mochito exportan la broza, y en ella va plata, oro, platino, uranio,… Los madereros están arrasando la madera, al punto que cuando llegue el desarrollo a la industria correspondiente, ya no habrá un palo ni para hacer un cajón de muerto. Por todos lados veo destrucción y miseria. Los pueblos ya no son pueblos; son campos de hambre. De casa en casa busco que me vendan un almuerzo, y sólo "no hay" me ofrecen unas mujerucas, compatriotas mías, arrimadas al muro de la tuberculosis. Los pueblos están rodeados de cercos de piedra y de alambradas. Los cercos y las alambradas son de los latifundistas. No hay tierra para que siembren los pobres. Si no siembran no cosechan. Y si no cosechan no comen.

El Gobierno ofrece, quemándose la boca, porque estas palabras, son muy calientes, reforma agraria. Yo no le creo. Pero si el Gobierno ofrece, ante el atrevimiento de los pobres de entrar a cercado ajeno, balas mortales como se vio en La Talanquera, Olancho, entonces sí le creo. Los gobiernos colonialistas y neocolonialistas sirven para garantizar el dominio imperialista, el libre juego de los grandes negocios, la importación de empréstitos con el pseudónimo de "Ayudas", la exportación de las riquezas del país sin tasa ni medida, la descapitalización del país en forma constante y ascendente. También sirven los gobiernos colonialistas y neocolonialistas para silenciar los pedimentos del pueblo, para darle gato por liebre al pueblo y para aplastar sin asco ni miramiento la rebeldía de1 pueblo.

Todo el año he pasado enfermo. ¡Qué bonito sería que me pegara un tiro!

1973. Recibo el PREMIO NACIONAL DE LITERATURA "RAMON ROSA".

Mi enfermedad se agrava. En busca de salud salgo el 22 de abril para la Unión Soviética. Cuando se está enfermo, París no tiene gusto. Aquí están tres compatriotas enterrados: En el Pere Lachese está el doctor Marco Aurelio Soto, iniciador de la Reforma liberal en Honduras (1876—1883); quien sabe dónde se halle el doctor Marcial Salgado, de San Francisco de La Paz; tampoco sé dónde se encuentre Confucio Montes de Oca, pintor de gran talento que murió de hambre porque: nunca se acordaron de pagarle la beca oficial. ¡Oh, los mártires de la Comuna de París!

Estoy en la gran ciudad de Moscú. Me veo en la Plaza Roja el 1°. de Mayo.

El día 3 me interno en el Hospital. Me atienden grandes especialistas. Aquí permanezco los meses de mayo, junio y julio. Salgo del Hospital muy restablecido con la alegría que da la vida.

Y otra vez a Moscú, a París, a Montreal, a México, a Tegucigalpa.

CONCLUSION

Muchachos: ya conocieron la historia del milpero; lo han visto pasar con sombrero de llama, con camisa de manta, con un "guarizama" en la diestra, con caites. Por fin han caído en que es un mil pero cualquiera, que un día se hundirá en la tierra, y como si no pasara nada volverán a florecer los macuelizos. Qué bien aquello de Julio César, repetido por Tornton Wilder en "Los Idus de Marzo": "El Universo ignora que estamos en él". Al milpero le importa un pito que se le ignore; es más, filosóficamente le gusta porque así debe ser; pero él, "un átomo invisible a simple vista", como dice el mayor poeta de Honduras, José Antonio Domínguez, en el "Himno a la Materia", se siente satisfecho de ser partícula consciente del Infinito.

No crean en el milpero, no es ejemplo para ganar metas y sí para caer en abismos. Sus padres no pudieron inculcarle las creencias religiosas de sus mayores. Sus maestros fracasaron al querer meterle en la cabeza el humo sublime de la metafísica. Sus profesores universitarios no pudieron convencerlo (y con pistola en mano) de la santidad de la propiedad privada. Por eso se le ha visto ir y venir sin dirección ni objeto; que ya se casa, que se descasa; que ya tiene dinero a montones, que se le ve tendiendo la mano del limosnero; que ya tiene hijos, que luego se los come como Saturno; en fin...

El milpero de marras es tan tonto, que les voy a contar. Nació en el país del banano. Y es obvio que debía ser bananero. Pues no lo es. Al contrario, es anti—bananero. Habiendo nacido en el "siglo americano", debía ser un cantor de los monopolios, y del poder político de los monopolios y del vuelo de las águilas imperiales. Pues no lo es. Al contrario, ha levantado la bandera del anti—imperialismo, y no deja de flamearla así lo maten.

Es abogado. Pues debía ser "abogado del dólar" para aparecer honrosamente como tal en el poema respectivo de Pablo Neruda. Debía ser abogado de la United Brands y de la Standard Fruit Company, de las compañías petroleras y de la Rosario Mining Co. Pero no, ahí anda con las alforjas al hombro, parándose en las vitrinas, viendo baratijas de "turcos".

Es periodista. Pues debía meterse con invitación o sin ella en la embajada yanqui y darle la mano y sonreírle a los "pelantrines" de los Estados Unidos, para "hacerse invitar" y conseguir viajecitos a las Cataratas del Niágara y al Cañón Colorado. Pero no. Jamás se le ocurre...

No sigamos. El milpero del cuento pudo haber llegado a Ministro, a Presidente de la República. Pudo haber llegado, y con razón, pues han llegado otros que no han hecho milpas. Pero como es tan burro, nunca quiso entender que debía enamorar a la chica más linda que existía en el país, hasta arrancarle el "sí", y que llevaba el dulce nombre de:

TÍTULOS Y DIPLOMAS DE MEDARDO MEJÍA

1. Diploma de Honor. Extendido por la Secretaría de Instrucción Pública a don Medardo Mejía por su obra de Literatura Regional.

Cuentos de Camino. Tegucigalpa, 15 de septiembre de 1931.Firma Salvador Corleto, Ministro.

2. Título de Licenciado en Ciencias Jurídicas y Sociales. Extendido a don Medardo Mejía por el Rector de la Universidad de Honduras. Tegucigalpa, abril de 1935.

3. Título de Periodista. Extendido por la Universidad Autónoma San Carlos Borromeo al Licenciado Medardo Mejía. Guatemala, abril 1953.

4. Premio Paulino Valladares. Extendido por la Asociación de Prensa Hondureña a don Medardo Mejía. Tegucigalpa, 25 de mayo,1956.

5. Título de Abogado de los Tribunales de la República. Extendido por la Corte Suprema de Justicia. Tegucigalpa, 18 de febrero de 1957.

6. Exequátur de Notario. Extendido por la Corte Suprema de Justicia al Abogado Medardo Mejía. Tegucigalpa, 2 de marzo de 1957.

7. Diploma de Honor. De la Asociación de Prensa Hondureña a don Medardo Mejía, Triunfante en el Concurso de Poesía Juan Ramón Molina en Tegucigalpa, 1o. de noviembre de 1958.

8. Primer Premio Vidal Mejía. Extendido por la Asociación de Prensa Hondureña a don Medardo Mejía en Tegucigalpa el 25de mayo de 1966.

9. Diploma de Reconocimiento al Mérito. Extendido por la Escuela Superior del Profesorado Francisco Morazán a don Medardo Mejía por su Obra Teatral "Cinchonero". Tegucigalpa, 23 de abril de 1967.

10. La Federación de Estudiantes Universitarios de Honduras (FEUH). Confiere al Abogado Medardo Mejía el presente Diploma de Reconocimiento por sus valiosos servicios prestados como Catedrático de la Universidad Nacional Autónoma de Honduras. Tegucigalpa, 1o. de junio de 1970.

11. La Facultad de Ciencias Económicas. Extiende al Licenciado Medardo Mejía un Diploma de Honor en Reconocimiento de sus

valiosos servicios como Catedrático de la Facultad. Ciudad Universitaria 2 de octubre de 1970.

12. La Universidad Nacional Autónoma de Honduras. Extiende al Escritor Medardo Mejía un Diploma al Mérito Intelectual por haber contribuido con su labor al desarrollo del Periodismo, la Sociología, la Historia y el Teatro. Tegucigalpa, 12 de noviembre de 1971.

13. La Municipalidad de Olanchito declara Huésped de Honor del Municipio de Olanchito al Licenciado don Medardo Mejía. Olanchito. Fiestas Patrias de 1972. Firma y Sello del Alcalde Municipal. Firma y Sello del Secretario Municipal.

14. El Gobierno de la República entregó al Escritor Medardo Mejía el Premio Nacional de Literatura "Ramón Rosa" en el Salón de Actos de Casa Presidencial el 3 de febrero de 1973. Este Premio lo había adjudicado un Tribunal calificador el 22 de noviembre de 1971.

15. En el Centenario del gran poeta Juan Ramón Molina, el Escritor Medardo Mejía, se anticipó con un homenaje el 21 de marzo de 1975 en el Teatro Manuel Bonilla para ofrecerle su poemario Anahté. Fue una fiesta hermosa con la cooperación del Ministerio de Educación, la Dirección General de Educación Artística y la Biblioteca Nacional. En esa ocasión fue honrado Mejía con una presea y un Diploma por sus servicios prestados a la cultura nacional.

NOTAS
REFIERE, ANISIAS, EL PASO DE AQUEL MILPERO.

Es un relato rápido, improvisado, sin orden. No digo, por ejemplo, la cultura me arrancó con un mecate de mi rincón. Aprendí a leer pequeño pero luego olvidé las letras, y me deleitaba con las referencias de los bandidos más famosos de la región, como el Manco Mena, Leonardo Sandoval (que había amansado un barba—amarilla y lo llevaba como un persogo enrollado en el hombro izquierdo), Máximo Guardado (que montaba en un toro negro) y Aníbal Sarmiento (del valle de Agalta, hábil jinete, buen tirador, ladrón de muchachas bonitas y para el que no había cárcel que pudiera retenerlo).

Mi suprema aspiración era llegar a ser como mis tíos del Ojo de Agua que les temían por donde pasaban, porque eran unos hombrones, y sin embargo a nadie habían matado ni a ninguna mujer había violado. Simplemente eran pesados. Decía la gente: —Esos hombres son pesados...

CARACTER. Nunca oí a mi Mama Tomasa (así le decía yo a mi abuela materna), mencionar el nombre de su padre. Quién le hubiera dicho que su nieto, el primogénito de su hija Francisca, iba a escribir Los Diezmos de Olancho (que no son gran cosa, pero en cierta medida son un recuerdo familiar). Por quien supe algo de la Ahorcancina, de las cabezas de Antúnez y Zavala en jaulas de hierro por tres años en el Cerro del Vigía y del gran Serapio Romero, más conocido con el nombre de Cinchonero, fue por el viejo Vicente Lobo cuando íbamos a pescar o colmenear en el verano.

ESCUELA PRIMARIA. La ciudad y puerto de La Ceiba está unida al recuerdo de mi niñez. Un niño es feliz cuando hay seres que lo tratan con cariño y satisfacen sus deseos. Yo en La Ceiba conocí la felicidad porque en ella vivía mi abuelo Francisco Pagoaga, que era rico, dueño de una zapatería de moda instaladla en los bajos del Hotel París, con trabajadores italianos y trabajadoras francesas, unas chicas tan bonitas que parecían hadas; y era comprador de hule y destazador de ganado. Su adoración y su locura era su nieto, yo. Me llenaba de regalos, me inventaba paseos, y así la escuela primaria, servida por un equipo admirable de profesores alegres, instruidos, civilizados, me parecía el reino de las maravillas.

ENSENANZA SECUNDARIA. Siento admiración y respeto por todos los intelectuales olanchanos, según sus géneros. Pero tengo especial aprecio y devoción por el doctor Ramón Lobo Herrera, un hombre que allá muy a las cansadas dejó ver su figura imponente en la tribuna como para decir a su auditorio, "Así como les estoy hablando en estos momentos, así hablaban los grandes oradores de la Revolución Francesa". Un mal entendido en Tegucigalpa con un general feudal, lo llevó a su provincia de donde no volvió a salir sino para hacer viajes de salud a los Estados Unidos.

El doctor Lobo Herrera no era ajeno al conocimiento de la dialéctica en las rotaciones inmensas y a las microscópicas de la sociedad humana. En los hombres de su generación, fue el primero en darse cuenta de la militancia del "destino manifiesto" en América Latina, y del papel de actores de comedia de los políticos y gobernantes latinoamericanos.

Por eso, cuando lo llamaron a desempeñar altas funciones, como Magistrado de la Corte Suprema de Justicia Federal de Centro América, en 1921, declinó el honor con mucha cortesía, y le dijo al portero de su casa, a Pilar Nájera: "Ve al correo a dejar esta carta. En ella les digo que no tengo habilidades de mono adiestrado". El doctor Lobo Herrera conocía a fondo eso que la mayor parte de políticos ignora y que lleva el nombre de Imperialismo y no le era extraño ni le asustaba la influyente doctrina del comunismo.

OTRA VEZ EN GUATEMALA. En los libros de los "periodistas y escritores de la Agencia Central de Inteligencia, CIA", vulgares escritores policías figuran papeles que carecen de la seriedad de los documentos públicos para calumniar y difamar a determinadas personas, en los que aparezco yo como ACTOR IMPORTANTE DE LA REVOLUCIÓN COMUNISTA DE GUATEMALA, cuando aquel suceso no fue más que un movimiento tímido encaminado a darles pedacitos de tierra a los campesinos mestizos y a los indios. A propósito, la Revista Ariel publicó en años anteriores la Ley de Reforma Agraria de Guatemala, la cual se proponía ampliar el radio de acción del capitalismo chapín, y no obstante su aceptable objeto no pasaba de darle pequeños pellizcos a los latifundios.

PERO PARA EL BANDIDO JOHN FOSTER DULLES ESTO ERA COMUNISMO, Y HABIA QUE EXTIRPARLO DE RAIZ DONDE SE PRESENTARA. Así lo estableció en la X Conferencia Interamericana de Caracas. Y así una ley anti—latifundista se convirtió en un decreto pavoroso contra la propiedad privada. Y Foster Dulles contando con el apoyo de su hermano Allan, posibles accionistas ambos de la United Fruit Company, con el pretexto de abatir a un régimen comunista, dieron en tierra con el gobierno del coronel Árbenz, ajustado a reglas del neo—liberalismo, y nada más.

Naturalmente, aquellos tiempos eran bárbaros. La comisión senatorial del "loco" MacCarthy para investigar el comunismo en Estados Unidos llamaba a sus estrados a las más distinguidas personalidades del país, entre ellos al fundador de la física moderna Albert Einstein, y a numerosos sabios, profesores, artistas, etc. Y arreciaba el huracán de la guerra fría inventado por el famoso disparador de bombas atómicas en Hiroshima y Nagasaki, Presidente Harry Truman y francamente el que se salvó de la ventolera de la guerra fría, es porque no estaba en la raya. Los cuerpos represivos del orbe, alentados por el imperialismo yanky se dedicaron a la destrucción de la especie humana con el pretexto de estar salvando del comunismo al mundo.

Después que las Naciones Unidas publicaron la Carta Universal de los Derechos Humanos, nunca se vio en los países mayor desprecio a la dignidad del hombre.

El señor John Peurifoy, especialista en derribar regímenes "comunistas" —palabra fundamental en la estrategia de la guerra fría— después de haber aplastado las guerrillas griegas, viene a Guatemala a hacer tabla rasa del pequeño movimiento agrarista, y posteriormente lo trasladaron al Sudeste Asiático. Solo que allá, avisados de quien era Peurifoy, le echaron un camión de varias toneladas encima y lo destriparon.

REGRESO A HONDURAS. DÉCADA 50. PRIMER LUSTRO. Qué impresión tan irritante la de venir de Guatemala, la ciudad más grande de Centro América, donde diariamente llovían bombas imperialistas que hacían temblar la tierra de extremo a extremo, con el objeto de aniquilar a un gobierno de pequeñas conquistas democráticas, y llegar a Tegucigalpa, donde la United Fruit Company había organizado la fuerza militar del coronel Carlos Castillo Armas, "un pendejo" como le llamaban sus compatriotas en la Sexta Avenida, y donde para borrar semejante bellaquería, las mesnadas cantaban a grito pelado desde camiones que corrían veloces:

Viva Villeda Morales,
el terror de los tiranos.

¿Qué era aquello? Ruido de la poderosa Frutera y sus cómplices, "colorados" y "cachurecos" para asordar las verdaderas reivindicaciones del pueblo hondureño surgidas del calor combativo de la Huelga de Mayo de ese año, y para ocultar al mismo pueblo el pavoroso genocidio de la sección guatemalteca de la United Fruit Company que estaba realizando por medio de sus esbirros en Guatemala.

Mediante volteretas y ridiculeces, el embajador yanqui Witting Willauer instaló la dictadura de Julio Lozano Díaz para iniciar con él la nueva política del neocolonialismo. Pero sucedió que Lozano se negó tenazmente en una plática que sostuvo con Richard Nixon en el Zamorano:

—Todos aceptan su Presidencia y solo uno se niega a ella, dijo Nixon.

—¿Quién es ese uno? —preguntó Lozano.

—Usted mismo.

—A mí me tocó liquidar la Deuda inglesa, y sé lo que es eso para un país tan pobre como Honduras.

— El desarrollo del país pagará la inversión.

Estamos en otros tiempos.

—Los hondureños somos los mismos.

—He venido especialmente a invitarlo para que acepte.

— Lamento que haya venido de tan lejos para nada.

Al partir de Tegucigalpa, Nixon le dijo a Willauer:

— No aceptó nuestro plan inversionista. Así es que lo dejo en tus manos.

Saque la juventud la enseñanza respectiva de este relato rigurosamente histórico, pues el Licenciado Esteban Mendoza, Ministro de Relaciones Exteriores en aquel tiempo estuvo presente en la plática, y él tuvo la gentileza de repetírmela, y yo no voy a calumniar a un muerto.

Julio Lozano por terquedad o por patriotismo no quiso untarse los dedos con la política neocolonialista que empezaría en esa década. La historia se lo reconocerá.

GUERRA DE EL SALVADOR Y HONDURAS. A Gregorio Selser, notable escritor argentino le puse esta breve carta: "Tegucigalpa, 1o. de septiembre de 1974. Señor Gregorio Selser. Buenos Aires. Por vía aérea le mando un paquete certificado que contiene material para sus labores editoriales. No lo creo suficiente —hay muy poca bibliografía juiciosa— ni creo que los autores remitidos sepan descubrir el transfondo de una guerra provocada y conducida en ambos lados por agentes de la CIA para interrumpir peligrosas fermentaciones populares y para disimular inhábiles acciones de dos gobiernos mediocres a uno y otro lado del río Goascorán en los años 60. En esta América encadenada, nada se hace al margen del rol y conveniencia del imperio, desde las micro guerras

—la salvadoreña—hondureña duró 100, horas— hasta las conferencias panamericanas de Tlatelolco y Atlanta. Me suscribo su afectísimo. (f) MEDARDO MEJIA".

LIBROS PUBLICADOS EN HONDURAS
HASTA EL MOMENTO:

DON JUAN LINDO Y EL ANTICOLONIALISMO. (Ensayo histórico).

TRINIDAD CABANAS, SOLDADO DE LA REPÚBLICA FEDERAL. (Polémica).

LA AHORCANCINA. (Drama histórico).

CINCHONERO. (Idem).

HISTORIA DE HONDURAS. (Apenas dos tomitos de esa desdichada obra).

HISTORIA DEL PENSAMIENTO ECONOMICO DE HONDURAS. (Que desapareció en la explosión que los anarquistas produjeron en la Rectoría de la Universidad Nacional Autónoma).

ANAHTE. (Poemas).

EL FUEGO NUEVO. (Epopeya).

LOS DIEZMOS DE OLANCHO. (Trilogía dramática, pronto a publicarse en la República de Venezuela).

Tomado de la REVISTA ARIEL, tercera etapa. Año XVI No.277. Tegucigalpa, D.C. mayo de 1975.

FIN